"十四五"国家重点出版物出版规划项目

丛书主编 杨蕙馨　制造业高质量发展与企

企业成长研究

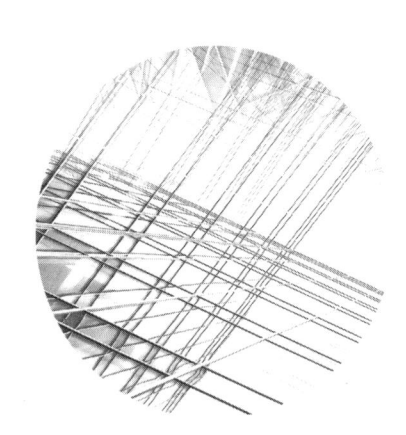

杨蕙馨　等著

Research on Enterprise Growth

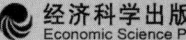

中国财经出版传媒集团
经济科学出版社
Economic Science Press

图书在版编目（CIP）数据

企业成长研究/杨蕙馨等著. —北京：经济科学出版社，2021.9
（制造业高质量发展与企业成长丛书）
ISBN 978 – 7 – 5218 – 2761 – 3

Ⅰ.①企… Ⅱ.①杨… Ⅲ.①企业成长 – 研究 – 中国 Ⅳ.①F279.23

中国版本图书馆 CIP 数据核字（2021）第 159717 号

责任编辑：于　源　冯　蓉
责任校对：隗立娜
责任印制：范　艳

企业成长研究

杨蕙馨　等著

经济科学出版社出版、发行　新华书店经销
社址：北京市海淀区阜成路甲 28 号　邮编：100142
总编部电话：010 – 88191217　发行部电话：010 – 88191522
网址：www.esp.com.cn
电子邮箱：esp@esp.com.cn
天猫网店：经济科学出版社旗舰店
网址：http://jjkxcbs.tmall.com
北京季蜂印刷有限公司印装
710×1000　16 开　32.5 印张　570000 字
2022 年 1 月第 1 版　2022 年 1 月第 1 次印刷
ISBN 978 – 7 – 5218 – 2761 – 3　定价：116.00 元
（图书出现印装问题，本社负责调换。电话：010 – 88191510）
（版权所有　侵权必究　打击盗版　举报热线：010 – 88191661
QQ：2242791300　营销中心电话：010 – 88191537
电子邮箱：dbts@esp.com.cn）

本书受到国家社科基金重大招标项目"'两业'融合推动中国制造业高质量发展研究"(项目批准号:20&ZD083)、教育部创新团队"产业组织与企业成长"(项目批准号:IRT_17R67)资助

总 序

2017年，党的十九大报告做出了中国经济已由高速增长阶段转向高质量发展阶段的重大判断，并再次明确提出要"加快建设制造强国"。同年，中央经济工作会议强调，"要推进中国制造向中国创造转变、中国速度向中国质量转变、制造大国向制造强国转变"。2018年，中央经济工作会议在确定次年重点工作安排时，将"推动制造业高质量发展"列为首要任务，并强调"要推动先进制造业和现代服务业深度融合，坚定不移建设制造强国"。2019年，《政府工作报告》进一步明确，"围绕推动制造业高质量发展，强化工业基础和技术创新能力，促进先进制造业和现代服务业融合发展，加快建设制造强国"。2020年，《政府工作报告》再次明确要"支持制造业高质量发展"。"十四五"规划纲要以及2020年12月16~18日召开的中央经济工作会议一致强调，"以推动高质量发展为主题""促进制造业高质量发展""以高质量发展为'十四五'开好局"。由此可见，新形势下推动制造业高质量发展是十分必要和紧迫的。

制造业是立国之本、兴国之器、强国之基，是一个国家综合实力和国际竞争力的直观体现。改革开放40多年来，中国制造业从小到大、从少到多、从内到外，已经建成了门类齐全、独立完整、实力雄厚的现代制造体系，产出规模跃居世界第一，开放水平逐渐提升，创新能力大幅增强，新业态新模式不断涌现，走过了发达国家几百年的工业化历程。然而，必须清醒地认识到，中国虽然是制造业大国，但还不是制造业强国，面临着包括产品同质化、产能过剩、在全球价值链上处于中低端位置等突出问题；与此同时，中国经济发展的外部环境也正发生深刻变化，在全球范围内单边主义、保护主义盛行以及新冠肺炎疫情等因素的影响下，制造业的发展基础和演变逻辑已经出现了裂变。鉴于此，本丛书着力研究制造业高质量发展及其制造企业的成长问题，为制造业高质量发展及其企业成长贡献智慧。

杨蕙馨
2021 年 7 月于泉城济南

目 录

第一篇 创新与企业成长

第1章 国际金融危机后中国制造业企业的成长策略 ………… 3
1.1 引言 ………… 3
1.2 危机前后中国在国际贸易及价值链中的分工格局 ………… 5
1.3 危机后中国制造业企业面临的挑战 ………… 9
1.4 中国制造业企业应对国际金融危机的成长策略 ………… 13
1.5 结论与启示 ………… 18

第2章 技术创新能力对中小制造企业成长性的影响研究 ………… 22
2.1 相关文献综述 ………… 22
2.2 研究设计 ………… 24
2.3 实证分析 ………… 26
2.4 结论与建议 ………… 31

第3章 民营高新技术企业规模与 R&D 活动关系的实证研究 ………… 34
3.1 引言 ………… 34
3.2 数据来源和变量设计 ………… 36
3.3 回归及分析 ………… 37

3.4 主要结论与政策建议 ………………………………………… 41

第4章 山东省高新技术企业自主创新能力评价 ………………… 44

4.1 构建评价指标体系 …………………………………………… 44

4.2 数据分析 ……………………………………………………… 46

4.3 结论与建议 …………………………………………………… 52

第5章 高新技术企业规模与R&D活动关系的再研究 …………… 55

5.1 引言 …………………………………………………………… 55

5.2 数据来源和变量设计 ………………………………………… 56

5.3 回归结果及分析 ……………………………………………… 57

5.4 主要结论与政策建议 ………………………………………… 61

第二篇 集群与企业成长

第6章 集群内知识转移要素对企业成长的影响 …………………… 65

6.1 引言 …………………………………………………………… 65

6.2 集群内的知识转移主体及其对企业成长的影响 …………… 67

6.3 集群内的知识类型及其对企业成长的影响 ………………… 68

6.4 集群内的知识转移途径及其对企业成长的影响 …………… 69

6.5 集群内的知识转移情境及其对企业成长的影响 …………… 70

6.6 集群企业的知识吸收能力及其对企业成长的影响 ………… 71

6.7 结束语 ………………………………………………………… 72

第7章 集群内知识转移对企业成长的作用机制 …………………… 75

7.1 集群层次知识转移及其对企业成长的作用机制 …………… 75

7.2 企业层次知识转移及其对企业成长的作用机制 …………… 78

7.3 集群内知识转移的有效控制 ………………………………… 83
7.4 结束语 …………………………………………………………… 84

第8章 集群中的中小企业成长研究：集群优势对企业资源与能力提升的作用 ………………………………………………… 86

8.1 产业集群与企业成长 …………………………………………… 87
8.2 集群优势对企业获取资源的影响 ……………………………… 88
8.3 集群优势与企业能力提升 ……………………………………… 90
8.4 集群中的中小企业成长框架 …………………………………… 93
8.5 启示 ……………………………………………………………… 94

第9章 中小企业融资策略选择的问卷调查与分析 …………………… 97

9.1 描述性分析 ……………………………………………………… 97
9.2 相关性分析 ……………………………………………………… 104
9.3 结论与思考 ……………………………………………………… 108

第10章 中国企业吸收能力影响因素与作用的探索性研究 ………… 110

10.1 引言 …………………………………………………………… 110
10.2 企业吸收能力研究综述 ……………………………………… 111
10.3 中国企业吸收能力概念重构和相关分析 …………………… 116
10.4 企业吸收能力影响因素与企业绩效的研究 ………………… 120
10.5 结论和启示 …………………………………………………… 135

第11章 网络演化与企业成长的对应关系研究 ……………………… 140

11.1 文献综述 ……………………………………………………… 140
11.2 研究方法与案例选择 ………………………………………… 142
11.3 案例结论 ……………………………………………………… 143
11.4 结束语 ………………………………………………………… 151

第三篇　动态能力与企业成长

第12章　动态能力的网络化成长机制：信任的中介作用 ………… 157
　12.1　引言 ………… 157
　12.2　文献评述 ………… 158
　12.3　理论模型和假设提出 ………… 159
　12.4　数据、变量和实证结果 ………… 163
　12.5　结论和讨论 ………… 167

第13章　智力资本、动态能力对企业绩效的作用研究：基于
　　　　联想集团的案例分析 ………… 171
　13.1　引言 ………… 171
　13.2　理论命题 ………… 172
　13.3　案例分析 ………… 176
　13.4　结束语 ………… 182

第14章　动态能力与企业竞争优势的关系及作用机理 ………… 187
　14.1　引言 ………… 187
　14.2　动态能力与企业竞争优势关系的研究视角 ………… 188
　14.3　动态能力对企业竞争优势的作用机理 ………… 192
　14.4　简要评述 ………… 195

第15章　企业转型升级的动态能力构建及作用机理研究 ………… 202
　15.1　引言 ………… 202
　15.2　企业转型升级动态能力的构成维度 ………… 203
　15.3　理论假设与模型构建 ………… 205

15.4　研究设计与数据搜集 ………………………………………… 206
15.5　资料分析与解释 ……………………………………………… 208
15.6　结论与不足 …………………………………………………… 210

第16章　智力资本与动态能力对高科技企业绩效的作用机理 ………… 215
16.1　企业资源与企业能力的关系 ………………………………… 216
16.2　高科技企业智力资本、动态能力与企业绩效的界定 ……… 217
16.3　智力资本、动态能力对高科技企业绩效的影响 …………… 219
16.4　结束语 ………………………………………………………… 223

第四篇　改革与国有企业发展

第17章　中国国有企业改革及其治理 …………………………………… 227
17.1　1978年改革前国有企业的情况 ……………………………… 227
17.2　国有企业改革的历程 ………………………………………… 228
17.3　国有企业改革取得的成果 …………………………………… 230
17.4　国有企业公司治理分析及改进策略 ………………………… 233

第18章　国有企业高层管理人员激励与企业绩效实证研究 …………… 239
18.1　国内相关研究回顾 …………………………………………… 239
18.2　样本选取及变量设计 ………………………………………… 240
18.3　数据的描述性分析 …………………………………………… 243
18.4　假设检验与分析 ……………………………………………… 251
18.5　政策建议 ……………………………………………………… 262

第19章　关于国有企业购并与规模经济的思考 ………………………… 264
19.1　企业购并的实质：1 + 1 = ? ………………………………… 264

19.2 规模经济的科学含义 ………… 265
19.3 规模大≠规模经济 ………… 267
19.4 国有企业购并中应注意的几个问题 ………… 268

第20章 论董事会在国有公司治理中的作用 ………… 270
20.1 公司治理结构的发展趋势——董事会中心主义 ………… 270
20.2 我国国有公司治理结构存在的问题 ………… 271
20.3 董事会与国有公司治理效率的提高 ………… 272

第21章 独立的电力生产者：英国电力工业发展与资金筹集的启示 ………… 275
21.1 英国电力工业简况 ………… 275
21.2 私有化后英国电力工业的成就 ………… 276
21.3 英国电力工业的筹资实践 ………… 278
21.4 启示与借鉴 ………… 279

第五篇 家族企业与民营经济发展

第22章 家族企业异质性特征分析 ………… 283
22.1 家族的嵌入性 ………… 283
22.2 家族企业的系统性 ………… 284
22.3 家族企业的目标性 ………… 285
22.4 家族参与的维度 ………… 287
22.5 家族参与的契约性质 ………… 288
22.6 结论 ………… 289

第23章 家族企业网络化发展中的合作特征 …… 292

23.1 问题的提出 …… 292
23.2 家族企业与企业网络的概念界定 …… 293
23.3 家族企业的合作特征与合作能力分析 …… 295
23.4 对我国家族企业的启示 …… 298
23.5 结束语 …… 299

第24章 信任与中国家族企业的持续发展：一种文化的观点 …… 303

24.1 家族企业成长问题的实质 …… 303
24.2 美日中家族企业发展的文化考察 …… 305
24.3 中国家族企业的历史发展路径 …… 308
24.4 解决家族企业成长问题的现实路径 …… 309
24.5 结束语 …… 310

第25章 家族式管理与家族企业核心竞争力 …… 312

25.1 引言 …… 312
25.2 文献综述 …… 313
25.3 家族式管理模式的优劣势及对家族企业核心竞争力的影响 …… 314
25.4 家族式管理变革趋势与家族企业核心竞争力的提升 …… 319
25.5 结束语 …… 320

第26章 民营企业管理模式探析：家族式管理过时了吗？ …… 322

26.1 引言 …… 322
26.2 家族式管理过时了吗？ …… 323
26.3 影响民营企业管理模式选择的因素分析 …… 326
26.4 民营企业管理模式选择的模型 …… 329

26.5 结论 ······ 330

第27章 民营企业的组织结构与健康发展 ······ 332

27.1 我国民营企业发展现状分析 ······ 332
27.2 企业生命周期、规模与组织结构之间的相互关系 ······ 335
27.3 企业生命周期不同阶段影响规模及组织结构
选择的因素分析 ······ 337
27.4 民营企业生命周期不同阶段规模及组织结构的选择 ······ 340
27.5 结束语 ······ 343

第28章 中国民营经济改革与发展40年：回顾与展望 ······ 345

28.1 中国民营经济的改革历程 ······ 346
28.2 中国民营经济的发展成就 ······ 353
28.3 中国民营经济改革与发展的主要经验 ······ 356
28.4 中国民营经济未来发展趋势展望 ······ 360

第六篇 竞争优势与企业社会责任

第29章 温特制生产：动因、运行机制与企业竞争优势重构 ······ 367

29.1 从福特制、丰田制到温特制：生产组织的垂直型结构到
水平型结构的演变 ······ 368
29.2 温特制生产的动因 ······ 370
29.3 温特制生产的运行机制 ······ 373
29.4 企业竞争优势重构 ······ 376

第30章 不同市场结构下的企业社会责任均衡模型研究 ······ 379

30.1 引言 ······ 379

30.2	企业社会责任的概念与文献述评	380
30.3	企业社会责任均衡模型的假设条件	381
30.4	完全垄断市场下企业社会责任的均衡模型及分析	381
30.5	寡头垄断市场结构下企业社会责任均衡模型及分析	384
30.6	完全竞争市场结构下企业社会责任的均衡模型及分析	387
30.7	结论	389

第31章 企业社会责任与竞争战略的匹配机理及实现路径 391

31.1	引言	391
31.2	企业社会责任与竞争战略匹配的内涵与实质	392
31.3	企业社会责任与竞争战略的匹配机理	394
31.4	企业社会责任与竞争战略匹配的实现路径	396
31.5	研究结论与不足	399

第32章 基于Fishbein合理行为模型的消费者响应企业社会责任的机理研究 402

32.1	理论背景与研究假设	402
32.2	研究设计与研究方法	405
32.3	数据检验	406
32.4	实证结果	409
32.5	研究结论与不足	411

第33章 基于扎根理论的消费者响应企业社会责任的内在机理与干预路径研究 414

33.1	文献评述	415
33.2	研究方法和数据来源	416
33.3	范畴提炼和模型建构	418
33.4	模型阐释和研究发现	421

33.5 结语和展望 ………………………………………………………… 424

第34章 全球文化产业竞争下的文化企业社会责任 ……………… 426

34.1 基于国家文化安全的文化企业社会责任定位 …………………… 426
34.2 基于文化产业发展的文化企业社会责任定位 …………………… 430
34.3 文化企业社会责任与文化产业发展 ……………………………… 433
34.4 结论及相关建议 …………………………………………………… 437

第35章 文化企业社会责任的影响机制研究 ……………………… 439

35.1 引言 ………………………………………………………………… 439
35.2 文化企业对社会责任的反应过程 ………………………………… 441
35.3 文化企业社会责任卷入的价值观驱动——组织文化 …………… 444
35.4 文化企业社会责任卷入的环境推动——关系网络 ……………… 447
35.5 综合机制：价值观驱动与环境推动的耦合 ……………………… 449
35.6 结论与启示 ………………………………………………………… 452

第36章 文化企业的社会责任：文化和经济互动的视角 ………… 457

36.1 引言 ………………………………………………………………… 457
36.2 文化与经济互动视角下的文化企业 ……………………………… 457
36.3 文化企业社会责任的内容 ………………………………………… 461
36.4 结论及启示 ………………………………………………………… 466

第七篇　政府行为与经济发展

第37章 中国教育收益率：1989~2011 …………………………… 471

37.1 引言 ………………………………………………………………… 471
37.2 文献评述 …………………………………………………………… 472

37.3 模型设定和数据说明 …………………………………… 473
37.4 回归结果与分析 ………………………………………… 477
37.5 进一步讨论 ……………………………………………… 484
37.6 结论与建议 ……………………………………………… 489

第38章 政府行为与民营经济发展 …………………………… 493

38.1 山东省民营经济的发展现状与政府的行为定位 ……… 493
38.2 政府要为民营经济发展进一步确立和巩固市场经济机制 …… 495
38.3 政府要为民营经济发展确立基本的市场秩序 ………… 496
38.4 政府要为民营经济参与国内外竞争充当指引者和保护者 …… 499

后记 ……………………………………………………………… 501

第一篇
创新与企业成长

第1章
国际金融危机后中国制造业企业的成长策略[①]

爆发于2008年的国际金融危机并未显著改变国际分工格局。欧、美、日等发达国家依然占据着全球价值链上的高附加值环节，东亚等发展中国家则主要从事低附加值活动，由发达国家跨国公司主导的国际贸易格局仍未发生明显改变。中国制造业企业，特别是面向国际市场的制造业企业，在市场环境、经营成本、汇率波动及全球价值链竞争等方面面临着严峻挑战。中国企业要考虑自身特点，适时采取如并购、战略联盟、海外研发等策略，一方面，在现存国际分工格局下充分利用"两个市场""两种资源"实现价值链升级；另一方面，积极借助中国乃至全球战略性新兴产业的发展实现新的突破，从"走出去"向"立足全球"转型。

1.1 引　言

20世纪80年代，中国制造业企业抓住国际产业结构调整与转移契机，利用国内较为丰富的自然资源和廉价劳动力等优势，通过吸引FDI、承接外包等方式大力发展以劳动密集型产业为主的加工贸易，持续积累相关资本、技术，扩大参与国际分工的广度和深度，逐渐在世界范围内发展壮大。40多年来，制造业作为中国工业化的主力军，涌现出一大批优秀企业，它们的成长不仅有力推动了中国经济的快速发展，还代表中国在国际经济舞台上扮演重要角色。2008年国际金融危机爆发以来，世界范围内进出口贸易和对外直接投资额大

[①] 本章作者为杨惠馨、王海兵，发表在《经济管理》2013年第9期（有改动）。

幅下降，主要国家经济增速放缓。尽管各国政府适时采取措施推动全球经济逐步走上复苏之路，但地区性政治动荡与自然灾害频发、欧债危机蔓延、美国财政悬崖等进一步增加了经济复苏的不确定性。中国制造业企业的生存与发展面临着严峻挑战。相关问题早有研究，但主要关注发达国家跨国公司全球价值链治理和新兴经济体转型升级问题（Lee，1999；Humphrey，2001；Gereffi，2005；Feenstra，2005；Varian，2007；Sohn，2009），中国情境下制造业企业[①]发展困境与转型升级问题仅在数年前才引起学者极大关注（胡军等，2005；刘志彪，2005；吕政，2006；张晔，2006；苏卉等，2007；王桤伦，2007；刘林青等，2008；卢福才等，2008；包玉泽等，2009；杨桂菊，2010；俞荣建，2010；张庆霖等，2010；石奇等，2011）。

　　从已有文献看，学者们远未达成一致意见，尤其在国际金融危机背景下，观点分歧尤为突出。有相当多的学者始终坚持转型升级，认为中国制造业企业的比较优势正逐渐丧失，只有转型升级才能解决或避免企业发展困境以及制造业"产业空洞化"等问题（顾杰华，2004；黎继子等，2005；黄永明等，2006；王生辉等，2009；刘志彪，2005、2007、2009；张国胜，2010）；部分学者在危机前对转型升级持保守态度，在危机后则积极呼吁转型升级，认为危机前中国制造业企业有比较优势，发展困境被全球经济蓬勃发展趋势掩盖，并无动力转型升级，危机后外部环境持续恶化，比较优势逐渐丧失，发展困境日益凸显，不转型升级则面临严重的生存危机；部分学者认为，现有发展方式仍具活力，如果政府政策及其他结构性影响因素保持不变，制造业企业仍会表现为现有发展模式的路径依赖（瞿宛文，2007；陈宏辉等，2008；徐秀琴等，2008），而且中国制造业企业的比较优势并未丧失（蔡昉，2010），很多转型升级是错误的，未来劳动密集型产业仍然是中国重要的潜力产业（郑凤田，2010）。这些争论的焦点并不在是否需要转型升级，而是集中在中国制造业企业比较优势是否丧失问题上。实际上，比较优势理论本身具有重要指导意义，但结合具体对象在实践层面上则有不同表现，尤其在中国情境下，差异更加显著（蔡昉，2010），况且比较优势只是影响企业竞争的因素之一，在动态发展过程中，竞争优势的作用也不容忽视。

　　利用分工理论可以巧妙地将上述问题转换成中国制造业企业在不同的有效

[①] 本章研究对象"中国制造业企业"主要是指出口导向型的制造业企业，它们嵌入国际生产网络程度较深，更易受国际金融危机影响，下文中的"中国制造业企业"均是如此。

率的专业化模式中的决策问题，从而能较好地解决片面依据比较优势分析中国制造业企业相关问题的弊端。原理在于：经济全球化条件下，各国企业嵌入国际生产网络中形成特定决策模式①，在此模式下，产生对应的专业化分工水平和最优的资源配置方式，最终给企业带来不同的成本和收益，而与决策的边际比较静态分析不同，决策的超边际比较静态分析认为"有效率的专业化模式随参数在不同子参数区间的转换而变化"（黄有光、张定胜，2008），且这种变化是非连续性的。具体来说，可将中国制造业企业的发展困境和转型升级等问题看作是企业对自身成长的诉求，这种诉求首先表现为参数即外生效率的改进，使得专业化分工模式成为可能，反映在科技进步条件下企业有动力参与国际分工，形成现有国际分工格局。在不同时期，某种如国际金融危机的影响因素作为参数的不同子参数发生作用甚至可能发生跨区间变化，使参数在相应子参数区间进行转换，从而产生新的非连续性的成长诉求。此时，企业要在非连续性的不同专业化模式中进行决策，最终产生新的专业化分工水平和最优资源配置方式。值得指出的是，参数的子参数变化包含可被识别和不可被识别部分，前者在新形势下表现为国际金融危机的冲击，后者要结合全球经济发展的时代特征进行分析，而研究中国制造业企业的成长问题，两部分的影响都不可忽视。

1.2 危机前后中国在国际贸易及价值链中的分工格局

伴随经济全球化的深入，国际分工从产业间分工到产业内分工再到产品内分工，到 21 世纪初，以价值链为基础的产品生产过程不再集中于某一国家，而是跨国界、跨区域地分散在全球各地，不同国家或地区企业参与到产品生产过程中的特定工序、区段或环节，使产品内国际分工格局逐渐稳定（赵明亮、杨蕙馨，2012）。金融危机正是通过国际分工格局对中国制造业企业产生影响，如果金融危机影响程度非常显著，使参数的子参数变化发生跨区间转换，则最终会形成新的国际分工格局以及企业新成长诉求下对应的专业化水平；反之，如果国际分工格局并未发生改变，则表明金融危机的影响程度有限。学者对影响的程度持不同看法。有学者认为，国际金融危机使世界经济格局发生根本性

---

① 在杨小凯、黄有光的超边际分析理论中，决策模式是涉及自给、生产、销售和购买的产品数量的零值和非零正值的组合。

变化,"世界经济版图将被改写""世界经济体系将会重建"(方晋,2009),也有学者认为,尽管受到国际金融危机的强烈冲击,但经济全球化的基本趋势没有改变,世界经济结构也不会发生大的改变(裴长洪,2010)。刘钧霆和王冬(2011)以中、日、韩三国间机电产品零部件贸易与相关产业内贸易为例,分析了东亚区域内分工体系,认为金融危机下三国产业内分工体系基本保持稳定,产品内分工仍是东亚区域内分工的重要形式。为客观反映国际金融危机的影响,本章从贸易和价值链分工格局出发,论证危机前后①国际分工格局是否发生变化。

1.2.1 危机前后中国在国际贸易中的分工格局

贸易作为国际分工的表现形式,其内在决定机制是国际分工秩序下各参与者间供给与需求的匹配,反映在贸易伙伴间进出口技术结构变化中。根据表1-1数据,可勾勒出以中国为轴心的"三角贸易格局"(Kuroiwa and Kuwamori,2011),即中国主要从韩国、东盟进口高技术型制成品,从日本、欧盟进口中等技术型制成品,向美国、欧盟出口高技术制成品和资源型制成品。由于统计口径不完善等原因,在与美国、欧盟的贸易中,高技术制成品并不能真正反映中国在国际贸易分工格局中价值创造的技术特征②,同时,考虑到资源型制成品贸易顺差额大于高技术制成品贸易顺差额,可见中国制造业企业产品出口中,资源密集型制成品仍占据主要地位。从时间序列数据看,受金融危机影响,2009年中国与主要贸易伙伴在大部分技术特征层面的进出口贸易额下降明显,但总体增长趋势及在"三角贸易格局"中的分工地位并未改变。以美国为例,尽管2009年中国对其资源型、低技术型、中等技术型和高技术

---

① 就笔者所知,2013年之前还没有直接研究金融危机本身是否已过去的文献,已有相关文献大都旨在探讨金融危机冲击后各相关要素变化所产生的长远影响机制。本章认为,金融危机已过去主要基于三个理由:第一,商业周期理论中,典型的衰退时间约为1年,扩张阶段往往会持续5年以上(IMF,2009);第二,一般而言,危机发生七年后产出水平会低于危机前10%左右(IMF,2009);第三,2013年全球经济复苏风险有新特点,主要表现在短期内欧元区行动迟缓、新兴经济体硬着陆、美国"财政悬崖"和中期内欧元区增长停滞、美国与日本财政赤字、发达经济体突发通货膨胀、新兴市场经济体产出下降等风险(IMF,2013)。国际金融危机爆发于2008年下半年,2009年全球经济增速降至-2.3%,但2010年开始迅速反弹,同年全球经济增速达4%(UNCTAD数据库),实现了"V"形反转。由此,本章以2008年和2009年为坐标划分危机前后。

② 往往在高技术型产品出口的同时,有大量高技术型产品进口,后者常常只作为前者的中间投入,不应被计入进口国价值创造部分,但实际统计中,只以最终出口的产品价值进行计算,并未对产品中真正属于某国技术特征的价值创造再细分。

型制成品出口额分别下降44亿美元、111亿美元、74亿美元和57亿美元,平均降幅为17.83%,但2010年又迅速恢复,分别增长236亿美元、55亿美元、117亿美元、244亿美元(见表1-1),平均增幅达32.88%。到2011年底,除低技术型制成品外①,其他技术特征的进出口贸易额都远超危机前最高水平。与此同时,中国仍向美国出口大量资源型和高技术型制成品,相比之下,前者一直具有较强比较优势。

表1-1　　2006~2011年中国对主要贸易伙伴进出口贸易技术特征　　单位:亿美元

国家或国际组织		2006年		2007年		2008年		2009年		2010年		2011年	
		出口	进口	出口	进口	出口	进口	出口	进口	出口	进口	出口	进口
美国	资源型	570	18	652	21	690	23	646	19	822	28	926	35
	低技术型	203	15	224	20	258	27	147	23	202	23	253	25
	中等技术型	344	129	419	151	468	180	394	165	511	222	624	274
	高技术型	793	281	886	318	932	334	875	323	1119	405	1248	416
欧盟	资源型	508	41	559	51	713	59	658	54	819	69	986	91
	低技术型	218	58	326	74	379	87	241	75	329	82	389	96
	中等技术型	293	414	415	508	505	626	393	603	514	832	616	1062
	高技术型	749	290	988	330	1134	384	925	369	1263	450	1338	535
日本	资源型	273	55	295	55	327	58	324	51	345	64	421	72
	低技术型	60	100	76	110	89	135	59	116	72	140	107	150
	中等技术型	164	417	196	479	234	541	188	475	241	733	284	828
	高技术型	267	489	298	576	334	615	277	543	390	675	465	733
韩国	资源型	84	40	93	39	95	37	77	33	99	39	119	44
	低技术型	71	50	111	49	182	57	79	60	116	68	147	68
	中等技术型	60	134	80	158	97	175	84	176	99	244	124	291
	高技术型	136	570	175	673	254	699	226	652	289	892	332	1013
东盟	资源型	102	21	150	24	174	27	187	26	258	35	331	43
	低技术型	98	7	151	8	196	9	144	14	197	10	255	15
	中等技术型	118	76	169	88	232	98	206	93	272	139	353	167
	高技术型	294	576	350	676	405	679	375	602	449	853	515	976

资料来源:UNCTAD数据库。

---

① 尽管还未回到危机前最高水平,但两者相差额并不明显。

1.2.2 危机前后中国在全球价值链中的分工格局

全球价值链相关理论提供了研究国际分工格局的新视角，可从各国贸易在不同产品内分工阶段的分布出发，对比分析中国在国际分工格局中的竞争力状况和所处地位（Nguyen et al.，1999；Athukorala and Yamashita，2006；刘友法，2012）。图1-1是2006~2011年部分国家或地区在各分工阶段的贸易竞争力指数（Trade Compatitiveness，TC）[①]。就中国而言，受国际金融危机影响，所有产品内分工阶段贸易竞争力均有不同程度下降。从均值看，竞争力在消费品、资本品、半成品、零部件和初级产品贸易中依次递减[②]。在消费品贸易中，尽管中国竞争力指数下降最多，为0.2，但最强竞争力地位并未发生改变，高出东盟0.41；在资本品贸易中，中国竞争力指数下降0.08，被韩国反超0.05，仍保持较强竞争力，仅低于日本0.03；在零部件贸易中，中国竞争力指数下降0.15，从危机前具有较强竞争力变为危机后的较弱竞争力，仅高出美国0.02；在半成品贸易中，中国竞争力指数下降最少，为0.03，竞争力不再最强，与东盟相等，且仅低于韩国0.04；在初级产品贸易中，中国竞争力指数下降0.15，竞争力较弱，仅高于韩国0.04。可见，中国主要出口消费品[③]，日本、韩国主要出口零部件和资本品，欧盟在资本品贸易中有比较优势，美国在零部件贸易中有比较优势，这一分工格局并未受国际金融危机影响，始终较为稳定。显然，中国在产品内分工体系中的专业化层次较低（唐海燕、张会清，2009）。由于消费品主要对应于家庭消费用食品和饮料等附加值较低的产品，零部件对应于运输设备零配件及除运输设备之外的资本品配件等附加值较高的产品，中国在全球价值链中仍处于中低端位置。一个知名例子便是苹果公司iPod产品的全球价值链，其市场售价为299美元，苹果依靠其品牌与设计得80美元，日本硬盘供应商东芝得73美元，显示器组件供应商得20

[①] 在测度国家贸易比较优势和竞争力时，常用显示比较优势指标（Revealed Comparative Advantage，RCA），即一国某商品出口占其总出口的份额与世界总出口中该类商品出口所占份额的比率。但阿米基尼（Amighini，2005）指出，在产品分工中，贸易的净出口或净进口才有意义，所以应考虑兼顾进、出口两种因素的TC指标，即一国某商品的净出口占该商品贸易总额的比重。该指标在-1与1之间，负值表明一国在某类商品贸易中逆差，正值则相反，越接近-1表示竞争力越弱，反之越强。

[②] 半成品和零部件贸易竞争力指数均值相等，但半成品波动性较大，危机前及2011年半成品竞争力都较强。

[③] 尽管中国也大量出口半成品、零部件和资本品，但同时伴随着大量相关产品的进口。6年间五阶段产品分类平均净出口分别为-2687.83亿美元、137.17亿美元、-646.83亿美元、2011.83亿美元和3414.67亿美元，可以反映出中国在国际产品分工中"加工车间"的地位。

美元，视频多媒体处理器供应商得 8 美元，而中国企业仅靠完成最后的加工组装得 4 美元，差距十分明显（Varian，2007）。

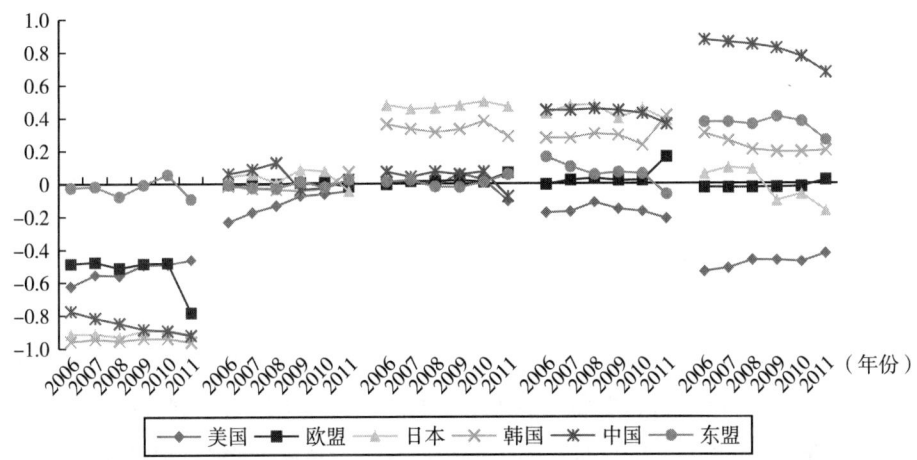

图 1-1　2006~2011 年代表性国家或地区在各分工阶段的 TC 指数

注：①从左到右五段依次为：初级产品、零部件、半成品、资本品、消费品。②按照 RIETI-TID2011 数据库的解释，东盟相关数据中不包括老挝和缅甸；2011 年东盟数据不包括文莱、柬埔寨两国。

资料来源：2006~2010 年数据来自 RIETI-TID2011，2011 年数据来自 UN Comtrade Database。

1.3　危机后中国制造业企业面临的挑战

尽管国际金融危机并未显著改变原有国际分工格局，但确实在世界范围造成了极大影响，这种影响具有新的时代特征，进而有可能在未来对国际分工格局产生冲击。新形势下，贸易保护主义抬头，发达国家直接或变相提高贸易壁垒，国际大宗商品价格大幅波动，国内原材料价格居高不下，劳动力成本不断上升，人民币汇率屡创新高，企业融资难度不断攀升，部分企业如今生存状况甚至差于 2008 年①，传统劳动密集型产业中的企业尤为严重。北京大学一项调研成果显示，原材料价格、劳动力成本、人民币汇率三项因素对企业经营的压力系数分别从 2010 年前的 55.56%、52.10%、32.95% 猛增到 2010 年以来的 81.43%、81.67%、48.11%。此外，信贷成本过高、供电紧张、用工短缺等

---

① 一些知名企业熬过了金融危机却近年来接二连三地倒闭，如光伏行业的无锡尚德、江西赛维，LED 行业的亿光科技、雄记灯饰、浩博光电，其他劳动密集型行业如居上灯饰、素艺玩具、定佳纺织、三旗电缆、波特曼餐饮、江南皮革、天石电子等。

因素对相关企业的经营也产生了比以往更加严重的影响①。对中国制造业企业而言，进一步参与全球价值链下的国际分工面临着许多挑战，具体来说，有以下四方面：

1.3.1 出口型企业将持续面对外需不足的冲击

长期以来，我国外贸依存度较高，2006年高达67%，即使2012年降为47%，仍处于较高水平。受国际金融危机影响，欧美等主要发达国家消费者购买力大幅下降，在未来较长一段时间内也难以恢复，从而减少了主要面向国际市场的中国制造业企业的外部订单需求。尽管各国正积极发展战略性新兴产业，但短期不太可能迅速成长为新经济增长点从而带动大量新的市场需求，世界范围内的消费需求只会缓慢恢复甚至可能停滞不前。2013年世界经济展望最新预测指出，由于新兴市场经济体增长迟滞和预期美国货币刺激措施退出所带来的全球金融紧缩，随后全球经济依然面临下行风险，将在较长时期内呈现疲弱增长态势，中国出口型制造业企业外部市场环境不容乐观。传统劳动密集型行业以江苏阳光股份有限公司为例，2007年主营业务收入达29.13亿元，境外营业收入占75.21%，金融危机后，外销额占比一直下降，到2012年，毛纺、面料和服装业务收入仅为19.86亿元，境外营业收入占比也降至54.89%②。电子元器件行业以浙江新嘉联电子股份有限公司为例，2007年主营业务收入为2.81亿元，国外营业收入占63.99%，到2012年，外销额占比升至82.12%，而同期企业主营业务收入降至2.22亿元，出口营业成本增至1.45亿元③。可见，国际金融危机后全球市场环境的不确定性和需求萎缩对中国制造业企业造成了相当大的冲击。

1.3.2 国内外生产要素成本上涨带来巨大经营压力

中国是全球诸多原材料的最大买家之一，却在国际市场缺乏相应的议价能力，始终未能形成对这些原材料的有效控制，往往中国需要何种原材料，哪种原材料的价格就迅速上涨，从而受到原材料出口国的极大钳制。近年来，包括能源商品、基础原材料和农产品在内的世界大宗商品价格上涨趋势明显，以铁

---

① 北京大学国家发展研究院. 小企业经营与融资困境调研报告[R]. 北京：北京大学，2011.
② 参见江苏阳光2007年和2012年财务报告。
③ 参见新嘉联2007年和2012年财务报告。

矿石、铜、螺纹钢、天然橡胶为代表的基础原材料为例,三种商品价格在 2005~2011 年间分别上涨了 2.58 倍、2.40 倍、1.49 倍、3.11 倍①,无疑增加了原材料进口依赖型的中国制造业企业的经营压力。而国内相关生产要素如劳动力成本、水电价格、主要农产品等价格也纷纷上涨,更加重了相关企业的经营压力,以北京、上海为例,月最低工资标准分别从 2007 年的 730 元、840 元涨到 2012 年的 1260 元、1450 元,上海市市属供排水范围内居民用水、工业用水、排水费、综合水价从 2005 年的每立方米 1.03 元、1.30 元、1.08 元、1.84 元涨到 2010 年的 1.63 元、2.00 元、1.30 元、2.80 元②,全国范围内的原材料、燃料、动力购进价格指数近年平均为 105.3③,其中燃料和动力类、有色金属和化工原料类、农副产品类和纺织原料类价格指数涨势明显,给中国制造业企业带来了巨大经营压力。

1.3.3 人民币持续升值对中国相关制造企业影响显著

2007 年美元与人民币汇率为 7.604,而 2013 年已突破 6.2,涨幅超过 18.46%。一方面,人民币升值有利于原材料进口依赖型企业降低成本,有利于制造业企业购买相关制造设备和产品,也有利于推进中国制造业企业的国际化进程;另一方面,也会给出口依赖型企业带来负面冲击。实际上,汇改以前,"加工贸易"作为中国制造业主要发展模式就已形成,大部分制造业企业经营呈"两头在外"格局:在制成品销售方面,汇率持续升值使企业以美元结算的名义产品价格降低;在设备、原材料购买方面,汇率持续升值使企业以人民币结算的制造成本增加,企业盈利空间逐渐被压缩。同时,汇率波动本身就是一种风险,需要企业花费精力和资源去应对,使企业经营能力下降。此外,由于发达国家跨国公司长期实行技术封锁策略,中国企业很难真正引进高技术设备,更不用说参与核心产品的研发过程。人民币升值没能在宏观上有效引导产业结构的转型升级,微观上也并未显著增加相关企业收益,反而大大削弱了包括有色金属在内的原材料出口型企业,以及传统纺织、服装、家电等在

---

① 相关数据来自世界银行数据库,经笔者计算而成。
② 月最低工资标准参见北京、上海人力资源和社会保障局相关文件,水费参见上海市税务局相关文件。
③ 该指数以上年为 100 计算,是反映工业企业作为生产投入而从物资交易市场和能源、原材料生产企业购买原材料、燃料和动力产品时,所支付的价格水平变动趋势和程度的统计指标,是扣除工业企业物质消耗成本中的价格变动影响的重要依据。详细数据参见中国国家统计局网站。

内的最终产品出口型企业的盈利能力。尤其在金融危机后，国内市场需求还未曾有效扩大，人民币汇率持续上扬，某种程度上会严重抑制国内相关企业的出口，并阻碍经济的有效恢复。

1.3.4 中国制造企业依然处于全球价值链中低端

从价值链的全球化扩散程度看，危机后价值链纵向转移程度发生了分化：一方面，发达国家跨国公司为缓解日益增长的成本压力和抢占海外市场布局先机，纷纷加快向中国制造业企业转移相关产品和技术，如葛兰素史克、普利司通、克莱斯勒、霍尼韦尔等大型跨国企业危机后加快在华发展步伐；另一方面，以"3D"打印与人工智能为代表的高新科技正重构现代制造系统，伴随发达国家经济刺激方案和贸易保护措施的实施，部分发达国家跨国公司纷纷退出在中国等发展中国家的项目，转而归国进行"再工业化"。在科技革命迅猛发展的时间窗口下，中国制造业企业在未来新经济版图中可能又处于"被俘获"境地。从价值链的区域化程度看[1]：一方面，以越南、马来西亚等为代表的东盟国家在金融危机后比较优势凸显（Nguyen，2010），以越南为例，在国际劳工组织（ILO）发布的2010年全球工资报告中，用购买力平价转换的越南最低工资为85美元/月，而中国则为173美元/月[2]，这些国家通过大力完善基础设施建设[3]，不仅利用比较优势与中国竞争发达国家的产业转移[4]，还不断吸引中国企业到其国家进行转移生产和投资设厂[5]，使其在传统劳动密集型产业和传统技术密集型产业中劳动密集型环节取得了巨大发展。另一方面，受金融危机影响，中国企业大量订单被取消，原本按计划生产、销售的众多产品转化为库存，国内钢材、服装、家电等行业内企业急需去库存化操作，由于国际市场需求难在短期内恢复，促使大量同类产品投向国内市场，从而也加剧了竞争。可见，发达国家跨国公司与中国企业、其他发展中国家企业与中国企

---

[1] 这里并不去考虑发达国家在全球价值链截面上的竞争，如欧盟与美国在新能源产业技术上的竞争。

[2] 参见ILO. Global Wage Report 2010/11 Wage Policies in Times of Crisis：118。

[3] 如在世界银行发布的2011年企业经营环境排名中，泰国、马来西亚、中国、越南分别排名第17、18、91、98位。

[4] 以耐克公司的代工生产为例，根据耐克发布的历年财务报表数据可知，虽然中国、越南、印度尼西亚、泰国四国的鞋业合同供应商产量一直占耐克全球销量的96%以上，但除越南外其他三国各自合同供应商的产量在耐克全球销量中的比例逐年下降，而越南所占比例稳步上升，于2002年超越了泰国，2005年超越印度尼西亚，2010年起超过中国，成为耐克鞋业全球生产份额中最大者。

[5] 包括美的在内的中国企业，在越南较高通货膨胀的基础上，还持续加大投资力度。

业、中国企业与中国企业之间在全球价值链上纵向与横向剧烈的竞争将对中国制造业企业的发展带来严峻的挑战。

1.4 中国制造业企业应对国际金融危机的成长策略

国际金融危机以来，中国制造业企业承受了巨大考验，也面临着严峻挑战。部分企业在极度不利环境下，抓住危机带来的机遇，积极采取相关措施，逐渐走上复苏之路，实现"V"形反转。新形势下，中国制造业企业必须牢牢把握世界经济发展新趋势，客观认识中国制造业发展存在的问题，并结合企业自身特点，适时采取相关策略，实现跨越式成长。

1.4.1 并购策略

金融危机发生后，欧美等发达国家经济不景气，部分知名企业出现现金流紧张甚至断裂，面临重组甚至破产境遇，这期间尽管中国经济增速也在放缓，但仍在相对较高水平。从《财富世界 500 强》历年中国企业上榜名单和中国巨额外汇储备看，一些制造业企业通过长期发展确实具备了一定的经济实力和跨国经营能力，加上政府出台支持走出去相关政策，为中国制造业企业通过跨国并购实现跨越式成长提供了前所未有的机遇。据清科研究中心数据显示，2011 年中国并购市场共完成 1157 起并购交易，披露价格的 985 起并购交易总金额达到 669.18 亿美元，分别是 2006 年的 6.77 倍、4.39 倍，其中，能源及矿产、机械制造、化工原料及加工、电子及光电设备、食品及饮料、纺织及服装等行业并购占据了重要比例。值得指出的是，中国企业海外并购十分活跃，2011 年共完成 110 起海外并购交易，披露价格的并购金额达到 280.99 亿美元，分别同比增长 93%、112.9%[1]。这些并购交易将有助于中国制造业企业优化资源配置、实现规模经济、降低交易成本、分散经营风险。

不管是国内并购还是跨国并购，中国制造业企业实施并购策略的目的就是在一个不断变化的环境中获取相关能力以建立竞争优势。能力理论将企业能力分为研发能力、生产能力、市场能力和综合管理能力四类，而根据改革开放 40 多年的实践经验，中国制造业企业在生产能力方面获得了最为长足的进步，其他能力有所欠缺。对中国制造业企业而言，所处行业不同、生命周期不同，

---

[1] 资料来源：清科数据库，http://zdb.pedaily.cn/。

应有不同的并购策略选择（见表 1-2）。如果制造业企业所在行业处于幼稚期，此时基础技术已形成并被逐渐标准化，但相应的产品市场规模较小，企业应通过并购策略着重获取研发能力。对众多中国制造业企业而言，位于全球价值链上加工组装环节，并无相应的研发配套能力，所以适用于纵向并购策略，以获得基础研发配套能力。以清洁技术行业为例，蓝星集团 2011 年收购挪威 Elkem 获得了太阳能级硅生产等方面的技术，中广核 2012 年收购澳大利亚 Extract Resources Limited 确保了发展相关清洁能源技术所需的铀矿供给。如果处于成长期，此时基础技术已标准化，围绕基础技术进行的创新活动层出不穷，产品种类千变万化，消费者特征逐渐明朗，竞争者逐步增多，企业应通过并购策略获取围绕基础技术展开的研发能力和围绕标准化技术展开的市场能力。一些具备相应研发配套能力和市场能力的制造业企业应选择横向并购策略增强研发能力，只有生产能力的制造业企业应通过纵向并购获取研发能力和市场能力。以机械制造业为例，中联重碳纤维臂技术；三一重工 2012 年收购德国混凝土泵车制造企业 Putzmeister 后，有效整合领先科技，形成了工程建筑机械制造的全产业链优势；徐工集团 2012 年收购德国混凝土施工设备制造企业 Schwing 后，利用高端技术提升了整体竞争力；山东重工 2012 年收购德国叉车制造商 Kion 后，掌握全球高端液压技术并大幅提升叉车技术、质量及工艺水平。这些并购不仅提升了企业的技术能力，还在产品渠道、市场认可度、品牌影响力等方面增强了企业的市场能力。若制造业企业所在行业处于成熟期，此时技术已经全面成熟，产品种类、消费者特征基本固定，行业盈利能力开始下降，企业应通过并购着重获取相应市场能力，一些具备市场能力的企业可选择横向并购增强市场势力，不具备的企业可通过纵向并购获取市场能力。以家用电器行业为例，苏宁电器 2011 年并购日本家电连锁企业 Laox，海尔集团 2011 年收购日本家电制造企业 SANYOElectric 部分白电业务、2012 年收购新西兰厨电制造企业 Fisher & Paykel 等，在店面规划、协同采购、渠道整合、产品拓展、市场扩张、全球品牌运营等方面提升了市场能力。若处于衰退期，此时市场需求下降，产品品种逐渐减少，许多竞争者无法应对危机挑战而相继退出，企业也应通过混合并购策略开拓全新业务，分散经营风险。值得指出的是，尽管制造业企业在不同行业生命周期中所要获取的能力不尽相同，但并购策略并不仅仅只针对唯一能力，相应的其他能力也会在并购活动中得以提升，但会通过所获得的主要能力发挥作用。

表 1-2　　　　　　　　不同生命周期中的企业并购策略选择

项目	研发能力	生产能力	市场能力	综合管理能力
幼稚期	★★★★ （纵向并购）	★★	★	★★ （横向纵向并购）
成长期	★★★ （横向/纵向并购）	★★ （横向并购）	★★★ （横向/纵向并购）	★★ （横向/纵向并购）
成熟期	★	★★ （横向并购）	★★★★ （横向/纵向并购）	★★ （横向/纵向并购）
衰退期	★（混合并购）			

注：★越多代表越重要。
资料来源：由笔者绘制。

1.4.2 战略联盟

国际金融危机为中国制造业企业通过战略联盟实现跨越式成长提供了机遇。在政府层面，2008 年以来，为提升产业核心竞争力，科技部等部门联合发布了关于推动产业技术创新战略联盟的系列政策，旨在加大科技计划、创新基地和科技政策对产业技术创新战略联盟的支持力度。在企业层面，危机后一些融资困难、创新能力弱的中小企业通过建立战略联盟"抱团取暖过冬"，一些具备创新能力的企业也纷纷通过建立战略联盟开展深度合作与技术资源共享。战略联盟将有利于中国制造业企业共享资源、分散风险、获取规模经济和降低交易成本。

事实上，不管与国内企业还是与国外企业战略联盟，都只是企业突破战略缺口的重要选择之一。对于中国制造业企业而言，选择不同的战略联盟类型至关重要（见图 1-2）。由于众多中小企业的产品同质性程度高，彼此间存在激烈竞争关系，又缺乏研发实力和品牌优势，"抱团取暖"应首先建立包括生产、供需在内的横向战略联盟，从而提高整体议价能力，抬高竞争对手市场进入壁垒，避免恶性竞争。考虑到中国市场经济秩序还不完善、相关法律制度还不健全，使中小企业间契约式战略联盟的成本和风险增加，对比之下，更有效的是采取股权式战略联盟，适宜形式是交叉持股，故应选择交叉持股式横向战略联盟（象限Ⅱ）。大中型制造业企业本身具备一定的竞争优势，可考虑横向战略联盟和纵向战略联盟。横向战略联盟的主要目的是提升企业间互补性能力、获取垄断租金和从事创新活动等。如果联盟对象是中小企业，则可以通过外包产品生产等方式使自己集中资源从事技术创新和市场开拓等活动,故而较优选择是契约式战略联盟(象限Ⅲ)而非股权式战略联盟[①],如海尔集团在向制造服务型企业转变过程中,就逐步将生产业务外包给声宝、冠捷、宝成、东门子等厂商;如果联盟对象是实力相当的大中型企业,则可在研发、品牌、采购、渠道等各方面建立联盟,采取股权式战略联盟(象限Ⅱ)或契约式战略联盟(象限Ⅲ)同时要灵活运用交叉持股、建立合资企业和合作等方式,如2012年广汽集团分别与奇瑞汽车、中兴汽车和中国汽车零部件工业公司建立横向契约式战略联盟,在整车、核心零部件、新能源技术研发和国际业务及物流运输等领域开展深度合作与共享。纵向联盟的主要目的是寻求长期稳定的合作关系并降低搜寻、谈判及监督成本,从而可以实现专业化分工收益。如果与上下游企业间交易成本较高,可采取交叉持股或建立合资企业等股权式战略联盟(象限Ⅰ),如比亚迪2010年收购西藏扎布耶锂业18%股权,以确保二次充电电池业务在锂供应短缺和价格大幅上升时不受影响;如果企业间交易的不确定性程度较低,可选择契约式战略联盟,如2013年苏宁电器与海信电器签订战略合作协议,将在发展规划、信息共享、产品供需、渠道优化、组织对接等方面积极合作。需要强调的是,建立战略联盟本身并不是目的,要通过联盟中的分享、学习等互动机制获取企业本身没有的资源甚至是战略性资源,最终形成企业自身的竞争优势。

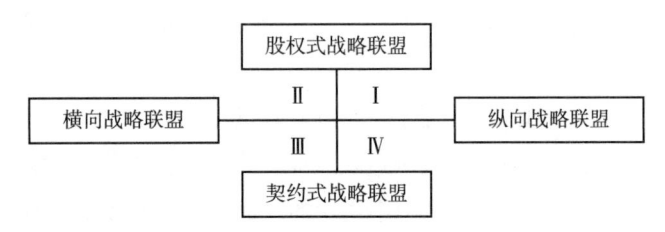

图 1-2 不同类型的战略联盟分类

资料来源:笔者绘制。

1.4.3 海外研发

危机后,发达国家纷纷加大科技投入力度,试图通过创新活动抢占新一轮

[①] 此时的联盟有不平等的地位,在这种权力不对等的关系中,契约方式即可在某种程度上达到股权式的"俘获"。

科技制高点。面对全球战略性新兴产业的蓬勃发展，中国政府明确指出要"把提高自主创新能力摆在全部科技工作的突出位置"，并出台多项政策和措施鼓励国内企业开展海外研发活动。中国制造业企业要顺时而动，通过海外研发在世界范围内跟踪、吸收、改良甚至创造领先技术和拓展市场，不仅能获得国外知识、信息、人才等优势资源，还可以增强企业国际品牌优势，大大加快"国际化"进程。

中国制造业企业开展海外研发活动首先面临企业边界的确定问题，即选择内部国际化还是外部国际化。内部国际化能解决外部市场不确定性并带来内部化收益，但会增加协调及退出等成本；外部国际化能分散经营风险并创造专业化分工经济，却会导致嵌入式锁定风险等问题。前者通常选择跨国并购或新建机构等方式，后者主要采用外包或战略联盟等方式。这些方式无所谓优劣，主要取决于企业自身状况，因前文已有分析，这里主要结合企业海外研发的功能（Le Bas and Sierra, 2002）和目标服务市场（Behrman and Fischer, 1980），分析中国制造业企业建立海外研发机构的不同模式选择（见表1-3）和影响因素。

表1-3　　　　　　　中国制造业企业海外研发的不同模式选择

项目	母国市场 （Motherland）	东道国市场 （Host）	全球市场 （Global）
技术转移（T&T）	(T, M)	(T, H)	(T, G)
研究开发（R&D）	(R, M)	(R, H)	(R, G)
综合（Both）	(B, M)	(B, H)	(B, G)

资料来源：根据（Le Bas and Sierra, 2002）和（Behrman and Fischer, 1980）改编绘制。

企业海外研发的功能主要有技术转移和研究开发两种，所要服务的目标市场可分为母国市场、东道国市场和全球市场三种。对发达国家跨国公司海外研发而言，可通过技术转移将落后技术引入发展中国家赚取利润，也可通过研究开发吸收要素资源、优化配置方式、扩大市场份额，进而服务其全球市场。但对处于技术落后地位的中国制造业企业而言，开展海外研发活动需在不同功能和目标服务市场的选择中有所侧重。一般来说，要考虑以下影响因素：

（1）行业特征。主要包括企业所处行业领先技术的变化速度和行业内企业间的技术水平差距。当行业领先技术更新速度较快、企业间技术水平差距较大时，处于劣势地位的企业无法在短期内突破技术瓶颈成为技术领先者，所以，选择技术转移服务母国市场较为有利；反之，则可选择综合功能服务全球市场模式。前者以 PC 业为例，即使是联想集团在硅谷设立研发中心，也只是为了跟踪最新科技，消化吸收后引入国内消费市场。后者以家电业为例，海尔集团设立海外研发机构，实施"三位一体本土化"战略，即"当地生产、当地营销和当地研发"，并在集团内部共享领先科技，形成了企业优势构建和市场拓展的良性循环。

（2）企业国际化发展阶段。企业国际化初期，经验不足，实力相对较弱，为了在有限成本基础上进行有效竞争，往往会选择技术转移服务母国特定市场，等具备了一定的要素资源、市场规模和管理经验后，会在吸收消化领先技术的基础上转向开展研究开发活动，目标服务市场也会逐渐延伸至全球市场。以华为技术有限公司为例，在发展过程中，持续在印度、瑞典、俄罗斯、美国、加拿大等地设立研发中心，其海外研发机构也从单纯技术转移向以技术转移和研究开发并重的综合功能变化。2005 年，华为海外合同销售额首次超过国内销售额，2012 年，华为总销售收入中海外部分占到 66%。

（3）母国政府的政策措施与东道国政府监管力度。当母国政府偏向"引进来"政策或东道国政府采取严格监管措施限制企业自由进入时，很多企业会选择技术转移服务母国市场；当母国政府鼓励"走出去"政策或东道国政府采取宽松监管措施鼓励企业自由进入时，不少企业会选择研究开发服务东道国市场等方式。

（4）其他方面。如市场的不确定性程度、技术创新的困难程度等。应注意的是，企业通过海外研发突破技术能力瓶颈要考虑到跨文化冲突等现实问题，否则，会降低海外研发活动效率，甚至使企业陷入困境。

1.5　结论与启示

本章以分工理论为基础，探讨金融危机对国际分工格局的影响，并分析中国制造业企业在危机后的转型升级问题，得到以下结论和启示：

（1）国际金融危机对全球经济造成了巨大冲击，但并未改变中国制造业企业在国际生产网络中的地位。国际生产网络由发达国家跨国公司主导构建，并在其中处于核心地位。中国制造业企业，特别是出口导向型企业，仍处于从属地位，即"三角贸易格局"中的轴心关节和全球价值链中的中低端位置。

(2) 国际金融危机后，外部市场需求不足、世界大宗商品价格上涨、国内劳动力成本增加、人民币汇率升值和价值链上激烈竞争成为推动中国制造业企业转型升级的重要因素。面对外需不足状况，中国制造业企业要利用政府促进收入增加和将经济增长转向消费驱动契机，积极开拓国内市场，分散由单一市场带来的经营风险；面对世界大宗商品价格上涨和国内劳动力成本增加现象，中国制造业企业要抓住金融危机带来的历史机遇，大力实施"走出去"战略，适时通过纵向控制保障原材料稳定供给和向低成本国家或地区转移部分劳动密集型产业，在全球范围内优化配置资源；面对人民币汇率升值趋势，中国制造业企业要采取对冲措施，适时利用人民币国际化结算作为辅助手段，有效避免汇率风险；面对价值链上的激烈竞争，中国制造业企业要利用政府推动经济发展方式转变时机，加快企业技术提升速度，强化企业品牌建设，唯有如此，才能不"被俘获"，走出加工组装的低附加值环节。

(3) 中国制造业企业可通过并购、战略联盟和海外研发策略提升在国际生产网络中的地位，但要考虑能力获取动机不同、所处行业有别、生命周期差异和产品市场定位等因素。如能源矿产企业成长策略主要是为了获取市场能力，制药企业成长策略主要是为了获取研发能力；企业在幼稚期倾向于采取纵向并购策略，在成长期更偏好横向并购策略；一些企业为及时、有效地满足东道国消费者需求，在东道国设立研发机构的同时，投资建立生产工厂。还有些企业不仅在某些东道国设立研发机构，还在其他东道国实施并购或战略联盟策略，整合生产要素资源，达到在世界市场上扩张的目的。

根据本章对国内外经济形势的分析，企业间竞争正从对自然资源、产品、市场等要素扩张深入到对技术创新体系下知识、人力资本等要素的争夺，技术不仅成为企业传递环境压力的有力手段，更是参与市场竞争的最重要战略性资源之一，那些能够率先掌握先进技术并应用技术成果的企业，必将在新一轮科技竞争中占据优势地位。中国制造业企业要结合自身特点，一方面，在原有国际分工格局下充分利用"两个市场""两种资源"实现转型升级；另一方面，在危机后积极借助中国乃至全球战略性新兴产业的发展实现新的突破，进一步加快全球研发投资力度和步伐，抢占先机，从"走出去"向"立足全球"转型。

参考文献：

[1] 蔡昉. 人口转变、人口红利与刘易斯转折点 [J]. 经济研究，2010 (4)：5-14.

[2] 方晋. 国际金融危机改变世界经济格局 [J]. 发展研究, 2009 (2): 13-15.

[3] 黄有光, 张定胜. 高级微观经济学 [M]. 上海: 上海人民出版社, 2008.

[4] 刘钧霆, 王冬. 金融危机下中国与日韩产业内分工合作研究 [J]. 经济与管理研究, 2011 (10): 114-119.

[5] 刘林青, 谭力文, 施冠群. 租金、力量和绩效——全球价值链背景下对竞争优势的思考 [J]. 中国工业经济, 2008 (1): 52-60.

[6] 刘友法. 未来10年中国周边经济安全形势及对策思考 [J]. 国际问题研究, 2012 (4): 84-93.

[7] 刘志彪. 全球化背景下中国制造业升级的路径与品牌 [J]. 财经问题研究, 2005 (5): 25-31.

[8] 裴长洪. 后危机时代经济全球化趋势及其新特点、新态势 [J]. 国际经济评论, 2010 (4): 28-46.

[9] 瞿宛文. 台湾后起者能借自创品牌升级吗 [J]. 世界经济文汇, 2007 (5): 41-69.

[10] 石奇, 王磊磊. 内需增长, 代工生产与长三角本土企业升级 [J]. 南京财经大学学报, 2011 (2): 22-25.

[11] 唐海燕, 张会清. 中国在新兴国际分工体系中的地位——基于价值链视角的分析 [J]. 国际贸易问题, 2009 (2): 18-26.

[12] 王桎伦. 民营企业国际代工的"市场隔层"问题研究 [J]. 浙江社会科学, 2007 (1).

[13] 王生辉, 孙国辉. 全球价值链体系中的代工企业组织学习与产业升级 [J]. 经济管理, 2009 (8): 47-52.

[14] 王晓蓉. 中国在东亚区域生产网络中面临的挑战与抉择 [J]. 学术月刊, 2011 (8): 69-76.

[15] 徐秀琴, 张凯祥. 代工困境与升级迷思: 解构从OEM到OBM的虚假关系 [R]. 台湾产业与金融发展研讨会, 2008.

[16] 杨桂菊. 代工企业转型升级: 演进路径的理论模型——基于3家本土企业的案例研究 [J]. 管理世界, 2010 (6): 132-142.

[17] 杨蕙馨, 吴炜峰. 经济全球化条件下的产业结构转型及对策 [J]. 经济学动态, 2010 (6): 45-48+143.

[18] 俞荣建. 基于共同演化范式的代工企业GVC升级机理研究与代工策略启

示——基于二元关系的视角 [J]. 中国工业经济, 2010 (2): 18-27.

[19] 张国胜. 全球代工体系下的产业升级研究: 基于本土市场规模的视角 [J]. 产经评论, 2010 (1): 38-45.

[20] 张庆霖, 苏启林. 代工制造、金融危机与东部地区产业升级 [J]. 经济管理, 2010 (1): 33-42.

[21] 赵明亮, 杨蕙馨. 经济全球化条件下的国际生产网络与发展中国家价值链的重构 [J]. 产业经济评论, 2012 (3): 96-108.

[22] Amighini A. China in the International Fragmentation of Production: Evidence from the ICT Industry [J]. European Journal of Comparative Economics, 2005 (2): 203-219.

[23] Athukorala P. and Yamashita N. Production Fragmentation and Trade Integration: East Asia in a Global Context [J]. The North American Journal of Economics and Finance, 2006 (17): 233-256.

[24] Behrman J. N. and Fischer W. A. Overseas R&D Activities of Transnational Companies [M]. Cambridge, MA: Oelgeschlag-er, Gunn and Hain, 1980.

[25] Gereffi G. and Humphrey J. The Governance of Global Value Chain [J]. Review of International Political Economy, 2005 (12): 78-104.

[26] Humphrey J. and Schmitz H. How Does Insertion in Global Value Chains Affect Upgrading in Industrial Clusters [J]. Region-al Studies, 2002 (9): 1017-1027.

[27] Le Bas, C. and Sierra C. "Location versus Home Country Advantages" in R&D Activities: Some Further Results on Multinationals' Locational Strategies [J]. Research Policy, 2002 (31): 589-609.

[28] Kuroiwa I. and Kuwamori H. Impact of the US Economic Crisis on East Asian Economies: Production Networks and Triangu-lar Trade through Chinese Mainland [J]. China & World Economy, 2011 (19): 1-18.

[29] Nguyen N. The Recent Economic Situation of Vietnam and Investment Risks [R]. CRR discussion paper, 2010, No. A2.

[30] Varian H. R. An IPod Has Global Value: Ask the Countries That Make It [N]. The New York Times, 2007 (6).

第 2 章 技术创新能力对中小制造企业成长性的影响研究[①]

中小企业占我国企业总数的99%以上，创造60%左右的GDP，缴纳50%左右的税收，提供接近80%的城镇就业岗位[②]。虽然我国中小企业发展迅速，但在获得人才、资金、技术和信息等方面面临诸多困难。总体而言，中小企业就业人员素质偏低、运营资金缺乏、管理水平不高、设施设备落后，在日趋激烈的市场竞争中处于劣势，缺乏可持续发展能力。中小企业的成长问题已经成为政府、企业界以及学术界关注的焦点。技术创新能力是中小企业获得成功的重要驱动力，也是影响其成长性的关键因素。研究技术创新能力对中小企业成长性的影响规律和作用机制，具有重要的理论意义和现实意义。

2.1 相关文献综述

2.1.1 国外研究综述

国外学者对技术创新能力与企业成长性关系的研究开始较早，相关理论较为成熟。技术创新理论的创始人熊彼得（Schumpeter，1912）在《经济发展理论》中提出：经济增长的最重要动力和最根本源泉在于企业创新，他认为企业要想生存、成长，必须积极创新、持续创新，通过技术创新寻找出路。熊彼特之后，又产生了大量相关研究成果。彭罗斯（Penrose，1959）提出必须从企业本质中寻找成长的固有力量，并强调技术创新能力对企业成长的重要性，认

[①] 本章作者为杨蕙馨、王嵩，发表在《东岳论丛》2013年第2期（有改动）。
[②] 资料来源：十一届全国人大常委会第十二次会议：《促进中小企业发展情况报告》。

为产品创新和组织创新均是企业成长的推动因素。曼斯费尔德（Mansfield，1962）以美国钢铁行业和石油行业的多年面板数据进行研究，发现进行 R&D 活动的企业其成长性（用销售增长率衡量）比同类企业增强两倍，并且中小企业 R&D 活动相对于大企业来说对企业成长性影响更大。

舍雷尔（Scherer，1965）用利润增长作为被解释变量衡量企业成长性，用技术发明作为解释变量衡量技术创新能力，对两者关系进行实证研究，发现技术创新能力与企业成长性存在显著的正相关关系。蒙特和帕帕尼（Monte and Papagni，2003）对意大利 500 家制造业企业研究后得出类似结论。

考德和饶（Coad and Rao，2008）采用分位数回归方法研究了不同成长阶段技术创新投入对企业成长性的影响差异，发现处于高成长阶段的企业，其技术创新投入与成长性之间的关系更强。这一结论进一步丰富了技术创新能力与企业成长性关系的相关研究。

易普拉辛等（Ebrahim et al.，2010）通过网上调查方法对伊朗和马来西亚的 91 家中小企业进行研究，用虚拟研发团队衡量企业技术创新能力，研究结果表明企业组建虚拟研发团队会显著提高其营业收入，有利于企业成长。萨博拉罕亚（Subrahmanya，2011）对印度班加罗尔汽车零件业、电子制造业及机床制造业的 200 多家中小企业调查研究后发现，研发人员投入等指标均与其营业收入呈正相关关系，同样验证了技术创新能力对中小企业成长性的促进作用。

当然，部分学者得到了不一致的结论，如波塔次等（Bottazzi et al.，2001）对世界医药行业前 150 家企业进行研究，并未发现技术创新投入与企业成长性的相关性。努斯等（Nunes et al.，2012）以制造业中小企业为样本，运用两阶段估计方法发现高新技术企业 R&D 投入强度与其成长性呈 U 形关系，而非高新技术企业 R&D 投入强度与其成长性呈负相关关系。

2.1.2　国内研究综述

相比而言，我国相关研究起步较晚。贾明德和樊增强（1996）认为任何中小企业，其成长都离不开技术创新，技术创新是保持中小企业竞争优势的持续性动力。杨德林和陈春宝（1998）通过对中关村 20 多家高新技术企业的问卷调查，运用描述性统计分析方法，得出结论：企业技术创新团簇会促进企业多样化成长。王核成（2001）同样指出企业的成长速度受到技术创新能力的影响。

张维迎等（2005）采用中关村科技园的企业数据，通过实证分析研究了企业不同成长阶段R&D投入等因素对企业成长性影响的差异，认为R&D投入对处于不同成长分位水平企业的正向影响显著不同。张信东和薛艳梅（2010）选取2004~2008年中小板上市公司为样本，得出了类似的结论。

陈志勇（2006）以2004年在深交所中小企业板上市的32家中小企业为研究样本，发现技术创新投入不仅能够促进企业的快速成长，而且能够显著提升企业经济效益。李明星等（2010）基于知识转化视角对广东省高技术风险企业研究，同样发现技术创新能力对企业成长产生显著的促进作用。

陈晓红等（2008）在技术创新能力影响因素模型中增加了有技术背景的高管人员和专利方面的指标，对153家中小板上市公司进行了实证分析，结果表明技术创新能力和中小企业成长性呈倒U形关系。陈丹和张慧丽（2011）以37家中小板上市公司为研究样本，以扩张能力和盈利能力为被解释变量衡量企业成长性，以创新产品销售收入比重、研发投入强度为解释变量衡量技术创新能力，发现创新产品销售收入比重与企业扩张能力呈正相关关系，而研发投入强度与企业盈利能力呈负相关关系。

迟宁等（2010）构建了中小科技企业的成长性评价指标体系，通过因子分析方法得出技术创新能力是影响企业成长性的重要因素，会对中小科技企业的成长性产生促进作用。徐维爽等（2012）用相同的研究方法对创业板企业进行研究，却发现技术创新能力对企业成长性的贡献率不高。

综上所述，国内外研究结论基本一致，主流观点是技术创新能力对企业成长性具有促进作用，只是衡量指标有所不同。已有研究大部分使用截面数据，对技术创新能力的滞后性影响研究较少。另外，衡量企业成长性时往往使用单一指标，研究不够全面；衡量技术创新能力时通常只使用研发投入方面的指标，而较少关注专利申请和专利授权方面的指标。因此，本章选取若干财务指标，通过因子分析得出样本企业综合得分，更全面地反映企业的成长性，并在多元回归分析时分别验证4个技术创新能力指标对中小企业成长性的滞后性作用机制。

2.2 研究设计

2.2.1 样本选择及数据来源

样本企业满足以下要求：2008~2011年间公司年报披露完整，各指标数据无缺失值；研究期间无 ST 或停牌现象；企业所属产业为制造业。经过筛选，选取 61 个中小板制造业上市公司为研究对象。

财务指标数据及研发数据源自样本企业披露的公司年报，专利申请和专利授权数据（仅包括国内专利申请授权数）来源于国家知识产权局网站。

2.2.2 变量选取

本章选取企业成长性综合得分作为被解释变量衡量企业成长性，用 *GROWTH* 表示，由因子分析获得；选取研发投入强度、人均研发投入、百人专利申请量和百人专利授权量作为解释变量，衡量企业的技术创新能力，分别用 *RDI*、*RDPS*、*PAPHS* 和 *PGPHS* 表示。由于不同上市公司对研发人员的界定不一致，本章没有将研发人员比例指标纳入解释变量；由于技术创新能力只是影响中小企业成长性的一个因素，企业成长性还受其他变量的影响，因此选取资产对数值和资产负债率作为控制变量，分别代表企业规模和财务杠杆，用 ln*ASSET* 和 *ALR* 表示。各变量及其含义描述如表 2 – 1 所示。

表 2 – 1　　　　　　　　　变量定义及描述

变量类型	变量名称	变量符号	变量定义
被解释变量	企业成长性	*GROWTH*	因子分析综合得分
解释变量	研发投入强度	*RDI*	R&D 投入/营业收入
	人均研发投入	*RDPS*	研发投入/员工人数
	百人专利申请量	*PAPHS*	100 × 专利申请数/员工人数
	百人专利授权量	*PGPHS*	100 × 专利授权数/员工人数
控制变量	资产对数值	ln*ASSET*	资产总额的自然对数值
	资产负债率	*ALR*	负债总额/资产总额

2.2.3 研究假设

基于文献综述及中小企业特点，本章提出以下假设：

H1a：研发投入强度与中小企业当年的成长性呈负相关关系。

H1b：人均研发投入与中小企业当年的成长性呈负相关关系。

H1c：百人专利申请量对中小企业当年的成长性无显著影响。

H1d：百人专利授权量与中小企业当年的成长性呈正相关关系。

H2a：研发投入强度对中小企业未来的成长性具有滞后性正向影响。
H2b：人均研发投入对中小企业未来的成长性具有滞后性正向影响。
H2c：百人专利申请量对中小企业未来的成长性具有滞后性正向影响。
H2d：百人专利授权量对中小企业未来的成长性具有滞后性正向影响。

2.3 实证分析

2.3.1 因子分析

选取6个财务指标衡量中小企业的成长性，分别是总资产净利率、净资产收益率、流动比率、速动比率、总资产增长率和净资产增长率，它们可以反映企业的盈利能力、偿债能力和扩张能力，能够比较全面地衡量企业的成长性。本章共有61个样本量，对6个指标变量进行因子分析，共计观测值366个，按照学者高萨驰（Gorsuch）的观点，完全符合因子分析要求。

运用SPSS 17.0软件对样本企业的指标数据进行KMO检验和Bartlett球体检验，输出结果显示KMO值为0.604，明显高于0.5的因子分析最低标准，Bartlett球体检验的卡方近似值为518.566，且对应的P值接近0，所以原始指标数据适合做因子分析。

按照特征根大于1的通常标准，共提取出2个主因子，分别用$F1$、$F2$表示，它们对总方差的解释程度分别为57.534%和27.441%，累积解释程度达到84.975%，能够较好地代表原始变量的大部分信息。

采取方差最大化正交旋转，得到旋转后的因子载荷矩阵，如表2-2所示。$F1$在流动比率、速动比率、总资产净利率和净资产收益率上载荷较大，主要反映企业的偿债能力和盈利能力，命名为偿债盈利因子。$F2$在总资产增长率和净资产增长率上载荷较大，主要反映企业的扩张能力，命名为扩张因子。

表2-2　　　　　　　　　　旋转后的因子载荷矩阵

成长性指标	主因子	
	$F1$	$F2$
流动比率	0.928	0.021
速动比率	0.923	0.031

续表

成长性指标	主因子	
	F1	F2
总资产净利率	0.916	0.143
净资产收益率	0.781	0.316
总资产增长率	0.084	0.957
净资产增长率	0.139	0.933

在得出 2 个主因子得分的基础上，以主因子对应的方差贡献率为权重计算样本企业的成长性综合得分，并以此作为多元回归分析的被解释变量。综合因子得分计算公式如下：

$$GROWTH = \frac{\lambda1 F1 + \lambda2 F2}{\lambda1 + \lambda2} \qquad (2-1)$$

2.3.2 多元回归分析

考虑到解释变量和被解释变量的取值单位不一致，可能造成回归系数存在偏差，首先对各变量数据进行标准化处理。

（1）研发投入强度与企业成长性的回归分析。

为验证假设 H1a 和 H2a，建立回归模型如下：

$$GROWTH_{i,t} = \alpha_0 + \alpha_1 RDI_{i,t} + \alpha_2 RDI_{i,t-1} + \alpha_3 RDI_{i,t-2} + \alpha_4 RDI_{i,t-3}$$
$$+ \alpha_5 \ln ASSET_{i,t} + \alpha_6 ALR_{i,t} + \varepsilon_1 \qquad (模型 2-1)$$

上述模型中，i 表示样本企业，$t-i$ ($i=0,1,2,3$) 表示四个会计年度，下同。

应用（模型 2-1）采用后向回归法对样本数据进行回归分析，最终模型的模型概述及回归系数表如表 2-3、表 2-4 所示。

表 2-3　　　　　　　　　模型 2-1 概述

R	R^2	调整的 R^2	标准估计误差	F 值	P 值	D.W 值
0.757	0.573	0.543	0.507	18.824	0.000	1.960

表2-4　　　　　　　　　　模型2-1回归系数

模型2-1	标准化系数	T值	P值	VIF值
2011年研发投入强度	-0.674	-2.681	0.01	8.288
2010年研发投入强度	1.029	4.055	0.000	8.452
资产对数值	0.325	3.340	0.001	1.245
资产负债率	-0.499	-4.755	0.000	1.446

表2-3显示，模型F值为18.824，对应的P值接近0，模型在1%的显著性水平上是显著的。模型调整的R^2为0.543，拟合程度较好。D.W值为1.960，查表可得$DU=1.73$（$n=61$，$k=5$时），D.W值处于D_U和$4-D_U$之间，模型不存在自相关性。

表2-4显示，进入最终模型的各变量VIF值均小于10，说明模型不存在共线性。2011年和2010年的研发投入强度在1%的显著性水平上是显著的。2011年的研发投入强度与2011年企业成长性呈负相关关系，验证了假设H1a。这表明研发投入占营业收入的比例越高，企业当年成长性越差，主要因为企业短时间内难以产生创新产品，高额的研发成本难以回收，从而影响到财务指标，制约企业当年的成长性。而2010年的研发投入强度与2011年企业成长性呈正相关关系，表明研发投入强度对企业成长性至少有1年的滞后性正向影响，验证了假设H2a。而2008年和2009年的研发投入强度指标由于没有通过显著性检验，被剔除出模型，表明研发投入强度对企业2～3年后的成长性并没有显著影响。另外，两个控制变量对企业成长性也有显著影响。

（2）人均研发投入与企业成长性的回归分析。

为验证假设H1b和H2b，建立回归模型如下：

$$GROWTH_{i,t} = \beta_0 + \beta_1 RDPS_{i,t} + \beta_2 RDPS_{i,t-1} + \beta_3 RDPS_{i,t-2} + \beta_4 RDPS_{i,t-3} + \beta_5 \ln ASSET_{i,t} + \beta_6 ALR_{i,t} + \varepsilon_2 \quad (模型2-2)$$

应用（模型2-2）采用后向回归法对样本数据进行回归分析，最终模型的模型概述及回归系数表如表2-5、表2-6所示。

表2-5　　　　　　　　　　模型2-2概述

R	R^2	调整的R^2	标准估计误差	F值	P值	D.W值
0.757	0.573	0.542	0.508	18.757	0.000	2.079

表 2 - 6　　　　　　　　模型 2 - 2 回归系数

模型 2 - 1	标准化系数	T 值	P 值	VIF 值
2011 年人均研发投入	-0.521	-1.871	0.067	10.163
2010 年人均研发投入	0.905	3.224	0.002	10.318
资产对数值	0.247	2.497	0.015	1.279
资产负债率	-0.572	-5.772	0.000	1.286

表 2 - 5 显示，模型 F 值为 18.757，对应的 P 值接近 0，模型在 1% 的显著性水平上是显著的。模型调整的 R^2 为 0.542，拟合程度较好。D.W 值为 2.079，查表可得 $DU = 1.73$（$n = 61$，$k = 5$ 时），D.W 值处于 D_U 和 $4 - D_U$ 之间，模型不存在自相关性。

表 2 - 6 显示，进入最终模型的各变量中有 2 个 VIF 值略大于 10，可认为模型不存在共线性。2011 年和 2010 年的人均研发投入分别在 10% 和 1% 的显著性水平上是显著的。2011 年的人均研发投入与 2011 年企业成长性呈负相关关系，验证了假设 H1b。这表明人均研发投入越高，企业当年成长性越差，主要因为高额的研发投入造成企业当年的成本较高，而短时间内难以形成创新成果，会影响到财务指标数据，制约企业当年的成长性。而 2010 年的人均研发投入与 2011 年企业成长性呈正相关关系，表明人均研发投入对企业成长性至少有 1 年的滞后性正向影响，验证了假设 H2b。而 2008 年和 2009 年的人均研发投入指标由于没有通过显著性检验，被剔除出模型，表明人均研发投入对企业 2~3 年后的成长性并没有显著影响。另外，两个控制变量对企业成长性也有显著影响。

（3）百人专利申请量与企业成长性的回归分析。

为验证假设 H1c 和 H2c，建立回归模型如下：

$$GROWTH_{i,t} = \gamma_0 + \gamma_1 PAPHS_{i,t} + \gamma_2 PAPHS_{i,t-1} + \gamma_3 PAPHS_{i,t-2} + \gamma_4 PAPHS_{i,t-3} + \gamma_5 \ln ASSET_{i,t} + \gamma_6 ALR_{i,t} + \varepsilon_3$$

（模型 2 - 3）

应用（模型 2 - 3）采用后向回归法对样本数据进行回归分析，最终模型的模型概述及回归系数表如表 2 - 7、表 2 - 8 所示。

表 2-7　　　　　　　　　　模型 2-3 概述

R	R^2	调整的 R^2	标准估计误差	F 值	P 值	D.W 值
0.677	0.459	0.430	0.566	16.115	0.000	2.073

表 2-8　　　　　　　　　　模型 2-3 回归系数

模型 2-1	标准化系数	T 值	P 值	VIF 值
2008 年百人专利申请量	0.266	2.692	0.009	1.026
资产对数值	0.355	3.307	0.002	1.214
资产负债率	-0.645	-5.958	0.000	1.236

表 2-7 显示，模型 F 值为 16.115，对应的 P 值接近 0，模型在 1% 的显著性水平上是显著的。模型调整的 R^2 为 0.430，拟合程度中等偏上。D.W 值为 2.073，查表可得 $DU=1.69$（$n=61$，$k=4$ 时），D.W 值处于 D_U 和 $4-D_U$ 之间，模型不存在自相关性。

表 2-8 显示，进入最终模型的各变量 VIF 值均小于 10，说明模型不存在共线性。2011 年的百人专利申请量对 2011 年企业成长性无显著影响，验证了假设 H1c。毕竟我国知识产权保护制度并不完善，企业已申请专利但尚未获得授权的创新成果有可能被其他企业剽窃，导致投入高额研发成本进行技术创新的企业先发优势并不明显，专利申请难以在短期内对企业成长产生显著影响。2008 年的百人专利申请量在 1% 的显著性水平上是显著的，且与 2011 年企业成长性呈正相关关系，说明百人专利申请量对企业成长性至少有 3 年的滞后性正向影响，验证了假设 H2c。这主要因为专利申请到专利获得授权通常需要 2~3 年甚至更长的过程，专利申请往往在几年后获得授权时才起作用。另外，两个控制变量对企业成长性也有显著影响。

(4) 百人专利授权量与企业成长性的回归分析。

为验证假设 H1d 和 H2d，建立回归模型如下：

$$GROWTH_{i,t} = \mu_0 + \mu_1 PGPHS_{i,t} + \mu_2 PGPHS_{i,t-1} + \mu_3 PGPHS_{i,t-2}$$
$$+ \mu_4 PGPHS_{i,t-3} + \mu_5 \ln ASSET_{i,t} + \mu_6 ALR_{i,t} + \varepsilon_4$$

(模型 2-4)

应用（模型 2-4）采用后向回归法对样本数据进行回归分析，最终模型的模型概述及回归系数表如表 2-9、表 2-10 所示。

表 2-9　　　　　　　　　　模型 2-4 概述

R	R^2	调整的 R^2	标准估计误差	F 值	P 值	D.W 值
0.657	0.432	0.402	0.580	14.430	0.000	2.160

表 2-10　　　　　　　　　　模型 2-4 回归系数

模型 2-1	标准化系数	T 值	P 值	VIF 值
2010 年百人专利授权量	0.204	2.040	0.046	1.002
资产对数值	0.356	3.239	0.002	1.215
资产负债率	-0.683	-6.208	0.000	1.213

表 2-9 显示，模型 F 值为 14.430，对应的 P 值接近 0，模型在 1% 的显著性水平上是显著的。模型调整的 R^2 为 0.402，拟合程度中等偏上。D.W 值为 2.160，查表可得 $DU=1.69$（$n=61$，$k=4$ 时），D.W 值处于 D_U 和 $4-D_U$ 之间，模型不存在自相关性。

表 2-10 显示，进入最终模型的各变量 VIF 值均小于 10，说明模型不存在共线性。2011 年的百人专利授权量对 2011 年企业成长性无显著影响，假设 H1d 未得到检验。这一结果很可能由于企业往往是年中某时间获得专利授权，只能在获得专利授权到会计年度结束这段时间起到作用，再加上市场上其他企业剽窃创新成果生产的产品退市需要一定的时间，导致专利授权对当年成长性无显著影响。2010 年的百人专利授权量在 5% 的显著性水平上是显著的，且与 2011 年企业成长性呈正相关关系，说明百人专利授权量对企业成长性至少有 1 年的滞后性正向影响，验证了假设 H2d。专利授权的滞后性影响周期短于专利申请，说明专利获得授权后能够较早地发挥对企业成长性的促进作用。

2.4　结论与建议

通过实证分析，8 个研究假设有 7 个得到了验证。一方面，技术创新能力的 4 个衡量指标对企业当年的成长性要么是负向影响要么是无显著影响，这也许正是我国大部分中小企业技术创新动力不足的原因。但是，中小企业不应该因为短期内技术创新对促进企业成长成效不显著就放弃，而应该从长远考虑制定技术创新战略规划，并认真贯彻执行。另一方面，技术创新能力的 4 个衡量指标对企业成长性都有不同程度的滞后性正向影响,这也告诫我国中小企业技术创新能力具有滞后效应,技术创新投入会在一定时间之后发挥对企业成长性的促进作用,中小企业不能急于求成,而应保证持续充足的技术创新资源投入,并将技术创新视为不断循环的过程,耐心等待技术创新对企业成长发挥作用。

参考文献:

[1] 陈丹,张慧丽.中小企业技术创新能力与成长性关系的实证研究[J].财贸研究,2011(1):104-109.

[2] 陈晓红,彭子晟,韩文强.中小企业技术创新与成长性的关系研究——基于我国沪深中小上市公司的实证分析[J].科学学研究,2008(5):1098-1104.

[3] 陈志勇.中小企业研发投入与公司业绩相关性的研究[D].北京:北京化工大学,2006.

[4] 迟宁,邓学芬,牟绍波.基于技术创新的中小科技企业成长性评价——我国中小企业板上市公司的实证分析[J].技术经济与管理研究,2010(5):46-49.

[5] 高萨驰(Gorsuch)认为,因子分析要求样本量与变量数的比例在5:1以上,且观测值大于100个。

[6] 贾明德,樊增强.中国中小企业技术创新基础及实证研究[J].管理世界,1996(2).

[7] 李明星,张同建,林昭文.知识转化、自主技术创新与企业成长的相关性研究——基于广东省高技术风险企业的数据检验[J].科技管理研究,2010(23):14-18.

[8] 王核成.R&D投入与企业成长的相关性研究[J].科学管理研究,2001(3):13-16.

[9] 徐维爽,张庭发,宋永鹏.创业板上市公司成长性及技术创新贡献分析[J].天津财经大学学报,2012(1):65-70.

[10] 杨德林,陈春宝.技术创新团簇与高科技企业多样化成长[J].中国工业经济,1998(7):68-72.

[11] 张维迎,周黎安,顾全林.高新技术企业的成长及其影响因素:分位数回归模型的一个应用[J].管理世界,2005(10):94-101+112+172.

[12] 张信东,薛艳梅. R&D 支出与公司成长性之关系及阶段特征——基于分位数回归技术的实证研究 [J]. 科学学与科学技术管理,2010(6): 28-33.

[13] Bottazzi G., Dosi G., Lippi M. Pammolli F. & Riccaboni M. Innovation and Corporate Growth in Evolution of the Drug Industry [J]. International Journal of Industrial Organization, 2001 (19): 1161-1187.

[14] Coad A., Rao R. Innovation and Firm Growth in High-tech sectors: A Quantile Regression approach [J]. Research Policy, 2008 (7): 633-648.

[15] Ebrahim N., Ahmed S. & Taha Z. Virtual R&D Teams and SMEs Growth: A Comparative Study between Iranian and Malaysian SMEs [J]. African Journal of Business Management, 2010, 4 (11): 2368-2379.

[16] Mansfield E. Entry, Gibrat's Law, Innovation, and the Growth of Firms [J]. The American Economic Review, 1962, 52 (5): 1023-1051.

[17] Monte A., Papagni E. R&D and the Growth of Firms: Empirical Analysis of a Panal of Italian Firms [J]. Research Policy, 2003 (32): 1003-1014.

[18] Nuns P., Serrasqueiro Z. & Leitao J. Is There a Linear Relationship Between R&D Intensity and Growth? Empirical Evidence of Non-high-tech vs. High-tech SMEs [J]. Research Policy, 2012, 41 (1): 36-53.

[19] Penrose E. The Theory of the Growth of the Firm [M]. New York: Wiley, 1959.

[20] Scherer F. Corporate Inventive Output, Profits and Growth [J]. The Journal of Political Economy, 1965, 73 (3): 290-297.

[21] Schumpeter J. The Theory of Economic Development. Translated by Opie, R. 1934. Reprint. 1961. Cambridge: Harvard University Press, 1912.

[22] Subrahmanya M. Technological Innovation and Growth of SMEs In Bangalore: Does Innovation Facilitate Growth of Firm Size? [J]. The Asian Journal of Technology Management, 2011, 4 (1): 41-55.

第3章
民营高新技术企业规模与R&D活动关系的实证研究[①]

通过对山东省民营高新技术企业进行问卷调查获得的数据，采用不同的回归模型考察企业规模与企业R&D投入及产出之间的关系，得出的结论是：企业规模与R&D投入之间存在显著的U形函数关系；企业规模与R&D产出之间不存在相关关系。这一结论与熊彼特假说并不吻合，这表明就山东省民营高新技术企业而言，大企业与小企业相比较并未在R&D活动上显示出明显的优势。

3.1 引　　言

R&D活动是高新技术企业获取竞争优势的源泉，直接影响高新技术企业的生存和发展。为了对山东省高新技术企业的R&D状况有一个基本的了解，山东大学管理学院课题组对山东省高新技术企业进行了主题为"山东省高新技术企业自主创新能力"的问卷调查。本章使用这一问卷调查所获得的山东省民营高新技术企业的数据，考察企业规模与企业R&D投入及产出的关系。

关于企业规模与R&D活动的关系，国内外学者已做过不少的研究，但至今仍没有定论。国外在熊彼特假说[②]之后产生了大量的经验研究成果。舍雷弗斯（Shrieves，1978）发现在控制市场集中度、产业技术特征等因素后，企业规模对企业R&D人员数有显著正向影响。库玛和萨齐布（Kumar and Saqib，

[①] 本章作者为杨蕙馨、权宗帅，发表在《山东大学学报（哲学社会科学版）》2009年第3期（有改动）。

[②] 熊彼特（Schumpeter）提出的两个假说：一是垄断和创新之间存在正相关关系；二是规模大的企业比规模小的企业承担着更大比例的创新份额。这就是创新理论中的熊彼特假说Ⅰ和熊彼特假说Ⅱ。

1996）对印度制造业企业调查研究后发现，企业规模与 R&D 投入之间存在正相关关系。沃森（Vossen，1998）的经验研究也观察到类似的相关关系。

沃雷（Worley，1961）的研究表明企业规模与 R&D 投入之间存在着如下的函数关系：$\log R = c + b \log Y$。其中，R 为 R&D 经费投入，Y 为代表企业规模的企业员工数量，b 为 R&D 投入对企业规模的弹性。沃雷对电机、化学、食品等 8 个行业进行了研究，只有石油制品和电机 2 个行业的规模弹性超过了 1，即随着规模增加，R&D 投入增加速度明显加快。

舍雷尔（Scherer，1965）以专利数量为被解释变量，用销售收入的一次方、平方及立方作为解释变量，发现企业规模与 R&D 活动之间存在着倒 U 形函数关系。在随后的研究中，卡米恩和施瓦茨（Kamien & Schwartz，1975）同样发现了二者之间的倒 U 形函数关系。这些研究说明企业规模存在一个临界值，在临界值之前，R&D 强度随规模增大而增加；超过这一规模之后，R&D 强度随规模增大而减小。

帕维特等（Pavitt et al.，1987）以员工人数作为衡量企业规模的指标，发现企业规模与研发强度之间存在 U 形关系。类似的 U 形关系也被艾克斯和奥德斯（Acs and Audretsch，1990，1991）等学者观测到。

国内研究方面，胡（Hu，2001）运用 1995 年北京市海淀区 813 个高科技企业横截面数据研究表明，企业规模（用销售收入表示）和政府 R&D 对私人 R&D 有显著的正向作用。周黎安、罗凯（2005）运用中国 1985～1997 年 30 个省级水平的面板数据研究表明，在我国企业规模对创新有显著的促进作用，但是企业规模对创新的正向关系主要源于非国有企业，而不是国有企业。

金玲娣和陈国宏（2001）运用上海 673 家企业技术创新状况的调查数据研究表明，R&D 投入强度随企业规模先递减后递增而后又递减，企业规模与 R&D 产出之间的关系则可以用 Worley 模型来表示。

安同良、施浩、罗德伟科·奥克塔（Ludovico Alcorta，2006）运用江苏省制造业企业调查数据研究表明，以员工人数为划分标准的大企业相对于小企业而言，会更多地进行持续性研发活动，倾向于建立独立的常规性、专业化研发部门，但是某些行业的小企业也呈现出研发创新的行为优势。整体来看，企业规模与 R&D 强度存在着倾斜的 V 形结构关系。

吴延兵（2007）运用 2002 年 4 位数制造业横截面数据研究表明，企业规模与 R&D 强度之间呈现倒 U 形函数关系，但对几乎所有的 4 位数产业而言，二者之间主要表现为一种非线性递增关系，即企业规模对 R&D 投入有显著的促进作用。朱恒鹏（2006）运用国内 10 个省份 822 家民营企业的调查数据研究表明，企业规模（用技工贸收入表示）与民营企业研发支出强度之间呈现较明显的倒 U 形函数关系。

国内外已有研究结论的不同，很大程度上源于数据来源、企业规模和 R&D 活动的衡量指标的差异。已有研究大多将各种类型的企业笼统地放在一起，但是民营高新技术企业在产权安排和生存风险等方面与其他类型企业存在明显差异，为了规避风险、获取竞争优势，基于高新技术企业的特点，它们势必会在 R&D 活动方面采取一些异于其他类型企业的措施，而已有研究并没有对其给予特别的关注，因此本章将民营高新技术企业 R&D 活动作为研究对象，考察企业规模与 R&D 活动的关系。

3.2 数据来源和变量设计

3.2.1 数据来源

本章使用的数据来自问卷调查，本次调查由山东大学管理学院课题组进行，主要是杨蕙馨教授指导的部分博士生和硕士生，从 2008 年 2 月始至 2008 年 5 月终。其间，首先通过访谈形成了调查问卷，在小规模试调查基础上对问卷进行了修改，正式调查通过邮寄纸质问卷、电子邮件、人员直接发放等形式进行，共发放问卷 400 份，回收有效问卷 277 份，问卷有效回收率为 69.25%，符合社会调查要求。其中山东省民营高新技术企业问卷 175 份。问卷涉及 2005 年、2006 年和 2007 年三年的数据，鉴于 2005 年、2006 年的数据缺损严重，本章仅采用被调查企业 2007 年的横截面数据。

3.2.2 变量设计

企业 R&D 投入是 R&D 产出的基础，但是有投入未必一定有产出，在大多数情况下 R&D 投入和产出与企业规模的关系是不同的。因此，单纯采用 R&D 投入或产出来代表 R&D 活动进而笼统地讨论 R&D 与企业规模的关系是不恰当的，本章将 R&D 投入与产出分开，分别研究其与企业规模的关系。

在调查问卷中，反映企业 R&D 投入的指标包括科技经费筹集总额、研发人员比例和研发人员投入（即研发人员全时当量，其值等于全时研发人员数 + 非全时人员按工作量折合为全时人员数）。由于在中国相关统计数据中，R&D

支出作为一项单独的指标出现得较晚，许多企业并没有单独的 R&D 支出数据，同时为了与统计年鉴口径一致，问卷采用"科技经费筹集总额"来衡量企业 R&D 投入。在下面的模型中，按照现行研究中通行的做法，把 R&D 投入占销售收入的比重（通常称为 R&D 强度）作为被解释变量一，使用相对值而非绝对值有利于更清楚地识别企业间 R&D 投入差异的真实来源。

反映企业 R&D 产出的指标包括新产品销售收入、新产品销售毛利率、被授予专利数和开发新产品专利数等。在下面的模型中，把新产品销售收入占销售收入的比重作为被解释变量二。

反映企业规模的指标采用通行的员工人数、资产总额和销售收入三项指标。表 3-1 给出了上述各变量的含义。

表 3-1　　　　　　　　　各变量定义及其描述

项目	变量	符号	定义
被解释变量	企业 R&D 活动	R&D 强度	Y_1	R&D 投入/销售收入
		新产品销售收入占销售收入的比重	Y_2	新产品销售收入/销售收入
解释变量	企业规模		X_1	员工人数
			X_2	资产总额
			X_3	销售收入

3.3　回归及分析

本章对 Worley 模型进行了不同的修正，并分别对企业规模与 R&D 投入、R&D 产出进行回归，这样，不同的回归结果可以进行相互印证比较。

3.3.1　稍加修正的 Worley 模型回归结果

本章首先参考 Worley 模型，建立如下模型：

$$\ln Y_i = \alpha + \beta \ln X_t + \varepsilon_t \tag{3-1}$$

式（3-1）中，Y_i（$i=1$，2）表示企业 R&D 活动，α 为常数项，X_t（$t=1$，2，3）表示企业规模，ε_t 为误差项。

（1）企业规模与 R&D 投入的回归。

以员工人数（X_1）为解释变量、R&D 强度（Y_1）为被解释变量，未通过显著性检验，这说明员工人数与R&D投入无相关关系。

以资产总额（X_2）为解释变量、R&D强度（Y_1）为被解释变量，通过显著性检验（见表3-2），但是模型的拟合程度太低（调整的判定系数为0.375），这说明资产总额与R&D投入存在近似负向线性关系，小企业在R&D投入上比大企业更有优势。

表3-2　模型3-1中资产总额（X_2）与R&D强度（Y_1）的相关性

	项目	$\ln X_2$	$\ln Y_1$
$\ln X_2$	皮尔森相关系数	1	-0.616**
	双尾检验p值		0.000
	样本数	166	160
$\ln Y_1$	皮尔森相关系数	-0.616**	1
	双尾检验p值	0.000	
	样本数	160	163

注：** 表示双尾检验的显著性水平为0.01。

以销售收入（X_3）为解释变量、R&D强度（Y_1）为被解释变量，通过显著性检验（见表3-3），但是模型的拟合程度仍然不高（调整的判定系数为0.595），这说明销售收入与R&D投入存在近似负向线性关系，小企业在R&D投入上比大企业更有优势。

表3-3　模型3-1中销售收入（X_3）与R&D强度（Y_1）的相关性

	项目	$\ln X_3$	$\ln Y_1$
$\ln X_3$	皮尔森相关系数	1	-0.773**
	双尾检验p值		0.000
	样本数	168	163
$\ln Y_1$	皮尔森相关系数	-0.773**	1
	双尾检验p值	0.000	
	样本数	163	163

注：** 表示双尾检验的显著性水平为0.01。

(2) 企业规模与 R&D 产出的回归。

以员工人数（X_1）为解释变量、新产品销售收入占销售收入的比重（Y_1）为被解释变量，未通过显著性检验，这说明员工人数与 R&D 产出无相关关系。

以资产总额（X_2）为解释变量、新产品销售收入占销售收入的比重（Y_2）为被解释变量，未通过显著性检验，这说明资产总额与 R&D 产出无相关关系。

以销售收入（X_3）为解释变量、新产品销售收入占销售收入的比重（Y_2）为被解释变量，未通过显著性检验，这说明销售收入与 R&D 产出也无相关关系。

3.3.2　进一步修正后的模型回归结果

为了深入揭示企业规模与 R&D 活动之间的关系，本章对上述模型进行了进一步修正。考虑到本章的被解释变量已经是相对值，同时为了消除解释变量数据尾部的指数分布的影响，建立如下模型：

$$Y_i = f(\ln X_t) + \varepsilon_t \quad (3-2)$$

式（3-2）中，$f(\ln X_t)$ 表示未知函数，Y_i（$i=1,2$）表示企业 R&D 活动，X_t（$t=1,2,3$）表示企业规模，ε_t 为误差项。运用 SPSS 统计分析软件对数据进行曲线估计，其中二次曲线的拟合程度最高①，因此，式（3-2）可变形为：

$$Y_i = \alpha + \beta_1 \ln X_t + \beta_2 (\ln X_t)^2 + \varepsilon_t \quad (3-3)$$

式（3-3）中，Y_i（$i=1,2$）表示企业 R&D 活动，α 为常数项，X_t（$t=1,2,3$）表示企业规模，ε_t 为误差项。

(1) 企业规模与 R&D 投入的回归。

以员工人数（X_1）为解释变量、R&D 强度（Y_1）为被解释变量，未通过显著性检验，这说明员工人数与 R&D 投入无相关关系。

以资产总额（X_2）为解释变量、R&D 强度（Y_1）为被解释变量，通过显著性检验（见表 3-4），模型的拟合程度仍然不高（调整的判定系数为 0.691），这说明资产总额与 R&D 投入存在近似 U 形关系。也就是说，在临界规模之前，R&D 强度随资产规模增大而减小，大企业在 R&D 投入上并没有显示出比小企业更有优势，而在超过临界规模之后，R&D 强度随资产规模增大

---

① 本章选择了线性曲线、二次曲线、复合曲线、三次曲线、S 曲线、指数曲线等模型，运用 SPSS 统计分析软件进行曲线估计，发现二次曲线的判定系数 R^2 最高。

而增加，大企业在 R&D 投入上开始显示出比小企业更有优势。

表 3-4　模型 3-2 中资产总额（X_2）与 R&D 强度（Y_1）的相关性

	项目	$\ln X_2$	Y_1
$\ln X_2$	皮尔森相关系数	1	-0.682**
	双尾检验 p 值		0.000
	样本数	167	166
Y_1	皮尔森相关系数	-0.682**	1
	双尾检验 p 值	0.000	
	样本数	166	169

注：** 表示双尾检验的显著性水平为 0.01。

以销售收入（X_3）为解释变量、R&D 强度（Y_1）为被解释变量，通过显著性检验，模型拟合程度较高（调整的判定系数为 0.964），回归系数如表 3-5 所示，这说明销售收入与 R&D 投入存在 U 形关系。也就是说，在临界规模之前，R&D 强度随销售规模增大而减小，大企业在 R&D 投入上并没有显示出比小企业更有优势，而在超过临界规模之后，R&D 强度随销售规模增大而增加，大企业在 R&D 投入上开始显示出比小企业更有优势。

表 3-5　模型 3-2 中销售收入（X_3）与 R&D 强度（Y_1）的回归模型系数

项目	非标准化回归系数 系数	非标准化回归系数 标准误差	标准化回归系数 系数	t	双尾检验 p 值
$\ln X_3$	-1818.650	32.643	-3.109	-55.714	0.000
$(\ln X_3)^{**2}$	92.864	2.114	2.452	43.933	0.000
(Constant)	8714.128	129.208		67.443	0.000

（2）企业规模与 R&D 产出的回归。

以员工人数（X_1）为解释变量、新产品销售收入占销售收入的比重（Y_2）为被解释变量，未通过显著性检验，这说明员工人数与 R&D 产出无相关关系。

以资产总额（X_2）为解释变量、新产品销售收入占销售收入的比重（Y_2）为被解释变量，未通过显著性检验，这说明资产总额与 R&D 产出无相关关系。

以销售收入（X_3）为解释变量、新产品销售收入占销售收入的比重（Y_2）为被解释变量，未通过显著性检验，这说明销售收入与R&D产出也无相关关系。

3.4 主要结论与政策建议

通过上述企业规模与R&D投入及产出之间不同函数类型的回归，得到如下结论：

以员工人数作为衡量企业规模的标准，无论哪一种模型的回归均显示其与R&D投入及产出无关。这应该是在情理之中，因为很多民营高新技术企业可能是因为创始人拥有一项专利或技术而生，一旦这项专利或技术被大规模商业化，这家企业为了应对业务量的增加会大幅度增加员工人数，但是可能不会再增加R&D投入，当然R&D产出也就不会产生太大的变化；或者有的企业在享受了高新技术企业的税收优惠期之后就关门大吉，而后另起炉灶。

以资产总额作为衡量企业规模的标准，两种模型的回归均显示其与R&D投入相关，而与R&D产出无关。以销售收入作为衡量企业规模的标准亦得出相同的结论，但是模型的拟合程度更好一些，这主要是由于无论什么规模的企业，只有把产品在市场上卖出去进而获得销售收入才是硬道理，并且企业的R&D预算是以销售收入为依据，即通常所说的R&D经费支出在销售收入中所占的比重。

虽然两种模型得出的企业规模与R&D投入之间曲线形状不一致，但是其本质是相同的，这是由于通过式（3-3）得到的U形曲线中的点基本都分布于临界值左侧及其附近，很少有企业的销售收入远高于临界值，因此企业规模与R&D投入更多地呈现出一种负相关关系。这与熊彼特假说并不吻合。其主要原因是小企业在资源能力处于劣势的情况下，要想取得竞争优势势必会加大R&D投入；随着规模的增大，在市场中的优势地位往往使企业缺乏足够的研发动力，替代效应开始显现，企业将资源更多地投入到价值链的其他环节，R&D投入强度减弱；超过临界值之后由于资源能力和市场地位的显著提高，使其有充足的实力进行R&D投入，同时为了保持住竞争优势，企业也势必会加大R&D投入。

企业规模无论用哪一个指标来衡量均与R&D产出无关的事实说明，企业规模大小并不能左右企业的R&D产出，同时也说明企业规模对R&D投入和产出的影响是不一样的,这也验证了本章前面所说的单纯采用 R&D 投入或产出来代表 R&D 活动并不全面的观点。对于小企业而言,R&D 投入上的优势并不一定能转化成 R&D 产出上的优势,这可能是由于小企业自身资源能力不足和外部环境支持不够所致。而投入并不能保证产出的事实也体现了 R&D 活动的不确定性和高风险性。

可见,由于 2011 年之前山东省民营高新技术企业规模普遍偏小,企业规模与 R&D 投入更多的是一种负相关的关系。因此,企业在追求做大做强的同时还应该加强 R&D 投入,毕竟对于高新技术企业而言,技术上的优势才是其持续发展的原动力,是其打造核心竞争力的关键。而企业规模与 R&D 产出无关的事实则提醒小企业在加大 R&D 投入的同时还要注意创新的组织与实施,可以考虑与大学、独立科研机构等进行合作。

参考文献:

[1] 安同良, 施浩, Ludovic Alcorta. 中国制造业企业 R&D 行为模式的观测与实证——基于江苏省制造业企业问卷调查的实证分析 [J]. 经济研究, 2006 (2): 23 - 32 + 58.

[2] 金玲娣, 陈国宏. 企业规模与 R&D 关系实证研究 [J]. 科研管理, 2001 (1): 51 - 57.

[3] 吴延兵. 市场结构, 产权结构与 R&D——中国制造业的实证分析 [J]. 统计研究, 2007 (5): 67 - 75.

[4] 周黎安, 罗凯. 企业规模与创新:来自中国省级水平的经验证据 [J]. 经济学 (季刊), 2005 (4): 63 - 78.

[5] 朱恒鹏. 企业规模, 市场力量与民营企业创新行为 [J]. 世界经济, 2006 (12): 41 - 52.

[6] Acs Z. J. and Audretsch D. B. Innovation and Small Firms [M]. Cambridge, MA: MIT Press, 1990.

[7] Acs Z. J. and Audretsch D. B. Innovation and Technological Change: An International Comparison [M]. Oxford: Basil Blackwell, 1991.

[8] Hu, Albert G. Z. Ownership, Government R&D, Private R&D, and Productivity in Chinese Industry [J]. Journal of Comparative Economics, 2001, 29 (1): 136 - 157.

[9] Kamien M. I. and Schwartz N. L., Market Structure and Innovation: A Survey

[J]. Journal of Economic Literature, 1975, 13 (1): 1-37.

[10] Kumar, Nagesh and Saqib, Mohammed, Firm Size, Opportunities for Adaptation and In-house R&D Activity in Developing Countries: The Case of Indian Manufacturing [J]. Research Policy, 1996, 25 (5): 713-722.

[11] Pavitt K., Robson M. and Townsend J. The Size Distribution of Innovating Firms in the UK: 1945-1983, The Journal of Industrial Economics [J]. 1987, 35 (3): 297-316.

[12] Scherer F. M., Firm Size, Market Structure, Opportunity and the Output of Patented Inventions [J]. The American Economic Review, 1965, 55 (5): 1097-1125.

[13] Shrieves R., Market Structure and Innovation: A New Perspective [J]. Journal of Industrial Economics, 1978, 26 (4): 329-347.

[14] Vossen R. W. R&D, Firm Size and Branch of Industry: Policy Implications, University of Groningen, SOM Research Report, 1998, 98B43.

[15] Worley, James S., Industrial Research and the New Competition [J]. The Journal of Political Economy, 1961, 69 (2): 183-186.

第4章 山东省高新技术企业自主创新能力评价[①]

世界各国经济发展的经验证明,企业要在激烈的市场竞争中获胜就必须拥有强大的自主创新能力,企业的自主创新能力已经成为决定其未来命运的关键因素。因此,科学地评价高新技术企业的自主创新能力,不仅对于高新技术企业扬长避短实现可持续发展具有重要意义,更是发展区域经济、调整产业结构的重要依据。

本章旨在运用高新技术企业自主创新能力评价指标体系,对山东省不同城市高新技术企业自主创新能力进行总体评价。实证研究的数据源自对山东省高新技术企业自主创新能力状况的问卷调查,本次调查由山东大学管理学院课题组进行,主要是杨蕙馨教授指导的部分博士生和硕士生,从2008年2月始至2008年5月终。其间,共发放问卷400份,回收有效问卷277份,问卷有效回收率为69.25%,符合社会调查要求。

4.1 构建评价指标体系

国内外从国家、区域、企业等不同角度研究自主创新能力评价指标体系的文献较丰富,并已趋于成熟。在企业自主创新能力评价指标体系的研究方面,研究者针对不同的企业类型构建了不同的指标体系。如贺本岚等(2008)建立了大中型工业企业自主创新能力指标体系,张颖等(2005)则针对中小企业构建了评价中小企业技术创新能力的指标体系。学术界已逐渐对评价企业自

[①] 本章作者为杨蕙馨、冯文娜、刘春玉,发表在《东岳论丛》2009年第5期(有改动)。

主创新能力的一级指标达成了共识，但是在二级指标的选择上却存在较大差异。土凡考（Tufan Koc，2007）认为人力资源是企业自主创新资源的核心，是衡量企业自主创新资源的二级指标，他以软件企业为样本验证了人力资源对企业创新能力的正向影响。考奈尔和罗斯（O'Connor and Roos，2006）使用过程绩效对企业自主创新活动能力进行衡量，过程绩效是指从概念形成、产品开发、工艺创新到技术获取的全过程量化绩效。拉斐尔和司徒凡诺·乌赛（Raffaele Paci and Stefano Usai）认为应当使用新产品数量来衡量创新产出能力，而不是专利、专利申请量、创新纪录，他们认为新产品数量比专利、专利申请量、创新纪录更能体现价值实现原则。杨东奇等（2008）提出衡量高技术企业的自主创新环境必须从政策法律、市场环境、资源环境、服务环境、技术文化环境五个方面入手。由此可见，由于研究对象或研究侧重点的不同，学者们建立的企业自主创新能力指标体系各有差异。

为了系统、全面地评价高新技术企业的自主创新能力，本书以国家统计局发布的4项企业创新能力一级评价指标为依据，在对高新技术企业自主创新能力影响因素进行分析的基础上，有针对性地选择了13项二级指标，构建了高新技术企业自主创新能力评价指标体系，如表4-1所示。该指标体系包括潜在自主创新资源、自主创新活动能力、自主创新产出能力、自主创新环境4个一级指标，以及企业工程技术人员、企业产品销售收入、科技活动经费支出、R&D经费投入强度、技术引进投入强度、消化吸收投入强度、技术改造投入强度、专利申请量、发明专利拥有量、新产品销售收入占产品销售收入的比重、产品创新量、政府资金在科技活动经费筹集额中的比重、金融机构贷款在科技活动经费筹集额中的比重13项二级指标。

表4-1　　　　　　　　企业自主创新能力评价指标体系

一级指标	二级指标	指标说明
潜在自主创新资源	企业工程技术人员数 X_1 企业产品销售收入数 X_2 科技活动经费支出数 X_3	指标包括人力资源存量和经济资源存量，反映企业潜在的创新能力
自主创新活动能力	R&D经费投入强度 X_4 技术引进投入强度 X_5 消化吸收投入强度 X_6 技术改造投入强度 X_7	自主创新活动是指企业的研发、技术改造、技术引进及技术推广等活动，可用企业在技术创新活动各个环节的经费投入来衡量

续表

一级指标	二级指标	指标说明
自主创新产出能力	专利申请量 X_8 发明专利拥有量 X_9 新产品销售收入占产品销售收入的比重 X_{10} 产品创新量 X_{11}	指标反映的是各种要素组合产生的实际成效
自主创新环境	政府资金在科技活动经费筹集额中的比重 X_{12} 金融机构贷款在科技活动经费筹集额中的比重 X_{13}	指标反映的是在给定的科技投入与制度体系下,外部环境对企业自主创新能力的影响

4.2 数据分析

通常,可以通过分析被评价对象在全部指标间的差异得出关于企业自主创新能力的整体性评价,如唐琼等(2008)和唐炎钊(2004)分别采用综合评价法和模糊综合评价法对企业自主创新能力进行的分析。此外,还可采用因素分析等方法降低指标维度,以简化了的指标对企业自主创新能力进行评价,如蔡宏宇(2008)采用这一技术完成了指标结构的简化。本章采用能够降低指标维度的因子分析法进行指标主因子的提取和归纳,并根据主因子计算山东省各城市高新技术企业自主创新能力综合得分,以得分高低对山东省各城市高新技术企业自主创新能力的强弱进行排序。

4.2.1 因子分析

使用社会科学统计软件包 SPSS 13.0 对 277 份有效问卷进行数据处理。样本企业主要来自济南、青岛、威海、烟台、潍坊、淄博、莱芜、枣庄、菏泽、德州、东营、聊城、滨州和临沂 14 个城市。277 份有效问卷中不包括泰安、日照和济宁 3 个城市的样本数据,原因是在本次问卷调查中,泰安、日照和济宁 3 个城市回收的有效问卷数量不足,致使这 3 个城市的样本总量不具有统计学意义,客观上造成了研究未能全面反映山东省 17 城市高新技术企业自主创新能力状况的局限。

对观测变量进行 KMO 检验和 Bartlett 球形检验,结果显示 KMO 取值为 0.692,Bartlett 检验的 F 值等于 0.000。KMO 值接近于 0.7,说明样本可以进行因子分析,F 值显著,说明样本数据来自正态分布总体。依据公共因子在变量总方差中所占的累计百分数比例大于 85% 的标准，经过最大四次方旋转运算，得到实际意义较为明确的 5 个主因子。计算主成分方差与方差贡献①，发现所提取的 5 个主成分大约能够解释总方差的 87.8%，这证明因子分析是合理的。因子分析结果如表 4-2 所示。

表 4-2　　　　　　　　　因子旋转后的载荷矩阵

变量	因子				
	1	2	3	4	5
X_1	0.963	0.079	0.030	0.061	0.066
X_2	0.962	0.058	-0.013	0.09	-0.028
X_3	0.941	0.023	0.005	0.127	-0.111
X_4	0.219	0.781	0.433	-0.231	0.131
X_5	0.054	-0.079	0.020	0.904	-0.018
X_6	0.617	0.069	-0.022	-0.138	0.447
X_7	0.150	0.915	-0.140	0.130	0.015
X_8	0.579	0.431	-0.195	0.071	-0.099
X_9	-0.172	0.039	0.888	0.047	-0.165
X_{10}	-0.483	0.107	0.648	0.218	-0.123
X_{11}	0.576	-0.084	0.326	-0.203	-0.163
X_{12}	0.021	-0.454	-0.004	0.368	-0.014
X_{13}	-0.072	0.055	0.092	0.004	0.909

因子 F_1 在变量 X_1，X_2，X_3 上的载荷较大，均在 0.94 以上。通过计算可知，因子 F_1 的方差贡献率为 32%，是 5 个因子中最大的，这证明因子 F_1 对于企业自主创新能力的作用最为显著。构成因子 F_1 的三个主要变量是企业工程技术人员、企业产品销售收入以及科技活动经费支出，该因子反映了企业潜在的自主创新资源情况，命名为创新资源因子。

因子 F_2 在变量 X_4，X_7 上的载荷较大，均在 0.78 以上。计算因子 F_2 的方

---

① 由于 SPSS 软件未提供主成分方差及方差贡献的计算工具，所以在计算主成分方差及方差贡献时，需要将主成分载荷矩阵拷贝到 Excel 上面作进一步处理。对主成分载荷矩阵的每一行求平方和，即得到公共因子方差；对主成分载荷矩阵的每一列求平方和，即得到方差贡献。

差贡献率为 24.7%，是仅次于因子 F_1 对企业自主创新能力贡献最大的因子。变量 X_4 反映的是企业自身的研发投入强度，变量 X_7 反映的则是企业用于技术改造的经费投入强度，因子 F_2 反映了企业的自主创新活动能力，命名为创新活动能力因子。

因子 F_3 在变量 X_9、X_{10} 上的载荷较大，均在 0.64 以上，计算因子 F_3 的方差贡献率为 12.4%。变量 X_9 反映企业实际拥有的发明专利数量，变量 X_{10} 为新产品销售收入占产品销售收入的比重，二者都是衡量企业自主创新产出能力的指标，因此，因子 F_3 被命名为创新产出能力因子。

因子 F_4 在变量 X_5 上的载荷为 0.904，因子 F_4 的方差贡献率为 9.9%。变量 X_5 反映的是企业创新的技术引进投入强度，在多数企业中，技术引进往往是企业自主创新的前提。因此，因子 F_4 作为独立因子是可以接受的，该因子可以命名为创新技术引进能力因子。

因子 F_5 在变量 X_{13} 上的载荷为 0.909，该因子的方差贡献率为 8.8%。变量 X_{13} 反映的是金融机构贷款在企业科技活动经费筹集额中所占的比重，该变量衡量的是影响企业自主创新的外部环境，因此，因子 F_5 可以被命名创新环境因子。研究设计中还涉及另一个反映外部环境的变量，即变量 X_{12}，但是该变量并没有通过因子分析的检验，这说明在资金支持方面，政府资金对山东省高新技术企业的帮助并不显著。

4.2.2 计算综合因子得分

在得出因子分析结果的基础上，以各公因子对应的方差贡献率为权数计算样本的综合得分，根据综合因子得分的高低对 14 城市进行排序比较。综合因子得分式如式（4-1）所示，代入具体数值后得到的综合因子得分式为式（4-2）。

$$F = \sum_{i=1}^{n} \frac{\lambda i}{\sum_{i=1}^{n} \lambda i} fac_i \qquad (4-1)$$

$$F = 0.365F_1 + 0.281F_2 + 0.141F_3 + 0.113F_4 + 0.1F_5 \qquad (4-2)$$

根据 SPSS 已经计算出的 5 个公因子得分[①]，运用式（4-2），对山东省 14 城市高新技术企业自主创新能力的总体水平进行比较，结果如表 4-3 所示。

---

① 在 SPSS 中运行如下程序即可得到综合因子得分：$Comp\ score = 0.365 \times fac1\_1 + 0.281 \times fac2\_1 + 0.141 \times fac3\_1 + 0.113 \times fac4\_1 + 0.1 \times fac5\_1 Exec.$

由表 4-3 可知，来自青岛、济南等经济综合实力较强城市的样本企业，其自主创新能力排名较靠前，而德州、枣庄等经济综合实力较弱城市的高新技术企业自主创新能力排名较靠后，这与人们的普遍认识相一致。但是，值得注意的是，一些综合经济实力较弱的城市，如菏泽、莱芜、聊城等，在高新技术企业自主创新能力的排名上却优于其他城市。对这一现象的解释是：虽然这些城市的综合经济实力相对落后，经济总量偏低，但并未阻碍高新技术产业与企业的发展，甚至在企业自主创新能力等方面赶超了其他城市，这与当地政府的重视和扶持有关。以菏泽为例，2007 年该市高新技术产业产值占全市规模以上工业总产值的比重为 18.19%，科技进步对经济增长的贡献率达到 43%[1]。

表 4-3　　山东省 14 城市高新技术企业自主创新能力综合排名

城市	排名	综合因子得分	创新资源因子得分	创新活动能力因子得分	创新产出能力因子得分	创新技术引进能力因子得分	创新环境因子得分
青岛	1	0.345245	0.45293	0.39815	0.2579	0.17231	0.1221
济南	2	0.28335	0.43784	0.40235	0.0392	0.11834	-0.08422
威海	3	0.247857	0.11318	0.44445	0.18511	0.4851	0.00739
淄博	4	0.192519	0.24665	0.45582	-0.03993	0.04211	-0.24722
东营	5	0.166086	0.25293	0.40142	0.02113	-0.23404	-0.15565
烟台	6	0.120017	0.16679	0.06712	0.07381	-0.0575	0.36368
潍坊	7	0.102287	0.21234	-0.11658	0.16718	0.19742	0.11661
莱芜	8	0.063647	-0.12445	0.31299	0.1211	-0.20248	0.26926
菏泽	9	-0.09936	0.02526	-0.37995	0.00128	0.05976	-0.08748
聊城	10	-0.13408	-0.20875	-0.06679	-0.16382	-0.02478	-0.13218
临沂	11	-0.14594	-0.14169	-0.38325	-0.09875	-0.02181	0.29862
德州	12	-0.2935	-0.46267	-0.34239	-0.14666	0.01081	-0.08963
滨州	13	-0.38733	-0.4734	-0.58973	-0.19795	-0.04321	-0.16027
枣庄	14	-0.4608	-0.49697	-0.60362	-0.21968	-0.50193	-0.22102

---

[1] 菏泽市人民政府. 菏泽市 2008 年政府工作报告 [R/OL]. (2008-01-05). http://www.heze.gov.cn/art/2008/1/21/art111434302276.html.

4.2.3 聚类分析

为了对山东省 14 城市高新技术企业自主创新能力进行进一步比较，运用 SPSS 提供的聚类分析工具，根据各城市 5 个因子的得分，使用层次聚类法，画出 14 城市的层次聚类谱系图，完成对 14 城市的总体分类。在数据分析中，选择 Ward's Method 方法进行层次聚类运算，得到的层次聚类结果如图 4 – 1 所示。

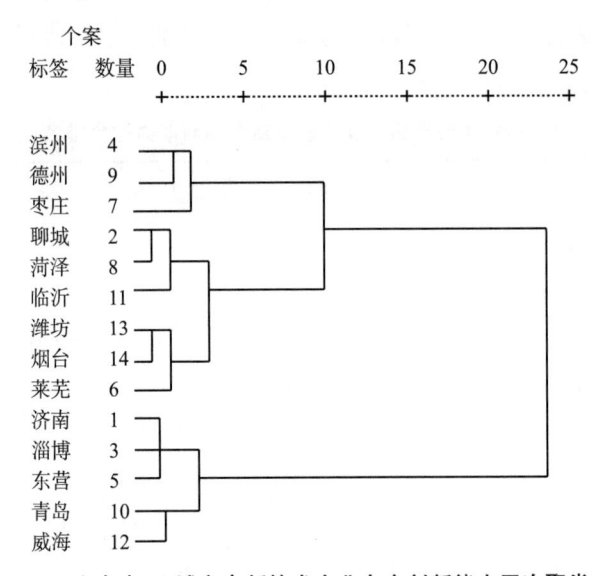

```
            个案
   标签     数量    0       5       10      15      20      25
                   +-------+-------+-------+-------+-------+

   滨州      4     ┐
   德州      9     ┤
   枣庄      7     ┤                                          ┐
   聊城      2     ┤                                          │
   菏泽      8     ┤                                          │
   临沂     11     ┤                                          │
   潍坊     13     ┤                                          │
   烟台     14     ┤                                          │
   莱芜      6     ┤                                          │
   济南      1     ┤                                          │
   淄博      3     ┤                                          │
   东营      5     ┤                                          │
   青岛     10     ┤                                          │
   威海     12     ┘                                          ┘
```

图 4 – 1　山东省 14 城市高新技术企业自主创新能力层次聚类谱系

根据谱系图可知，以高新技术企业自主创新能力为依据对 14 城市进行聚类，最适宜的分类方式是将 14 城市分为 3 类。其中，济南、淄博、东营、青岛、威海 5 个城市构成类别 1，聊城、菏泽、临沂、潍坊、烟台、莱芜 6 个城市组成类别 2，滨州、德州、枣庄 3 个城市则同属类别 3。观察全省 14 城市高新技术企业自主创新能力综合排名表（见表 4 – 3）可以发现，类别 1 的 5 个城市在综合排名表中位于第一集团的位置，类别 2 的 6 个城市位于综合排名表的第 6 位到第 11 位，类别 3 的 3 个城市则是 14 城市中高新技术企业自主创新能力最差的三个城市。由此可见，三个类别具有显著差异，层次聚类分析的结果具有可信性。

层次聚类分析方法在样本总体类别的划分上具有优势，但是，在对各类别的特征进行总结和描述方面,层次聚类分析就存在明显不足。为了弥补层次聚类分析的缺陷,研究采用 K-Means 聚类法对各类别的特征进行分析与描述。在数据分析中,首先需要对变量进行标准化处理,然后运用标准化后的变量进行 K-Means 聚类运算,得到的结果如表 4-4 所示。

表 4-4　　　　　　K-Means 聚类过程的最终类别中心点

变量	聚类 1	聚类 2	聚类 3
创新资源因子	0.90054	0.11009	-1.26329
创新活动能力因子	0.78311	0.00906	-0.99022
创新产出能力因子	0.80517	0.15668	-1.20231
创新技术引进能力因子	0.88949	-0.39961	-0.61236
创新环境因子	-0.08513	0.68670	-0.75197

表 4-4 中的各项指标值反映的是各类别在各个变量上的平均值。K-Means 聚类运算输出的另一重要结果就是对每个类别所包含的样本数量的记录,如表 4-5 所示。根据运算后保存在数据文件中的结果可知,类别 1 包含的城市是济南、淄博、青岛、东营和威海,类别 3 包含的城市是滨州、德州和枣庄,其余城市则包含在类别 2 中,这与层次聚类分析得到的结果相同。

表 4-5　　　　　　　　　每类中的样本个数

聚类	1	5.000
	2	6.000
	3	3.000
有效样本数		14.000
缺失值		0.000

根据表 4-4 的 K-Means 聚类运算结果,可以得到如下类别特征描述:

类别 1:第一,高新技术企业潜在的自主创新资源非常丰富,企业在创新资源方面具有优势。第二,高新技术企业具有很强的自主创新活动能力,企业积极从事研发、技术改造、技术引进及技术推广等多种形式的自主创新活动。

第三，高新技术企业具有很强的自主创新产出能力，企业能够顺利完成科研成果向现实生产力的转化，主要表现在企业实际拥有的发明专利数量的增加，以及新产品销售收入占产品销售收入比重的上升。第四，与其他类别相比，高新技术企业更具创新技术引进能力，企业在注重自主研发的同时也注重先进技术的引进。第五，高新技术企业的自主创新环境指标值居中，与其他类别相比处于中等水平。这意味着金融机构对高新技术企业自主创新的资金支持有限。

类别2：高新技术企业的自主创新资源、自主创新活动能力、自主创新产出能力以及创新技术引进能力均为中等水平，但其所处自主创新环境十分优越。满足此类特征的城市数量为6个，是14城市分布最为集中的区域。该类别最重要的特征是高新技术企业所处自主创新环境优良，其指标值远高于其他类别，说明当地金融机构具备向企业提供自主创新风险投资的能力，同时，企业获得外界资金支持的成功率较高。

类别3：高新技术企业的自主创新资源、自主创新活动能力、自主创新产出能力、创新技术引进能力以及自主创新环境均较差，该类城市的各项指标值是三类中最低的。对比类别1与类别3可以发现，就同一指标而言，指标值的差距普遍大于1，这说明类别3在各项指标上均与类别1具有显著差异。该类别包含3个城市，在综合得分排行榜上分列第12、第13和第14位。

4.3 结论与建议

根据以上数据分析结果，可以用"喜忧参半"来形容山东省14城市高新技术企业自主创新能力的总体情况。

"喜"的是：菏泽、聊城等综合经济实力较弱的城市，在高新技术企业自主创新能力上具有较强优势，这就意味着，随着知识经济时代的到来，这些城市将更具经济发展潜力。高新技术产业的发展不仅会对城市经济总量的增加产生积极作用，同时也会带来产业结构优化、升级的结果，这对一个城市未来经济的发展是至关重要的。可以预见，未来高新技术产业将取代部分传统产业成为这些城市的支柱产业。

"忧"的是：从整体上看，在全省范围内，高新技术企业自主创新能力的分布并不均匀。根据各城市高新技术企业自主创新能力的综合得分可知，类别1的平均综合得分比类别3的平均综合得分高出62.7个百分点，比全省14城市的平均综合得分高出21个百分点，而类别3的平均综合得分比全省14城市的平均综合得分低 25 个百分点。由此可见,自主创新能力区域分布不均衡的问题在山东省表现得非常突出。如果这一问题得不到有效解决,那么,长此以往势必会加剧山东省各区域之间经济发展的不平衡性,使本就失衡的经济发展格局变得更加失衡。沿海经济强市与内陆经济欠发达城市的差距过大,将不利于山东省经济的全面协调和可持续发展。

总之,扩大高新技术产业的总体经济规模,提高科技进步对经济增长的贡献率,提升高新技术企业自主创新能力的普遍水平,缩小城市间的能力差距,是山东省高新技术企业和省市各级政府未来工作的努力方向。根据以上数据分析结果可知,各城市高新技术企业提高企业自主创新能力急需解决的关键问题有别。类别 1 的高新技术企业面对的最大困扰是创新环境的不足,摆在类别 2 的高新技术企业面前的难题却源自企业内部,类别 3 的高新技术企业面临的问题和困境则是必须靠全面提高评价指标中的各个方面来解决。

本章的贡献在于,首次对山东省 14 城市高新技术企业的自主创新能力进行了全面评价,明确了 14 城市在自主创新能力方面的长处与不足,为山东省发展高新技术产业、提高高新技术企业自主创新能力提供了事实依据。另外,本章依据高新技术企业自主创新能力评价指标体系对山东省进行了实证分析和检验,为其他省市进行高新技术企业自主创新能力评价提供了参考。但是,由于本次问卷调查仅涉及山东省一个省份,未能将山东省与其他省市进行比较,没有得到山东省在全国的总体排名。这一遗憾只能留待后续研究来弥补。

参考文献:

[1] 蔡宏宇. 区域理论下企业自主创新能力评价——基于湖南数据的实证分析 [J]. 财贸研究, 2008 (2): 110 – 114.

[2] 贺本岚, 范秀荣. 重庆、陕西、四川大中型工业企业自主创新能力综合评价 [J]. 工业技术经济, 2008 (4): 121 – 123.

[3] 唐琼, 张克俊. 地区大中型企业自主创新能力评价指标体系及应用研究 [J]. 经济体制改革, 2008 (2): 69 – 73.

[4] 唐炎钊. 区域科技创新能力的模糊综合评估模型及应用研究: 2001 年广东省科技创新能力的综合研究 [J]. 系统工程理论与实践, 2004 (2): 37 – 43.

[5] 杨东奇, 陈娟, 邢芳卉. 俄国高新技术企业自主创新环境建设的实证研究——以黑龙江省高新技术企业为例 [J]. 中国科技论坛, 2008 (2):

83 – 86.

[6] 张颖等. 我国中小企业技术创新能力评价指标体系构建及评价方法 [J]. 湖南工程学院学报，2005（9）：9 – 12.

[7] A. O'Connor, G. Roos. Developing a Conceptual Schematic to Evaluate Organizational Innovative Capacity [Z]. Presented at The R&D Management Conference Taiwan, Taipei and Hsinchu, 2006, November, 8 – 11.

[8] Raffaele Paci, Stefano Usai. The Role of Specialization and Diversity Externalities in the Agglomeration of Innovation Activities [Z]. Working Paper, 1999, 5.

[9] Tufan Koc. Organizational Determinants of Innovation Capacity in Software Companies [J]. Computers and Industrial Engineering, 2007, 53（3）：373 – 385.

第 5 章
高新技术企业规模与 R&D 活动关系的再研究[①]

5.1 引 言

为了对山东省高新技术企业的 R&D 状况有一个持续性的跟踪调研,山东大学管理学院课题组在 2008 年与 2010 年对山东省高新技术企业进行了主题为"山东省高新技术企业自主创新能力"的问卷调查。2008 年调查问卷中涉及山东省民营高新技术企业的有效问卷 175 份,采用被调查企业 2007 年的横截面数据,对企业规模与企业 R&D 投入及产出之间的关系进行了实证研究,得出的结论是:企业规模与 R&D 投入之间存在显著的 U 形函数关系;企业规模与 R&D 产出之间不存在相关关系。这一结论与熊彼特假说并不吻合,表明就山东省民营高新技术企业而言,大企业与小企业相比较并未在 R&D 活动上显示出明显的优势[②]。

本章使用 2010 年问卷调查所获得的山东省高新技术企业的数据,跟踪考察企业规模与企业 R&D 投入及产出之间的关系。

[①] 本章作者为杨蕙馨、王嵩、金家宇,发表在《东岳论丛》2011 年第 1 期(有改动)。
[②] 两次问卷调查采用的是同一问卷。相关研究参见:杨蕙馨,王嵩,金家宇.企业规模与 R&D 活动关系的再研究[J].东岳论丛,2011(1):130–133.

5.2 数据来源和变量设计

5.2.1 数据来源

本章使用的数据来源于 2010 年上半年发放并回收的问卷, 2010 年上半年共发放问卷 470 份, 回收有效问卷 283 份, 问卷有效回收率约为 60.2%, 符合社会调查要求。其中山东省高新技术企业有效问卷 167 份。问卷涉及 2006 年、2007 年和 2008 年三年的数据, 鉴于 2006 年、2007 年的数据缺损严重, 本文仅采用被调查企业 2008 年的横截面数据。

按企业性质分, 样本包括 43 家国有及国有控股企业, 占 25.7%; 4 家集体企业, 占 2.4%; 108 家民营企业, 占 64.7%; 12 家三资企业, 占 7.2%。按所属行业分, 样本中有 14 家属于医药制造业, 占 8.4%; 12 家属于电子及通信设备制造业, 占 7.2%; 6 家属于医疗设备及仪器仪表制造业, 占 3.6%; 4 家属于电子计算机及办公设备制造业, 占 2.4%; 11 家属于公共软件服务业, 占 6.6%; 120 家属于其他行业, 占 71.9%。按高新技术企业认定等级分, 样本包括 29 家地市级高新技术企业, 占 17.4%; 31 家国家级高新技术企业, 占 18.6%; 47 个国家级高新技术企业, 占 28.1%; 还有 60 家未认定等级的企业, 占 35.9%。

5.2.2 变量设计

与 2008 年针对山东省民营高新技术企业的实证研究相同, 表 5-1 给出了各变量的含义。

表 5-1　　各变量定义及其描述

项目	变量		符号	定义
被解释变量	企业 R&D 活动 (Y_i)	R&D 强度	Y_1	R&D 投入/销售收入
		新产品销售收入占销售收入的比重	Y_2	新产品销售收入/销售收入
解释变量	企业规模 (X_t)		X_1	员工人数
			X_2	资产总额
			X_3	销售收入

5.3 回归结果及分析

本章对 Worley[①] 模型进行了不同的修正，分别对企业规模与 R&D 投入、R&D 产出进行回归，不同的回归结果可以进行相互印证比较。

5.3.1 稍加修正的 Worley 模型回归结果

本章首先参考 Worley 模型，建立如下模型：

$$Y_i = \alpha + \beta \ln X_t + \varepsilon_t \tag{5-1}$$

式（5-1）中，Y_i（$i=1,2$）表示企业 R&D 活动，α 为常数项，X_t（$t=1,2,3$）表示企业规模，ε_t 为误差项。

（1）企业规模与 R&D 投入的回归。

以 X_1 为解释变量、Y_1 为被解释变量，通过显著性检验（见表 5-2），但模型的拟合程度较低（调整的 R^2 为 0.134）。说明员工人数与 R&D 投入存在近似负向线性关系，也就是说小企业在 R&D 投入上比大企业稍有优势。

表 5-2　模型 5-1 中员工人数（X_1）与 R&D 强度（Y_1）的相关性

项目	$\ln X_1$	$\ln Y_1$
$\ln X_1$ Pearson 相关性	1	-0.374**
显著性（双侧）		0.000
N	167	152
$\ln Y_1$ Pearson 相关性	-0.374**	1
显著性（双侧）	0.000	
N	152	152

注：** 在 0.01 水平（双侧）上显著相关。

以 X_2 为解释变量、Y_1 为被解释变量，通过显著性检验（表 5-3），但

[①] 沃雷（Worley）的研究表明企业规模与 R&D 投入之间存在着如下的函数关系：$\log R = c + b \log Y$。其中，R 为 R&D 经费投入，Y 为代表企业规模的企业员工数量，b 为 R&D 投入对企业规模的弹性。Worley 对电机、化学、食品等八个行业进行了研究，只有石油制品和电机两个行业的规模弹性超过了 1，即随着规模增加，R&D 投入增加速度明显加快。Worley, James S., Industrial Research and the New Competition [J]. The Journal of Political Economy, 1961, 69 (2)：183-186.

模型的拟合程度太低（调整的 R^2 为 0.145）。说明资产总额与 R&D 投入存在近似负向线性关系，小企业在 R&D 投入上比大企业稍有优势。

表 5-3　模型 5-1 中资产总额（X_2）与 R&D 强度（Y_1）的相关性

项目	$\ln X_2$	$\ln Y_1$
$\ln X_2$ Pearson 相关性	1	-0.389**
显著性（双侧）		0.000
N	164	149
$\ln Y_1$ Pearson 相关性	-0.389**	1
显著性（双侧）	0.000	
N	149	152

注：** 在 0.01 水平（双侧）上显著相关。

以 X_3 为解释变量、Y_1 为被解释变量，通过显著性检验（见表 5-4），但是模型的拟合程度仍然不高（调整的 R^2 为 0.270）。说明销售收入与 R&D 投入存在近似负向线性关系，小企业在 R&D 投入上比大企业有优势。

表 5-4　模型 5-1 中销售收入（X_3）与 R&D 强度（Y_1）的相关性

项目	$\ln X_3$	$\ln Y_1$
$\ln X_3$ Pearson 相关性	1	-0.525**
显著性（双侧）		0.000
N	164	152
$\ln Y_1$ Pearson 相关性	-0.525**	1
显著性（双侧）	0.000	
N	152	152

注：** 在 0.01 水平（双侧）上显著相关。

（2）企业规模与 R&D 产出的回归。

以员工人数（X_1）为解释变量、新产品销售收入占销售收入的比重（Y_2）为被解释变量，未通过显著性检验，说明员工人数与 R&D 产出无相关关系。

以资产总额（X_2）为解释变量、新产品销售收入占销售收入的比重（Y_2）为被解释变量，未通过显著性检验，说明资产总额与 R&D 产出无相关关系。

以销售收入（X_3）为解释变量、新产品销售收入占销售收入的比重（Y_2）为被解释变量，通过显著性检验（0.05 的水平），但拟合度极低（调整的 R^2 仅为 0.023），故可视为无关。

5.3.2　进一步修正后的模型回归结果

对上述模型进一步加以修正，考虑到本章的被解释变量已经是相对值，同时为了消除解释变量数据尾部的指数分布的影响，建立如下模型：

$$Y_i = f(\ln X_t) + \varepsilon_t \qquad (5-2)$$

式（5-2）中，$f(\ln X_t)$ 表示未知函数，Y_i（$i=1,2$）表示企业 R&D 活动，X_t（$t=1,2,3$）表示企业规模，ε_t 为误差项。

运用 SPSS 17.0 统计分析软件对数据进行曲线估计，先后选择了一次曲线、二次曲线、三次曲线、复合曲线、指数模型等，其中二次曲线的拟合程度最高（虽然三次曲线的拟合程度和二次曲线相差无几，但拟合出的图像和二次曲线几乎一致，故用二次曲线加以说明）。因此，式（5-2）变形为：

$$Y_i = \alpha + \beta_1 \ln X_t + \beta_2 (\ln X_t)^2 + \varepsilon_t \qquad (5-3)$$

式（5-3）中，Y_i（$i=1,2$）表示企业 R&D 活动，α 为常数项，X_t（$t=1,2,3$）表示企业规模，ε_t 为误差项。

（1）企业规模与 R&D 投入的回归。

以员工人数（X_1）为解释变量，R&D 强度（Y_1）为被解释变量，通过显著性检验（见表 5-5），但二次函数模型的拟合程度较低，调整的 R^2 为 0.111。说明员工人数与 R&D 投入存在近似 U 形关系。也就是说，在临界规模之前，R&D 强度随员工人数增大而减小，大企业在 R&D 投入上并没有显示出比小企业更有优势，而在超过临界规模之后，R&D 强度随员工人数增大而增加，大企业在 R&D 投入上开始显示出比小企业更有优势。

表 5-5　模型 5-2 中员工人数（X_1）与 R&D 强度（Y_1）的相关性

项目	$\ln X_1$	Y_1
$\ln X_1$ Pearson 相关性	1	-0.318**
显著性（双侧）		0.000
N	167	164

续表

项目	$\ln X_1$	Y_1
Y_1 Pearson 相关性	-0.318**	1
显著性（双侧）	0.000	
N	164	164

注：** 在 0.01 水平（双侧）上显著相关。

以资产总额（X_2）为解释变量，R&D 强度（Y_1）为被解释变量，通过显著性检验（见表 5-6），但二次函数模型的拟合程度仍然不高，调整的 R^2 为 0.158。说明资产总额与 R&D 投入存在近似 U 形关系。也就是说，在临界规模之前，R&D 强度随资产规模增大而减小，大企业在 R&D 投入上并没有显示出比小企业更有优势，而在超过临界规模之后，R&D 强度随资产规模增大而增加，大企业在 R&D 投入上开始显示出比小企业更有优势。

表 5-6　模型 5-2 中资产总额（X_2）与 R&D 强度（Y_1）的相关性

项目	$\ln X_2$	Y_1
$\ln X_2$ Pearson 相关性	1	-0.381**
显著性（双侧）		0.000
N	164	161
Y_1 Pearson 相关性	-0.381**	1
显著性（双侧）	0.000	
N	161	164

注：** 在 0.01 水平（双侧）上显著相关。

以销售收入（X_3）为解释变量、R&D 强度（Y_1）为被解释变量，通过显著性检验（见表 5-7），但二次函数模型的拟合程度较低，调整的 R^2 为 0.288。这说明销售收入与 R&D 投入也存在近似 U 形关系。也就是说，在临界规模之前，R&D 强度随销售规模增大而减小，大企业在 R&D 投入上并没有显示出比小企业更有优势，而在超过临界规模之后，R&D 强度随销售规模增大而增加，大企业在 R&D 投入上开始显示出比小企业更有优势。

表 5-7　模型 5-2 中销售收入（X_3）与 R&D 强度（Y_1）的相关性

项目	$\ln X_3$	Y_1
$\ln X_3$ Pearson 相关性	1	-0.488**
显著性（双侧）		0.000
N	164	164
Y_1 Pearson 相关性	-0.488**	1
显著性（双侧）	0.000	
N	164	164

注：** 在 0.01 水平（双侧）上显著相关。

（2）企业规模与 R&D 产出的回归。

以员工人数（X_1）为解释变量、新产品销售收入占销售收入的比重（Y_2）为被解释变量，未通过显著性检验，说明员工人数与 R&D 产出无相关关系。

以资产总额（X_2）为解释变量、新产品销售收入占销售收入的比重（Y_2）为被解释变量，未通过显著性检验，说明资产总额与 R&D 产出无相关关系。

以销售收入（X_3）为解释变量、新产品销售收入占销售收入的比重（Y_2）为被解释变量，未通过显著性检验，说明销售收入与 R&D 产出无相关关系。

5.4　主要结论与政策建议

采用 2010 年问卷调查数据，通过上述企业规模与 R&D 投入及产出之间不同函数类型的回归，得到如下结论：

以员工人数作为衡量企业规模的标准，2008 年山东省民营企业的实证研究证明，无论哪一种模型的回归均显示其与 R&D 投入及产出无关。而 2010 年问卷中山东省高新技术企业的实证表明，无论哪一种模型的回归均显示其与 R&D 投入有关，其中第一个模型中呈近似负向线性关系，第二个模型中成近似 U 形关系。同时，两种模型中均显示员工人数与 R&D 产出没有相关关系。这个结果也许应该引起大企业的重视，一方面很多企业员工人数不断增长，但对 R&D 的投入并没有相应增加。另一方面员工人数与 R&D 产出没有相关关系，说明大企业并没有把人数上的大规模转化成创新方面的大产出。同时，可能在部分国有或国有控股企业中存在人浮于事的现象，而民营企业在增减雇员人数上则会斤斤计较，不愿意承担不必要的工资及其他福利报酬等。

以资产总额和销售收入作为衡量企业规模的标准，得到的结论相似。两种模型的回归均显示其与 R&D 投入有关，其中第一个模型中呈近似负向线性关系，第二个模型中呈近似 U 形关系。第一个模型中销售收入与 R&D 产出成近似负向线性关系（但拟合度非常低，可认为无关），第二个模型中不相关。在模型的拟合程度上，用销售收入作为衡量企业规模的标准，比用上述两个指标时要好一些。其实这也比较容易理解，毕竟 R&D 的预算是以销售收入为依据，即通常所说的 R&D 经费支出在销售收入中所占的比重，所以销售收入高的企业自然 R&D 投入也相应比较高。同时，两种模型均显示资产总额和销售收入与 R&D 产出没有相关关系。这与 2008 年山东省民营企业的实证研究结论基本一致，表明企业的所有制性质，特别是山东省的国有或国有控股企业虽然资产规模较大，但在 R&D 投入与产出方面没有显示出任何优势。

结合两次问卷调查以及不同样本（2008 年仅包括民营企业，2010 年还包括国有及国有控股企业、集体企业与三资企业）的实证研究得到了基本一致的结论：两种模型中企业规模无论用哪一个指标来衡量均与 R&D 产出无关（虽然第一种模型中销售收入与 R&D 产出近似负向线性相关，但拟合程度很低，可忽略不计），企业规模的大小并不能左右企业的 R&D 产出能力，同时也说明企业规模对 R&D 投入和产出的影响是不一样的，这也验证了单纯采用 R&D 投入或产出来代表 R&D 活动并不全面的观点。无论对什么性质的企业而言，R&D 的投入并不一定能转化成 R&D 的产出，这体现了 R&D 活动的不确定性和高风险性。因此，对于企业而言，增加 R&D 投入是一方面，能否把研发投入转化成有效产出也相当重要。通过以上研究可以看出，企业规模与 R&D 投入更多的是一种负相关的关系。企业在追求做大做强的同时还应该加强 R&D 投入，毕竟对于高新技术企业而言，技术上的优势才是其持续发展的源动力，是其打造核心竞争力的关键。而企业规模与 R&D 产出无关的事实则提醒企业在加大 R&D 投入的同时还要注意创新的组织与实施，可以考虑与大学、独立科研机构等进行合作，同时不要把创新方式仅局限于自己研发和合作开发，必要时可以考虑委托开发及购买技术成果等方式，以降低创新的风险。

第二篇
集群与企业成长

第6章
集群内知识转移要素对企业成长的影响[①]

随着集群在世界范围的兴起和知识经济的到来,从知识转移角度研究集群内的企业成长成为一个更为深入的视角。通过综合分析集群内知识转移主体、转移内容、转移情景、转移途径和转移对象五要素对企业知识增量的影响过程,弄清集群内知识转移要素对企业成长的影响。

6.1 引　言

20世纪80年代中期以来,企业之间的竞争与合作模式发生了极大的改变,形成了以合作竞争为基本特色的"新竞争"格局(Best,1990),许多企业组成一个竞合网络形成集群,单个企业成为网络中的节点,其成长受到集群竞争优势的直接作用(冯文娜、杨蕙馨,2007)。在这种背景下,把对企业成长的研究放在集群这个网络内,企业的成长不再仅仅取决于资源、资本、硬件技术的存量和增量,而直接依赖于知识与有效信息的积累和利用。因此,以地方化的知识为基础的竞争优势成为影响集群企业成长的重要因素,集群内的知识转移成为企业成长研究的一个更为深入的视角。本章以企业知识理论为基础,利用知识转移的通用框架,对集群内知识转移的五个要素——转移主体、转移内容、转移途径、转移情景和转移对象(效果)进行分析,弄清这五个要素对企业成长的影响,以丰富企业成长理论和集群理论。

[①] 本章作者为杨蕙馨、李贞,发表在《经济学动态》2008年第5期(有改动)。

与外部企业相比,地理集中性使集群内部充满了各种类型的知识,集群内部的企业能够更容易获得成长所需的知识。集群内部企业之间的竞争性导致知识(尤其是隐性知识)并不像空气一样自由传播,更多的情况是在受控条件下进行的转移。显然,在相同的集群环境中,只有那些有意识地进行知识转移,并且具备较强知识转移控制能力的企业才能获得更多的知识从而迅速成长。本章的现实意义就在于指导集群内企业识别利于自身成长的知识、找到获取这些知识的途径,并提高在知识转移过程中获得的知识数量和质量。

从前人的研究看,知识转移的内涵有三:第一,知识转移是一个从知识拥有者到接受者传播的特定过程。第二,知识转移是在受控的环境中进行的,受控环境是指知识拥有者、知识接受者、有时还包括知识转移第三方共同设计的有利于知识快速有效转移的技术平台、组织体系和文化机制等有形要素和无形要素的总称。第三,知识转移非常注重转移的效果,即知识接受者在知识和能力方面的增强。

集群企业知识增量的获得直接来自集群中的知识转移。集群内的知识转移具有一般知识转移的所有要素,即主体、情境、内容、媒介和效果,同时,又不同于一般的知识转移。由于集群的地理集中性,造成集群内的知识转移具有两个突出特点:一是知识转移主体的复杂性。由于集群是一个纵横交错的、相对庞大的企业网络,其中的每一个企业几乎都可以在集群边界内接触到大量的知识源。二是知识转移情境的作用重大而且十分复杂。已有研究表明,知识转移主体与知识转移对象的情境(包括文化、战略、组织结构、外部环境等)越相似,则转移的知识量越多,知识质量提高的可能性越大。

按照以上分析,提出集群内知识转移与企业成长的分析框架,如图6-1所示。

需要注意的是,知识增量是从知识转移角度分析企业成长的关键变量,但却不是决定其成长的唯一要素。知识增量进入企业后,经过企业内部整合,从而提高知识质量,企业才能获得持续成长。

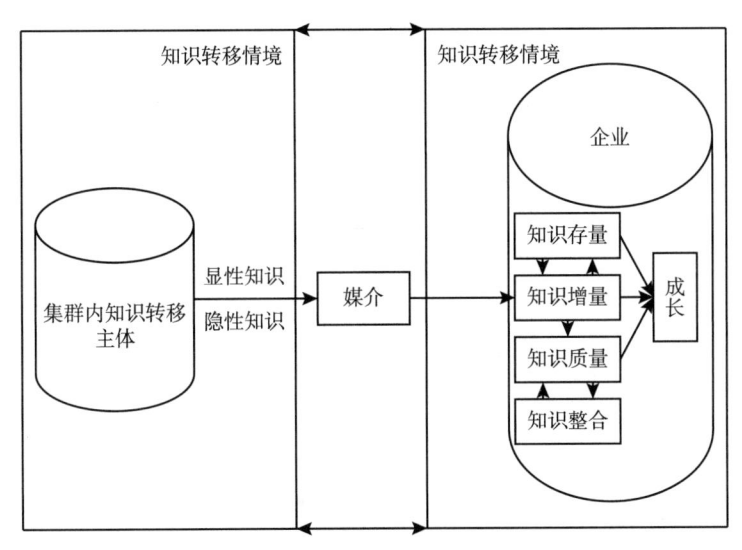

图 6-1 集群内知识转移与企业成长分析框架

6.2 集群内的知识转移主体及其对企业成长的影响

集群是一个纵横交错的庞大网络，其中每一个企业都可以在集群内接触到大量的知识源——从事相似生产经营活动的同行、上游供应商、下游客户以及集群的公共服务机构和代理机构等。集群公共服务机构是指处于集群内部，从事集群知识创造、技术服务、信息服务和管理支持的独立机构，如研究机构、生产力中心、企业联合中心、技术孵化器等。集群代理机构是指由当地政府或集群成员企业共同发起设立的，代表整个集群利益的专门机构，一般为当地政府权力机构或集群成员共同资助，主要负责集群整体层面上的协调活动，承担集中管理协调成本，包括行业协会、企业家协会、专业技术协会、产业俱乐部等（魏江等，2004）。

集群内的知识转移主体具有两类不同的组织：一是具有竞争与合作关系的各类企业，包括水平网络上生产同类产品的竞争企业、生产相似产品的相关企业、生产互补产品的同一价值链上的企业和垂直网络上的供应商企业、需求方企业；二是集群的公共服务机构和代理机构，与群内的各类企业不同，这些机构具有集群共有性，对所有企业来讲是公共的。根据知识源的性质不同，将集群内的知识转移主体纳入相应的集群层和企业层两个层次（见图 6-2）。

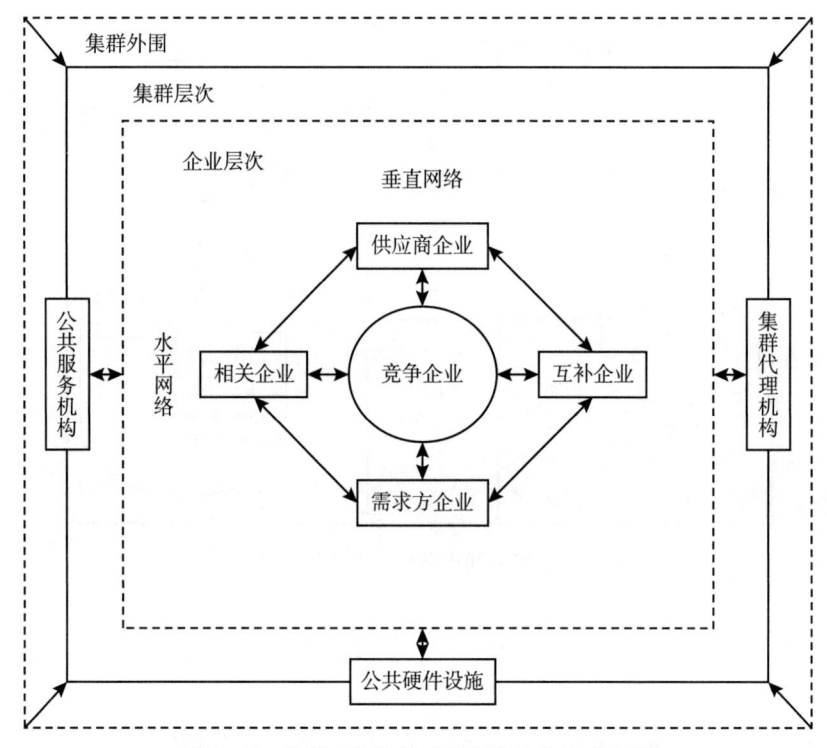

图 6-2 集群内知识转移的层次及各层次主体

资料来源：参考魏江、刘晓、陈志得．中小企业集群学习环境优化对策研究［J］．科技进步与对策，2004（6）：7-9．并作了修改。

集群内知识转移主体的层次性决定了集群内知识转移的其他四个要素都具有了层次性，并最终影响集群企业的成长。也就是说，集群内知识转移主体要素对企业成长的影响在于使集群内知识转移对企业成长的作用具有了层次性，分为集群层的作用和企业层的作用。

6.3　集群内的知识类型及其对企业成长的影响

集群中的知识同人类知识一样可分为两大类：显性知识和隐性知识。问题的关键在于用什么标准作为集群内两类知识的划分依据。集群的地理集中性和网络化使原本不可以表述的知识变成可以表述，而知识是否容易表述的标准过于模糊，不仅因人而异，而且对于同一个人也会因时因地而异，采用这种标准会造成隐性知识与显性知识之间对于任何人都没有一条清晰的界限，在集群中更是如此。因而，是否可以表述和是否容易表述都不能作为集群中知识的分类标准。鉴于此，采用是否已经表述（是否已经编码）作为集群中显性知识和隐性知识的分类标准可能比较恰当。将已经编码的知识，即可以用正式、系统化的语言传播的知识定义为显性知识，它存储在各种类型的载体上，编码在各种手册、程序和规则中，而所有还未编码的知识都归为隐性知识。

集群的地理集中性使其内部的显性知识具有一个突出特征，即公共物品的性质，一旦被创造出来，就会迅速在群内传播，被群内的企业和个人所拥有。因此，集群内新创造的显性知识会使群内企业的知识增量迅速增加，从而有可能促进企业成长。但是，"公共性"也就意味着容易沟通和共享，极易被竞争对手学到。故集群内的显性知识不可能形成企业持续的竞争优势，也就很难提高集群企业的知识质量，无法长期和持续地促进其成长。

集群内的隐性知识由于还未编码，限制了其传播的速度和范围。尽管地理集中性已大大弱化了集群内隐性知识的不可表达性和不可转移性，但这种弱化是因为集群内组织和个体间的接触比较多。也就是说，没有集群内组织间、人际间的频繁接触和耳濡目染，没有聚集企业之间的比邻竞争和相互合作，集群内的隐性知识仍然难以表达和转移。

正因如此，集群内的隐性知识就成为群内企业成长的异质性因素之一，能够获得隐性知识的企业比不能获得的企业在知识增量方面占据了优势。因为隐性知识是企业获得持续竞争优势的源泉，显性知识揭示的往往是做什么，而隐性知识却揭示了怎么做，只有掌握了怎么做才能提高知识的利用率。例如，企业使用的数控机床、生产流水线体现了企业能大批量生产高精密零部件的显性知识，要使这些装备有效运转，企业还要学习与积累怎样培训和管理中层经理、技术人员及技术工人，以便充分掌握与发挥数控机床和生产流水线效能等方面的隐性知识。显然，只有掌握了后者，企业才能获得长期的竞争优势。因此，集群内的隐性知识不仅能提高群内企业的知识增量，更能提高其知识质量，从而促进其成长。

6.4　集群内的知识转移途径及其对企业成长的影响

集群层次知识转移的途径主要有六类：集群代理机构为企业提供规制、集群层次知识主体提供的人力资源培训和教育、从集群层向企业层的人员输入、集群代理机构组织的各类会议、知识基础设施建设、大学与企业间或科研机构与企业间建立研发同盟。集群层次的知识转移主体主要是集群的支持性机构，这些机构在集群中扮演"公共设施"的角色,在一般情况下,对集群中所有企业会"一视同仁"。对接受知识的企业来讲,该层次的知识转移以显性知识为主,如规制、人力资源培训得到的信息与知识、从知识基础设施得到的知识等都是集群层次主体在对知识编码后,转移给群内企业的。该层次的隐性知识主要源自人力资源直接输入带来的个人技能、经验、诀窍和在研发同盟中获得的隐性知识。企业层次知识转移的途径有:主要以企业组织为知识载体的企业间合作、产业链与主要以个体为知识载体的人力资源在企业间的流动、企业间员工的非正式沟通三类。企业层次各途径转移的知识都是以未编码的隐性知识为主。合作途径中,多数知识都是通过"用中学"或"干中学"的方式获得的;在产业链途径中,尽管存在着原材料价格、产品销售量等信息类的显性知识,但真正能够使企业获得成长的还是这些显性知识背后蕴含的隐性知识;而以人为载体的两类途径转移的知识则基本上都是未编码的隐性知识。企业层次转移的知识对企业的持续成长具有重要作用,尤其当转移的隐性知识正好是企业急需时,对企业成长的作用尤显突出(杨蕙馨,2008)。

可见,知识转移途径是企业获得知识增量的渠道,对企业成长的影响在于畅通的渠道更利于企业的成长。

6.5 集群内的知识转移情境及其对企业成长的影响

知识是嵌入在特定情境中的产物。"知识本身是无边界的,即使是组织或个体内部的知识,能够被组织或个体意识到并加以利用的也往往只是其中的一部分,还有部分知识已经在组织或个体内,但未被发现和利用。"(徐金发等,2003)知识的特性,特别是隐性知识,决定了只有同时位于集群内的企业,并且企业之间的知识"势差"适度,才有可能产生有效的隐性知识转移效果。因为处于同一集群,企业之间在文化、战略、组织结构、外部环境等方面的相似度很高,由于存在知识势差,所以企业之间的学习愿望强烈。

克劳斯(Klaus,2005)的研究强调企业间相互学习的应该是异质知识和技术,但是,异质知识和技术的差距不能很大,否则知识不可能在企业间顺利的转移和吸收。费尔德曼等(Feldman et al.,1999)在证实产业多样性集聚比专一性集聚更有利于知识转移、溢出和创新产出时,不是对随机抽取的多样性产业进行实证分析,而是按照是否依据相同公共基础"知识池"将产业划归在一起,发现在这些产业之间知识转移、溢出和创新的巨大效果。所以,不仅地理接近性，知识技术接近性对集群内企业间的知识转移效果影响重大，这表明知识转移情境相似性对企业知识转移会产生正向作用。

企业间所处的知识转移情境相似是知识转移成功的必要条件，还不是充分条件。企业往往是从知识存量丰富于己的对手中学习，企业间知识"势差"越大，即知识存量差距越大，可以学习的潜力和赶超的余地就越大，但这并不意味着知识转移效果就越好。马吉莱因等（Marjolein et al., 2001）研究表明知识的高效转移依赖于双方是否有适度的知识"势差"。"势差"过小，造成可转移的知识过少，"势差"过大，若无高效的吸收能力支撑，则落后的一方无法学习与吸收。因此，知识存量差距对知识转移效果的影响是非单调的，知识转移效果受到企业吸收能力的制约与影响。

由以上分析，得出集群内知识转移情境对企业成长的影响：第一，当企业或企业中的个体处在相似度较高的情境中时，进行的是相似性转移，知识转移容易按预期获得成功，即企业获得知识增量，并容易将其转化从而提高知识质量得以成长。第二，当企业间知识势差适度时，也就是企业间知识存在可以学习的潜力和赶超的余地时，企业获得的知识增量越多，越容易成长。

6.6　集群企业的知识吸收能力及其对企业成长的影响

集群内的知识转移是集群内的知识拥有者（如集群支持机构、企业等）将自身知识包内的知识，通过一定的途径传递给特定集群企业的过程，其效果是对该集群企业的成长产生影响。显然，集群企业作为知识转移的对象，其自身对转移知识的吸收能力是影响其成长的主要因素。"企业的知识吸收能力是指，企业对于外部信息认识其价值并吸收和应用于商业终端的能力。"（Cohen and Levinthal, 1990）

首先，企业的知识吸收能力在很大程度上是其先前知识质量的函数，即企业先前具备的知识质量水平决定了企业的知识吸收能力，可以说，知识吸收能力代表了企业的知识质量。其次，企业知识吸收能力作为企业内部的能力，之所以会受到外部环境的影响，是因为它的功能是吸收外部的知识，也就是说外部环境实际上影响的是知识吸收的效果，而不是知识吸收能力本身。再者，从严格意义上讲，知识吸收能力是获取和吸纳（理解）知识的能力，它依赖于先前的知识质量以及外部知识源的特性。因此，集群企业的知识吸收能力是在集群内的知识转移中，作为知识接收方的企业用于获取和吸纳转移知识的能力，其实质是企业现有的知识质量水平。

同其他要素一样，集群企业知识吸收能力对企业成长的影响也表现在知识增量和知识质量两个方面。所不同的是，知识吸收能力对企业知识质量的影响不仅是受到转移知识类型的作用，更是因为该能力本身的潜在特点。集群企业的知识吸收能力在集群内知识转移作用于企业成长的过程中，决定了对转移知识量的吸收程度，即企业实际获得的知识增量。在排除其他影响因素的条件下，企业的知识吸收能力越强，知识转移对企业成长的正向作用就越强。既然集群企业的知识吸收能力代表的是企业现有知识的质量，因此，它在当期知识转移中对企业知识增量的影响，实际上是先前进行的所有知识转移效果对本次转移的累积影响。

集群企业在完成知识吸收之后，集群内的知识转移过程已经完成。这个过程对企业成长的影响有两个方面：一是对知识增量的直接影响；二是由转移知识的类型带来的对知识质量的间接影响，例如转移的隐性知识比显性知识多就可能带来知识质量的较大提高。知识转移过程的完成，并不表示对企业成长作用的结束。实际上知识转移主要完成了知识的传递，企业在吸收知识之后会进入知识整合过程，通过对知识的综合和创新，实现对企业知识质量的进一步提升。显然，知识整合过程的成功率越高，知识质量的提高程度就越高，对企业成长也就越有利。一句话，在其他因素不变的情况下，集群企业的知识吸收能力越强越有利于其成长。

6.7 结 束 语

随着集群在世界范围的兴起和知识经济的到来，从知识转移角度研究集群内的企业成长具有重要理论价值和现实意义。一方面随着集群竞争优势基础的转变，地方化的知识成为集群和群内企业持续成长的源泉；另一方面企业知识理论为企业成长研究开辟了新思路，即企业拥有的知识和利用知识的能力决定了企业的成长。

从知识转移角度研究集群中的企业成长，需要回答的首要问题是集群内知识转移各要素对企业成长有什么影响。企业成长的源泉在于企业拥有的知识，企业成长是量的成长和质的成长相结合的过程，是企业在已有知识存量基础上，通过与外界环境的互动，不断增加知识和提高知识质量的过程。在集群中，企业知识增量（或者说企业知识存量的提高）直接来自集群内的知识转移，企业知识质量的提高取决于集群企业对转移知识的吸收和整合，因此，集群内的知识转移对企业成长具有积极作用，集群企业有意识地进行知识转移，就能够获得成长。

集群内的知识转移通过转移主体、转移知识的类型、转移途径、转移情境、转移对象的知识吸收能力五个要素对企业成长产生影响，其综合作用的过程就构成了集群内知识转移对企业成长的作用机制。转移主体的性质决定了集群内知识转移分为集群和企业两个层次，集群内的显性知识主要通过集群层的支持性机构进行转移，隐性知识主要通过集群内组织间和个体间的频繁接触进行转移。转移情境和集群企业的知识吸收能力是决定集群内知识转移对企业成长作用程度的关键因素。在集群中实现有效的知识转移，一方面保持转移途径的畅通是基础，改善转移情境是关键，另一方面则要实现对转移知识的充分吸收。企业知识吸收能力越强，则对企业成长的正向作用就越强。在集群企业内部，将先前的知识和转移获得的知识循环进行"共同化→表出化→组合化→内隐化"，就形成了知识创造的螺旋，知识吸收能力获得不断提升的同时，也实现了企业的持续成长。

参考文献：

[1] 冯文娜，杨蕙馨. 中间性组织的演化过程分析——基于分工理论的解释 [J]. 理论学刊，2007（7）：38-42.

[2] 魏江，刘晓，陈志辉. 中小企业集群学习环境优化对策研究 [J]. 科技进步与对策，2004（6）：7-9.

[3] 徐金发，许强，顾惊雷. 企业知识转移的情境分析模型 [J]. 科研管理，2003（3）：54-60.

[4] 杨蕙馨，李贞. 集群内知识转移对企业成长的作用机制 [J]. 经济与管理研究，2008（2）：14-19.

[5] 杨蕙馨，刘春玉. 知识溢出效应与企业集聚定位决策 [J]. 中国工业经济，2005（12）：41-48.

[6] C. J. Marjolein & B. Verspagen. Barriers to Knowledge and Regional Convergence in An Evolutionary Model [J]. Journal of Evolutionary Economics，2001（11）：307-329.

[7] M. Best. The New Competition [M]. Massachusetts：Harvard University Press，

1990.

[8] M. P. Feldman & D. Audretsch. Innovation in Cities, Science – based Diversity, Specialization and Localized Competition [J]. European Economic Review, 1999, 43 (2): 409 – 429.

[9] W. Klaus. Innovation and Knowledge Spillover with Geographical and Technological Distance in An Agent-based Simulation Model, Discussion Paper, University of Bielefeld, 2005, May.

[10] W. M. Cohen & D. A. Levinthal. Absorptive Capacity: A New Perspective on Learning and Innovation [J]. Administrative Science Quarterly, 1990, 35 (1): 128 – 152.

第 7 章
集群内知识转移对企业成长的作用机制[①]

在企业知识观下,企业成长可以被界定为企业在已有知识存量的基础上,通过与外界环境的互动,不断增加知识和提高知识质量的过程。因此,集群企业有意识地进行知识转移对企业成长具有积极作用。依据集群内知识转移主体的性质把集群内知识转移分为集群和企业两个层次。集群内的显性知识主要通过集群层的支持性机构进行转移,而隐性知识主要通过集群内组织间和个体间的频繁接触进行转移。通过集群内知识转移情境分析得出结论:集群企业通过控制与知识转移主体间愿望差异、关系(类型、强度、持久度)和知识势差,可以实现知识转移对企业成长的积极作用。

7.1 集群层次知识转移及其对企业成长的作用机制

为了研究集群层次与企业层次知识转移对企业成长的作用机制,首先要从知识的载体角度明确集群层次与企业层次转移知识的类型,在此基础上进一步分析集群层次与企业层次知识转移的情境,以便准确把握知识转移对企业成长的作用机制。从已有的研究文献看,决定情境范围的四个主要维度为:文化和外部环境、愿望、结构、技能(徐金发等,2003)。

首先,将集群层次的知识转移分为两种类型,如图 7-1 所示。

[①] 本章作者为杨蕙馨、李贞,发表在《经济与管理研究》2008 年第 4 期(有改动)。

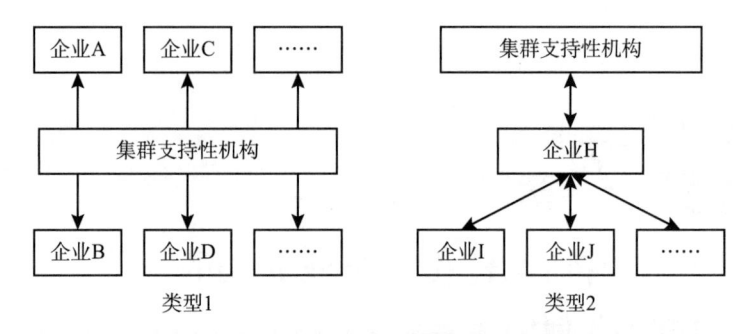

图 7-1 集群层次知识转移的两种类型

类型 1 是集群支持性机构类似于集群的公共知识库，向群内所有企业的知识转移，以转移显性知识为主。类型 2 是集群支持性机构只与群内部分企业（企业 H）直接进行知识转移，而与其他企业（企业 I、企业 J 等）不直接发生知识转移，这种类型突出地表现为集群中的研发同盟。在类型 2 中，企业 H 能够得到比企业 I、企业 J 等更多的知识，尤其是在合作的接触过程中得到隐性知识，这些知识中的一部分会在企业层的知识转移中传递给其他企业，而另一部分就内化成了自身的能力。

7.1.1 集群层次类型 1 的情境分析

在该类型中，知识发送组织是具有"公共性"的集群支持性机构，知识接受组织是群内各企业。由于同处于一个集群内，所以二者的文化和外部环境维度的相似度很高。在愿望方面，因为其"公共性"，所以支持性机构不会厚此薄彼，具有向群内所有企业转移知识的愿望，在该维度决定情境相似性的关键是企业接受知识转移的愿望。而在结构维度，集群支持性机构的"公共性"也决定了会与各企业间都保持着相似类型、强度和持久度的关系，故结构维度方面的相似度也很高。而在组织技能方面，尽管支持性机构的知识转移能力对所有企业是同质的，但不同企业的知识吸收能力却不同，因此，企业的知识吸收能力是决定二者之间知识势差[①]的主要因素。

---

① 知识势差是知识区位理论中的概念。假定以某一生产或技术领域作为研究的范围，将其所涉及的知识的广度和深度作为两个维度，则构筑了一个二维的知识区位，且每个知识主体都可以根据自身知识的深度和广度确定在上述二维空间中自己的位置。因为知识分布的非均衡性，不同的知识主体在知识的深度和广度方面拥有的知识存量和质量是不同的，在知识区位中有着高低位势的差别。因此，知识势差就可用来表征不同主体间知识支配能力的差异。

7.1.2 集群层次类型 2 的情境分析

在该类型中，知识发送组织是具有"特殊性"的集群支持性机构，知识接受组织是群内部分企业（企业 H）。因为同处于一个集群内，支持性机构和与其有关系的这部分企业之间在环境和文化维度方面的相似度仍然很高。在愿望维度上，因为二者是自愿建立的同盟，其相似度也很高。

在网络结构方面，情况与类型 1 就有了差别：首先，在类型 2 中，作为知识直接接受组织的企业，显然比与支持机构没有关系的企业的知识增量多，与越多的支持性机构有关系，则企业的知识增量越多，越容易成长。其次，在二者的关系强度方面，与支持性机构的关系越密切，其情境的重合区域越多，则成功转移的知识就越多。再者，二者的关系越持久，重合区域也会越多，企业的知识增量就越多。需要注意的是，二者关系越持久，知识尽管仍在增加，但是增加的数量却是边际递减的。而且，其间转移知识溢出的可能性就越大。原因在于：一方面，支持性机构具备二重性，即"公共"又"特殊"时间久了，很难做到区别对待，极有可能在公共渠道的知识转移中将"特殊"的知识也转移出去。另一方面，时间越久，这部分与支持性机构有关系的企业在与其他企业的互动过程中也会溢出这些知识。因此，关系持久对企业知识增量的影响是不确定的。

在组织技能维度方面，支持性机构与合作企业间的知识势差仍是影响其重合度的关键因素，如果二者间的知识势差在合理的范围内，则企业能够识别和吸收的知识就多；反之，如果二者的差距很大，机构转移给企业的知识，企业无法识别或者很难理解，则企业的知识增量就很有限。

通过以上分析，可以总结出集群层次知识转移对企业成长的作用机制：

（1）集群层次知识主体新创造出显性知识并在群内传播时，会在短时间内迅速增加各企业的知识增量，各企业均获得成长的可能性，决定企业是否成长和成长态势的关键要素是企业的知识转移愿望和企业自身的知识吸收能力。企业的知识转移愿望越强烈（表现在积极参加集群支持性机构组织的各种会议、充分利用集群内的知识公共设施），企业现有知识吸收能力越强，则企业越容易成长。

（2）处于研发同盟中的企业，能够获得比群内其他企业更多的隐性知识，因此，与集群层次知识主体有关系的企业更容易成长，决定其成长态势的关键要素是企业与支持性机构之间的关系类型、关系强度和知识势差。企业与支持性机构的关系种类越多,关系强度越大,知识势差越小,则企业越容易成长。

(3) 企业与支持性机构之间的关系持久度对其成长的作用无法确定。关系越持久(虽然获得的知识总量增加,但增量是边际递减的),知识溢出给其他企业的机会也就越大。

7.2 企业层次知识转移及其对企业成长的作用机制

企业层次知识转移是企业将知识转移到企业的过程。该层次的知识主体是各类型的企业,因此,该层次的研究更为复杂。因为主体是企业,对象也是企业。这样,该层次的企业成长分析就要分成两部分,即作为知识转移主体(知识发送单元)的企业的成长分析和作为知识转移对象(知识接受单元)的企业的成长分析。

根据企业层次知识转移的途径,将该层次以企业为对象的知识转移细分为三类。

类型1(见图7-2)是企业→企业的知识转移,需要分析两类企业的成长,即作为知识发送单元的企业的成长分析和作为知识接受单元的企业的成长分析。具体划分又存在三个小类:类型1.1是无主导企业的合作网络中企业与企业间的知识转移,这种转移是在双方自愿情况下的相互转移,且企业与企业间的知识存量相似、关系对等。类型1.2是有主导企业的合作网络中企业与企业间的知识转移,这种转移仍然是在自愿情况下的相互转移,只是主导企业因为其原有知识存量多,往往成为合作的组织者,知识转移只发生在主导企业和其他合作企业之间,而其他企业之间却很少发生知识转移。类型1.3是垂直产业链中供应企业、生产企业和客户企业之间基于交易关系产生的知识转移,不包括合作式产业链中的知识转移(属于类型1.1或类型1.2的情况)。

类型2是企业→个体→企业的知识转移,即企业A中的个体到企业B的知识转移(未做图示,可参见图7-2、图7-3)。

类型3是(企业→个体)→(个体→企业)的知识转移,即企业A中的个体A到企业B中的个体B的知识转移。知识转移的最终结果是企业A的知识转移到了企业B,而实际上发生的是个体与个体间的知识转移。

类型1.1　　　　　　　　　　　类型1.2

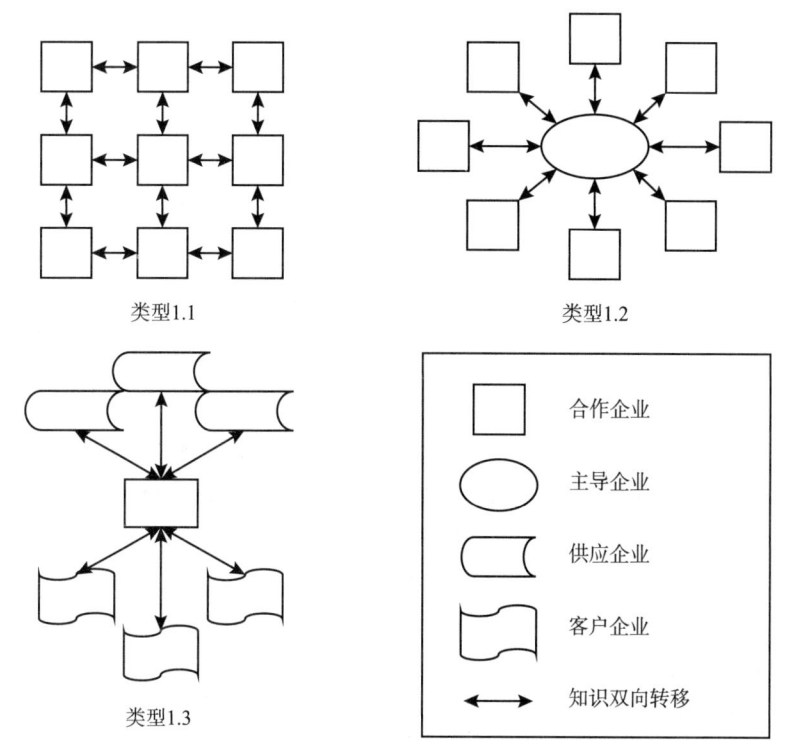

□	合作企业
○	主导企业
⌒	供应企业
▱	客户企业
↔	知识双向转移

类型1.3

图 7-2　企业层次知识转移类型 1

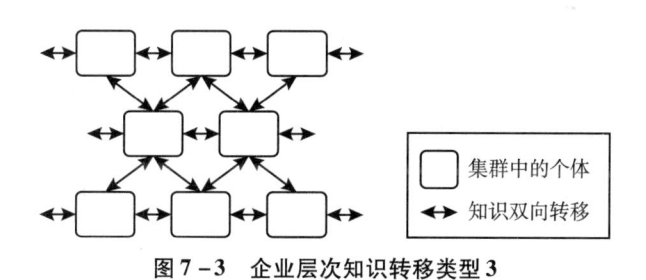

□	集群中的个体
↔	知识双向转移

图 7-3　企业层次知识转移类型 3

需要指出，以上三种类型在现实中常常是互相交叠的，企业→企业的路径中也包含一定程度的企业→个体→企业和企业→个体→个体→企业的路径。因为其机制是一样的，所以在企业→企业的路径分析中，不再单独研究其中涉及的个体层次转移，而将个体层次的转移纳入相应的企业范围，只研究企业与企业两个组织之间的转移。

7.2.1 类型1的知识转移情境分析

如图7-2所示,运用集群内组织或个体知识转移的情境分别分析企业层次知识转移的三种类型的知识转移情境。

(1) 类型1.1的知识转移情境分析。

该类型中的知识发送单元和知识接受单元是无主导企业合作网络中的企业。为了研究方便,将前者称为企业A,后者称为企业B。二者同处于一个集群内,而且产业类似,其文化和环境维度的相似程度很高。在愿望维度,由于二者的合作是在自愿和对等的基础上,故其相似度也很高。在结构方面,关系类型表征了企业建立合作要比不建立合作更有利于知识的转移。当二者接触越多即关系越密切,关系越持久,其转移情境的重合区域越多,作为知识发送单元的企业A转移出去的知识越多,作为知识接受单元的企业B获得的知识增量也越多。在技能方面,这类没有主导企业的合作,往往发生在知识存量近似的企业之间,一般情况下,二者在该维度的相似度也很高。

显然,在类型1.1中,决定情境重合程度的关键变量是关系强度和关系持久度,关系越强、越持久,作为知识发送方的企业转移出去的知识越多,作为知识接受方的企业获得的知识也就越多。在这种对等的合作中,合作企业的身份都是二重的:既是发送方,也是接受方,所以企业都能获得知识增量(新知识),也都会转移出去部分知识。

(2) 类型1.2的知识转移情境分析。

该类型包括两种情况:一是主导企业(中心企业)向其他合作企业的知识转移,称为正向转移;二是其他合作企业向主导企业的知识转移,称为反向转移。无论是上述哪种企业,其知识增量就是转入知识量与转出知识量的差值。

运用情境分析,可以发现无论是正向转移还是反向转移,二者在文化和环境、愿望两个维度的相似度很高。仅考虑结构维度,类型1.2和类型1.1一样,也会得出关系越密切、越持久,企业获得知识增量越大的结论。

在技能维度,因为这类合作有主导企业,而主导企业的知识存量要高于其他企业才能产生合作。这样,主导企业和其他合作企业势必存在一定程度的知识势差,知识势差小,情境的重合区域大,则主导企业转移出去的知识越多,其他合作企业获得的知识也就越多。根据知识势差理论,知识由高势差流向低势差容易,但这种容易是有临界值的,当二者的知识势差大到超出临界值时,低势差企业就很难识别和利用高势差企业的知识，这时发生在二者间的转移知识量就会减少。因此，主导企业和其他合作企业间的知识势差决定了其知识转进量和转出量间的差值，即知识增量。对主导企业来讲，因为处于高势差的位置，可以较好地识别和利用从合作企业转移的知识，获得知识增量。而对合作企业来讲，知识势差低于临界值时，与主导企业的关系越密切、越持久，则获得的知识增量越大，这时，主导企业的知识转出量也就越大。而当知识势差高于临界值时，因为合作企业很难识别和利用主导企业的知识，合作企业获得的知识增量很少甚至为零，主导企业的知识转出量也就较小。

（3）类型1.3的知识转移情境分析。

该类型的知识转移涉及产业链上的三类企业——供应企业、生产企业和客户企业，包括两种情况：一是供应企业和生产企业间的知识转移，二是生产企业和客户企业间的知识转移。

供应企业和生产企业同处于一个集群内，又同属于一个产业链，因此其文化和环境维度相似。在愿望维度，供应企业有两种可能：一是希望逐渐掌握生产类知识，通过前向一体化而获得成长；二是保持自己在供应领域的优势，不希望生产商掌握供应类知识而实现后向一体化。生产企业也有两种可能：一是希望掌握原材料要素市场的知识，实现后向一体化；二是不希望供应企业获得生产类知识，实现前向一体化。可见，二者在愿望维度上不相似。在技能维度，供应企业原有的知识存量是供应类知识，生产企业拥有的是生产类知识，因此二者在该维度上也不相似，存在着较大程度的知识势差。在结构维度，二者建立关系、保持密切和持久的关系自然能够增加其在结构方面的相似度，从而造成二者的情境范围开始重合。但是，当二者建立了关系，也就成为了类型1.1或类型1.2中的情况，即合作带来的知识转移。

7.2.2 类型2的知识转移情境分析

类型2的知识转移是通过人力资源在企业间（假设由企业A流入企业B）的流动实现的。该类型的知识发送单元是企业A的员工，知识接受单元是企业B。随着个体进入企业，企业获得了知识增量。这种发生在个体和企业之间的知识转移是不同类型主体间的转移，在个体进入企业的瞬间，知识转移过程就已经完成，因此，情境对发生这类知识转移的企业成长没有明显的作用。

7.2.3 类型 3 的知识转移情境分析

如图 7-3 所示，企业层次知识转移类型 3 表现为群内个体之间的广泛的非正式沟通，个体与个体之间互相交流，组成了一个错综复杂的关系网络。根据集群内知识转移的情境，在文化和环境方面，因为个体同属于一个集群，所以在环境和文化方面的相似度很高。在愿望方面，社交需要是人的基本需要之一，一般情况下该维度的相似度也很高。在结构方面，拥有关系的数量越多、关系越紧密、越持久，该维度的相似度越高。在技能方面，个体间知识势差越小，相似度越高。因此，在类型 3 中，个体之间拥有的关系类型越多、关系强度越大、关系越持久、知识势差越小，其知识情境的重合区域越大，个体获得的知识增量就越大，而通过个体转移进企业的知识也越多。

在综合分析了企业层次知识转移的各类型之后，可以总结出企业层次知识转移对企业成长的作用机制：

（1）企业层次转移的知识以隐性知识为主（显性知识只存在于少数情况下，如非合作形式的产业链中），因此，企业在获得知识增量的同时，也获得了提高知识质量的能力。在知识转移过程中获得的知识增量越多、企业知识吸收能力越强，则企业越容易成长。

（2）在企业层次知识转移中，决定企业知识增量的因素是复杂的。在无主导企业的合作中，决定企业知识增量的关键要素是关系的强度和持久度，关系越密切、越持久，隐性知识的转移会越多，从而企业的知识增量越多，更易成长。

在有主导企业的合作中，决定知识增量的关键因素是主导企业与合作企业间的知识势差。对于合作企业，只有与主导企业的知识势差低于临界值时才能识别和利用主导企业转移的知识，获得知识增量，这时与主导企业的关系越密切、越持久，越容易成长。而当合作企业与主导企业的知识势差超过临界值时就很难识别和利用转移的知识，无法获得知识增量而实现成长。因此，并不是选择与主导企业合作就一定能够促进成长，理性的选择是与自身知识势差在临界值范围内的企业合作。而对于主导企业，因为处于高势差位置，可以识别和利用合作企业的大部分知识，获得知识增量，进一步成长。需注意的是，随着合作企业的不断成长，主导企业的"主导"地位会逐步弱化，这是因为主导企业转出的知识一般大于获得的知识，从而造成其成长速率小于合作企业。正因如此，主导企业出于对自身"主导"地位的保护，会通过控制与合作企业的知识势差范围来"限制"合作企业的成长速率。

在非合作的产业链中,供应企业、生产企业、客户企业的情境重合度很低,因而知识转移对企业成长的作用很小。在人力资源流动方面,决定其成长的关键因素是企业对个体转移知识的吸收转化能力。企业员工间的非正式交流中,伴随大量隐性知识的转移,附载在个体身上的知识就会进入企业,从而促进企业的成长。企业拥有的个体在非正式沟通中的关系数量越多、与知识发送个体的关系越密切、越持久、知识势差越小,则获得的知识越多。

7.3 集群内知识转移的有效控制

7.3.1 集群内显性知识转移的有效控制

要实现集群内显性知识的有效转移,关键是要保证企业和支持性机构之间知识转移渠道的畅通。

(1) 加强集群支持性机构的公共服务性。首先,建立和完善集群内部技术服务体系,为集群成员企业提供技术支持。其次,建立集群信息服务中心,促进技术和知识信息在集群成员之间的交流,包括人才交流市场、产品博览会和交流会,甚至产业专题讨论和学术讨论会等各种形式。再次,加强硬件基础设施建设。这是集群知识基础设施的重要组成部分,它与集群公共服务机构、代理机构等共同构成支持整个产业集群发展的基础结构。

(2) 加强企业的显性知识转移意识。为了随时掌握集群内显性知识的动态,企业可以指派专人负责与集群支持机构的沟通。主要工作包括:阅读支持性机构出版的刊物、经常登陆群内区域网或支持机构的对外网站、参加支持性机构举办的各类会议等。

(3) 提高企业的显性知识吸收能力。集群支持性机构提供的显性知识中包含着很多技术类知识,尽管该类知识已经编码,但是要理解和利用它仍需要一定的知识吸收能力。

7.3.2 集群内隐性知识转移的有效控制

集群内隐性知识的转移受到知识主体、转移情境和转移对象等要素的影响,因此,集群内隐性知识转移的有效控制不是简单地保持转移途径畅通就能够实现的。

（1）加强组织间的有效接触。组织间接触频率增加是决定集群内隐性知识转移的前提条件，接触频率增加了，就有可能学到对方组织中的隐性知识。为此，地方政府要起到核心作用。政府首先要采取有效措施来加强集群内组织间的人员往来和交流，为隐性知识的转移提供更多的机会和更好的条件。其次，要不断修订和完善集群内的各种相关政策尤其是技术创新政策，以更好地发挥其促进知识转移的作用。再次，地方政府应充分利用自身的优势和便利，积极为区域内的组织"牵线搭桥"，组建"区域内知识联盟"，以快速培育本区域的"核心知识竞争力"，并进而建立强大的"区域创新能力"和"区域核心竞争力"。最后，还要努力营造有利于组织间知识转移的经济环境、技术环境、市场环境、创新环境和文化环境。

（2）加强组织间创新性合作。组织就是为了把知识的不同拥有者整合起来，并在此基础上创造出新知识的实体。在这种定义下，组织间的合作更多的是一种创新性合作，即通过合作创造更多的有用知识，为整个合作群体带来竞争优势。

（3）通过对知识增量进行整合，提高集群企业的知识吸收能力。集群企业对知识增量的整合是一个很重要的课题，它不仅是决定知识转移效果的直接因素，而且还是提高企业知识质量的重要途径。

7.4　结　束　语

从知识转移的角度研究集群中的企业成长，需要回答的一个问题就是：集群内的知识转移是通过什么样的途径和过程影响集群企业成长的？即集群内知识转移对企业成长的作用机制。围绕这个问题进行分析，得出以下结论：企业成长的源泉在于企业拥有的知识，企业成长是量的成长与质的成长相结合的动态过程。企业成长是企业在已有知识存量的基础上，通过与外界环境的互动，不断增加知识和提高知识质量的过程。知识存量、知识增量、知识质量是从知识角度分析企业成长的三个维度，分别决定了企业的生存力、发展力和竞争力。在集群中，企业知识增量（或者说企业知识存量的提高）直接源自集群内的知识转移，企业知识质量的提高则取决于集群企业对转移知识的整合过程。因此，集群内的知识转移对企业成长具有积极作用，集群企业有意识地进行知识转移就能够获得成长。

从知识转移角度研究集群企业成长是一个新的课题，可供深入研究的问题还有很多。鉴于篇幅，本章只是研究了集群内知识转移对企业成长的作用机制，实际上，知识整合对集群企业的成长具有重要作用。

参考文献：

［1］ 蔡宁，杨闩柱．论企业集群竞争优势基础的转变［J］．浙江大学学报：人文社会科学版，2003（11）：42－48．

［2］ 范黎波，张中元．基于网络的企业学习和治理机制［J］．中国工业经济，2006（10）：108－114．

［3］ 贾生华，邬爱其．企业成长的知识结构模型及其启示［J］．科研管理，2003（3）：83－88．

［4］ 李政．企业成长的机理分析［M］．北京：经济科学出版社，2005．

［5］ 彭灿．企业集群知识系统初探［J］．工业技术经济，2005（9）：79－82．

［6］ 魏江，魏勇．产业集群学习机制多层解析［J］．中国软科学，2004（1）：121－125＋136．

［7］ 徐金发，许强，顾惊雷．企业知识转移的情境分析模型［J］．科研管理，2003（3）：54－60．

［8］ Bruce Kogut, Udozander. Knowledge of the Firm, Combinative Capabilities and the Replication of technology［J］. Organization Science, 1992, 3（3）: 383－397.

［9］ Cohen Wesley M, Levinthal Daniel A. Absorptive Capacity: A New Perspective on Learning and Innovation［J］. Administrative Science Quarterly, 1990, 35（1）: 128－152.

［10］ Zahra S A, G George. Absorptive Capacity: a Review, Reconceptualization and Extension［J］. Academy of Management Review, 2002, 27（2）: 185－203.

第8章
集群中的中小企业成长研究：集群优势对企业资源与能力提升的作用[①]

沿用彭罗斯的企业成长理论，按照资源—能力—企业成长的逻辑分析集群中的中小企业成长机制，首先分析了集群优势对企业资源整合和利用的提升作用，其次探讨了集群优势对企业技术能力、财务能力、生产能力和营销能力提升的作用机制，建立了基于资源基础观的中小企业依附于集群成长的框架，并得出了一些有现实意义的启示，以利于集群中的中小企业了解其获取资源和能力的途径，以及决定其成长的关键问题，在此基础上采取恰当的成长战略。

在中小企业快速发展的大背景下，出现了一种新的、介于企业与市场之间的组织形式——产业集群。产业集群通过加强企业与企业、企业与政府、企业与科研单位以及企业与社会中介组织之间的联系、互补和合作，形成了以利益为导向、关系紧密的统一体，从而显现出强劲、持续的竞争优势，国内外许多发展良好的中小企业都是以地域集群的形式存在。为此，有必要从企业集群的角度探讨中小企业的成长问题。对于产业集群表现出来的强劲、持续竞争优势，众多学者从不同角度加以分析，但主要着眼于研究企业的集聚和企业间的互动以及整个集群具有什么优势。而具体到每个企业可以从这些优势中获得哪些好处，这些好处对企业自身的资源和能力有何影响，少有人进行系统地研究。加入集群的企业如何利用集群优势克服种种障碍、增强自己的能力，从而快速发展壮大呢？这正是本章要回答的问题。

---

① 本章作者为杨蕙馨、朱晓静，发表在《西部商学评论》2008年第1期（有改动）。

第8章 集群中的中小企业成长研究：集群优势对企业资源与能力提升的作用

8.1 产业集群与企业成长

8.1.1 企业成长

一般认为，企业成长不仅包括企业规模的扩大，还包括企业素质的提高。也就是说，企业成长有三层含义：一是"量"的扩大，即经营资源单纯量的增加，表现为资产的增值、销售额的增加、盈利的提高、人员的增加等；二是"质"的变革与创新，指经营资源的性质变化、组织结构的重组、支配主体的革新等，如企业创新能力的增强、对环境适应能力的增强等；三是企业的存续，即企业能够不断增进社会和消费者的福利，促进技术进步，对经济增长做出贡献。企业成长的量变、质变和存续三者是不可割裂的。企业的量变和质变以企业的生存为前提，离开了企业的持续存在，企业的质变和量变都无从谈起。企业能够持续地生存和产生量变同样也离不开企业的质变，很难想象一家百年老店或者一家万人的大企业在形成过程中没有发展和提高。企业在存续期间，尤其是发生质变时，一般都会伴以企业规模的扩张或收缩，同时企业规模的变化也会对企业下一步的生存和发展产生正面或负面的影响。

对于集群中的中小企业来说，生存是企业能否持续发展的前提条件，这是最基本的问题。在此基础上，各方面能力的提高、由于素质提高所产生的规模扩大都属于成长的范畴。

管理学对企业成长的研究侧重于运用彭罗斯的企业成长理论。这是一种内在成长论，即始终以单个企业为研究对象，探究决定企业成长的因素和企业成长的机制，建立了一个企业资源—企业能力—企业成长的分析框架。总的观点是：企业是建立在管理框架内的各类资源的集合，是一种有意识利用各种资源获利的组织过程，企业的成长取决于所占有的资源的丰裕程度和对资源进行协调运用的能力。

资源是指企业所拥有的各种要素，包括有形资源（设备、厂房、人员、土地、资金等）和无形资源（商标、公司形象、技术、专利、文化等）。本章把影响企业成长的资源分为人力资源、物力资源、财力资源和组织资源。能力是指企业适应、协调、驾驭内外环境，成功地从事经营活动的能力，也就是有效使用资源使其相互作用从而产生新的能力与资源的能力，其本质是组织在某一方面的知识。企业能力决定了企业成长的速度、方式和界限。本章借鉴业务链分析的视角,把影响企业成长的能力分为技术能力、财务能力、生产能力和营销能力。

8.1.2 企业集群化成长

一般说来,企业有三种基本成长战略:一般性成长(依靠内部资源)、购并成长和跨组织成长。这三种战略选择分别与"科层制""市场"和"混合"组织模式相对应。跨组织成长(也称为"网络化成长")成为在复杂的全球化商业环境下企业重要的成长方式和策略,强调企业通过在组织之间建立正式与非正式的联盟网络关系以寻求成长,给出了尤其是大型企业组织的发展图景,但对于许多中小企业而言,网络化成长战略并不能恰当地描述其成长前景,而企业集群化成长战略更能体现集群中的中小企业成长。

在企业集群化成长中,一个企业的成长同时依赖于在同一区域、同一产业的其他企业以及配套企业的发展。此外,地方政府的支持和组织(如筹建销售专业市场和展览会等)、合作式的营销、供应、融资以及设计中心等中介组织的建设也是企业成长的重要条件,这些共同构成了企业集群化成长的内容。随着对产业集群研究的深入和中国南方地区中小企业集群的蓬勃发展,越来越多的学者开始研究企业集群化成长问题。有关企业集群化成长方面的论述主要集中在影响因素方面,还未深入分析企业集聚产生的好处对企业自身的资源和能力有何影响。

企业集群化成长就是企业通过建立、维护、开发和利用集群网络关系及其资源取得成长的一种新成长方式。集群中大多数企业特别是中小企业的资源能力获取更多是通过外部方式实现的。因此,集群的资源状况以及企业从集群中可获得的资源能力状况成为影响企业成长的重要因素,也就是企业的资源获取与能力提高是决定企业成长的关键因素。因此,界定本章的主要研究对象是发展相对成熟的集群内中小企业,因为这种集群能为企业提供丰裕的集群资源,集群中的中小企业对外部资源的依赖性更强。

8.2 集群优势对企业获取资源的影响

8.2.1 集群中企业获取外部资源的途径

在一个成熟的产业集群中,企业与上下游的企业、竞争者、合作者、政府以及中介机构紧密联系，构成了一个彼此之间相互作用、相互影响的多元的网络组织环境，这种网络环境构成了企业的活动空间。企业所在的网络代表了企业获得至关重要的资源的关键途径，是企业赖以生存和发展的基础，网络关系将有助于企业获取信息、资源、市场和技术，通过组织学习、规模经济和范围经济来获得优势。因此，对集群中的企业来说，其可获取的资源不止包括企业内部资源，还包括企业外部资源。对集群中的企业来说，获取外部资源的途径主要有：

（1）人力资源。这里的人力资源不仅指拥有相当的技术能力、培训水平、判断力、工作态度的技术人员和职业经理人，还指能敏锐地发现机会、勇于承担风险的企业家。第一，在产业集群所在地经常聚集着来自附近农村或者外地的大批待聘劳动力，由于招聘容易和待聘者的内部竞争，劳动力成本相对较低；第二，大学和职业培训机构为企业输送各类技术人才和职业经理人，从而形成人力资源的主要来源；第三，员工在同行企业间的流动和竞争也促使他们不断地增强自身的素质和能力；第四，大量企业的集聚容易在集群中产生活跃的创业氛围，这会促进许多具有企业家精神的人模仿性地创办企业，进一步发挥和发展了他们的企业家精神。

（2）物力资源。集群中的企业不仅可以从上下游配套厂商那里获取机器、零部件和其他原材料，还可享用相关政府部门为集群提供的比较完善的基础设施，有时企业甚至可以从竞争对手那里获取所需的生产设施。

（3）财力资源。一定地理区域内的积聚促使集群更容易建立信用体系，方便企业从金融机构、投资者、企业家的私人关系者那里获取资金，为进一步发展打下良好的基础。

（4）组织资源。在成立初期，企业主要凭借创业者的私人社会关系获取外界资源，组织资源主要来自与创业者有私人关系的同行或上下游企业。发展到一定阶段后，企业逐渐建立起了自己的信誉，加上集群网络的传播作用，促使更多的企业和其他组织与之合作，此时，组织资源获取途径变宽，凡是与之打交道的企业和组织皆是组织资源的来源。

8.2.2 集群优势对企业获取和整合外部资源的作用

相对于单个企业而言，集群虽然缺乏对资源的占有和统一控制，但是集群提供了一种有效地的外部资源组织方式，使原本处于闲置状态无法组织起来的各种资源能有效地组织起来，而且减少了资源获取和资源转换的障碍。集群在集中、管理和升级各种资源时有很大的发挥空间，这就是集群优势对于资源的创新性整合能力。具体体现在以下四个方面：

（1）规模经济或范围经济产生的资源吸引效应。集群一经形成，就会通过其优势将有直接联系的物资、技术、人力资源和各种配套服务机构等吸引过来，尤其是吸引特定产业资源或要素。随着产业链的延伸，将吸引更多的相关产业甚至不同产业，扩大地区产业规模。随着集群竞争力的增强，这种资源吸引效应逐步加速。集群—资源吸引—集群扩张—加速资源吸引的循环累积过程，便于企业快捷获取所需资源，促进企业迅速成长。

（2）交易费用的降低有利于企业提高资源利用效率。集群的发展和分工协作导向，促使企业在比较内部生产的费用和通过市场交易的费用之后，在专业化和内部化之间做出选择。企业可能将原先自行生产的部分零部件外包给其他企业，利用社会资源更快地扩大生产规模，而且集群内企业间分工协作的发展，企业间的互补性增强，信息沟通方便，易于实现及时供货、零库存、全面质量管理等，使各种资源得到更加充分的利用。

（3）技术溢出有利于资源素质的提升。在企业集群的竞争机制和学习效应的作用下，集群内的技术人员和工人的观念、技艺不断提高，各种机器设备不断得到改进，新产品和新工艺不断涌现，生产、营销、物流、环保等技术不断改善，这些都使本地区的资源素质得以不断提升。

8.3　集群优势与企业能力提升

8.3.1　集群优势作用于企业技术能力的提升

集群就像一个创新网络，由于企业在文化上的认同和相互信任，可以有效地降低创新活动中技术和市场的不确定性，克服单个企业在复杂技术系统创新时的能力局限；同时，不同创新主体间的频繁互动有利于隐性知识的传播，集群内企业间的竞争压力和同行间的持续的相互比较为企业提供了充足的创新激励，从而使企业技术能力不断提升（见表8-1）。

表8-1　　　　　　　　　　　集群优势对技术能力的作用

集群优势		技术能力（雇用、培训、信息搜寻、研发等）
规模经济和范围经济		大规模和专业化生产降低单位成本，使企业可以把更多的资源投入技术能力增长上 庞大的当地市场可以产生创新的关键最小需求，从而引发满足需求的技术投入
交易成本	生产	降低生产成本，使企业有更多的资源投入到技术创新上
	知识积累	大量专业化供应商的存在降低了交易成本，从而易于以较低的成本获得创新所需投入； 较低的交易成本方便了企业之间的联合技术投入，从而提高了效率、节约了成本； 较低的交易成本可以促进企业联合开发单个企业难以完成的创新项目，使R&D成功的可能性增大
知识溢出		竞争的压力使企业的态度与动机转变，促进技术投入
		非正式的干中学形成的人力资本方便了人才的雇用、培训以及企业的信息搜寻
		技术的转移利于企业对外部信息的搜寻和对R&D的直接投入

集群的规模经济和范围经济、交易成本降低与知识的溢出是相互作用相互影响的。大量企业在某一地理区域的集聚有利于降低彼此交易的成本，而较低的交易成本促进了企业之间的互动、合作和人员流动，而这些又是促进技术溢出的主要途径。很明显，这种交流与合作越多，集群企业间获得的知识溢出越多。在大多数情况下，知识溢出的接受者可以免费获得这些知识溢出，从而补充自己的技术投入，提高技术学习的效率。

8.3.2 集群优势作用于企业财务能力的提升

财务能力是企业各种财务资源之间的相互作用相互协调关系，包括企业财务表现能力，财务活动能力和财务管理能力，是一个完整的能力体系。就集群中的企业来说，集群优势对企业财务能力的影响主要表现在增强了企业在融资数量和成本方面的能力（见表8-2）。

表8-2　　　　　　　　　　集群优势对融资能力提升的影响

集群优势	融资能力
交易成本降低	表现为信用优势，使融资渠道扩展，融资相对容易
规模经济和范围经济	利于获取抵押担保贷款等 利于获取政府的金融支持 利于获取风险资本的青睐
知识溢出	学习、仿效与模仿

集群较低的交易成本主要表现为企业的信用优势，使中小企业融资渠道大大拓展。产业集群形成的规模经济和范围经济有利于中小企业获取抵押担保贷款和获得政府的金融支持，而知识溢出促使集群中的企业通过相互学习来提高融资能力，还有助于企业进入资本市场进行直接融资。

8.3.3 集群优势作用于企业生产能力的提升

集群优势对企业生产能力提升的作用主要体现在生产效率、生产柔性和产品质量三方面（见表8-3）。

表8-3　　　　　　　　集群优势对生产能力的作用

集群优势	生产效率和成本	生产的灵活性	产品的质量
规模经济和范围经济	直接降低单位生产成本	专业化供应商和配套商的存在为企业选择合作伙伴提供前提	同类竞争的压力促使企业努力提高质量和差异化程度
交易成本降低	降低生产交易过程的成本	机会主义风险降低保证了正式和非正式关系的稳定性	
知识溢出	学习先进的生产方法和诀窍	为合作企业的交流提供了共同语言	产品质量改进

就集群中的企业而言，生产效率的提升主要表现在生产成本的降低上，即集群中的企业与非集群中的企业相比具有成本优势。对那些实力雄厚的大企业来说，灵活的生产方式主要靠计算机辅助设计、工程和制造以及同上下游合作伙伴的紧密联系来实现；而中小企业本身就具有灵活性的特点，它们可通过虚拟生产模式来实现灵活性，而集群独特的优势有利于中小企业实现虚拟生产。集群环境能促使企业生产高质量、差异化的产品。大量同类企业同居一地，同行之间竞争极为激烈，为了不被竞争所淘汰，企业只有提供比竞争对手更好的产品才能在集群中立足，集群中的企业往往能提供相比集群外的企业质量更高的差异化的产品。

8.3.4 集群优势作用于企业营销能力的提升

集群中的企业更容易形成"以客户为中心"的理念和服务的营销理念，集群使企业获取信息的能力增强，从而有利于制定正确的营销战略。知识溢出效应的存在使集群中的企业获取技术信息的同时也获取了大量的市场、需求和竞争者方面的信息。对中小企业来说，搜集为制定营销战略所需要的信息是一件费钱费力的事情，但是，集群环境把这件事情变得容易起来。集群促使企业提供高质量、低成本、差异化的产品和完善的服务，使企业的营销渠道产生了许多新的变化，发展成熟的集群往往会形成很有影响力的区域品牌，从而提高集群中所有企业的知名度（见表8-4）。

表8-4　　　　　　　　集群优势对营销能力的提升

集群优势	营销理念	营销战略制定	产品	渠道	品牌和促销	价格
规模经济和范围经济 交易成本降低 知识溢出	以客户为中心服务理念	利于信息获取	低成本 高质量 差异化 完善的服务	新渠道 容易控制	区位品牌 中小企业搭便车	相对低

总之，集群的独特优势在营销理念、营销战略、营销执行三个层面上都对企业的营销能力有很明显的提升作用，但是，根据在产业链中的环节不同，集群中的企业或属于提供中间产品的企业，或属于提供最终产品的企业，这两类企业的营销活动存在很大差异，以上的讨论侧重于生产最终产品的企业。

8.4　集群中的中小企业成长框架

前面分别论述了集群优势对企业的各种资源以及技术能力、市场能力、财务能力、融资能力的影响，研究表明集群优势对这些资源和能力的获取有重要的提升作用。基于资源和能力的，企业成长观，企业的成长取决于所占有的资源的丰裕程度和对资源进行协调运用的能力，那么，从整体视角考察，集群中中小企业成长的总体框架如图8-1所示。

该框架把集群优势主要归纳为三方面：规模经济和范围经济、低的交易成本和知识溢出，这三个方面是相互影响、密不可分的。在该框架中企业成长所需资源不再是仅仅来自企业内部，集群提供了一种有效的外部资源组织方式，使原本处于闲置状态无法组织起来的各种资源能有效地组织起来，而且减少了资源获取和资源转换的障碍。这样，企业成长所需资源一方面来自企业内部，另一方面来自集群。集群在企业获取资源方面的优势主要体现在拓展了企业获取人力资源、物力资源、财务资源和组织资源等各种资源的渠道，并且由于集群在整合资源方面的独特作用，使企业获取的资源素质更高，获取资源更加便利。集群优势对企业成长的另一个作用是提升企业的技术能力、财务能力、生产能力和营销能力。当然，集群中企业的资源与能力是相互作用、相互影响的，集群中的企业活动也必然对整个集群产生影响。

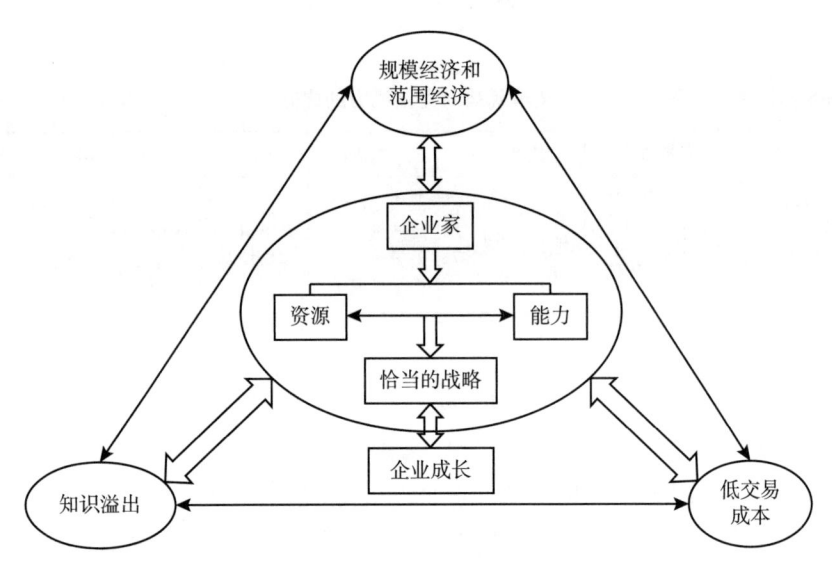

图 8－1　集群中中小企业成长的总体框架

对集群中的企业来说，集群的各种优势所产生的资源能力增长是集群中的"公共物品"，并不能直接创造经济绩效，而导致企业之间成长差异的是对资源和能力的运用。因此，作为中小企业所有者、经营者和决策者于一体的企业家是集群中企业成长的决定性因素。高明的企业家善于把握集群环境中的资源，借助外力提高企业各方面能力，在正确分析外界机遇和风险、自身的优势劣势的情况下，制定出最恰当的战略，这样才能实现企业快速成长。本章限于篇幅没有分析企业家的作用。

8.5　启　　示

通过以上研究，可以得到以下几点启示：

第一，产业集群为中小企业成长提供了一种区域组织形式，能够促进中小企业成长。美国的"硅谷"不是一个大企业，而是一个高科技的企业群落；好莱坞娱乐业的竞争优势并不取决于某一家娱乐企业，而取决于好莱坞娱乐企业的集合。我国经济不仅面临着产业结构调整，也面临着区域结构调整，产业集群为中小企业的投资区位选择以及企业成长战略制定提供了一种全新的环境和思想。

第二，本章的研究是建立在一个发展相对成熟、集群内部企业形成密切的产业关联关系的基础上，然而，中国现实中的部分产业集群还只停留在地理区域上集中而产业关联上离散的阶段。在这种情况下，敏锐地企业家应该积极寻求合作互动，借势融入产业链中挖掘更多的资源和能力。这其中既包括与上下游供应商、客户、互补企业以及竞争企业之间的合作和交流，又包括与研究机构、地方政府、中介机构以及金融机构之间的知识、信息、资源的传递与沟通。

第三，集群中的企业，特别是中小企业可以通过在集群中有意识地构筑获取资源的通道，即"资源网络"来获取外部资源，从而突破资源约束，推动自身的成长与发展，这就要求企业必须明了从哪些地方获取什么样的资源以及获取的途径。本章的研究可以为单个企业在集群中迅速成长提供系统性的指导。

第四，地方政府在中小企业集群发展过程中，应致力于完善基础设施，制定各种政策与服务措施，为中小企业集群发展创造良好的外部环境。同时，政府应该担负起教育职能，让集群中的企业从观念上对集群优势和获取有充分的了解。另外，政府的政策导向应该从吸引集中转移到促进联系上来。即政府在完善集群中的基础设施的同时，应制定适当的产业指导规划，使已有或新建的大企业与中小企业建立相辅相成的专业化分工协作关系；同时通过建立行业协会等组织加强企业间的交流互动，帮助集群形成鼓励合作、创新的氛围。

参考文献：

[1] 侯海东，王瑞杰. 资源网络拓展中小企业成长空间[J]. 经济论坛，2004 (1)：65－67.

[2] 贾生华，邬爱其，张学华. 企业集群化成长障碍调查——以浙江省为例[J]. 经济理论与经济管理，2003 (7)：69－74.

[3] 景芝梅，徐雪梅. 试论聚集经济的本质[J]. 财经问题研究，1998 (11)：12－14.

[4] 李新春. 企业集群化成长的资源能力获取与创造 [J]. 学术研究, 2002 (7): 10-12.

[5] 李新春. 企业家协调与企业集群——对珠江三角洲专业镇企业集群化成长的分析 [J]. 南开管理评论, 2002 (3): 50-56.

[6] 刘斌. 产业集聚竞争优势的经济分析 [M]. 北京: 中国发展出版社, 2004.

[7] 魏守华, 石碧华. 论企业集群的竞争优势 [J]. 中国工业经济, 2002 (1): 56-62.

[8] 吴强军. 中小企业集群成长的影响因素及其实证研究——以永康小五金产业为例 [J]. 浙江社会科学, 2004 (3): 72-77.

[9] 张平. 基于资源视角的企业集群优势分析 [J]. 企业管理, 2004 (9): 96-99.

[10] 张延峰, 李垣. 能力、资源与核心竞争力的形成 [J]. 科研管理, 2002 (7): 8-13.

[11] Christian Lechner & Michael Dowling. Firm Networks: External Relationships as Sources for the Growth and Competitiveness of Entrepreneurial Firms [J]. Entrepreneurship and Regional Development, 2003 (15): 1-26.

[12] Marjolein C. J. Caniels and Henny A. Romijn. Agglomeration Advantages and Capability Building in Industrial Clusters: The Missing Link [J]. The Journal of Development Studies, 2003, 39 (3): 129-154.

[13] Michael E. Porter. The Competitive Advantage of Nations [J]. Harvard Business Review, 1990 (3): 73-93.

[14] P. Maskell. Growth and the Territorial Configuration of Economic Activity [J]. DRUID working paper. CBS Denmark. 2001.

第 9 章

中小企业融资策略选择的问卷调查与分析[①]

9.1 描述性分析

本章数据来自山东省济南市槐荫区政府于 2002 年对辖区部分中小企业融资情况的问卷调查。此次调查共发放问卷 120 份，回收 90 份，回收率达 75.0%。问卷内容涉及企业的所有制性质、注册资本、经营范围、资产总额、年营业收入、成立时间、发展资金来源、融资方式、贷款方式、融资的主要用途、是否获得商业银行[②]给予的综合授信额度、与商业银行的关系、计划融资方式、计划融资用途、拟贷款的保证方式以及企业负债状况等方面。

9.1.1 样本企业概况

在 90 家样本企业中，从所有制性质看，国有企业 3 家、集体企业 21 家、股份合作制企业 17 家、私营企业 44 家、三资企业 2 家、其他性质企业 3 家。其中，非国有企业占企业总数的 96.7%，非公有制企业占企业总数的 73.3%（见图 9-1），而在所有企业中，个人为主要股东的 55 家，占 61.1%。被调查企业经营领域涉及机械、建材、轻工、商业、饭店、建筑等 17 个行业（见表 9-1）。

[①] 本章作者为杨蕙馨、张鹏、徐凤增、张勇，发表在《山东大学学报（哲学社会科学版）》2004 年第 1 期（有改动）。

[②] 此处及以下所指商业银行是指济南市商业银行，其主体是以前的济南市城市信用合作社。而银行指包括济南市商业银行、中国工商银行、中国建设银行等在内的所有商业银行。

图 9-1　样本企业所有制性质的分布

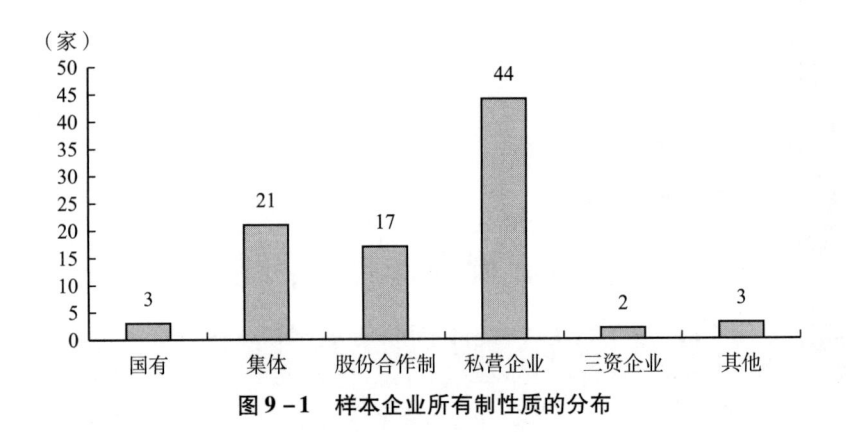

表 9-1　　　　　　　　　　样本企业的行业分布

行业	企业数（家）	所占比例（%）	行业	企业数（家）	所占比例（%）
机械	23	25.6	医药	3	3.3
电子	1	1.1	冶金	1	1.1
化工	8	8.9	建筑	9	10.0
建材	7	7.8	社区服务	1	1.1
纺织	3	3.3	通信服务	1	1.1
食品	2	2.2	商业	7	7.8
轻工	16	17.8	饭店	3	3.3
房产	1	1.1	餐饮	3	3.3
其他服务业	1	1.1	合计	90	100.0

调查数据显示（见表 9-2）：57.3% 的企业注册资本在 50 万元及以下，而注册资本超过 500 万元的占 9.0%，超过 1000 万元的仅占 3.4%（见图 9-2）。就资产规模而言，41.6% 的企业低于 100 万元，78.7% 的企业低于 500 万元，仅 3.4% 的企业资产总额在 5000 万元以上（见图 9-3）。企业年营业收入情况也类似，67.0% 的企业年营业收入在 500 万元以下，仅 2.3% 的企业年营业收入超过 5000 万元（见图 9-4）。在 78 家样本企业（12 家缺省）中，1990 年前成立的 19 家，1990～2000 年成立的 36 家，2001 年以后成立的 23 家，企业寿命近 10 年的占 34.7%，而 29.5% 的企业寿命短于 3 年（见表 9-3）。

表 9－2　　　　　样本企业注册资本、资产总额、年营业收入的分布

类别	A	B	C	D	E
注册资本	≤50 万元	50 万～100 万元	100 万～500 万元	500 万～1000 万元	≥1000 万元
企业数量*	51	17	13	5	3
资产总额	≤100 万元	100 万～500 万元	500 万～1000 万元	1000 万～5000 万元	≥5000 万元
企业数量**	37	33	10	6	3
年营业收入	≤100 万元	100 万～500 万元	500 万～1000 万元	1000 万～5000 万元	≥5000 万元
企业数量***	32	28	18	7	2

注：企业数量＊：有 1 家企业未提供注册资本数据，故企业总数为 89 家；
企业数量＊＊：有 1 家企业未提供资产总额数据，故企业总数为 89 家；
企业数量＊＊＊：有 2 家企业未提供年营业收入数据，故企业总数为 88 家。

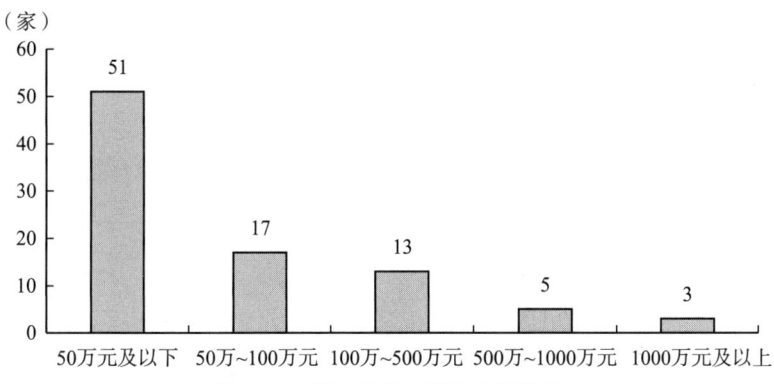

图 9－2　样本企业注册资本的分布

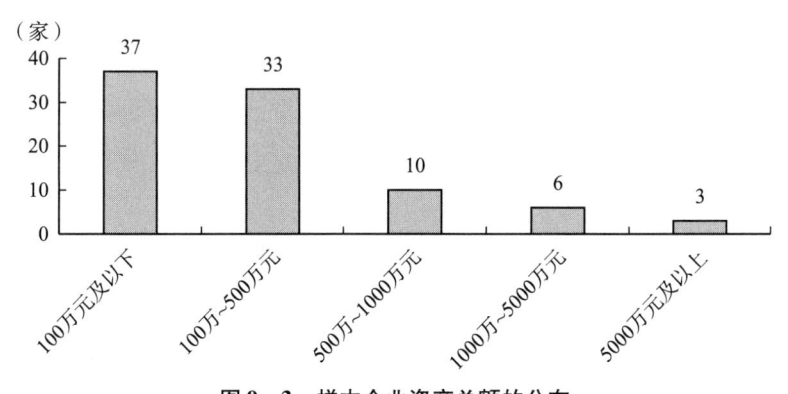

图 9－3　样本企业资产总额的分布

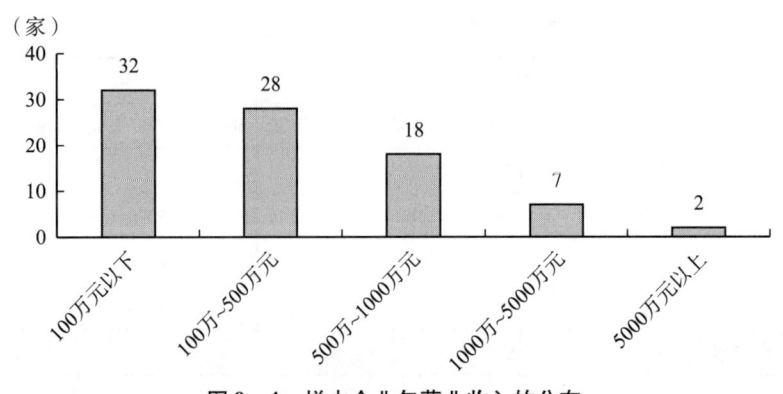

图 9-4 样本企业年营业收入的分布

表 9-3   样本企业成立时间分布

企业成立时间	企业数量（家）	比重（%）
1990 年以前	19	24.4
1990~1995 年	8	10.3
1996~2000 年	28	35.9
2001 年以后	23	29.5

9.1.2 企业融资情况

从企业发展的资金来源看（见表 9-4），在 90 家样本企业中，59 家选择股东资本金注入，34 家选择银行贷款，4 家选择股东追加投资，9 家选择职工集资，18 家选择非正式渠道融资，23 家选择商业信用，11 家选择其他方从企业获得银行融资的方式看（见表 9-5），在 52 份问卷中（38 家未回答该问题），长期贷款的 7 家，短期贷款的 30 家，承兑汇票的 10 家，信用证的 3 家，其他的 11 家。

表 9-4   样本企业发展资金来源的分布

资金来源	企业数（家）	比重（%）
股东资本金收入	59	66
银行贷款	34	38
股东追加投入	4	4

续表

资金来源	企业数（家）	比重（%）
职工集资	9	10
非正式渠道融资	18	20
商业信用	23	25
其他	11	12

表9-5　　　　　　样本企业银行融资方式的分布

企业融资方式	企业数（家）	比重（%）
长期贷款	7	13.5
短期贷款	30	57.7
承兑汇票	10	19.2
信用证	3	5.8
其他	11	21.2

注：有企业选择多种融资方式，故比重之和大于1。

从企业获得银行贷款的担保方式看，在36份问卷中（54份未回答该问题），选择信用担保的2家，选择信用担保与房产或设备抵押的2家，选择房产或设备抵押的16家，选择房产或设备抵押与企业担保的1家，选择存单质押的2家，选择企业担保的12家，担保机构担保的1家（见表9-6）。

表9-6　　　　　　样本企业银行贷款担保方式的分布

担保方式		企业数（家）	比重（%）
信用担保		2	5.6
信用、房产	设备担保	2	5.6
房产	设备担保	16	44.3
房产	设备和企业担保	1	2.8
存单	质押担保	2	5.6
企业担保		12	33.3
机构担保		1	2.8

注：有企业选择多种融资方式，故比重之和大于1。

从银行融资的主要用途看（见表9-7），在40份问卷中（50家企业未回答该问题），用于补充流动资金的有20家，用于技术改造的有10家，用于基础设施建设的有11家，用于购进设备的有8家，用于对外投资的有0家，其他用途的有7家。

表9-7　　　　　　　　　　样本企业银行融资用途的分布

融资用途	企业数（家）	比重（%）
补充流动资金	20	50.0
技术改造	10	25.0
基础设施建设	11	27.5
购设备	8	20.0
对外投资	0	0
其他	7	17.5

关于企业与商业银行的关系，问卷显示（因有的问卷选项不只1个，所以比重之和大于1）：37.1%的企业与银行沟通良好，能够继续获得贷款支持；14.3%的企业已获得贷款支持，再获得贷款支持的难度较大；51.4%的企业只与银行发生一般结算业务关系。

9.1.3　企业计划融资情况

企业在未来的融资意向方面，调查问卷显示，在52家有融资意向的企业中（其他企业无再融资意向），4家打算采取股东追加投资的方式，2家打算采取职工集资的方式，33家打算采取商业银行贷款的方式，13家打算向其他企业和个人贷款（见表9-8）。在计划融资的用途方面，51份有效问卷中（39家企业缺省），有32家拟用于补充流动资金，19家拟用于技术改造，17家拟用于基础设施建设，4家拟用于其他用途，没有企业打算对外投资（见表9-9）。在企业计划贷款的担保方式方面，50家有融资意向的企业（缺省40家）中，采用信用担保的25家，企业或担保机构担保的21家，存单质押的1家，房产或设备抵押的16家，专利技术质押的1家（见表9-10）。

表 9-8　　　　　　　　　样本企业拟筹资方式的分布

拟筹资方式	企业数（家）	比重（%）
股东追加	4	7.7
职工集资	2	3.9
商业银行贷款	33	63.5
企业个人借款	13	25.0

表 9-9　　　　　　　　样本企业银行拟融资用途的分布

拟融资用途	企业数（家）	比重（%）
补充流动资金	32	62.7
技术改造	19	37.3
基础设施	17	33.3
其他用途	4	78.4
对外投资	0	0

表 9-10　　　　　　　样本企业银行拟融资的担保方式分布

担保方式	企业数（家）	比重（%）
信用担保	25	50
企业机构担保	21	42
存单质押	1	2
房产设备质押	16	32
专利技术质押	1	2

注：有的企业选择了多种担保方式，所以比重之和大于1。

9.1.4　企业资产负债状况

在77份有效问卷中（13份缺省），企业资产负债率在50%以下的有56家，在50%~70%的有16家，在70%~100%的有3家，在100%以上的有2家。在企业资产负债率是否合理方面，有10家企业认为自己的资产负债率偏高，21家认为自己的资产负债率偏低，45家认为自己的资产负债率适中（14家企业未回答）。对企业负债的构成，在61份有效问卷中（其余问卷该选项为空或企业不负债），25家企业认为负债来自银行贷款，33家企业认为来自应付账款，5家企业认为来自预收货款，22家企业认为来自关联企业或个人借款，15家企业认为来自其他欠款（见表9-11）。

表9-11   样本企业负债构成的分布

融资用途	企业数量（家）	比重（%）
银行贷款	25	41.0
应付账款	33	54.1
预收货款	5	8.2
企业个人借款	22	36.1
其他欠款	15	24.6

9.2 相关性分析

9.2.1 企业年营业收入与各指标之间的关系

分析显示，企业的寿命与年营业收入相关性极其不明显（为-0.1407），这说明新成立企业的经营状况并不比经营多年的企业经营状况差。这对金融机构给新老企业提供资金支持可能会有所启发。资产总额与年营业收入是正相关的（相关系数为0.491），这说明在各企业利润率差别不太大的条件下，要增加年营业收入，增加投资仍然是一项极为重要的手段。年营业收入与企业计划融资额度也呈现正相关（相关系数为0.494），表明年营业收入较高的企业有较强的融资需求。

9.2.2 各种融资方式对企业资产总额的贡献

调查问卷显示，各企业的融资方式不尽相同，有的企业采用一种融资方式，有的企业采用多种融资方式。表9-12比较分析了各种融资方式对企业资产总额的贡献水平。

从表9-12看出，"银行贷款"和"其他融资方式"对企业资产总额所作的贡献十分明显，若没有这两种融资方式，企业的资产总额分别减少58.6%与43.6%。"职工集资"与"商业信用"也是企业融资的重要渠道，采取这两种融资方式，可以分别使资产总额增加33.3%与12.2%。以"股东资本金"

"股东追加投入"和"非正式渠道"作为融资方式的企业,企业平均资产总额仅为没有以这三者作为融资方式的企业平均资产额的大约 50%,这表明三者对企业增加资产总额所作的贡献不明显,但由于这些企业没有更多样的融资方式,选择这三种融资方式是特定社会历史条件下的选择。

表 9-12　　　　　　　　各种融资方式的贡献水平

融资方式	股东资本金		银行贷款		股东追加		职工集资		非正式渠道		商业信用		其他	
企业选择	有	无	有	无	有	无	有	无	有	无	有	无	有	无
总额(万元)	31150	27100	34900	23350	700	57550	7600	50650	6900	51350	17100	41150	11650	46600
企业数(家)	58	31	34	55	4	85	9	80	16	65	24	65	11	78
平均(万元)	537	874	1026	425	175	677	844	633	431	790	713	633	1059	597
有/无(%)	61.4		241.4		25.8		133.3		54.6		112.2		177.4	

9.2.3　所有制性质与企业融资方式的关系

分析显示,3 家国有企业中只有 1 家填写了融资方式,即商业银行贷款、商业信用和银行贷款,采用商业银行贷款的比率为 100.0%;在 21 家集体企业中有 3 家采用了商业银行贷款,比例为 14.3%;股份制企业的融资方式包括股东资本金投入、银行贷款和商业信用等,只有 2 家企业采用了商业银行贷款的融资方式,比例为 9.5%;私营企业的融资方式包括商业信用、股东资本金投入和银行贷款,在填写了"融资方式"的 26 家私营企业中,有 4 家采用了商业银行贷款,比例为 15.4%。这反映了不同所有制的企业在取得银行贷款方面有较大的差异,国有企业从银行获得贷款比较容易,而非国有企业在获得贷款方面存在困难。[①] 从前面分析可知,银行贷款对企业资产总额的增加贡献

---

① 除了上面的数字能够说明这种差别外,问卷中有 23 家企业在备注中明确指出它们在取得银行贷款方面存在困难。

最大。私营企业在利用"银行贷款"这种最为重要的融资方式的时候存在较高难度，加上私营企业股东追加投入有限、职工集资困难等，可以做出如下判断：总体来说私营企业融资环境较差，除股本金投入外，不得不通过商业信用进行融资。

9.2.4　企业融资方式和融资保证方式的动态分析

就企业实际融资方式和计划融资方式的比较而言，银行贷款的比重进一步加大，由调查期内的38.2%增至83.4%；股东资本金投入的比重由调查期内的56.2%下降至9.1%。企业融资方式由调查期内的自有资金占较大比重转为负债资金占较大比重的结构性变化，有利于充分发挥财务杠杆作用，提高企业自有资金的利用率，同时，随着企业经营规模的不断扩大，已有的融资方式已不适应企业发展的要求，仅靠股东资本金投入已成为企业进一步发展的瓶颈。

企业可供选择的担保方式虽然很多，但65.8%的企业只选择一种担保方式，这可能是因为金融机构对于企业贷款要求非常严格，某些担保方式如"存单质押"和"专利技术质押"等，金融机构根本不接受。企业融资担保主要是房产、设备抵押和企业、担保机构担保，而未来主要是信用、企业或担保机构担保和房产、设备抵押担保。值得注意的是信用担保方式由调查期内的11.9%上升至37.2%，可见，企业尤其是中小企业也逐步认识到信用对企业发展的价值，特别是保持与银行良好的信用关系对企业融资担保具有重要意义。[①]

9.2.5　企业资产负债状况

分析显示，企业的主要负债是不同的，59.9%的企业负债主要来自"银行贷款"与"应付账款"。在市场需求状况不太理想的条件下，预收货款不是企业负债的重要原因。具体讲，企业负债居高不下的主要原因有二：一是基础设施和新产品的开发需投入较多的资金，不能在短期内收回；二是应收账款无法及时收回，造成流动资金短缺，不得不举债补充流动资金。

企业的资产负债状况是企业从银行获得贷款的重要参数，二者具有正相关

[①] 详细资料参见表9-6。

关系（为 0.285①），这说明企业的偿债能力对于获得银行贷款很重要，从这一意义上说，要想获得贷款，企业现在的负债率和自身的良性发展很重要。同时，在 77 家样本企业中（13 家未填该项），有 72.8% 的企业资产负债率低于 50%，这说明大部分样本企业的资产负债率在安全界线以下。② 这或许也从另外一个方面证实多数中小企业在获得银行贷款方面有困难，还受到一定的歧视。

9.2.6 企业与银行的关系

被调查企业的主要合作银行为农村信用社、农业银行、商业银行（济南市商业银行）、工商银行 4 家金融机构，其中高达 29.5% 的企业的主要合作银行为农村信用社，其余主要的合作银行分别是：农业银行、商业银行、工商银行，其他商业银行与样本企业的合作较少。对调查问卷的分析显示，企业与银行的关系良好与否与企业从银行获得的贷款数额没有明显的相关性，但 80% 以上的企业在再贷款时会选择曾经合作过或正在合作中的银行，很少会选择其他银行作为寻求贷款支持的目标银行。这表明企业在获得贷款方面自由选择银行的可能性较小，银行在贷款中仍处于卖方市场的地位。多数企业认为从银行获得资金存在困难，并且在进行贷款时手续太烦琐，银行效率不高。

被调查企业中有 35 家从各银行共获得贷款支持 25495.5 万元，平均每家企业贷款 728.4 万元。其中 4 家中型企业集团贷款 22016 万元，占贷款总额的 86.4%，平均贷款 5540 万元；而数量占绝对优势的 31 家小企业仅贷款 3479.5 万元，占贷款总额的 13.7%，平均贷款 112.2 万元，这 31 家企业中有 20 家贷款额不超过 50 万元，最少的仅为 5 万元。此外，这些贷款中 86.8% 为一年以下的短期贷款，54.3% 的企业通过农村信用社获得贷款。调查结果显示，从银行获得的贷款数额与企业的资产总额成较高的正相关关系（为 0.629），这再一次验证了银行贷款对企业增加资产总额的重要性。

---

① 由于调查问卷的备选项是分组数据，在进行数据的相关性分析时，本文采用各数据组的组中值，这样计算得出的相关系数会与实际的相关系数有不小的差异（其绝对值要小于真实值的绝对值，但相关性的符号不会改变。下同）。

② 一般财务分析认为资产负债率在 50%～70% 就是比较安全的。调查显示，企业资产负债率在 50%～70% 的有 16 家，仅占企业总数的 20.8%，只有 2.6% 的企业资产负债率超过 100%。

9.2.7 企业所属行业与企业融资方式的关系

从调查问卷看出，不仅不同行业的企业的融资方式选择有差异，而且不同行业的企业计划融资方式也不尽相同，基本上涵盖了问卷中列举的所有融资方式。从获得银行贷款的金额看，不同行业之间存在着较大的差异（见表9-13），其中"建材行业"的企业平均贷款额最高（达519.3万元），"餐饮业""电子业""房产服务""纺织""通信服务"等行业的企业平均贷款额为0。这说明企业的贷款金额与行业具有一定的关联性，需要资金较多且资金回收期较长的行业，平均贷款额较多，反之较少。以饭店业和餐饮业为例，饭店业的平均贷款额为181.5万元，而餐饮业却没有贷款，差距较大。从企业实际融资方式和计划融资方式比较看，多数企业将较大幅度地增加负债资金的比重，这一方面反映了样本企业急于改善资本结构，另一方面也反映了很多中小企业还存在着贷款难的制度性壁垒，具有获得银行贷款的潜在需求。

表9-13　　　　各行业获得银行贷款平均额分布　　　　单位：万元

行业	企业数（家）	平均贷款额	行业	企业数（家）	平均贷款额
机械	23	37.9	医药	3	0
电子	1	0	冶金	1	24.5
化工	8	48.3	建筑	9	87.8
建材	7	519.3	社区服务	1	15.0
纺织	3	0	通信服务	1	0
食品	2	0	商业	7	56.7
轻工	16	20.9	饭店	3	181.5
房产	1	0	餐饮	3	0
其他服务业	1	0	合计	90	—

9.3　结论与思考

综合上述分析，得出如下结论：

（1）不同所有制企业在融资方式选择上的显著差异表明，不同所有制企业的融资环境存在较大差异。国有企业和产权明晰的股份制企业的融资环境相对较好，而私营企业的融资环境较差。就民营企业而言，依据资产负债率

60%～90%为最佳范围的原则,政府应当进一步优化民营企业融资的政策环境,给予民营企业"真正的"国民待遇,使民营企业能够进行举债经营。

(2) 对企业融资方式的调查表明,不同行业的中小企业普遍存在的资金短缺现象成为制约其发展的瓶颈。通过这一点看出,银行应当切实改善服务方式,尽力为中小企业提供便利、及时的资金融通工具。

(3) 各种融资方式对企业资产总额增加的不同贡献表明,为保持持续发展,企业必须尽可能地拓宽融资方式,改善资本结构,降低财务风险。调查中发现银行倾向于与信用记录好的中小企业进行合作,[1] 所以,中小企业要获得较强的融资能力,应不断完善自身的信用建设和提高自我发展的能力。

---

[1] 银行选择中小企业客户主要关注四点:符合一般贷款条件、为成长型企业、法定代表人的素质高、管理逐步到位。

第 10 章
中国企业吸收能力影响因素与作用的探索性研究[①]

10.1 引 言

科斯（Coase，1937）以交易费用作为分析工具，打开了新古典经济学对企业分析的"黑箱"，由此揭开了现代企业理论发展的序幕。此后，现代企业理论沿着两条路径发展，一条是企业契约理论，另一条是企业竞争优势理论。

企业竞争优势理论始于彭罗斯（Penrose，1959）的企业内在成长理论，主要分析企业拥有什么样的资源或具备什么样的能力能促使企业形成竞争优势。对如何形成企业竞争优势的研究，又逐步形成资源基础观和企业能力观两大流派。

资源基础观强调企业特有资源对企业竞争优势的重要性（Wernerfelt，1984；Rumelt，1984；Barney，1991），随着研究的深入，知识成为影响竞争优势的决定性资源（Nonaka，1994；Spender，1996），社会资本作为企业的外部资源对默会知识的获取有重要作用（Bourdieu，1985；Putnan，1993；LinNan，1999）。企业能力观弥补了资源基础观对资源培育和管理分析的不足，普拉哈拉德和哈默（Prahalad and Hamel，1990）提出核心能力理论，认为决定企业竞争优势的是组织中的积累性学识，为使企业获取持续竞争优势，企业需要突破"核心刚性"（Leonard Barton，1992），形成动态能力（Teece，1997；Zott，2003）。

---

① 本章作者为刘璐、杨蕙馨，发表在《产业经济评论》2008 年第 2 期（有改动）。

资源与能力本身是企业不可分割的两部分,尽管两者存在差别,但是在企业中更多的却是相互耦合,无论是知识理论还是社会资本理论,资源基础观的核心资源是知识;无论是核心能力理论还是动态能力理论,企业能力观的本质是对知识的掌握。企业之间竞争的日益激烈和知识更新速度的加快,使得企业从外部获取资源尤其是知识资源(包括知识、信息、技术)的能力变得重要。因此,吸收能力作为企业在不断变化的环境中对知识(包括信息)处理的过程性能力,成为连接资源基础观和企业能力观的纽带,成为影响企业绩效的重要因素。

10.2　企业吸收能力研究综述

国内外已有的对企业吸收能力的相关研究可分为四类(王雄,2007):对吸收能力的概念界定和内涵研究;对吸收能力的前因(Antecedents)即影响因素的探讨;对吸收能力的后果(Outputs)即作用的研究;吸收能力作为战略性概念(Strategic Concept)的边缘性研究[①]。

10.2.1　企业吸收能力概念界定

相关学者对吸收能力概念的界定,有四种主流性观点。第一种也是最受广泛认可的是由科恩和利文斯(Cohen and Levinthal,1990)提出的,认为吸收能力指企业对外部资源的评估、内化和商业化应用的能力。这一定义不仅强调外部知识对企业绩效和创新的重要性,而且提出内部信息沟通的通畅有助于推动企业绩效的提升和创新的进行。

莫厄里和奥克斯利(Mowery and Oxley,1995)为代表的第二种观点认为,企业吸收能力是一系列技能的集合,包括将隐性知识转化为显性知识,将外部技术转化为内部所用等。这一观点强调企业内部人力资本的重要,认为员工结构和水平决定企业吸收能力。

基姆(Kim,1998)提出的第三种观点,将学习能力作为企业吸收能力的中心,认为知识基础和学习上的努力程度决定了企业吸收能力,进而影响企业的技术创新能力。

---

① 吸收能力的边缘性研究主要是将吸收能力作为分析工具进行的相关研究,建立在前三部分的基础上,可以看作是对吸收能力作用的拓展研究,故本章不作讨论。

扎赫和乔治（Zahra and George，2002）对前人研究进行整理和归纳，如表10-1所示，同时，从企业吸收能力的过程出发，将企业吸收能力分为获取知识、内化知识、转换知识和利用知识四个阶段。

表10-1 企业吸收能力的概念

概念	提出者	衡量标准	实证研究
吸收能力是企业评估、内化和应用外部新知识，并使之商业化的能力	科恩和利文斯（Cohen and Levinthal，1990）	评估能力：基于过去经营和投资的积累整合能力；基于知识特征；基于组织或联盟的动态特征；基于技术重合应用能力；基于技术机会（内部相关知识的数量）；基于专有性（保护创新的能力）	博因顿等（Boynton et al.，1994）；科恩和利文斯（Cohen and Levinthal，1990）；莫厄里等（Mowery et al.，1996）；斯组兰斯基（Szulanaki，1996）；库克伯恩和亨德森（Cockbum and Henderson，1998）；莱恩和鲁伯特金（Lane and Lubatkin，1998）；韦影（2007）
吸收能力是一系列技能的集合，包括将隐性知识转化为显性知识、将外部技术转化为内部所用等	莫厄里和奥克斯利（Mowery and Oxley，1995）	人力资本：员工个人的技能水平；研发人员占全体员工的比例；工程技术人员占全体人员的比例；研发支出	基姆和达尔曼（Kim and Dahlman，1992）；莫厄望和奥克斯利（Mwery and Oxley，1995）；凯勒（Keller，1996）；瓦格勒（Veugelera，1997）；格拉斯和萨基（Glass and Saggi，1998）
吸收能力是学习能力和解决问题的技能。学习能力是通过知识整合来模仿和创造新知识的创新能力	基姆（Kim，1998）	先前的知识基础努力的程度	基姆（Kim，1998）；马图斯克和希礼（Matusik and Heel峙，2001）；凡韦克等（Van Wijk et al.，2001）；吴伯翔，阎海峰，关涛（2007）
吸收能力是企业不断创造和利用知识的动态能力，是企业组织惯例和程序的集合，是包括获取、内化、转换和应用知识来形成动态能力的过程	扎赫和乔治（Zahra and George，2002）	潜在吸收能力：获取知识；内化知识现实吸收能力：转换知识；利用知识	莱恩等（Lane et al.，2002）

资料来源：主要根据沙克·扎赫和杰拉德·乔治（Shaker A. Zahra and Gerard George，2002）整理。

可以看出，大多数学者都提出企业吸收能力是一个多维概念，但是很多学者又把以过程为导向的吸收能力等同于吸收能力的影响因素——企业内外部各种资源，在逻辑上存在混淆，有必要对这一概念进行重构。

10.2.2 企业吸收能力影响因素的研究

国外学者对企业吸收能力的前因即影响因素的研究，主要是探讨影响吸收能力形成和发展的因素。相关学者将企业吸收能力的影响因素分为两个层次：组织内部（包括某一职能部门内部和职能部门之间）和组织之间。相关研究如表10-2所示。

表10-2　　　　　　　国外学者提出的企业吸收能力影响因素

层次		影响因素	代表学者
组织内部	职能部门内部	研发密度 知识流向（横向或纵向） 知识基础、共事的文化	蔡（Tsai, 2001）； 凡韦克等（Van Wijk et al., 2001）； 古达和加文达拉贾（Guptaand Govindarajan, 2000）
	职能部门之间	人力资本 知识管理工具（实践社群） 研发强度与内部机制 知识基础、组织形式、整合能力 外部知识与经验多样化和重叠程度 外部联系 内部信息配置	莫厄里和奥克斯利（Mowery & Oxley, 1995）； 马恩克等（Mahnke et al., 2001）； 科恩和利文斯（Cohen & Levinthal, 1990）； 凡韦克等（Van Wijk et al., 2001）； 扎赫和乔治（Zahra & George, 2002）； 伊里伦科（Yli-Renko, 2001） 莱诺克斯和金（Lenoxand King, 2004）
组织之间		知识资源、补偿措施、组织结构相似性 处理组织问题的相似性 组织间信任	莱恩和鲁伯特金（Lane and Lubatkin, 1998）； 莱恩等（Lane et al., 2002） 莱恩等（Lane et al., 2002）

资料来源：王雎（2007）。

国内学者对企业吸收能力的研究都是建立在对国外文献整理和归纳的基础上，而且大都是对吸收能力影响因素的研究。其中，刘常勇、谢洪明（2003）归纳出先验知识、研发强度、学习强度和学习方法、组织学习机制四个影响吸收能力的维度。宁东玲、吴远巍（2007）提出六个吸收能力影响因素：研发投入、先验知识、学习强度、组织结构、人力资本、组织文化。吴伯翔等（2007）将企业吸收能力影响因素归纳为知识基础、外部联系、努力程度、组织结构和竞争战略五个方面。

分析发现，国内对吸收能力影响因素的研究主要是直接借鉴和整理外文文献。其中，只有吴伯翔（2007）通过国内企业的实证归纳出影响中国企业吸收能力的五个因子：互动因素、努力因素、联系因素、信任因素和支持因素。这一研究存在一些不足：一方面，这五个因子是在总结国外相关研究后建立假设，通过实证进行检验，缺乏基于中国企业实际调研基础上的探索性因子构建；另一方面，这五个因子涉及企业内部和企业之间两个层面，而对吸收能力内涵的测定却是单维度的，不利于深入分析以过程为导向的吸收能力不同维度和企业内部资源之间的关系。因此，结合中国企业实际情况，对企业吸收能力影响因素进行探索式研究变得十分必要。

10.2.3 企业吸收能力作用的研究

学术界对吸收能力作用的研究，主要体现在以下四个方面，如表10-3所示。这四个维度中，技术创新既是影响企业吸收能力的因素又同时被吸收能力影响和推动，处于一种循环状态；而组织柔性和企业内部知识转移实质上是以过程为导向的企业吸收能力自身的体现。因此，从一个时间节点看，将技术创新积累和组织柔性作为企业吸收能力的影响因素，将企业内部知识转移看作吸收能力过程的体现，用财务绩效指标来评价企业吸收能力的作用，这样的关系框架更为合理。

表10-3　　　　　　　　　企业吸收能力作用的研究

作用维度	具体表现	实证研究
技术创新	新产品开发；专利的拥有；研发产出	科恩和利文斯（Cohen and Levinthal, 1990）；蔡（Tsai, 2001）；韦影（2007）
财务绩效	销售收入；净利润	蔡（Tsai, 2001）；扎赫和乔治（Zahra and George, 2002）；吴伯翔等（2007）
组织柔性	组织适应能力；组织反应能力	莱温和沃尔博达（Lewin and Volberda, 1999）
知识转移	从外部获取知识	莱恩和鲁伯特金（Lane and Lubatlr. in, 1998）

资料来源：根据相关文献整理。

研究企业吸收能力的相关文献，主要存在以下不足：

第一，将企业吸收能力这一反映动态过程的概念作为黑箱。企业吸收能力本质上是在不断变化的环境中企业对外部资源的一种容纳能力，而已有的研究都在分析影响企业吸收能力的因素，很少深入分析企业吸收能力所包括的实际过程——识别、内化、转换、利用，只是在给出概念之后就将吸收能力等同于其影响因素或作用，从而形成一个自身影响自身的循环，使得对这一问题的研究变得混淆和模糊。在莱恩（Lane，2006）所统计的289篇论文中，只有70篇（24%）对有关吸收能力的三个过程（获取、内化和利用）进行了讨论，另外有47篇（16%）论文只是讨论了知识获取问题，而其他过程的讨论和两个过程的结合讨论只占2.1%（6篇）和8.3%（24篇），相比之下，101篇（35%）论文就吸收能力的整体概念进行了讨论，但没有涉及吸收能力的具体过程。

第二，没有充分认识到研究企业吸收能力内部影响因素的重要性。企业吸收能力是战略层面的一种相对能力和跨组织能力，但是从企业内部资源出发对吸收能力进行研究仍然十分必要。吸收能力本质上是对外部知识、信息、技术等资源的一种容纳、传递和利用能力，只有在跨组织间活动中与其他企业相比较时才能够体现出来，发挥重要作用。但是，企业吸收能力不仅是客观存在的，而且本身作为以过程为导向的一种动态能力，主要是由内部资源决定的。企业可以培育和提升吸收能力，而外部网络关系的不同特点又通过影响吸收能力进一步作用于企业绩效的各个方面。因此，在组织间网络关系的研究中引入企业吸收能力，同时从企业内部资源出发探寻影响吸收能力的因素是必要而有价值的。

第三，缺乏基于中国企业访谈对吸收能力影响因子的界定。已有的实证研究大多数由国外学者开展，国内的研究不仅为数不多[①]，而且仅有的几个也都是通过实证对国外已有的衡量指标进行验证，没有基于企业访谈来构建符合中国企业实际情况的吸收能力影响因子。因此，通过访谈获取第一手资料，分析影响中国企业吸收能力的因素才能对中国企业形成有意义的指导。

---

① 经CNKI检索，1994年1月至2007年12月，国内所有期刊中篇名包括吸收能力的文献共计85篇，其中，涉及实证研究的22篇，而这些实证研究大都是从国家和地区层面探讨对外投资通过吸收能力对地区经济的贡献，直接从企业层面对吸收能力做与FDI之外的实证研究的文献只有5篇。

10.3　中国企业吸收能力概念重构和相关分析

10.3.1　企业吸收能力概念的重构

企业吸收能力决定了企业在不断变化的环境中对知识的获取和管理的能力。而学术界缺乏从过程的角度直接研究吸收能力不同维度的作用（高展军等，2005），因此，本章借鉴扎赫和乔治（Zahra and George，2002）的研究，对以过程为导向对企业吸收能力进行重新界定，认为企业吸收能力是企业内部所拥有的，在不断变化的环境中获取、内化、转换和应用外部知识的动态过程，包括潜在吸收能力和现实吸收能力两个维度。对吸收能力两个维度的分析拓展了分析视角，有助于研究者探索其不同的前因和后果。

通过整理前人的成果，对拓展的企业吸收能力过程进行整理，得出衡量企业吸收能力的题项，如表10-4所示。

表10-4　　　　　　　　　衡量企业吸收能力的题项

衡量题项（与同行业竞争者相比）	来源	对应题项
1. 企业能迅速感知市场、行业的变化	莱恩和鲁伯特金（Lane and Lubatkin，1998）	a1
2. 企业获取外部知识和信息的成本较低	根据访谈提出	a2
3. 企业能了解行业内领先的技术、产品或服务的状况	科格特和让德（Kogut and Zander，1992）	a3
4. 企业能快速获取客户和市场需求的信息	戴尔和诺文冈（Dyer and Noveoka，2000）	a4
5. 企业能很快理解已经获得的知识和信息	科恩和利文斯（Cohen and Levinthal，1990）	a5
6. 企业注重对外部获取的新知识的学习	莱恩和鲁伯特金（Lane and Lubatkin，1998）	a6
7. 企业有专门的人员或部门来筛选所需的知识	王晓娟，2007	a7
8. 外部获取的知识给企业的启发通常较大	科恩和利文斯（Cohen and Levinthal，1990）	a8
9. 企业能将外部获取的新知识与自身知识进行融合	扎赫和乔治（Zahra and George，2002）	a9
10. 企业注重对新知识的整理和存档，以便日后使用	扎赫和乔治（Zahra and George，2002）	a10

续表

衡量题项（与同行业竞争者相比）	来源	对应题项
11. 企业能将新知识转换成易为本企业员工理解的方式	扎赫和乔治（Zahra and George, 2002）	a11
12. 企业能根据新的知识技术进行改造	根据访谈提出	a12
13. 企业能在精要时迅速找到已经被企业内化和转换的新知识	莱尔斯和施文克（Lyles and Schwenk, 1992）	a13
14. 企业能快速使用内化和转换的知识进行产品开发	韦彤，2007	a14
15. 企业形成了利用外部知识的程序	根据访谈提出	a15

10.3.2 企业吸收能力影响因素的理论维度

在明晰了以过程为导向的企业吸收能力测定题项之后，需要重新对企业吸收能力影响因素进行探讨，进而分析不同影响因素对企业吸收能力的作用。本章所认为的企业吸收能力是由企业内部资源决定，而又在跨组织间活动中体现出来的一种动态能力。将企业吸收能力看作是受内部资源影响和决定，在网络关系发挥作用时充当中间变量，因此，需要从企业内部资源出发，来探寻和归纳影响企业吸收能力的因素。

出于这一视角和研究目的，借鉴国内外学者对企业吸收能力影响因素的研究成果，可以将其归纳为如下的7个理论维度。

（1）知识积累。知识积累是企业知识存量和结构的体现，包括企业拥有的基本技能、科技知识、专利数目、设备情况、市场知识、共同的语言。企业先前的知识基础越雄厚，企业对外部知识的评估和认知能力越强，企业越容易选择与自身知识结构相容的知识，提升企业的吸收能力。

（2）组织结构。组织形式会对企业吸收能力产生影响。企业的组织结构会影响知识的组织方式，影响知识的传递路径，从而对知识的利用速度和程度产生影响，进一步影响企业吸收能力的效果。

（3）研发投入。研发投入有助于企业增加识别先进知识和获取先进知识的能力，研发资金的多少和研发强度影响企业的吸收能力。

（4）人力资源。人是传递知识的载体，企业中员工的个人技能水平、工作经历、个性特征等因素都与企业的吸收能力密切相关。企业中研发人员的比例、工程技术人员的比例等人员知识结构也会影响企业的吸收能力。

(5) 企业文化。企业文化是知识流动的软环境，影响着企业内部知识的传播和企业内部员工知识活动的积极性。企业文化是刻板的还是柔性的，企业领导者是鼓励创新的还是追求稳健的将直接影响企业的吸收能力。

(6) 沟通渠道。知识需要通过流动来传播和被利用，因此，沟通渠道会影响知识的流动，进而影响企业吸收能力。企业内部的书籍、期刊、培训、学术会议、智囊团队等作为沟通的渠道，是影响企业吸收能力的重要因素。

(7) 制度支持。制度是企业规范员工行为的准则，对员工的行为会产生激励和约束。企业的培训制度、对新成果的奖励制度、对偷懒行为的监督和惩罚制度都会规范员工行为，是知识的传播和积累的有力保障，有助于企业吸收能力的提高。

10.3.3 企业吸收能力影响因素的社会调查

大多数学者在对企业吸收能力的作用的研究上达成了共识，但是在对吸收能力构成和影响因素的认识上却大相径庭。同时，由于企业吸收能力影响因素基本上都整理自国外学者的研究成果，有些维度在中国未必适用。因此，在对企业吸收能力从理论上进行整理总结之后，又选取了中国19家企业（11家经省级以上认定的高新技术企业和8家传统企业），根据拟定的调查提纲，针对企业吸收能力进行了1~2个小时的半结构式访谈。由于吸收能力涉及企业的方方面面，为了便于从整体上更为全面和客观地把握，这次访谈对象均为企业的董事长或总经理。

通过整理访谈资料，对影响中国企业吸收能力的因素进行了重新归类和梳理，得出影响中国企业吸收能力的因素，如表10-5所示。从整理后的企业吸收能力影响因素来看，高新技术企业与传统企业在认识上存在一定的差异，考虑到影响因素的相对稳定性和普遍适用性，对预设题项中被认为重要程度的企业数小于受访企业一半的予以剔除[1]。可以看出，大部分理论维度的指标也适用于中国企业。但是，其中组织结构对吸收能力的影响在访谈中却得到了较低的认可，而领导者的态度和作风却被公认为非常重要。由此推断，在中国企业中，领导者个人对企业的导向性作用要高于组织形式。故将组织结构这一维度剔除，将领导者因素纳入企业文化维度。

---

[1] 删除高新技术企业和传统企业中认为重要程度之和小于10的题项，即带*的题项，共五个，然后对题项按顺序创新编码。可以看出，在研发投入一项中，两类企业的差异性较大。

第 10 章　中国企业吸收能力影响因素与作用的探索性研究

表 10-5　　　　　　　　影响中国企业吸收能力的因素

测量维度（与同行业竞争者相比）	认为很重要的企业数 高新技术	认为很重要的企业数 传统	对应题项	来源
1. 企业拥有较多的行业知识和基本技能	2	7	b1	科恩等（Cohen et al.，1990）；凡等（Van et al.，2001）；刘常勇等，2003；吴伯翔等，2007
2. 企业技术设备/服务的先进程度①较高	8	4	b2	
* 企业拥有的专利数目较多	7	2		
3. 企业拥有的市场知识和管理知识丰富	6	8	b3	
* 企业的组织结构形式影响吸收能力	5	3		凡等（Van et al.，2001）；科格特等（Kgut et al.，1992）；吴伯翔等，2007
* 企业的部门设置影响吸收能力	4	3		
4. 企业研发资金占销售收入比例较高	8	4	b4	蔡（Tsai，2001）
5. 企业研发人员占全体员工的比例较高	7	3	b5	
6. 企业中员工个人的技能水平普遍较高	9	8	b6	基姆等（Kim et al.，1992）；凯勒（Keller，1996）；宁东玲等，2007
* 企业中员工个人的工作经历丰富	2	3		
7. 企业中本科以上人员比例较高	10	4	b7	
* 企业氛围是开放型的，活跃的	5	4		哈灵顿（Harrington et al.，2005）；宁东玲等，2007
8. 企业鼓励员工间、部门间的沟通和交流	8	5	b8	尼拉坎塔（Nilaltanta，1990）
9. 企业中各部门之间沟通渠道多样而丰富	7	6	b9	
10. 企业领导者是务实高效而变通的	9	7	b10	根据访谈提出
11. 企业领导者倡导合作	9	5	b11	
12. 企业建立了完善的奖励、惩罚和管理制度	10	5	b12	莱奥纳德（Lenud，1992）
13. 企业建立了有效的监督机制	7	6	b13	根据访谈提出
14. 企业有定期培训制度	10	7	b14	莱奥纳德（Leonard，1992）
15. 企业建立了合理的学习机制	8	4	b15	科恩等（Cohen et al.，1990）

---

① 对服务业企业来说，服务的先进程度更多时候体现在个性化服务和创意两个方面。服务业企业的研发是指企业特色服务的开发。

10.3.4 关系模型的提出

根据剔除后的影响因素重新设计调查问卷中对企业吸收能力的测试题项，对问卷中各题项的评价，均采用 Liketer 五点量表方式。同时，引入企业绩效作为因变量，探讨企业吸收能力的影响因素通过影响吸收能力对企业绩效产生的作用。对于企业绩效的测量，包括反映企业盈利性的指标 p_1——销售收入增长率、反映成长性的指标 p_2——新业务产值增长率两个维度。

根据以上分析，初步构建出企业吸收能力的影响因素、企业吸收能力、企业绩效三者之间的关系模型，如图 10-1 所示。即企业内部的诸多因素分别对企业吸收能力的四个维度有不同程度的影响，而企业吸收能力的不同方面又对企业盈利性指标和成长性指标形成不同程度的影响。

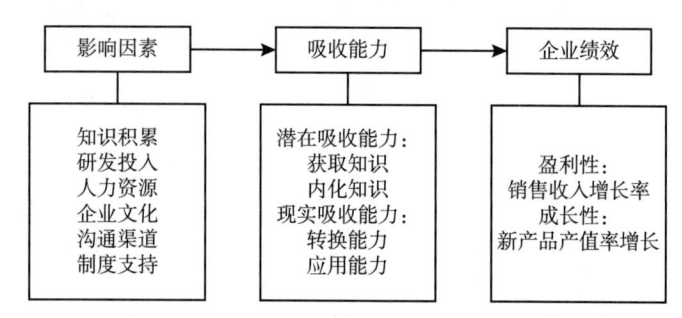

图 10-1 企业吸收能力影响因素与企业绩效的研究

10.4 企业吸收能力影响因素与企业绩效的研究

根据访谈资料对调查问卷进行修改和调整之后，通过 Email 的形式对访谈过的 19 家企业进行了问卷发放，回收率 100%，有效率 84%。同时，通过同学利用寒假[①]发放问卷 30 份，回收率 70%，有效率 53%。最后，共形成可以用于分析的有效问卷 32 份。

32 份问卷不属于大样本，但是符合探究变量间关系时样本大于 30 的基本要求[②]。因此，可以在分析问卷信度、效度的基础上，对吸收能力的影响因素与吸收能力、吸收能力与企业绩效两种关系的相关程度进行探测性分析。

---

① 2007 年 1 月底到 2008 年 2 月中旬。
② 吴明隆. SPSS 统计应用实务 [M]. 北京：中国铁道出版社，2001.

10.4.1 吸收能力影响因素的因子分析

根据32份合格问卷,对吸收能力影响因素进行因子分析。首先,通过KMO（Kaiser – Meyer – Olkin）检验及巴特利特（Bartlett）球形检验,判断数据是否适合因子分析。首先,KMO测试系数为0.752,大于0.5,样本分布的巴特利特球形检验的卡方检验值为305.053（自由度为105时）,显著性水平为0,拒绝了单位相关矩阵的原假设,说明题项间共同因素很多,适合进行因子分析。

其次,应用主成分分析法确定因子数目。通过提取公因子前后各题项间的共同性计算,如表10-6所示,说明提取的因子保留了较多原题项的信息,因子分析的效果是显著的。进步使用主成分抽取方法对企业吸收能力影响因素进行抽取,根据整体解释变异数中的方差贡献率,如表10-7所示,共提取出5个因子[①]。可以看出：一方面,转轴前后5个因子对总变量的累计解释率均为80.083%,说明提取的因子对测试变量有很好的解释；另一方面,转轴前后5个因子总体特征值不变,但是每个因子的个体特征值均发生了变化,转轴后的特征值大都呈现放大的趋势,说明通过转轴,题项的因子负荷也随之放大。

表 10 – 6　　　　　吸收能力影响因素各题项共同性

题项	b1	b2	b3	b4	b5	b6	b7	b8	b9	b10	b11	b12	b13	b14	b15
初始值	1.000	1.000	1.000	1.000	1.000	1.000	1.000	1.000	1.000	1.000	1.000	1.000	1.000	1.000	1.000
抽取值	0.759	0.818	0.916	0.870	0.810	0.796	0.867	0.757	0.622	0.695	0.867	0.688	0.777	0.865	0.906

抽取方法：主成分分析法。

表 10 – 7　　　　　吸收能力影响因素整体解释的变异数

因子	初始特征值			被提取因子载荷平方和			旋转因子载荷平方和		
	特征值	方差解释率（%）	累积方差解释率（%）	特征值	方差解释率（%）	累积方差解释率（%）	特征值	方差解释率（%）	累积方差解释率（%）
1	6.996	46.643	46.643	6.996	46.643	46.643	3.369	22.460	22.460

[①] 按照特征值大于0.85提取主成分,由于测试样本较少,因此,即使提取的指标仅涵盖一个题项也未被删除。

续表

因子	初始特征值 特征值	初始特征值 方差解释率（%）	初始特征值 累积方差解释率（%）	被提取因子载荷平方和 特征值	被提取因子载荷平方和 方差解释率（%）	被提取因子载荷平方和 累积方差解释率（%）	旋转因子载荷平方和 特征值	旋转因子载荷平方和 方差解释率（%）	旋转因子载荷平方和 累积方差解释率（%）
2	2.093	13.952	60.595	2.093	13.952	60.595	3.202	21.350	43.810
3	1.119	7.460	68.055	1.119	7.460	68.055	2.171	14.476	58.285
4	0.941	6.275	74.330	0.941	6.275	74.330	1.965	13.103	71.388
5	0.863	5.754	80.083	0.863	5.754	80.083	1.304	8.695	80.083
6	0.819	5.458	85.541						
7	0.440	2.931	88.472						
8	0.390	2.601	1.073						
9	0.355	2.366	93.439						
10	0.298	1.989	95.427						
11	0.245	1.635	97.062						
12	0.161	1.073	98.135						
13	0.127	0.849	98.984						
14	0.094	0.629	99.613						
15	0.058	0.387	100.000						

抽取方法：主成分分析法。

最后，对提取的因子进行归类和解释。进一步比较旋转前后的因子载荷矩阵，如表 10-8、表 10-9 所示，显然，通过旋转，同一题项对不同因子的载荷不是变得更大就是变得更小，这使不同题项对因子的解释更加明晰。因此，根据旋转后的因子载荷矩阵对因子进行提取，选择主成分提取法，经过方差最大旋转，迭代 8 次，可以提取出相应的因子，如表 10-9 所示。其中，第一因子 F_1 主要由题项 b8、b9、b10、b11、b12 决定，反映的是企业的沟通渠道、领导者态度和奖惩制度，这三个方面都体现了企业对吸收外部知识的一种态度，可以将其综合后定义为企业的价值导向；第二主成分 F_2 主要由题项 b4、b5、b6、b7 决定，反映的是企业中研发资金的投入、研发人员素质和结构状况两个方面，将其定义为研发强度；第三主成分 F_3 主要由题项 b14、b15 决定，反映的是企业的培训制度和学习机制，是企业学习制度的体现；第四主成分 F_4 主要由题项 b1、b2、b13 决定，包括企业既有知识和技能、技术设施状况以及监督制度,是企业知识积累的体现;第五主成分 F_5 主要由题项 b3 决定,是企业市场运行能力的体现。由此,在理论总结的基础上,根据对小样本结果的统计分析,对设定的测试题项进行重新组合和提取,得出了影响吸收能力的五个新的维度。

表 10 – 8　　　　　　　　旋转前的因子载荷矩阵

题项	因子				
	1	2	3	4	5
b1	0.644	0.405	-0.022	0.360	-0.224
b2	0.643	-0.173	-0.288	0.358	-0.405
b3	0.441	0.426	0.281	0.560	0.383
b4	0.662	-0.284	0.553	-0.195	-0.086
b5	0.702	-0.554	0.021	-0.008	0.097
b6	0.693	-0.525	0.194	0.046	0.006
b7	0.628	-0.610	0.250	0.141	0.136
b8	0.667	0.394	0.096	-0.316	0.221
b9	0.558	0.503	0.088	-0.102	0.198
b10	0.718	0.366	0.156	-0.074	-0.122
b11	0.119	0.318	0.222	-0.098	-0.318
b12	0.679	0.112	-0.224	-0.405	-0.014
b13	0.790	0.027	-0.251	-0.034	-0.296
b14	0.787	-0.151	-0.386	-0.092	0.258
b15	0.766	-0.059	-0.445	0.101	0.330

抽取方法:主成分分析法。
提取了 5 个因子。

表 10 – 9　　　　　　　　旋转后的因子载荷矩阵

题项	因子				
	1	2	3	4	5
b1	0.433	0.027	0.101	0.620	0.419
b2	0.039	0.304	0.277	0.803	0.045
b3	0.270	0.082	0.077	0.095	0.906

续表

题项	因子				
	1	2	3	4	5
b4	0.464	0.799	-0.108	0.063	-0.005
b5	0.087	0.115	0.409	0.184	-0.027
b6	0.122	0.826	0.224	0.218	0.029
b7	-0.006	0.886	0.223	0.119	0.131
b8	0.787	0.121	0.306	-0.037	0.170
b9	0.679	-0.017	0.222	0.040	0.332
b10	0.714	0.178	0.095	0.322	0.202
b11	0.761	0.265	-0.017	0.454	0.105
b12	0.605	0.165	0.471	0.183	-0.198
b13	0.443	0.258	0.376	0.606	-0.078
b14	0.299	0.350	0.780	0.212	0.035
b15	0.223	0.251	0.822	0.262	0.222

抽取方法：主成分分析法。
旋转方法：方差最大正交旋转法。
8次迭代后旋转矩阵收敛。

10.4.2 吸收能力的主成分分析

根据32份合格问卷，对企业吸收能力进行因子分析。首先，通过KMO检验及Bartlett检验，判断数据是否适合因子分析。首先，KMO测试系数为0.881，大于0.5，样本分布的Bartlett's Test的卡方检验值为400.187（自由度为105时），显著性水平为0.000，拒绝了单位相关短阵的原假设，说明题项之间的共同因素很多，适合进行因子分析。

其次，应用主成分分析法确定因子数目。通过提取公因子前后各题项之间的共同性计算，如表10-10所示，说明提取的因子保留了较多原题项的信息，因子分析的效果是显著的。进一步使用主成分抽取方法对企业吸收能力各因素进行抽取，根据整体解释变异数中的方差贡献率，如表10-11所示，共提取出4个因子[①]。可以看出：一方面，转轴前后5个因子对总变量的累计解释率

---

① 按照特征值大于0.85提取主成分，由于测试样本较少，因此即使提取的指标仅涵盖一个题项也未做删除。

第 10 章 中国企业吸收能力影响因素与作用的探索性研究

均为 83.211%，说明提取的因子对测试变量有很好的解释；另一方面，转轴前后 4 个因子总体特征值不变，但是每个因子的个体特征值均发生了变化，转轴后的特征值大都呈现放大的趋势，说明通过转轴，题项的因子负荷也随之放大。

表 10 – 10　　　　　　　　　吸收能力各题项共同性

题项	b1	b2	b3	b4	b5	b6	b7	b8	b9	b10	b11	b12	b13	b14	b15
初始项	1.000	1.000	1.000	1.000	1.000	1.000	1.000	1.000	1.000	1.000	1.000	1.000	1.000	1.000	1.000
抽取值	0.759	0.818	0.916	0.870	0.810	0.796	0.867	0.757	0.622	0.695	0.867	0.688	0.777	0.865	0.906

抽取方法：主成分分析法。

表 10 – 11　　　　　　　　　吸收能力整体解释的变异数

因子	初始特征值 特征值	方差解释率（%）	累积方差解释率（%）	被提取的因子载荷平方和 特征值	方差解释率（%）	累积方差解释率（%）	旋转因子载荷平方和 特征值	方差解释率（%）	累积方差解释率（%）
1	8.890	59.269	59.269	8.890	59.269	59.269	5.296	35.307	35.307
2	1.660	11.065	70.334	1.660	11.065	70.334	4.154	27.694	63.001
3	1.009	6.725	77.060	1.009	6.725	77.060	1.915	12.767	75.768
4	0.923	6.151	83.211	0.923	6.151	83.211	1.116	7.443	83.211
5	0.509	3.390	86.601						
6	0.411	2.739	89.340						
7	0.308	2.055	91.395						
8	0.296	1.971	93.366						
9	0.235	1.566	94.932						
10	0.217	1.446	96.319						
11	0.194	1.291	97.669						
12	0.120	0.797	98.466						
13	0.101	0.676	99.142						
14	0.077	0.515	99.658						
15	0.051	0.342	100.00						

抽取方法：主成分分析法。

最后，对提取的因子进行归类和解释。进一步比较旋转前后的因子载荷矩阵，如表 10-12、表 10-13 所示，显然，通过旋转，同一题项对不同因子的载荷不是变得更大就是变得更小，这使得不同题项对因子的解挥更加明确和明晰。因此，根据旋转后的因子载荷矩阵对因子进行提取，选择主成分提取法，经过方差最大旋转，迭代 10 次，可以提取出相应的因子，如表 10-13 所示。其中，第一因子 Y_1 主要由题项 a9、a10、a13、a14、a15 决定，主要是企业对知识的转换能力的体现；第二主成分 Y_2 主要由题项 a1、a2、a3、a4、a8 决定，主要体现的是企业对获取知识的能力；第三主成分 Y_3 主要由题项 a12 决定，反映了企业对知识的利用能力；第四主成分 Y_4 主要由题项 a11 决定，反映了企业对知识的内化能力。这四个主成分证实了扎赫和乔治（Zahra and George，2002）对吸收能力四个维度的认定。

表 10-12　　　　　　　　　旋转前的因子载荷矩阵

题项	因子			
	1	2	3	4
a1	0.662	0.605	0.047	0.064
a2	0.735	0.424	-0.169	0.175
a3	0.751	0.251	-0.423	-0.026
a4	0.642	0.459	0.411	0.242
a5	0.688	0.141	0.392	-0.439
a6	0.826	0.085	-0.126	0.018
a7	0.834	0.025	-0.009	-0.261
a8	0.869	0.164	0.049	-0.109
a9	0.879	-0.117	-0.180	-0.209
a10	0.769	-0.448	-0.243	-0.119
a11	0.590	-0.243	-0.146	0.655
a12	0.649	-0.327	0.562	0.245
a13	0.727	-0.590	0.153	-0.070
a14	0.896	-0.208	-0.037	0.036
a15	0.931	-0.115	-0.070	0.044

抽取方法：主成分分析法。
抽取了 4 个公因子。

表 10-13　　　　　　　　　　　旋转后的因子载荷矩阵

题项	因子			
	1	2	3	4
a1	0.156	0.881	0.093	-0.012
a2	0.329	0.790	0.008	0.215
a3	0.582	0.631	-0.201	0.168
a4	0.020	0.782	0.486	0.049
a5	0.460	0.468	0.430	-0.473
a6	0.596	0.554	0.141	0.151
a7	0.693	0.477	0.202	-0.125
a8	0.577	0.629	0.256	-0.037
a9	0.832	0.395	0.122	0.022
a10	0.896	0.076	0.148	0.187
a11	0.352	0.235	0.281	0.775
a12	0.342	0.162	0.852	0.184
a13	0.778	-0.050	0.532	0.119
a14	0.748	0.365	0.332	0.213
a15	0.738	0.461	0.289	0.216

抽取方法：主成分分析法。
旋转方法：方差最大正交旋转法。
10 次迭代后旋转矩阵收敛。

10.4.3　相关分析

本章所构建的模型中对各个变量衡量的量表都是在整理前人研究成果和实际调研的基础上形成并修正的，因此，可以认为本问卷具有较高的内容效度。同时，各个因子的提取是符合因子分析要求的，共同因子与理论结构的特质较为接近，这就保证了问卷的构建效度。另外，通过对各测试因子的信度分析[1]，如表 10-14 所示，所有因子的测试题项信度都在 0.7 以上，整个量表信度较好，具有较高的内部结构一致性。

---

[1] 市场能力、知识内化、知识利用三个因子都是由单问题测定的，无须做信度分析。

表 10 - 14　　　　　　　　　　变量信度测试

因子	主要题项	信度（克隆巴赫 α 值）
价值导向 F_1	b8、b9、b10、b11、b12	0.847
研发强度 F_2	b4、b5、b6、b7	0.881
学习制度 F_3	b14、b15	0.886
知识积累 F_4	b1、b2、b13	0.749
吸收能力影响因素整体	b1 ~ b5	0.906
知识转换 Y_1	a9、a10、a13、a14、a15	0.941
知识获取 Y_2	a1、a2、a3、a4、a8	0.884
吸收能力整体	a1 ~ a15	0.947

在信度、效度分析的基础上，可以对变量之间关系进行相关分析。第一步需要求出各个样本不同主成分的得分。在 SPSS 中，选择主成分提取法，经过方差最大旋转，得出因子得分系数矩阵。将因子得分系数 λ_i，如表 10 - 15 所示，和原始变量的观测值 b_i 代入公式 $\hat{F}_l = \sum \lambda_i b_i$，即可计算出企业吸收能力影响因素各提取因子的得分。同理，将因子得分系数机，如表 10 - 16 所示，和原始变量的观测值 a_i 代入公式 $\hat{Y}_l = \sum \gamma_i a_i$，即可计算出企业吸收能力各提取因子的得分。分别按照这两个公式计算出 32 份合格问卷中企业吸收能力四个方面和企业吸收能力五个影响因素的得分，在 SPSS 中形成新的变量，为接下来的相关分析和回归分析奠定基础。这一计算因子得分的过程也可以通过 SPSS 因子分析自动完成并生成新的变量。

表 10 - 15　　　　　　吸收能力影响因素因子得分系数矩阵

题项	因子				
	1	2	3	4	5
b1	-0.018	-0.111	-0.133	0.416	0.239
b2	-0.227	-0.036	-0.029	0.626	-0.029
b3	-0.107	0.033	-0.008	-0.092	0.799
b4	0.214	0.370	-0.336	-0.143	-0.088
b5	-0.094	0.255	0.121	-0.062	-0.027
b6	-0.069	0.312	-0.053	-0.008	0.015

第 10 章　中国企业吸收能力影响因素与作用的探索性研究

续表

题项	因子				
	1	2	3	4	5
b7	-0.145	0.368	-0.021	-0.093	0.157
b8	0.342	-0.033	0.111	-0.315	-0.013
b9	0.248	-0.081	0.071	-0.195	0.154
b10	0.245	-0.014	-0.144	0.074	0.000
b11	0.278	0.022	-0.293	0.210	-0.115
b12	0.254	-0.085	0.210	-0.079	-0.340
b13	0.053	-0.074	0.042	0.348	-0.226
b14	-0.034	-0.036	0.469	-0.109	-0.036
b15	-0.132	-0.088	0.525	-0.059	0.153

抽取方法：主成分分析法。
旋转方法：方差最大正交旋转法。

表 10-16　　　　　吸收能力因子得分系数矩阵

题项	因子			
	1	2	3	4
a1	-0.159	0.344	-0.028	-0.029
a2	-0.072	0.274	-0.153	0.180
a3	0.144	0.159	-0.388	0.099
a4	-0.314	0.304	0.354	0.036
a5	0.058	0.059	0.235	-0.574
a6	0.079	0.096	-0.089	0.062
a7	0.168	0.031	-0.043	-0.241
a8	0.051	0.122	0.019	-0.133
a9	0.249	-0.030	-0.151	-0.110
a10	0.320	-0.185	-0.129	0.045
a11	-0.094	0.010	0.094	0.731
a12	-0.143	-0.071	0.624	0.096

续表

题项	因子			
	1	2	3	4
a13	0.202	-0.243	0.248	-0.027
a14	0.130	-0.037	0.047	0.090
a15	0.115	0.011	0.005	0.098

抽取方法：主成分分析法。
旋转方法：方差最大正交旋转法。

将算出的各因子得分与企业绩效两个维度的指标共同形成新的量表，再进行相关分析，得出分析结果，如表 10-17 所示。显然，各变量间存在六对非常显著的相关关系（$p<0.01$）和七对显著的相关关系（$p<0.05$）。分别对各组相关关系具体阐释。

第一，价值导向和知识获取显著相关（$r=0.362,p<0.05$），价值导向和知识转换显著相关（$r=0.432,p<0.05$）。价值导向包括企业的沟通渠道、领导者态度和奖惩制度三个方面，体现了企业对吸收外部知识的一种态度，是企业倡导的一种氛围。这种氛围与企业的知识获取、知识转换关系显著，说明企业高层的重视（包括态度和奖惩制度）辅之以一定的沟通渠道，就为企业知识获取和知识转换的有效进行提供了一个平台。

第二，研发强度和知识转换显著相关（$r=0.497,p<0.01$），研发强度和知识利用显著相关（$r=0.473,p<0.01$），研发强度和成长性显著相关（$r=0.540,p<0.01$）。这三对相关关系充分体现了企业中研发资金和人员投入的重要性。知识的转换和利用需要企业人力、物力和财力的投入，对于企业而言，研发投资是资金保障，研发人员的素质和比例是智力支持，两者共同推进了知识转换和利用。同时，研发强度作为推进企业不断发展的内在动力，对企业成长的作用非常明显。

第三，学习制度和知识内化显著相关（$r=0.433,p<0.05$），学习制度和成长性显著相关（$r=0.373,p<0.05$）。学习制度包括培训制度和学习机制两个方面，定期培训可以提高员工对新知识、新技能的理解，合理的学习机制保障了这一过程的规范化和持续性，能有效促进知识内化。而新知识、新技能的不断内化是企业成长的潜在的重要因素，对企业持续成长意义重大。

第10章　中国企业吸收能力影响因素与作用的探索性研究

表10-17　各变量之间的Pearson相关分析：基于得分系数计算

项目		价值导向	研发强度	学习制度	知识积累	市场能力	知识转换	知识获取	知识利用	知识内化	盈利性	成长性
价值导向	Pearson 相关性 Sig（双侧） N											
研发强度	Pearson 相关性 Sig（双侧） N	-0.003 0.989 32										
学习制度	Pearson 相关性 Sig（双侧） N	-0.200 0.271 32	-0.022 0.904 32									
知识积累	Pearson 相关性 Sig（双侧） N	-0.106 0.563 32	-0.106 0.563 32	0.094 0.609 32								
市场能力	Pearson 相关性 Sig（双侧） N	-0.036 0.843 32	0.226 0.214 32	0.089 0.628 32	-0.134 0.464 32							
知识转换	Pearson 相关性 Sig（双侧） N	0.362* 0.034 32	0.497** 0.004 32	0.122 0.109 32	0.059 0.591 32	0.081 0.155 32						

续表

项目		价值导向	研发强度	学习制度	知识积累	市场能力	知识转换	知识获取	知识利用	知识内化	盈利性	成长性
知识获取	Pearson 相关性	0.382*	0.027	0.034	0.189	0.497**	0.012					
	Sig（双侧）	0.031	0.885	0.852	0.300	0.004	0.948					
	N	32	32	32	32	32	32					
知识利用	Pearson 相关性	0.063	0.473**	0.106	0.054	0.097	0.087	−0.164				
	Sig（双侧）	0.730	0.006	0.565	0.769	0.597	0.637	0.368				
	N	32	32	32	32	32	32	32				
知识内化	Pearson 相关性	−0.187	−0.154	0.433*	0.160	0.278	0.153	0.021	0.207			
	Sig（双侧）	0.305	0.400	0.013	0.381	0.123	0.404	0.909	0.255			
	N	32	32	32	32	32	32	32	32			
盈利性	Pearson 相关性	−0.216	−0.260	−0.032	0.191	0.409*	0.262	0.547**	0.100	0.184		
	Sig（双侧）	0.236	0.151	0.864	0.294	0.020	0.148	0.001	0.588	0.314		
	N	32	32	32	32	32	32	32	32	32		
成长性	Pearson 相关性	0.213	0.540**	0.373*	0.067	0.422*	0.771**	0.275	0.323	0.348	0.427*	
	Sig（双侧）	0.242	0.001	0.035	0.716	0.016	0.000	0.127	0.072	0.051	0.015	
	N	32	32	32	32	32	32	32	32	32	32	

注：* 在 5% 的显著性水平上显著（双侧检验）。
** 在 1% 的显著性水平上显著（双侧检验）。

第四，市场能力和知识获取显著相关（$r=0.497$，$p<0.01$），市场能力和盈利性显著相关（$r=0.409$，$p<0.05$），市场能力和成长性显著相关（$r=0.422$，$p<0.05$）。市场能力是企业市场知识和管理知识的体现。一方面，市场能力强反映了企业市场和管理知识丰富，就有利于企业更快、更多地从市场上得到相关知识和信息，促进企业知识获取，进而成为影响企业成长的潜在要素；另一方面，市场能力强反映了企业产品或服务的市场实现能力强，企业的产品或服务能迅速在市场上实现商业价值，直接对企业盈利性产生影响。

第五，知识获取和盈利性显著相关（$r=0.547$，$p<0.05$）。知识获取主要反映了企业拥有知识、信息等外部资源的速度、数量和成本，这些特征会直接影响企业近期的盈利性。

第六，知识转换和成长性显著相关（$r=0.771$，$p<0.05$）。知识转换是指企业对获取的外部知识进行筛选和剔别后，综合为企业所用，知识转换对企业的作用更多是潜在的，需要在企业的发展过程中逐步显现，推动企业的成长。

第七，盈利性和成长性显著相关（$r=0.427$，$p<0.05$）。企业的持续盈利必然推动企业不断成长，而良好的成长又表现为现阶段的盈利，两者之间相互促进，呈现显著的相关关系。

10.4.4 回归分析和对模型的修正

对各变量进行相关分析之后，可以进一步通过回归分析构建变量之间的关系模型。选择强迫进入式逐步回归法分别对吸收能力和企业绩效的各指标进行回归分析。根据标准化回归系数 Beta，逐步回归结果如表 10－18 所示。

首先，吸收能力的四个维度界限不明晰，需要进行整合。四个维度中，知识内化和知识利用与企业绩效两个维度的指标之间相关关系较弱。原因在于，知识内化和知识获取都是潜在吸收能力的体现，由于样本数目较小，可能无法体现两组指标内部的细微差别。同时，说明这两组能力是分别紧密结合的，其内部界限并不十分明晰，既然知识内化和知识获取都是潜在吸收能力的体现，可用潜在吸收能力笼统地代替两者。同理，知识转换和知识利用都是现实吸收能力的体现，可用现实吸收能力笼统地代替两者。

表 10-18　　　　　　　　　　逐步回归结果整理

测试变量		逐步回归模型	备注
潜在吸收能力	知识获取 Y_2	$Y_2 = 0.497F_5$；$Y_2 = 0.401F_1 + 0.512F_5$；$Y_2 = 0.435F_1 + 0.310F_4 + 0.554F_5$	F_1 表示价值导向 F_2 表示研发强度 F_3 表示学习制度 F_4 表示知识积累 F_5 表示市场能力
	知识内化 Y_4	$Y_4 = 0.433F_2$	
现实吸收能力	知识转换 Y_1	$Y_1 = 0.497F_2$；$Y_1 = 0.385F_1 + 0.532F_2$	
	知识利用 Y_3	$Y_3 = 0.473F_2$	
企业绩效	盈利性 P_1	$P_1 = 0.547Y_2$	
	成长性 P_2	$P_2 = 0.771Y_1$；$P_2 = 0.767Y_1 + 0.266Y_2$；$P_2 = 0.317Y_1 + 0.740Y_2 + 0.311Y_3$	

其次，企业的绩效的盈利性和成长性受吸收能力不同方面的影响，两者之间又存在互动。盈利性主要由吸收能力中的潜在吸收能力决定，即知识获取对企业现阶段的盈利性有显著影响。而成长性由现实吸收能力和潜在吸收能力共同决定，体现了知识从获取到实现转换是有一个过程和比例的，从长期来看，知识转换对企业成长影响更大。

最后，影响企业吸收能力的因素可以分为三类。一是价值导向。价值导向无论对潜在吸收能力还是现实吸收能力都起着重要作用，但这种作用主要是间接体现的，分别需要与市场能力、研发强度相配合，这也进一步说明，价值导向主要是为企业活动营造一种氛围，提供一个平台。二是研发强度和市场能力。研发强度主要对现实吸收能力有重要影响，单纯扩大研发投入并不能有效提高企业获取知识的能力。市场能力对知识获取的影响非常显著，体现了企业外部资源可以促进企业知识获取。三是学习制度和知识积累。学习制度和知识积累无论是对潜在吸收能力还是对现实吸收能力，其直接影响都不是十分显著，它们需要通过对研发强度和市场能力的促进，进而对潜在吸收能力和现实吸收能力产生影响。

相关分析和回归分析给出了相似的结论。综合上述分析，考虑不同影响因子对变量解释力的大小，可以将企业吸收能力的影响因素通过影响吸收能力对企业绩效的作用模型进行符合实际的调整，如图 10-2 所示。显然，原来模型中各变量之间笼统而模糊的关系变得明确和清晰。

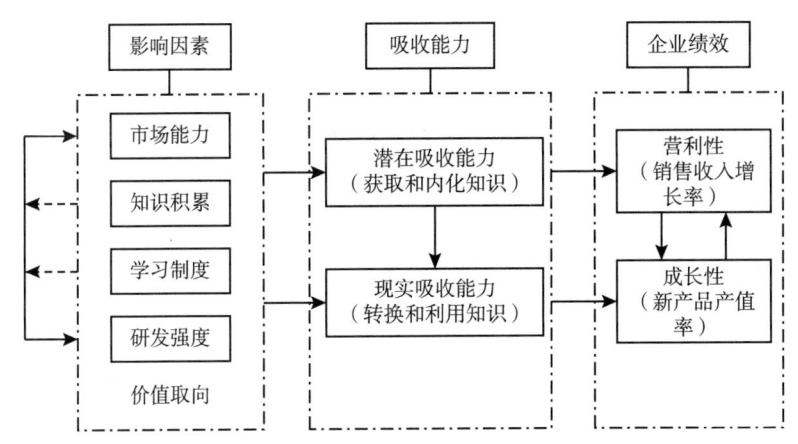

图 10-2　企业吸收能力影响因素和作用的修正模型

10.5　结论和启示

10.5.1　结论

通过上述分析,得出如下结论。

第一,潜在吸收能力与企业绩效的盈利性显著相关,现实吸收能力与企业绩效的成长性显著相关。潜在吸收能力是指企业获取和内化知识、信息和技术等资源的能力,体现了企业对外部资源的消化和积累能力,也体现了企业拥有外部资源的丰裕程度,对体现企业盈利性的指标——销售收入增长率有显著影响。现实吸收能力是指企业对知识、信息、技术等的转换和利用能力,体现了企业将外部资源为我所用的能力,是具有创新性的,因此,即使对企业短期盈利性指标——销售收入增长率没有直接的显著影响,但却是企业长期持续成长和发展的原动力。

第二,企业的价值导向是影响吸收能力的"精神"平台,即导向层。价值导向包括企业的价值观是否倡导合作,企业领导者是否务实开放,企业的沟通渠道是否多样,企业的培训和学习方式是否健全,企业是否实行有效的奖惩。这些是企业氛围和学习机制的体现,对企业吸收能力影响最大。

第三,企业的市场能力和研发强度是影响吸收能力的直接因素,即转换层。市场能力是使企业沉淀资源转化为潜在吸收能力的直接催化剂。在价值导向的平台上,市场能力直接影响潜在吸收能力,研发强度直接影响现实吸收能力,两者共同作用提升企业对外部知识、信息和技术的应用水平,进而对企业绩效产生影响。

第四，企业的学习制度和知识积累是影响吸收能力的间接因素，即基础层。学习制度和知识积累是企业沉淀资源的体现，两者对吸收能力的直接影响并不显著，一方面，可能是样本数量限制了结论的客观性；另一方面，说明这些因素作为沉淀资源需要通过对市场能力和研发强度的影响，间接地作用于企业吸收能力。如果没有市场能力和研发强度，这些资源就不能被有效运用于企业获取和利用外部知识的过程中。

10.5.2 启示

上述结论明晰了中国企业吸收能力影响因素发挥作用的过程，对中国企业实践的启示如下：

第一，明晰了对吸收能力内涵的理解，为大样本实证研究奠定了基础。通过对中国企业访谈，提出吸收能力影响因素的维度，构建了吸收能力来源和作用模型，并通过小样本进行探测性的实证研究，修正了吸收能力的作用模型，为大样本实证研究奠定了基础。

第二，帮助企业明确影响企业现实吸收能力的因素，更好地促进企业盈利和成长。现阶段，中国大多数企业对外部知识和技术都处于单纯的模仿和拿来主义阶段，主要体现了企业对潜在吸收能力的重视，却缺乏对获取知识的重新加工和再创造，即企业的现实吸收能力不足，造成企业创新性不足，制约了企业的长期成长。因此，企业应结合自身特点对吸收能力的影响因素实行分层管理，培养潜在吸收能力，提升现实吸收能力，实现盈利和持续成长。

参考文献：

[1] 高展军，李垣. 企业吸收能力研究阐释 [J]. 科学管理研究，2005 (12).

[2] 贺小刚，李新春，方海鹰. 动态能力的测量与功效：基于中国经验的实证研究 [J]. 管理世界，2006 (7)：94 – 103.

[3] 黄本新. 关于企业吸收能力的国外研究文献述评 [J]. 科技进步与对策，2007 (8)：214 – 216.

[4] 刘常勇，谢洪明. 企业知识吸收能力的主要影响因素 [J]. 科学学研究，2003 (6)：307 – 310.

[5] 宁东玲，吴远巍. 吸收能力的影响因素分析及对策研究 [J]. 技术经济与管理研究，2007 (1)：99 – 100.

[6] 王雎. 吸收能力的研究现状与重新定位 [J]. 外国经济与管理, 2007 (7): 1-8.

[7] 王晓娟. 知识网络与集群企业竞争优势研究 [D]. 浙江大学博士论文, 2007.

[8] 韦影. 企业社会资本与技术创新: 基于吸收能力的实证研究 [J]. 中国工业经济, 2001 (9): 119-127.

[9] 吴伯翔, 阚海峰, 关涛. 本土企业吸收能力影响因素的实证研究 [J]. 科技进步与对策, 2007 (8): 116-119.

[10] Barney, J. Firm Resources and Sustained Competitive Advantage [J]. Journal of Management, 1991, 17 (1): 99-120.

[11] Bourdieu, P. The Forms of Capital, In Richardson J. (Ed.), Handbook of Theory and Research for the Sociology of Education [M]. New York: Greenwood Press. 1985.

[12] Coase, R. H. The Nature of the Firm [J]. Economica, 1937, 4 (16): 386-405.

[13] Cockburn, I. and Henderson, R. Absorptive Capacity, Coauthoring Behavior and the Organization of Research Indrug Discovery [J]. Journal of Industrial Economics, 1998, 46 (2): 157-182.

[14] Cohen, W. M. and Levinthal, D. A. Absorptive Capacity: A New Perspective on Learning and Innovation [J]. Administrative Science Quarterly, 1990, 35 (1): 128-152.

[15] Dyer, J. H. and Nobeoka, K. Creating and Managing a High-performance Knowledge-Sharing Network: The Toyota Case [J]. Strategic Management Journal, 2000, 21 (3): 345-367.

[16] Harrington, S. J. and Guimaraes, T. Corporate Culture, Absorptive Capacity and IT Success [J]. Information & Organization, 2005, 15 (1): 39-63.

[17] Keller Wolfgang. Absorptive Capacity: On the Creation and Acquisition of Technology in Development [J]. Journal of Development Economics, 1996, 49 (1): 199-227.

[18] Kim, L. Crisis Construction and Organizational Learning: Capability Building in catching-up at Hyundai Motor [J]. Organization Science, 1998, 9 (4): 506-521.

[19] Kogut, B. and Zander, U. Knowledge of the Firm, Combinative Capabilities, and the Replication of Technology [J]. Organization Science, 1992, 3 (3): 383 – 397.

[20] Lane, P. J. and Lubatkin, M. Relative Absorptive Capacity and Interorganization Learning [J]. Strategic Management Journal, 1998, 19 (5): 461 – 477.

[21] Lane, P. J., Koka, B. and Pathak. S. A Thematic Analysis and Critical Assessment of Absorptive Capacity Research [J]. Academy of Management Proceedings, 2002, BPS.

[22] Leahy, D. and Neary J. P. Absorptive Capacity, R&D Spillovers, and Public Policy [J]. International Journal of Industrial Organization, 2007, 25 (5): 1089 – 1108.

[23] Leonard – Barton D. Core Capabilities and Core Rigidities: A Paradox in Managing New Product Development [J]. Strategic Management Journal, 1992, 13 (5): 111 – 125.

[24] LinNan. Building a Network Theory of Social Capital [J]. Connections, 1999, 22 (1).

[25] Lyles, M. A. and Schwenk, C. R. Top Management, Strategy and Organizational Knowledge Structures [J]. Journal of Management Studies, 1992, 29 (2): 155 – 174.

[26] Nonaka, I. A. Dynamic Theory of Organization Knowledge Creation [J]. Organizational Science, 1994, 5 (1): 14 – 37.

[27] Penrose, E. T., 1959: The Theory of Growth of the Firm [M]. Oxford: Oxford University Press.

[28] Prahalad, C. K. and Hamel, G. The Core Competence of the Corporation [J]. Harvard Busineu Review, 1990, 68 (3): 79 – 91.

[29] Putnam, R. D. The Prosperous Community: Social Capital and Public Life [J]. The American Prospect, 1993, 13 (5).

[30] Rumelt, R., Hise, R. & McDaniel, S. CEO's Views on Strategy: A Survey [J]. Journal of Business Strategy, 1984, 4 (3): 79 – 86.

[31] Shaker, A. Z., and Gerard, G. Absorptive Capacity: A Review, Reconceptualization and Extension [J]. Academy of Management Review, 2002, 27

(2): 185-203.

[32] Spender, JC. and Grant, R. M. Knowledge and the Firm: A Overview [J]. Strategic Management Journal, 1996, 17 (S2): 5-9.

[33] Spender, JC. Making Knowledge the Basis of a Dynamic Theory of the Firm [J]. Strategic Management Journal, 1996, 17 (S2): 45-62.

[34] Nilakanta and Scamell. The Effect of Information Sources and Communication Channels on the Diffusion of Innovation in a Data Base Development Environment [J]. Management Science, 1990, 36 (1): 24-40.

[35] Szulanski, G. Exploring Internal Stickines: Impediments to the Transfer of Best Practice within the Firm [J]. Strategic Management Journal, 1996, 17 (S2): 27-43.

[36] Teece, D. J., Pisano, G. and Shuen, A. Dynamic Capabilities and Strategic Management [J]. Strategic Management Journal, 1997, 18 (7): 509-533.

[37] Tsai, W. P. Knowledge Transfer in lntraorganizational Networks: Effects of Network Position and Absorptive Capacity on Business Unit Innovation and Performance [J]. Academy of Management Journal, 2001, 44 (5).

[38] Van den Bosch F., Volberda, H. and de Boer M. Coevolution of Firm Absorptive Capacity and Knowledge Environment: Organizational Forms and Combinative Capabilities [J]. Organization Science, 1999, 10 (5): 551-568.

[39] Wernerfelt. B. A Resource-based View of the Firm [J]. Strategic Management Journal, 1984, 5 (2).

[40] Yli-Renko, H., Autio, E., Sapienza, H. J. and Hay, M., Social Capital, Knowledge Acquisition, and Knowledge Exploitation in Young Technology-based Firms [J]. Strategic Management Journal, 2001, 22 (6/7): 587-613.

[41] Zollo, M. and Winter, S. G. Deliberate Learning and the Evolution of Dynamic Capabilities [J]. Organization Science, 2002, 13 (3): 339-351.

第11章
网络演化与企业成长的对应关系研究[①]

选择6家济南软件企业作为案例企业,采用嵌入性多案例研究方法,分析企业成长过程中社会关系网络、分工合作网络、市场网络、创新网络以及声誉网络的内在演化规律,验证伴随企业成长网络会发生变迁的观点,揭示网络演化与企业成长的对应关系,对各阶段五种网络的重要性进行评价。

随着企业集团、企业集群、战略联盟等新兴经济组织的蓬勃发展,研究者对企业外部网络与企业成长的关系进行了深入探讨。这些研究大多静态地分析了网络结构、网络关系对企业成长产生的影响,却没有解决网络在企业成长过程中的变迁问题。麦克佛森等(McPherson et al., 2001)指出,很少有运用长期历史数据来分析网络的研究,尽管学者们承认网络具有很强的动态变动性,但是对网络变迁的研究却非常少。吉博和戴维斯(Gibb and Davies, 1991)进一步指出:"有大量的证据可以说明网络随着企业的成长而发生改变,但是却很少有文献可以证明网络是如何随着企业的成长而改变的,以及这些改变如何影响企业的成长潜力的。这是一个很有研究价值的新领域。"本章致力于使用嵌入性多案例研究方法,验证各类网络在企业成长过程中的变迁,揭示网络演化与企业成长阶段的对应关系。

11.1 文献综述

已有研究主要分析了新创企业的网络演化问题。比尔勒和克洛美(Birley

[①] 本章作者为冯文娜、杨蕙馨,发表在《东岳论丛》2010年第4期(有改动)。

and Cromie，1988）研究了企业早期社会网络与专业网络的变化，提出了包括企业创建时网络和成长中网络在内的两阶段网络发展模型。研究证明在小企业创立早期社会网络占主导，而在企业成立后，专业网络开始变得更为重要，社会网络的成员也逐渐转变为专业网络的成员。楚（Chu，1996）更进一步地研究了企业发展不同时期网络成员的变化问题，研究发现同一时期不同类型的网络发挥着不同的作用，而保持与现有网络成员的关系则有利于吸引新成员的加入。

与早期比尔勒（Birley，1988）的研究不同，布特勒、弗洛尼克和克里斯坦注意到了社会关系网络、专业网络以外其他网络在企业创建三年内的变迁，进一步发展了比尔勒的两阶段理论。布特勒和汉森（Butler and Hansen，1991）将企业创立划分为三个阶段，第一阶段是创业前期，第二阶段是初创期，第三阶段是存续期；将网络也划分为三种类型，即社会网络、商业网络和组织间的战略网络。研究提出了网络变迁的三阶段理论模型：在创业前期，创业者的社会网络最为重要，大规模社会网络保障了企业家获得更多的创业机会以及更多的隐性信息和隐性资源。在企业初创期，聚焦于商业的网络占主导。此时的网络是一个混合网络，既包括从创业前保留下来的私人间的社会网络，也包括因为直接商业联系而建立起来的私人间、组织间的网络关系。在企业存续期，组织间战略网络成为主导，创业者出于对企业成长和盈利的考虑，促使企业从战略出发与其他企业组建网络。

弗洛尼克（Veronique，2003）对154家初创企业进行了为期三年的跟踪调查，研究发现在企业创立的最初三年，企业与销售商、供应商、外包者和合作者之间的商业关系数量都显著增加；商业关系的来源从社会关系向经济关系转变；各种商业关系的本地性随着企业的成长而逐渐减弱。与弗洛尼克不同，克里斯坦（Christian，2003）没有对样本进行长期的跟踪调查，而是采用的嵌入性多案例研究的方法，选择同期案例进行研究，不同创业阶段选择不同的对应企业。克里斯坦按照网络的功能将网络分为五类，分别是社会关系网络、声誉网络、市场网络、合作竞争网络以及知识技术创新网络；将初创企业的发展过程划分为建立期、首次公开招股准备期、首次公开招股期、首次公开招股完成期以及创业成功期等五个阶段。研究证明在企业初创过程中各种网络是相互交织的，但各种网络的重要性在每个阶段各不相同。

总之，有关新创企业网络演化的研究认为，企业创立的不同时期需要不同的网络，企业根据功能和战略的需要而发展出不同类型的网络，相伴随网络类型的变迁，网络主要成员也在发生着改变。但是，这些研究仅对初创企业进行了探讨，没有涉及网络在企业创立成功以后的变迁问题。本章认为既然网络在企业初创过程中发生了变迁，就必然会在企业创立以后也发生变迁，遗憾的是，就这一问题很难从已有研究中得到解答。另外，从实证角度来研究网络动态变化的文献非常有限，尤其是以欠发达国家企业为样本的研究更为缺乏。本章将在克里斯坦研究的基础上，以中国企业为样本，从动态角度探讨社会关系网络、分工合作网络、市场网络、创新网络、声誉网络在企业成长过程中的变迁规律。

11.2　研究方法与案例选择

在研究方法的选择上，弗洛尼克和克里斯坦分别使用了大样本跟踪调查与嵌入性多案例研究两种不同的跨时期、动态研究方法。其中，弗洛尼克的大样本跟踪调查方法需要的时间较长，由于本研究缺少前期延续性研究的支持，所以本章选择克里斯坦所应用的嵌入性多案例研究方法展开研究。

案例筛选的过程共分两个步骤。首先，选择山东省济南市软件企业作为案例企业，将全市500多家软件企业进行分类，从中选择成长快速[①]的企业；其次，从快速成长企业中选择处于不同企业成长阶段[②]的案例。案例选择遵循复制原则，为了保证案例之间无相关变异，共有6个案例进入最终的嵌入性多案例分析阶段，所有案例企业均属于中小型软件企业。各个案例间的关系如图11-1所示。研究围绕主题使用半结构化访谈方式对被选企业的高层管理人员进行了深度访谈，问题涉及企业与其他企业、非企业组织经济网络的发展演化，以及企业家社会关系网络的演变。在深度访谈中要求被访者给出其认为最重要的关系及关系的特征，并要求被访者进一步描述各种网络在企业成长不同阶段的情况。

案例企业情况如下：

企业A1成立于2005年，主要从事对日软件外包、地理信息系统开发、地理数据加工业务，按照销售额计算，企业成长速度超过了100%。企业A2成

[①] 以近三年企业销售收入的平均值计算企业成长速度，计算济南软件产业企业平均成长速度为28.69%，成长速度大于28.69%的企业即为快速成长企业。
[②] 依据企业生命周期理论，软件企业创建后的成长阶段可以划分为以资金积累为特征的初创期、以产品研发推广为特征的快速发展期以及以产品代理和升级完善为特征的稳定发展期。

立于 2004 年，主要从事桌面管理系统、网络管理系统的系统集成业务，按照销售额计算，企业平均成长速度达到 56%。企业 A1 与 A2 均为处于初创期的小型快速成长企业。

企业 B1 成立于 2002 年，主要从事金融、交通等行业软件的开发、销售业务，按照销售额计算，企业平均成长速度为 80%。企业 B2 成立于 1997 年，主要从事网络安防视讯集成、AV 集成等业务，按照销售额计算，企业平均成长速度为 44%。企业 B1 与 B2 均为处于快速发展期的小型快速成长企业。

企业 C1 成立于 1991 年，主要从事软件开发与应用集成，主要软件产品为宽带接入认证管理系统软件，按照销售额计算，企业平均成长速度为 30%。企业 C2 成立于 2000 年，主要从事软件开发与计算机网络系统集成，主要软件产品为网上阅卷信息管理系统软件，按照销售额计算，企业平均成长速度为 35%。企业 C1 与 C2 均是济南软件产业销售收入前十名的企业，其销售收入均过亿元。企业 C1 与 C2 均为处于稳定发展期的中型快速成长企业。

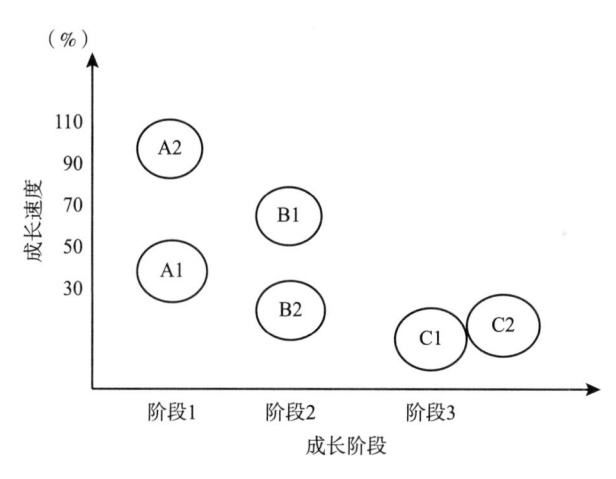

图 11 - 1　案例企业的选择

11.3　案　例　结　论

11.3.1　外部网络关系的重要性

网络关系对中小企业至关重要，企业建立外部网络关系是为了获得必要的资源。但是，与比尔勒等（1988）所证明的企业可以从网络中获得更多的资金支持不同，济南软件企业很少能够从外部网络关系中获得资金支持。而且由于劳动力市场的充分供给，企业与人才培训机构的关系相当松散，企业很少使用正式的经济关系网络来获取人才。因此，中小软件企业从外部网络获取的主要资源是信息、知识和技术，"我们做的是思科、惠普、华为全系列产品，没有他们的技术支持我们的业务无法开展"（企业 A2）。调查同时发现，同属一个网络的企业在规模上不具有均等性，企业既与同等规模的企业建立网络关系，同时也与更大或更小规模的企业建立网络关系，这与万哈弗比克（Vanhaverbeke，2001）发现的制造业中小企业集群出现的相似规模企业结网的现象存在明显差异。

11.3.2 地理集聚对网络关系的影响

从网络关系的地域分布来看，网络中的软件企业不存在显著地理集中性。例如，与案例企业 C1 具有合作关系的软件开发企业、软件服务企业 23 家，其中本地 5 家，外地 18 家，其网络本地性比率仅为 21.7%。但是，其他学者对传统制造业的研究却表明本地网络是影响企业成长的关键因素。导致这一差异的可能原因是软件产品的全球共享性，"软件企业间的合作受地理因素的影响比较小，尤其是在平台软件方面，中国的企业大量运用了国外的软件，这些合作都是跨国的，这方面的合作国界、地域都不是问题"（企业 C1）。从地域覆盖范围上看，软件企业的市场网络与传统制造业企业具有相似性，即中小型企业的客户覆盖范围远不及大型企业，"我们的客户主要集中在山东省，其他省市的也有，比如，去年我们接了一个甘肃的项目。我们更多地考虑山东本地的客户主要是因为，企业与客户的关系不是一天两天的事，要对客户进行长期的技术支持，这需要成本。"（企业 C1）。

但是，济南软件产业却具有较强的地理集聚性，并已形成具有一定规模的产业集群，这一外部环境为新企业的创建创造了条件。济南软件产业民营企业占到 89%，多数软件企业的创业者都具有同业经验，在浪潮、中创、集成电子等大企业的工作经历为创业者自主创业积累了经验，巴特加格（Batjargal，2001）所提出的企业家社会关系网络的本地嵌入性与企业创业绩效的正相关关系得到验证。

11.3.3 单个网络演化的研究结论

（1）社会关系网络。

社会关系网络是企业与环境交换信息、获得资源的媒介，一个精心构建的社会关系网络不仅能够为企业带来量的增长，同时也能促进企业结构调整和生命延续等质的增长。没有社会关系的企业很难建立起商业网络，社会关系网络成为企业创业成功的必要条件。创业者从非正式网络（家人、朋友、缔约者）以及正式网络（银行、会计师、律师）获得的帮助和指导对企业创业成功具有显著影响（B. Johannisson and M. Monsten，1997）。"我和我原来的同事一起出来创业，现在过去了五六年了，我们依然在一起。刚开始创业的时候，企业没什么名气，拿项目主要就靠人际关系，我的朋友直接或间接地提供了很多机会给我。事实上，能够组建这个公司也是因为我原来所在单位领导提供了创业机会。"（企业 B1）。

但是，企业对社会关系网络的依赖会随着企业经济关系网络的发展而逐渐减少。企业间信任关系由初步的人际信任，发展到生意上的信任，进而发展为很深的人际信任，逐渐构成具有义利共生性的关系（郑伯勋，1995）。"刚开始创业的时候社会关系网络确实非常重要，30%的业务直接来源关系，其他靠的是介绍、引荐。但是，后来企业发展大了，光靠关系肯定是行不通了。企业的产品质量要好，信誉要高，否则没人敢用你，关系再好也白搭。"（企业 B2）。根据以上论据，得到结论 1。

结论 1：社会关系网络在企业初创阶段至关重要，但其重要性随着企业的成长而减弱。

（2）分工合作网络。

与其他企业的分工合作显著影响着企业的成长和生产力（Irem Demirkan，David Deeds and Mike Peng，2007），分工协作不仅可以降低企业成本，更能使企业有所专攻增强其核心竞争力。"我们是作对日软件外包的，日方企业也是软件企业，与其他软件企业的合作不会对企业造成伤害，相反，失去这种合作关系，我们的企业很难再做下去"（企业 A1）。此外，当单个企业的能力不足以完成整个项目时，企业也会寻求与其他企业合作，"软件企业间也有共同研发，不过不是大家坐到一起来，软件太容易被抄袭，只有项目组织企业知道谁参与了、负责什么，其他企业不会知道"（企业 B2）。企业间的分工合作也会以资源互借的形式完成，"有时，项目非常适合我们企业，但是我们缺少客户要求的某个资质，而我们又不想让其他企业参与进来，我们就会去借资质，项目还是由我们自己完成，使用了别人的资质当然要给报酬，但比让他们进来分利润要合算得多"（企业 B1）。

中小企业比大企业更积极地参与分工合作，分工合作网络对中小企业的影响也更显著。"小企业更依赖网络关系，因为它们出生时就是依赖网络关系产生的，大企业也需要分工合作网络，但大企业的资源更丰富一些，许多事情不需要合作自己就可以完成……哪个企业更专业，哪个企业更容易找到合作伙伴，举例来说，我需要 OA，我找谁？肯定是找用友，因为它做得最好"（企业 C2）。对济南软件企业的调查显示，由于软件产业的特殊性，软件企业间的分工合作网络不具有显著本地嵌入性。根据以上论据，得到结论 2。

结论 2：分工合作网络不具有显著的本地嵌入性，中小企业专业化程度越高，越容易从分工合作网络中获益。

（3）市场网络。

软件企业的市场网络与社会关系网络、创新网络常常出现重叠。市场网络的建立可能是社会关系网络的延伸，反过来，企业良好的合作经历也会起到扩大企业家社会关系网络规模的作用。比如，企业 A2 介绍说："有一家淄博的公司主动联系我们，这家公司是由我们原先的一家客户介绍来的，这两家公司都是做煤炭经营的。以前我们给那个企业做过一套桌面管理系统，现在淄博的这家企业也想上桌面管理系统，就找到了我们。"企业 B2 也表示："我和山大鲁能、山大华天的总裁是很好的朋友，我们的交情是怎么来的？平时大家一起合作得多了，慢慢就成了朋友。"市场网络与分工合作网络相比，其地域特点更加显著，相对于无国界、无区域的分工合作网络，市场网络的覆盖范围小得多，尤其是对于中小型的软件企业。

市场网络的演化是企业和客户交互作用的必然结果。软件企业提供的产品、服务的范围和内容决定了市场网络的范围和参与主体，软件企业任何重大的产品或服务的变更都会引起市场网络的重组、变革。"软件企业构建市场网络的目的是实现利润，软件产品的改变会引起客户的改变。举例来说，我们最开始是作金融软件的，我们的客户就是各个银行，现在我们做交通软件，客户群当然就不一样了。"（企业 B1）。"软件在不停地更新换代，不是所有的客户都会一直有价值，我们会放弃一些没有价值的客户，开发一些新的有价值的客户。"（企业 B2）。市场网络的信息同时也在改变着软件企业的产品和服务，"对客户多次的拜访，良好的沟通，会使企业了解到更多、更真实的市场信息……客户的要求成就了软件产品的成熟。"（企业 B1）。根据以上论据，得到结论 3。

结论 3：市场网络的演化以提高企业获利能力为前提，中小企业市场网络的地域范围相对集中，企业通过市场网络获取市场信息。

（4）创新网络。

创新网络的主要功能是为企业提供与创新有关的新知识、新技术和新信息。在企业创业初期，建立在双方高度信任基础上的强关系是企业获取知识、信息的主要渠道，例如企业 B1 通过强关系识别创业机会，企业 C1 通过强关系获得技术信息。在企业稳定发展期，弱关系成为知识获取渠道之一，"新知识很多是来源于竞争对手，但是竞争对手不会直接告诉你，这是商业机密，不过，在历次的竞标中我们可以间接地获取竞争对手新知识的信息，回来后再在网上搜索，进行材料对比等等"（企业 C2）。巴特加格（Batjargal，2005）的调查研究也证明，紧密的网络没有或很少有新知识的流入，企业在这样的网络中即使处于中心位置，产品创新也得不到发展，企业成长会受到抑制。但是，在企业稳定发展期，企业与客户的强关系却为企业成长提供了更直接的信息。在企业进入稳定发展期后，主要依靠自主创新产生新知识、新技术，但是客户和竞争对手依然是重要的信息来源，此时，弱关系成为企业新信息的主要获取渠道。"成熟的企业都有情报机构，靠情报机构收集客户和竞争对手的信息，然后将这些市场信息提供给研发机构，由研发机构开发出能够激发客户潜在需求的产品。"（企业 B1）。

但是，研究发现高校或科研机构却不是企业新知识、新技术的来源，"这与我国的教育体制有关，高校、科研机构不了解企业，不熟悉市场，它们研究的东西与市场上真正需要的东西差距太大，虽然国家一再强调产学研结合，但是目前这种横向的知识转化很少"（企业 C2）。根据以上论据，得到结论 4。

结论 4：创新网络的主要成员是客户与竞争对手而不是高校、科研院所，伴随企业成长，创新网络演变为以弱关系为主的网络。

（5）声誉网络。

所有案例企业都认为声誉是企业标签，声誉代表了企业的行业影响力，是企业扩展业务的敲门砖。企业更愿意与声誉良好的企业建立联系，与良好声誉的企业合作会提高企业在行业内的知名度，为自己的声誉增加筹码，"如果企业与微软组建了战略伙伴关系，这个企业的声誉肯定会提高，也更容易得到客户认可"（企业 B2）。声誉网络通常与市场网络和创新网络相互叠加，软件企业过去的客户是企业声誉的宣传者,"潍坊有个项目,我以前的一个客户介绍我过去,之前没和他们打过交道,给他们看了以前做过的项目,一来二去接触了几次,就把项目谈成了,基本没花什么费用"(企业 B1)。

声誉还起到了惩罚机会主义行为的作用,声誉网络可以提升网络成员的可信性和合法性,降低其资格的不确定性。"这个圈子其实不大,欺骗的结果是很快大家都知道你做过什么,一个不讲诚信的企业没人愿意合作。"(企业 C2)。根据以上论据,得到结论 5。

结论 5:声誉网络扩大了企业选择交易伙伴的范围,伴随企业成长,声誉网络的重要性逐渐凸显,缺乏声誉的企业其成长会受到阻碍。

11.3.4　网络交互演化的研究结论

各网络的演化不是独立进行的,网络间存在相互交错的关系,产生一定的交互结果。通过嵌入性案例研究得出以下网络交互演化的内在规律。

(1) 社会关系网络与声誉网络。

社会关系网络和声誉网络是企业搭建其他网络关系的平台,二者的作用在不同时期略有不同,声誉网络是决定企业长期成长的关键因素。社会关系网络与经济关系网络的过度嵌入会阻碍企业成长,"民营企业发展到最后,要么是摆脱了社会关系的束缚,要么是被社会关系拖垮……社会关系多了也不一定是好事,人的精力总是有限的,不能所有的关系都同等对待。"(企业 B1)。随着企业的成长,声誉网络的重要性越来越凸显,树立、维护企业声誉成为企业追求的目标,但是声誉网络的规模也会随着企业稳定发展期的到来而不再增大。另外,参与到社会关系网络和声誉网络的主体随着企业的成长也在发生着改变,成员的进入、退出随时都会发生,"早期多是与自己的老同事、老同学的社会关系,慢慢的企业做大了,主要的社会关系就变成了其他企业的老板。"(企业 C2)。根据以上论据,得到结论 6。

结论 6:随着企业的成长,信誉网络对企业社会关系网络的替代性越来越强,网络主体也随之发生改变,二者的网络规模不会无限扩大。

(2) 分工合作网络与市场网络。

根据杨格定理可知,劳动分工与市场规模是相互促进、循环演进的。市场规模扩大,会促进企业内部劳动分工的深化,进而导致企业内部分工向企业间分工转化,从而提高整个产业的分工合作水平。不论企业规模如何,市场网络在企业成长各个阶段都是非常重要的。软件企业在分工合作网络中的成功会增加企业构建市场网络的信心，企业在市场上的成功反过来也会增加企业对分工合作网络的投资积极性。但是，对于大型软件企业，市场网络的扩大对分工合作网络的影响是有限的，这是因为大企业在技术、资金、人才方面受到的束缚比中小企业少，无须依赖其他企业就可以独立完成一些项目。"中小企业往往是由于资源的因素而通过构建外部网络获得发展，大型企业更多的是出于一种战略的考虑，一个企业不可能做所有的软件，一个软件包含不同的模块，一个企业只可能做其中一个或几个模块。"（企业C1）。根据以上论据，得到结论7。

结论7：中小企业分工合作网络的规模会随着市场网络规模的增加而增加，但大型企业不具有此特性。

（3）社会关系网络与市场网络。

社会关系网络在市场信息提供方面的重要性在企业成长各个时期都是显著的。格兰诺维特发现了弱关系的力量，而边燕杰（1999）却发现在中国强关系的效应远远高于弱关系。但是，笔者通过调查发现，在软件产业中，强关系和弱关系同时作用于企业的市场网络，强关系更多地作用于企业初创期的信息流动，弱关系则对企业后期的发展起到一定作用。"市场信息一般分为三类，一类是朋友提供的，这类信息的可靠性比较大，一般都能做成；一类是媒体提供的，比如新闻、报纸，媒体的信息更多的是关于政府的，这些信息数量庞大，但真正能运作成功的不多；还有一类是一般熟人，介于前两者之间，他们只是提供了一个机会，究竟能不能把握住这个机会，就不好说了。随着企业的发展，一般熟人的介绍会越来越多。"（企业C1）。根据以上论据，得到结论8。

结论8：强关系与弱关系都是市场信息的来源，随着企业的成长，弱关系对强关系的替代性越来越强，社会关系网络弱关系的数量影响着企业市场网络的规模。

（4）创新网络与市场网络。

创新网络与市场网络总是相互交错、彼此叠加，市场网络为企业改进产品、服务质量提供了大量信息。尤其是企业进入稳定发展期后，两类网络的节点间越来越频繁地出现叠加现象，市场网络的节点成为企业创新所需知识、信息的来源，"褒贬式买主的不断挑剔对企业是很重要的，我常常告诉员工，不要害怕客户的挑剔，恰恰是这些挑剔在帮助我们完善产品的功能，用户的挑剔和需求是非常重要的知识来源"（企业B1）。从关系的性质来看，能够带来新知识的客户关系都是交往频繁的强关系，因此，当构建创新网络所投入的成本大于企业创新产生的收益时，创新网络规模的扩张就会受到阻碍，从而制约了企业新信息的获取数量，阻碍企业的技术进步。所以，对于软件企业而言，构建企业与客户的强关系是提高企业创新能力的前提。根据以上论据，得到结论9。

结论9：企业进入稳定发展期后，创新网络与市场网络交错、叠加的程度加深，企业与客户的强关系是创新信息的主要来源。

11.3.5 网络演化的三阶段模型

在澄清伴随软件企业成长网络的内在演化规律后，得到与企业成长阶段相对应的网络演化三阶段模型。

第一阶段。在企业初创期，社会关系网络与各种经济关系网络比较，社会关系网络的重要性更为显著。创业者的社会关系网络为创业者识别创业机会提供了大量的信息，为企业创业成功提供了包括资金、技术、人才、市场信息在内的各种资源。创业初期企业开始建立自己的声誉网络，并努力争取获得客户和同行的认可。由于受到资源不足的限制，初创企业更愿意或是不得不与其他企业以分工合作的方式开展业务，在实施系统集成或软件代理的过程中，初步形成自己市场网络。此时，在所有经济关系网络中，市场网络对企业创业成功的影响最显著。

第二阶段。在企业快速发展期，企业已具有一定的行业影响力，声誉网络的关系数量大幅增加，市场网络和分工合作网络在与声誉网络的交互作用下，呈现出迅速发展的趋势。企业市场势力逐渐增强，其在网络中的位置逐渐向中心靠拢。与此同时，与其他企业建立创新合作伙伴关系成为企业网络关系构建的新方向。创新的压力迫使企业投入大量资金进行自主知识产品的研发和推广，企业对客户的新需求和同行竞争企业的新知识、新技术给予了更多的关注。在企业快速发展期，市场网络和分工合作网络成为主要的经济关系网络，创新网络的重要性开始凸显。

第三阶段。在企业稳定发展期，企业发展速度保持在一定水平上，软件产品从成熟逐渐走向更新换代，寻找更广泛的市场，最大限度地提高软件产品的边际利润成为企业扩大市场网络的初衷。自主创新的企业设立独立的研究机构和情报机构，收集有关技术的新知识、新信息，创新网络逐渐演变为以弱关系为主的网络。但是，各种类型的网络都不会无限度膨胀下去，相反，由于企业网络管理能力的有限性，总是会去掉一些没有价值的旧网络关系，同时也会增添一些有价值的新关系，以保证各种网络的活力，最终使各种类型的网络维持在一定规模上。

为了更清晰地描绘各种网络在企业成长过程中的变迁，采用示意图的形式对不同时期各种网络的重要性进行说明，如图 11-2 所示。

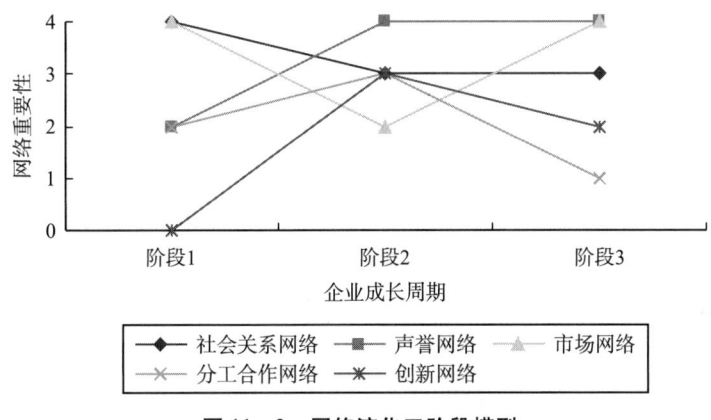

图 11-2　网络演化三阶段模型

11.4　结　束　语

案例研究证明社会关系网络、市场网络、分工合作网络、创新网络和声誉网络在企业成长各个时期的作用并不相同，各个网络总是交错叠加的，网络间存在一定的交互演化规律。根据各种网络在企业成长不同时期的重要性差别，可以得到如下启示：

第一，在软件企业创业初期，注重企业家社会关系网络的构建与维系，不断提高企业诚信和资质水平，以此来增强企业的市场势力。第二，在软件企业快速发展期，着力构建创新网络，多角度、多方位的吸收关于新技术、新产品的信息，为进一步的企业创新提供支持。第三，在软件企业稳定发展期，大规模、高稳定性的市场网络是决定软件企业利润水平的关键，此时对市场网络的构建应成为软件企业的工作重心，同时，注重软件企业自主创新能力的培育。

本章通过嵌入性多案例研究对企业创立后各个成长阶段五种网络的动态演化规律进行了深入分析，这在一定程度上弥补了以往研究的不足。但是，由于缺少数据支持，本章未对案例分析结果进行统计检验，这将留待后续研究来完成。

参考文献：

[1] 边燕杰，洪洵. 中国和新加坡的关系网和职业流动 [J]. 国外社会学，1999（4）：26-44.

[2] 郑伯勋. 义利之辨与企业间的交易历程：台湾组织间网络的个案分析 [J]. 本土心理学研究，1995（4）：2-41.

[3] A. A. Gibb and L. G. Davies. Methodological Problems in the Development and Testing of a Growth Model of Business Enterprise Development [A]. In L. G. Davies and A. A. Gibb (eds.), Recent Research in Entrepreneurship [C]. Alders hot：Avebury，1991，p295.

[4] Bat Batjargal. Effects of networks on entrepreneurial performance in a transition economy：The case of Russia [A]. P. Reynolds et al.，(Eds.) Frontiers of Entrepreneurship Research 2000 [C]. Babson Park，2001：97-110.

[5] Bat Batjargal. Software Entrepreneurship：Knowledge Networks and Performance of Software Ventures in China and Russia [Z]. Working Paper，Harvard University，2005.

[6] B. Johannisson and M. Monsten. Conceptualizing Entrepreneurial Networking [J]. International Studies of Management and Organization，1997，27（3）：109-36.

[7] Christian Lechner and Michael Dowling. Firm Networks：External Relationships as Sources for the Growth and Competitiveness of Entrepreneurial Firms [J]. Entrepreneurship & Regional Development，2003，15：1-26.

[8] Irem Demirkan and David Deeds，Mike Peng. Research Collaboration Networks and Innovation Output [J]. Strategic Management Society，2007（10）：1097.

[9] J. Butler and G. S. Hansen. Network Evolution，Entrepreneurial Success and Regional Development [J]. Entrepreneurship and Regional Development，1991，3：1-16.

[10] Miller McPherson，Lynn Smith-Lovin，James McCook. Homophile in Social Networks [J]. Annual Review of Sociology，2001，27：415-444.

[11] Ossi Pesamaa and Sanjay Goel. Advancing Research on Inter-firm Networks: Reconciling Paradoxes via Conceptual Clarity and Bridging Methodological Pluralism [Z]. Paper presented at the 17th Scandinavian Academy of Management Conference, Reykjavik, Iceland, 2006.

[12] P. Chu. Social Network Models of Overseas Chinese Entrepreneurship: The Experience in Hong Kong and Canada [J]. Canadian Journal of Administrative Sciences, 1996, 13 (4): 358 – 365.

[13] S. Birley and S. Cromie. Social Networks and Entrepreneurship in Northern Ireland [Z]. Paper presented at Enterprise in Action Conference, Belfast, 1988, (September).

[14] Veronique Schutjens and Erik Stam. The Evolution and Nature of Young Firm Networks: A Longitudinal Perspective [J]. Small Business Economics, 2003, 21 (2): 115.

[15] W. P. M. Vanhaverbeke. Realizing New Regional Core Competencies: Establishing A Customer-oriented SME – network [J]. Entrepreneurship and Regional Development, 2001, 13 (2): 97 – 116.

第三篇

动态能力与企业成长

第12章
动态能力的网络化成长机制：信任的中介作用[①]

动态能力可以划分为顺序依赖的三个维度：搜寻识别、筛选评估和转化整合，分别对应能力演化的变异—选择—保留阶段，前一阶段对后一阶段的能力存在正向影响。网络成员之间的高互动频率与搜寻识别、转化整合正相关，信任在其中起到完全中介作用，网络关系稳定性对动态能力的影响不显著。研究构建并验证基于知识的动态能力演化模型，发现动态能力的网络化成长机制，也为实践者提供培育动态能力的新思路。

12.1 引　言

随着企业知识观理论的拓展，动态能力的研究焦点也逐渐对准了"知识"这一独特的资源，动态能力与企业知识观理论相融合的趋势越来越明显。已有研究多是从内容观出发，很少从过程观出发来界定动态能力，无疑影响了对于动态能力形成机制的深入研究。随着经济全球化和网络化的发展，组织间网络关系在动态能力培育中的重要作用也日益凸显，动态能力的演化不仅仅是指整合和重构组织内部资源和知识，还包括吸收和协调外部资源和知识。如何利用资源，特别是利用组织间的网络资源，而非拥有资源，成为动态能力成长的关键影响因素，但是已有研究对于动态能力的网络化成长机制关注仍显不足。

[①] 本章作者为辛晴、杨蕙馨，发表在《图书情报工作》2011年第4期（有改动）。

12.2 文献评述

对企业动态能力的研究主要以三种理论为基础：战略管理理论、演化理论和组织理论。从逻辑演进的角度来梳理动态能力定义，可以看出它们代表了从高阶能力观点到整合观点，再到过程机制观（学习观）的演进。战略管理理论为动态能力的发展奠定了基础，明确了动态能力作为一种高阶组织能力的基本属性及重要作用（Collis, 1994；Winter, 2003），并提出了动态能力的战略操作框架（Teece et al., 1997），但是其用能力来定义能力的思维，使得动态能力的研究陷入了"能力无限后退"的陷阱，同时也缺乏对动态能力形成机理的考察。演化和组织理论视角在这方面开创了新思路，开始关注动态能力的培育和发展过程。以卓德（Zott, 2003）、佐罗和温特（Zollo and Winter, 2002）、赫尔法特和皮特福（Helfat and Peteraf, 2003）为代表的学者们使用演化经济学的变异—选择—保留的经典范式，引入了组织惯例、组织学习等名词，把动态能力与企业的经营和学习行为紧密联系起来。但是演化和组织视角的研究重点在组织边界之内，对于组织间关系与动态能力培育之间的互动作用的研究很少。

关于动态能力影响因素，即动态能力的产生源泉和培育机制的研究，涉及诸多领域。大部分学者认同知识、学习对于形成动态能力的重要作用，也有学者从人力资本、社会资本、战略导向、外部环境等视角来探讨动态能力产生的源泉。不同类型的知识（Nielsen, 2003），或者知识形成的不同阶段（唐春晖, 2003；Verona and Ravasi, 2003）会影响动态能力的发展，组织学习和认知的不同模式则阐释了动态能力的形成机制（Zollo and Winter, 2002）。动态能力的影响因素还可以来自创业导向和企业家愿景（Zahraetal, 2006）、组织科层制度（Gavetti, 2005）、外部环境的动态性（焦豪, 2008；杜建华等, 2009）等。其中，从人力和社会资本角度来进行的研究，有一些涉及组织间网络关系，如赫尔法特和皮特福（Helfat and Peteraf, 2003）综合考察了各类资源要素，认为动态能力会受到人力资本、社会资本和团队成员认知三个潜在因素的影响。外部社会联系在资源获取中的关键作用也得到实证支持，如柏雷乐和考福（Blyler and Coff, 2003）论证了社会资本通过维持不同来源的持续的信息流来促进资源的获取，蒋春燕（2008）则证实了产业外关系对于信息多样性的正向影响。

总之，自蒂斯和皮萨诺（Teece and Pisano，1994）在 *The Dynamic Capabilities of Firms：An Introduction*（《企业动态能力：介绍》）一文中提出动态能力以来，动态能力理论因其强大的解释力得到了众多学者的认可，十余年来该理论也取得了很大进展，但是对于动态能力的定义、构成维度、影响因素仍然存在很多争议，尚有许多需要解决的问题。首先，动态能力的概念和测度颇为繁杂，主观的价值判断对动态能力的测度影响很大。而且，已有研究大多是从动态能力的内容观，而不是过程观出发来测量动态能力，尤其是从知识管理的过程机制入手来进行测度的实证研究更加缺乏，已有的研究也以定性研究为主。随着知识经济和全球化的发展，企业知识理论的解释性日益增强，动态能力领域中知识管理研究视角的缺失无疑是一个值得注意的问题。其次，对于动态能力的形成机理关注不足，动态能力产生的源泉有待拓展。尽管这一问题已经引起了学者的关注，实证研究也验证了诸多因素对动态能力的影响，但是关于组织间网络关系对于动态能力影响的研究还很缺乏。并且，在有限的此类研究中，绝大部分只是验证了社会网络以及网络中蕴藏的社会资本对动态能力形成和发展的促进作用，而对于社会网络究竟如何促进动态能力，网络背后的作用机制是什么，还很少有人关注。事实上，这也是社会网络研究中迫切需要解决的问题。

12.3　理论模型和假设提出

在探讨动态能力形成机制之前，首先要明确动态能力的概念。针对战略管理视角的不足，本章借鉴艾森哈特和马丁（Eisenhardt and Martin，2000）的观点，将资源而非能力视作动态能力的作用对象，以避免能力无限后退的问题，并提高动态能力概念的可检验性。并非所有资源都可以成为竞争优势的来源，企业知识理论认为，知识资源因其自身的稀缺性、难以复制性和普遍适用性而成为企业竞争优势的根源。以知识资源作为动态能力的作用对象，使得动态能力的概念更具有普遍性；从知识管理过程出发界定动态能力，更有利于探讨动态能力的形成机制，可以清晰地分析动态能力的发展过程。因此，本章将动态能力定义为：组织为适应市场变革而创造性地使用内外部知识资源的过程，是组织拥有的迅速识别和获取外部知识并与内部知识进行整合和重构，以实现新的资源组合的过程性运营和战略惯例。

12.3.1 动态能力的三维度演化模型

同演化经济学中顺序依赖的假设相同,动态能力的演化也经历了变异—内部选择—保留三个阶段。动态能力在演化的每一阶段表现出不同的特征,前一阶段对于后一阶段起到关键的推动和促进作用,在知识创造的螺旋中每一阶段都有其独特的功能。

(1)变异阶段。这一阶段是动态能力的逻辑起点,个人或者组织对如何使用新方法解决老问题或如何面对新挑战产生了一系列想法,这些想法具备很高的创新性,并部分以隐性的形式存在,此时知识处于探索阶段。在该阶段,企业识别和获取外部新的有价值信息的能力最为重要,有效的机会识别能力以及对于新知识的搜寻和获取为创新概念的产生和验证、新惯例的萌芽和形成提供了基础。这一阶段对应野中郁次郎(Nonaka,1994)的知识创造的社会化过程,要求组织提供互动和沟通的机会和场所,使得知识转移双方产生认知和心理上的认同感。

(2)内部选择阶段。在变异阶段所产生的创新概念和想法面临着内部选择的压力,即合理性证明过程,旨在评价这些创新概念能否提高已有惯例的效率,或者能否提供建立新惯例的机会。在该阶段,组织的筛选评估能力起到了关键作用,体现为组织对于外部获取的信息和知识进行分析、加工、诠释、理解、分类、选择的程序和惯例。对于隐性的外部知识,需要首先进行一定程度的显性化才能进行筛选,组织吸收显性知识也比吸收隐性知识更容易,因此这一阶段中对于知识外在化的要求比较高。

(3)保留阶段。组织的经营活动是在不同空间同时进行的,经过内部选择后保留的创新概念或新惯例,需要被复制到组织的不同空间情境中同时作用,才能成为核心能力。知识的复制过程中,能够产生新的创意和反馈信息,为新一轮知识创造循环提供了创新源泉。在该阶段,组织的转化整合能力至关重要,表现为更新过时知识、增加新的知识或者用新方法诠释和组合已有知识,促进组织知识从一个阶段向另一个阶段的跃迁,这一过程对应了知识的整合化和内在化。

总之,动态能力可以体现为顺序依赖的三个维度,搜寻识别最早出现,然后是筛选评估,最后是转化整合,后一阶段成功与否取决于前一阶段是否能够顺利完成。动态能力的演化过程如图12-1所示。

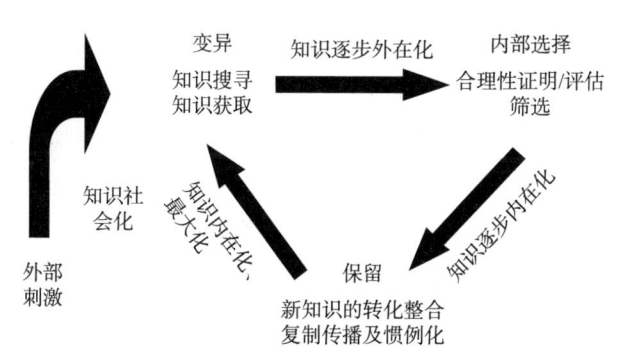

图 12-1 动态能力的三维度演化模型

根据模型提出以下假设：

H1：组织对外部知识的搜寻识别正向影响筛选评估。

H2：组织对外部知识的筛选评估正向影响转化整合。

12.3.2 社会网络对动态能力的影响

社会资本是外部知识和信息的重要来源，在知识和资源整合以及动态能力的提升过程中发挥了独特作用。与网络成员之间的关系质量（也称关系强度）是社会资本中的一个重要概念，为了测量方便，大部分实证研究使用客观指标如关系持久度和互动频率。从已有研究中可以发现，互动频率越高，关系越持久，可获得的信息越多，双方之间的理解会更准确更深入，即搜寻识别的成功率提高。首先，从知识和信息的转出方来说，强关系之间互惠交换的期待更高，有利于提高转出方的转移意愿与动机。知识和信息的转移对转出方来说是纯粹的风险和成本行为，如会挤占大量时间和精力，有可能丧失由于独有知识而产生的特殊地位，不成熟知识的分享或者接受方的错误应用，还会影响自己的声誉等，所以，转出方会比较转移行为的成本和收益来决定转移决策。强关系之间互惠交换的频率更高，转出行为在未来得到回报的不确定性随之降低，转出方的积极性得以提高。其次，从接受方来看，强关系之间更紧密的情感和更高的熟悉程度，能够提高接受方对于被转移知识和信息的价值预期，从而增强其搜寻识别的积极性。知识转移的障碍之一来自接受方缺乏学习动机，不信任"非本地发明"的知识，怀疑知识的效用。强联系之间的情感亲密性有利于消除这种障碍，人们对于情感更紧密、更熟悉的人的能力和知识的评价要高于不熟悉的人（Thomas-Hunt M. C. et al., 2003）。

强关系之间的关系越密切越稳定，双方之间共享社会或商业机会和信息的意愿越强烈，共享社会或者商业愿景的可能性也会随之提高，即转化整合的成功率提高。首先，研究证实转移渠道的丰富性有利于新知识的转化及其同组织原有知识的整合（Helfat and Peteraf，2003），强关系之间更加频繁的社会互动和更多的时间投入，必然会提高知识转移渠道的丰富性和多样性，增加新知识的转化整合渠道，最终促进转化整合绩效。其次，强关系之间的经验和知识基础的同质性较高，会降低转化整合的难度。学习是累积性的，组织的知识增长是在已有知识的基础上逐渐递增的。当要学习的东西同组织以往的知识结构或者经验存在相关性的时候，学习效果最佳，学习一个新领域的知识通常更加困难。

筛选评估衡量组织处理外部信息的惯例和程序，无论从其理论内涵，还是从其测量题项来看，都是指组织内部的制度安排，与搜寻识别和转化整合相比，较少受到网络特征的直接影响。综上所述，提出以下假设：

H3a：组织与网络成员之间的互动频率正向影响搜寻识别。

H3b：组织与网络成员之间的互动频率正向影响转化整合。

H4a：组织与网络成员之间的关系稳定性正向影响搜寻识别。

H4b：组织与网络成员之间的关系稳定性正向影响转化整合。

12.3.3 信任在网络对动态能力影响中的中介作用

客观性的网络关系指标难以真实地反映二元关系中的全部内涵，在解释二元关系中的知识转移时也欠缺说服力，如双方的互动频率、关系稳定性等，究竟是通过什么机制来影响知识资源的搜寻和整合的。为回答这一问题，学者们开始在研究中引入情感变量，其中信任是使用最多的概念。信任是一种期望对方不会利用自己脆弱性的信心，是指一方在有能力监控或控制另一方的情况下，宁愿放弃这种能力而使自己处于弱点暴露、利益有可能受到对方损害的状态。莱文和克罗斯（Levin and Cross，2004）把信任作为网络与知识转移间的中介变量，验证了是信任而不是关系强度才是促进知识转移的直接原因，只要控制了两种信任（分为基于仁爱的信任和基于能力的信任）的维度，弱联系同样可以促进知识转移。乌兹（Uzzi，1996）的研究则明确指出了嵌入性关系的影响机制，认为嵌入性关系成员之间所固有的信任机制、合作解决问题机制和细致信息交换机制，降低了防范投机行为的成本，增加了网络成员间的合作，提高了私人信息的交换率。

基于知识的动态能力概念的提出，也更加加强了信任在动态能力的网络化成长中的相关性。首先，与价格机制和科层机制相比，信任机制是协调知识生产和转移的最佳选择。知识作为公共产品，一方面必须有相关知识产权的保护才能保证其持续生产；另一方面，知识一旦产生，转出知识的边际成本接近于零，按照竞争性市场的边际成本定价原则，只有免费提供才能使资源配置达到最优。因此，价格机制的协调无法使得知识的生产和分配同时达到最优，只能选择二者的折衷，达到次优均衡；科层的权威协调可以轻易地实现知识的免费分配，却无法同时保证足够的供给。其次，信任可以有效地促进隐性知识的搜寻和整合，从而促进动态能力的提升。知识具有专用性和默会性，专用性、默会性越弱的知识越容易溢出，越强的越不易溢出，信任在后者的传播中发挥了重要作用。在网络组织成员间交换非标准化信息或者无形资产时，尤其是当这种交换是不定期进行的时候，组织成员间的信任成为促成交易的基础。

信任是一种非理性的决策行为，它的产生可以有三种渠道：对于交易双方互惠程度的成本收益的计算和分析可以产生利益基础上的信任；重复交往带来的亲密感可以产生信任（或者不信任）；交易双方共享的价值观、制度和规范，使得双方的行动是可以预期和值得信赖的，由此产生规范基础上的信任感。从这个定义可以看出，强联系之间更容易产生信任，本章也采取信任作为中介变量并提出以下假设：

H5：组织与网络成员之间的信任水平在互动频率对搜寻识别的影响中起中介作用。

H6：组织与网络成员之间的信任水平在互动频率对转化整合的影响中起中介作用。

H7：组织与网络成员之间的信任水平在关系稳定性对搜寻识别的影响中起中介作用。

H8：组织与网络成员之间的信任水平在关系稳定性对转化整合的影响中起中介作用。

12.4　数据、变量和实证结果

12.4.1　变量测量和数据来源

本研究以问卷形式收集数据，采取便利抽样方式发放给企业中高层管理人员填写，发放对象是存续三年以上、员工 10 人以上的企业，以确保被试有稳定的网络关系。问卷发放渠道包括北京大学光华管理学院 EMBA 学员班、山东省经济和信息化委员会、山东省发展和改革委员会、国家开发银行山东省分行。共发放 320 份问卷，回收 278 份，其中有效问卷 214 份。

自变量互动频率和关系稳定性通过直接询问被试与主要供应商、客户、同行合作交流的频率（互动频率）及交往的持续时间（关系稳定性）来获得。中介变量信任从已有研究的成熟量表中选取四个题项来测量。因变量动态能力的测量题项虽然也是从成熟量表中选取，但是用来测量本章的动态能力演化模型仍属探索性研究，因此先以预测试得到的小规模样本（50 份）进行探索性因素分析，考察量表的建构效度和信度，删除三个题项，然后用修正后的量表进行大规模发放。

12.4.2 结果分析

数据分析使用 AMOS 7.0 软件，建立的结构方程如图 12-2 所示。

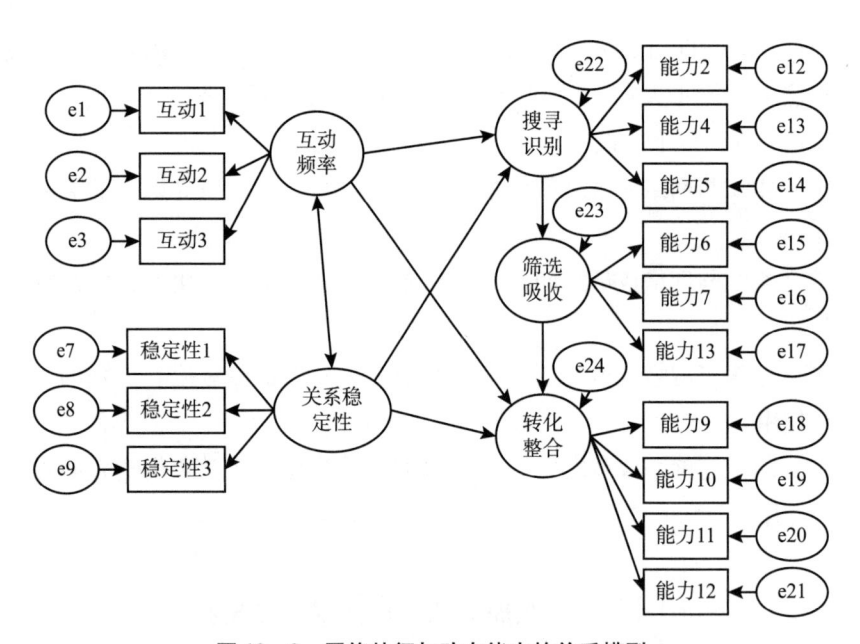

图 12-2 网络特征与动态能力的关系模型

首先进行测量模型的基本适配度检验。模型拟合结果中，估计参数没有负的误差方差，没有很大的标准误差，所有误差变异均达到显著水平，标准化参数系数没有出现大于 1 的情况，因素负荷量都介于 0.5~0.95 之间，表示模型不存在界定错误的问题。然后进行测量模型的内在适配度检验,所估计的参数均达到显著水平,除了稳定性3(与主要同行交往的持续时间,为0.359)和互动3(与主要同行的交流频率,为0.359)以外,其他指标变量个别项目的信度均高于0.50,通过计算得出潜在变量的平均方差抽取值均大于0.50,组合信度均大于0.60,标准化残差的绝对值小于2.58,表示模型的内在适配合理。接着进行测量模型的整体适配度检验。所有指标都符合适配标准,表示理论模型与样本数据拟合合理。模型适配度指标及路径系数如表12-1所示。

表12-1　　　网络特征与动态能力的关系模型拟合结果（N=214）

路径	因素负荷	标准化因素负荷	标准误 S.E.	临界值 C.R.	P
搜寻识别←互动频率	0.319	0.370	0.095	3.376	***
搜寻识别←关系稳定性	-0.077	-0.089	0.086	-0.886	0.375
筛选吸收←搜寻识别	0.679	0.620	0.093	7.264	***
转化整合←互动频率	0.266	0.276	0.077	3.440	***
转化整合←关系稳定性	-0.115	-0.120	0.070	-1.645	0.100
转化整合←筛选吸收	0.761	0.747	0.076	9.998	***

CMIN/DF=2.385（0~3）; IFI=0.914（>0.9）; CFI=0.902（>0.9）; TLI=0.914（>0.9）; RMSEA=0.080（<0.08）

注: *** 在1%的显著性水平上显著。

最后进行结构模型的参数估计。互动频率对搜寻识别和转化整合两条路径的P值都小于0.01,C.R.大于1.96,回归系数为正,说明互动频率对搜寻识别和转化整合的正向影响在0.01水平上显著,H1和H2得到支持。较高的搜寻识别能力为筛选和评估信息奠定了基础,筛选评估能力越强,外部知识的转化及其与已有知识的结合就会更加顺利,H3a和H3b得到支持。H4a和H4b未得到支持,关系稳定性对于搜寻识别和转化整合的影响都不显著。

H5和H8的验证需要分析中介效应。验证中介效应的第一步是自变量对因变量有显著影响。表12-1显示关系稳定性对于搜寻识别和转化整合的回归系数都不显著,因此没有必要验证是否存在中介变量,H7和H8不能得到支持。图12-2中删除关系稳定性,加入潜变量信任作为中介变量,构建的关系模型见图12-3,拟合结果见表12-2。

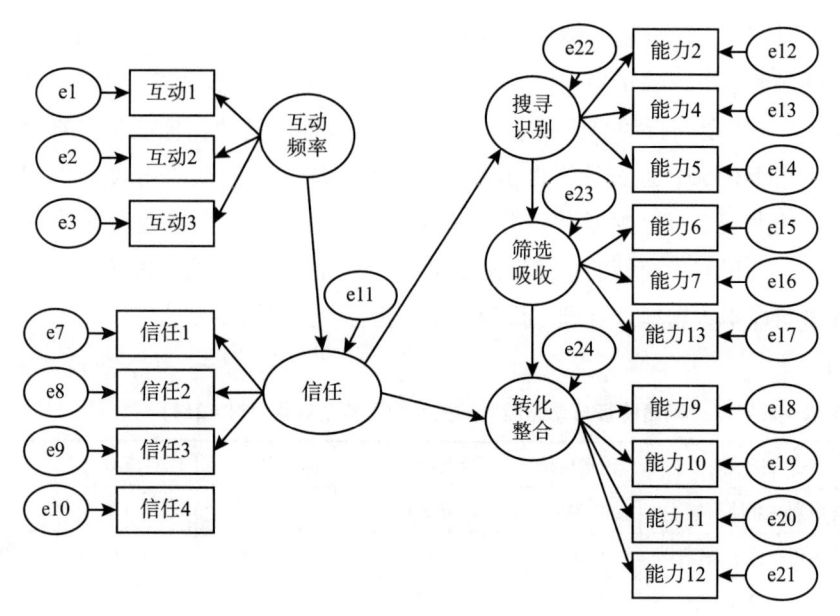

图 12-3　网络特征、信任与动态能力的关系模型

表 12-2　网络特征、信任与动态能力的关系模型拟合结果（N=214）

路径	因素负荷	标准化因素负荷	标准误 S.E.	临界值 C.R.	概率 P
信任←互动频率	0.375	0.529	0.074	5.087	***
搜寻识别←信任	0.717	0.526	0.152	4.708	***
搜寻识别←互动频率	0.016	0.016	0.086	0.183	0.855
筛选吸收←搜寻识别	0.700	0.650	0.091	7.659	***
转化整合←信任	0.379	0.176	0.170	2.237	0.025
转化整合←筛选吸收	1.094	0.747	0.193	5.672	***
转化整合←互动频率	0.179	0.117	0.103	1.743	0.081

CMIN/DF = 2.018（0~3）；CFI = 0.935（>0.9）；TLI = 0.922（>0.9）；IFI = 0.934（>0.9）；RMSEA = 0.069（<0.08）

注：*** 在1%的显著性水平上显著。

可见自变量与中介变量以及中介变量与因变量之间的路径都显著，说明互动频率对于搜寻识别、转化整合的正向影响至少部分是由信任中介的。然后在图 12-2 中加入互动频率对搜寻识别、转化整合的直接路径，发现两条路径的回归系数都不显著（见表 12-2①），因此可见信任在互动频率对搜寻识别、转化整合的影响中起到了完全中介作用。

12.5 结论和讨论

　　动态能力的演化先后经历了三个阶段，分别表现为搜寻识别、筛选评估和转化整合能力，前一阶段的能力对于后一阶段有正向影响。社会网络以及蕴藏于其中的社会资本在动态能力的培育和发展过程中发挥了重要作用。本章从组织外部网络中的对偶关系特征出发，探讨其对动态能力的影响，丰富和深化了社会网络、社会资本和动态能力的相关研究。

　　本章在中国文化情境中进行了强弱关系的力量对比。实证研究发现，强关系有利于组织搜寻识别外部有用知识并对其进行转化整合，与网络成员之间的信任在这种积极影响中起到完全中介作用。这一发现与边燕杰（1999）的结论相呼应，却与格兰诺维特（Grannovette, 1973）的弱关系的力量相矛盾。第一个可能的解释是文化差异，弱关系的积极作用大部分是在西方文化情境中得到验证的，是植根于推崇个人价值和盛行普遍信任的个人主义文化之上的。本章样本来源于带有强烈特殊主义倾向的中国文化背景，在这种社会结构中，强关系更受重视，是双方之间产生信任，进而愿意分享资源和提供支持的基础。第二个可能的解释可以追溯到莱文和克罗斯（Levin and Cross, 2004）提出的"被信任的弱关系（trustedweakties）"概念。强关系更容易产生信任，但是弱关系也不必然产生不信任，事实上，人们完全可能因为弱关系的能力或者良好的信誉而对其产生信任，即存在被信任的弱关系。本章证明了信任在互动频率（强关系）与动态能力之间的完全中介作用，即与关系强度相比，信任更直接地促进了基于知识的组织动态能力的演化，但是并没有证明弱关系一定不能产生信任。如果存在被信任的弱关系，是否也可以提高组织搜寻、筛选和转化外部知识的能力呢？这也是未来研究的一个有趣的方向。

　　本章证明了信任在互动频率与组织搜寻、筛选以及整合外部知识中的完全中介作用，验证了动态能力网络化成长的路径和机制，是尝试发现网络如何影响行为的作用机制的探索性研究，为回答社会网络研究中这一经典问题提供了

---

① 由于加入两条直接路径之后，其他参数估计结果与图 12-2 模型完全一致，因此加入的两条直接路径的参数估计结果一并在表 12-2 中报告。

有益的启示。本章秉承了艾德勒和科文（Adler and Kwon，2002）关于在社会网络的客观评价中加强主观性指标研究的思路。未来研究应该继续关注信任或者其他主观性指标，以与偏重客观测量的网络结构研究互相补充。

本章对于动态能力领域的研究也有贡献。首先，结合动态能力的演化观和企业知识观的相关理论构建并实证验证了动态能力演化的三维度理论模型，为解决动态能力测度这一一直困扰该领域的难题提供了具有说服力的新思路。其次，证实了网络在动态能力的培育和发展中的重要作用，并细化了网络关系特征影响动态能力的路径，拓宽了动态能力的培育渠道。

随着社会资本概念的普及与深入，越来越多的实践者开始关注组织情境中的信任和网络问题，本文的结论为实践者提供了两个建议：①研究证实与主要供应商、客户和同行之间的信任有利于学习外部知识，而较高的互动频率是产生信任的有效途径；②关系稳定性，即与网络成员相识的时间长度，对于动态能力的发展并没有显著影响，是交流的频率而不是认识时间长短决定了动态能力的高低。这些发现可以帮助实践者在管理网络关系时更有效地配置资源，做出正确决策。

参考文献：

[1] 边燕杰，洪洵. 中国和新加坡的关系网和职业流动 [J]. 国外社会科学，1999（4）：26-44.

[2] 杜建华，田晓明，蒋勤峰. 基于动态能力的企业社会资本与创业绩效关系研究 [J]. 中国软科学，2009（2）：115-126.

[3] 蒋春燕. 企业外部关系对内部创新活动的影响机制 [J]. 经济管理，2008，30（5）：30-34.

[4] 焦豪. 企业动态能力、环境动态性与绩效关系的实证研究 [J]. 软科学，2008，22（4）：112-117.

[5] 唐春晖. 知识、动态能力与企业持续竞争优势 [J]. 当代财经，2003（10）：68-70.

[6] 温忠麟，张雷，侯杰泰，刘红云. 中介效应检验程序及其应用 [J]. 心理学报，2004，36（5）：614-620.

[7] Adler P. S., Kwon S. W. Social Capital：Prospects for a New Concept [J]. Academic Management Review，2002，27（1）：17-40.

[8] Blyler M., Coff R. W. Dynamic Capabilities, Social Capital, and Rent Appro-

priation: Ties that Split Pies [J]. Strategic Management Journal, 2003, 24 (7): 677-686.

[9] Collis D. J. Research note: How Valuable Are Organizational Capabilities [J]. Strategic Management Journal, 1994, 15 (1): 143-152.

[10] Gavetti, G. Cognition and Hierarchy: Rethinking the Microfoundations of Capabilities Development [J]. Organization Science, 2005, 16 (6): 599-617.

[11] Granovetter M. S. The Strength of Weak Ties [J]. The American Journal of Sociology, 1973, 78 (6): 1360-1380.

[12] Helfat C. E., Peteraf M. A. The Dynamic Resource-based View: Capability Lifecycles. Strategic Management Journal, 2003 (24): 997-1010.

[13] Levin D. Z. and Cross R. The Strength of Weak Ties You Can Trust: The Mediating Role of Trust in Effective Knowledge Transfer [J]. Management Science, 2004, 50 (11): 1447-1490.

[14] Nielsen, A. P. Capturing Knowledge within a Competence. Working Paper. Aalborg University, 2003.

[15] Nonaka I. A Dynamic Theory of Organizational Knowledge Creation [J]. Organization Science, 1994, 5 (1): 14-37.

[16] Teece D. J., Pisano G., and Shuen A. Dynamic Capabilities and Strategic management. Strategic Management Journal, 1997, 18 (7): 509-533.

[17] Thomas-Hunt M. C., Ogden T. Y., and Neale M. A., Who's Really Sharing? Effects of Social and Expert Status on Knowledge Exchange within Groups [J]. Management Science, 2003, 49 (4): 464-477.

[18] Uzzi, B. The Sources and Consequences of Embeddedness for the Economic Performance of Organizations: The Network Effect [J]. American Sociological Review, 1996, 61 (4): 674-698.

[19] Verona, G. and Ravasi, D. Unbundling Dynamic Capabilities: An Exploratory Study of Continuous Product Innovation [J]. Industrial and Corporate Change, 2003, 12 (3): 577-607.

[20] Winter, S. Understanding Dynamic Capabilities [J]. Strategic Management Journal, 2003 (10): 991-995.

[21] Zahra, S. A., Sapienza, H. J., Davidsson, P. Entrepreneurship and Dy-

namic Capabilities: A Review, Model and Research Agenda [J]. Journal of Management Studies, 2006, 43 (4): 917-955.

[22] Zollo M. and Winter S. G. Deliberate Learning and the Evolution of Dynamic Capabilities [J]. Organization Science, 2002, 13 (3): 339-351.

[23] Zott C. Dynamic Capabilities and the Emergence of Intraindustry Differential Firm Performance: Insights from a Simulation Study. Strategic Management Journal, 2003, 24 (2): 97-125.

第13章
智力资本、动态能力对企业绩效的作用研究：基于联想集团的案例分析[①]

智力资本和动态能力对高科技企业的成长具有特殊的重要性，本章对智力资本、动态能力与企业绩效的关系进行了理论分析，指出了企业冗余资源和环境动荡性的调节作用，并以联想集团为案例研究对象，采用质性研究方法对智力资本和动态能力提升企业绩效的过程进行了探索。我国高科技企业应该借鉴联想的成功经验，重视智力资本和动态能力的积累和培育，努力提升企业管理水平和竞争力。

13.1 引　　言

资源基础观认为，企业绩效主要由企业的资源差异决定；能力基础观则认为，企业的能力高低决定了企业绩效。在动态环境中，企业应该根据环境的变化动态地获取、整合和释放资源，企业只有与环境相协调才能发展壮大。作为资源基础观的补充，动态能力理论能够对超竞争环境下的企业成长给出合理的解释。智力资本是知识经济时代企业最有价值的资产，动态能力是企业应对超竞争环境最为重要的能力，学者（洪茹燕，2006；黄培伦，2010；Wu，2007；Hsu，2010；石春生，2011）已经认识到智力资本、动态能力与企业绩效之间存在较为复杂的关系，可以放入同一个模型进行研究。理论驱动型案例研究适合对不很成熟的理论框架进行分析，智力资本和动态能力对企业绩效的作用机理仍处于初步研究阶段。作为中国高科技企业成功创业并顺利迈向国际化的代

[①] 本章作者为杨蕙馨、徐召红，发表在《华东经济管理》2013年第10期（有改动）。

表，联想集团是第一家被哈佛商学院制作成全面案例的中国企业，成为探究中国情境下"中国式企业管理"的典型案例。学者们从不同角度对联想的发展历程进行研究，其组织结构的演变和企业战略的选择更是成为大家关注的焦点。本章基于智力资本和动态能力的视角，对联想集团的管理实践进行梳理、总结并进行理论提升，以期能够揭示超竞争环境下高科技企业提高经营绩效的过程黑箱，为中国企业的成长提供实践标杆。

13.2 理论命题

13.2.1 智力资本与企业绩效

企业智力资本是体现在人力资本、结构资本和顾客资本（关系资本）之中的整体价值。学者们普遍认为，虽然智力资本的三个要素对企业绩效的作用不同，但是都能够显著提升企业绩效。人力资本是智力资本的核心要素，是劳动者受到教育、培训及实践经验等方面投资而获得的知识和技能的积累。司伟柏（Sveiby，1997）认为，人力资本可以发挥无形的知识、技能及经验等能力，从而提升企业价值。皮纳（Pena，2002）研究证实，人力资本能够显著影响新创企业的生存和成长。在知识经济时代，人力资本是企业发展的主导力量，随着知识和经验的积累，员工能够不断提高工作能力和工作效率，并大大提高企业绩效。作为现代企业最稀缺的资源，人力资本对经济增长的贡献大于物质资本，人力资本的积累与企业绩效的提高存在显著正向关系。

结构资本蕴涵在企业组织结构、制度规范和企业文化之中，是企业内生的组织性资产，反映了管理效率的提高对于企业绩效的重要作用。皮纳（Pena，2002）发现，结构资本会影响新创企业的生存与成长。王霆（2006）认为，结构资本反映了企业整合各类资源、发挥系统效率的竞争能力，是企业不可或缺的资本要素。结构资本是使个体人力资本转化为企业人力资本的有效机制，可以促进企业秩序的稳定和生产质量的提高，不同的结构资本会影响知识的获取效率和资源的整合效果，企业应该对自身的组织结构和制度规范进行调整，企业结构资本的改善能够显著提升企业绩效。

关系资本是企业为实现经营目标而与利益相关者建立并维持的关系。伯特（Burt，1992）指出，社会关系网络能够促进资源的有效转移，提高资源利用效率。纳哈佩特和格沙尔（Nahapiet and Ghoshal，1998）认为，社会关系资本可以提高企业获取外部资源的效率。企业利益相关者包括顾客、供应商及政府等，企业与利益相关者的关系越好，信任水平越高，越有利于资源的高效流动。转型经济条件下，企业必须加强关系资本的积累，在完善与顾客和供应商关系的同时，还应该与政府建立良好的联系。企业的关系资本能够促进知识、信息等资源的流动，降低交易费用，减少不确定性，促进技术创新，最终提高企业绩效。

学者对智力资本三个要素之间的关系进行了研究。波提斯（Bontis，1998）较早证实了智力资本的三个要素是相互影响的。科纳特（Knight，1999）认为，对人力资本的投资会提升企业的结构资本和关系资本，智力资本各纬度之间的有效循环形成了螺旋上升的过程。任俊义（2011）使用结构方程证实了智力资本的组成要素相互影响，共同对企业经营绩效发挥作用。通过以上分析，我们提出命题1。

命题1：企业智力资本的存量越大，越有利于企业的成长；智力资本的三个要素构成一个有机体，任何一个要素单独存在都是毫无价值的，只有人力资本、结构资本和关系资本相互支持和协调，才能推动企业智力资本的增值。

13.2.2 动态能力与企业绩效

动态能力是企业应对超竞争环境的能力，包括市场感知能力、学习吸收能力和变革创新能力三个维度（徐召红、杨蕙馨，2011）。虽然动态能力对企业绩效的影响路径没有形成一致的观点，但是多数学者认为，动态能力在动荡的环境中能够显著提升企业绩效。

首先，市场感知能力是企业决策者搜寻并识别市场机会的能力。扎赫（Zahra，2006）强调了公司主要决策者在复杂动荡的环境中洞察市场机会的重要性。赫尔法特（Helfat，2007）也认为，搜寻新的战略机会是企业管理者的关键职责。超竞争环境下企业的竞争优势被加速创造出来和侵蚀掉，企业应该迅速识别环境变化带来的新机遇并设法抓住新机遇，企业首先应该具有准确的市场感知能力才能采取后续行动，使企业动态地适应环境的变化，最终提高企业绩效，实现企业的发展和壮大。

其次，学习吸收能力是企业通过学习把竞争对手甚至其他领域的外溢知识引入企业内部的能力。温热纳和拉瓦斯（Verona and Ravasi，2003）认为，企业将获取的外部新知识与企业已有的内部知识同化，能够使企业灵活地应对环境的变化。刘飞（2010）认为，企业的学习吸收能力越强，对外界环境的掌握能力就越强。建立有效的学习机制是企业积累知识并增强能力的主要途径，企业的学习吸收能力越强，越能够把竞争对手及其他领域的先进知识和技术引入企业内部，最大限度地减少企业成长过程中所走的弯路，促进企业的发展。

最后，变革创新能力是企业对内外部资源进行整合以适应环境变化的能力。考利斯（Collis，1994）认为，对企业进行整合与变革的能力是有价值的，可以提高企业的效率。左特（Zott，2003）认为，动态能力能够使企业在短时间内重整企业资源，创造企业的竞争优势。在超竞争环境中，积极进行变革和创新是企业的生存之道，变革和创新是赋予资源以新的创造财富能力的行为，企业只有根据环境变化对资源进行有效整合，开发适应市场需求的产品或服务，才能建立并维持自己的竞争优势。

蔡树堂（2011）分析了动态能力各纬度之间的相互关系，指出动态能力的各个因素相互作用，共同促进企业的可持续成长。企业通过市场感知能力可以洞察市场的机会和威胁，同时发现自己的长处和短处；为了生存和发展，企业应该向各方积极学习，吸收他们的成功经验和失败教训；然后，企业对自己的各项资源进行整合和变革，使之适应环境的变化，最终促进企业的发展。通过以上分析，我们提出命题2。

命题2：企业的动态能力越强，越能提高企业绩效；动态能力的各组成部分之间存在紧密的联系，只有市场感知能力、学习吸收能力和变革创新能力相互协调，才能提升企业的动态能力，动态能力的三个维度越协同，企业动态能力就越强。

13.2.3 智力资本与动态能力的关系

学者们普遍认同企业利润源自"企业所拥有的资源"和"企业所具有的能力"，并对企业资源与企业能力之间的关系进行了深入分析。资源是形成能力的基础，能力可以提高资源的利用效率。张钢（2001）认为，企业能力是以信息处理为基础的资源运用过程，并且通过企业资源间的互动作用发展起来。智力资本是现代企业最为重要的资源，企业的能力体系是智力资本的一种外在表现，智力资本是企业对自己的能力体系进行变换、创新和整合的基础。

在动荡环境中，动态能力是企业最为重要的能力，智力资本的积累能够提高企业的动态能力。首先，企业的人力资本有助于提升动态能力。人力资本理论认为，知识能够提高人们的认知能力。霍维兹（Hurwitz，2002）认为，企业员工技能越高，经验越丰富，新产品开发成功率就越高。人力资本是企业最重要的创新源头，企业的人力资本越丰富，对外界环境的变化越敏感，更可能做出客观合理的判断，从而采取有效的企业战略。其次，企业的结构资本有助于提升动态能力。结构资本反映了企业整合资源的能力，能够提高系统效率，企业中各类资源的有效整合依赖于结构资本（王霆，2006）。良好的结构资本有利于知识的传递和企业的创新，从而提高企业的动态能力。最后，企业的关系资本有助于提升动态能力。赫尔和琼斯（Hill and Jones，2001）指出，利益相关者能够为企业提供不同的资源，有利于企业的发展。企业与利益相关者建立长期稳定的关系，有利于企业及时获得各种准确信息，从而采取客观有效的行动，基于信任的关系资本能够提高企业的动态能力。通过以上分析，我们提出命题3。

命题3：动态能力是企业长期积累的智力资本的凝练和转化，智力资本的积累有助于提升企业的动态能力；企业的智力资本状况决定了动态能力的高低，企业智力资本与企业动态能力存在正相关关系。

13.2.4 企业冗余资源的调节作用

冗余资源是企业中实际存在或潜在的闲置资源，可以供企业随意使用以应对环境的改变。新古典主义经济学认为，企业必须减少冗余资源才能提高效率。但是，效率并不是企业的唯一目标，从短期看，企业应该追求效率以提高企业利润，从长期看，企业要想持续生存下去必须持有一定的冗余资源。已有文献（Lawson，2001；Chattopadhyay，2001；冉敏，2007）指出，冗余资源是企业反映的调节器，冗余资源有助于提高企业的动态能力，冗余资源越多的企业越能够采取主动行动。当然，对于一个给定的企业，存在冗余资源的最佳水平，高于或低于这一最佳水平都会导致企业绩效的下降。

冗余资源可以分为高流动性冗余资源（包括现金、现金等价物、信用额度等）和低流动性冗余资源（包括支付给员工的较高报酬、成品或半成品、闲置的生产设备等），高流动性冗余资源具有较高的灵活性，可以适用于较多情境；低流动性冗余资源的灵活性较差，只能用于特定情境，其他情境的适用性受到限制。在静态环境下，企业不需要冗余资源，拥有太多的冗余资源甚至是一种浪费；在动态环境下，冗余资源是企业应对环境冲击的重要手段，拥有适量冗余资源的企业可以更加自由地对竞争者的行动做出反应。企业所需的冗余资源数量与生存环境密切相关，未来的企业将面临更为激烈的市场竞争，企业需要更多的冗余资源以提高企业的动态能力。通过以上分析，我们提出命题4。

命题4：复杂市场环境下的企业成长存在很多不确定性，企业拥有适量的冗余资源才能灵活地采取行动，减轻环境动荡所带来的冲击；不同的冗余资源对企业应对环境变化的作用是不同的，企业应该根据行业特点和自身情况合理安排冗余资源的种类和数量。

13.2.5 环境动荡性的调节作用

随着技术的更新换代和消费者需求的变化，现代企业之间的竞争日益激烈，美国策略大师戴维尼提出了超竞争概念以形容企业所处环境的动荡性和复杂性。由于企业核心能力存在一定的惯性，容易导致企业陷入核心刚性陷阱，企业在超竞争环境中必须快速行动，培育强大的动态能力才能提高企业绩效。当然，培育动态能力必然将会增加企业的经营成本，动态能力较高的企业可能因为能力的维持成本太高而降低企业绩效。在静态环境下，企业不需要动态能力，因为维护动态能力的成本太高；若环境是动态变化的，则持续应用以往的能力是危险的，企业需要培育动态能力（江积海，2007）。在不考虑其他因素的情况下，动态能力与企业绩效的关系具有一定的不确定性，既存在积极的一面，也存在消极的一面，企业是否应该培育动态能力取决于投资收益和投资成本的比较。

环境动荡性应该衡量环境变化的频率及环境的不可预见程度，可以用环境各要素变化的幅度和速度来表示，环境动荡性的增强将使企业发展面临更大的不确定性。多数学者（MeKee，1989；March and Stock，2003；刘井建，2011；焦豪，2013）认为，环境变量在动态能力对企业绩效的作用过程中起到调节作用，环境越动荡时动态能力与企业绩效的正向关系越显著。通过以上分析，我们提出命题5。

命题5：在相对稳定的环境中，企业培育动态能力可能导致成本的增加大于收益的增加，导致企业绩效有所降低；在较为动荡的环境中，企业需要培育高水平的动态能力，从而对环境变化做出有效反应，最终提高企业绩效。

13.3 案例分析

联想集团最初成立于1984年，已经发展成为国际性高科技企业集团，是全球第三大个人电脑厂商，名列世界《财富》500强。本研究中联想集团的相关信息主要通过二手资料获得：首先，查阅了有关联想的已有著作，如《联想成功之道》《向联想学战略》《联想并购以后》《柳传志管理思想日志》等；其次，从期刊上搜集了有关联想的学术论文；最后，通过网络和媒体查阅了与联想有关的新闻报道和访谈。

13.3.1 联想集团的智力资本

（1）联想的人力资本。

联想是在没有任何现成产品、专利和服务的情况下，首先找了一批志同道合的人开始创业，公司成立后才开始寻找合适的产品和服务，可见人力资本对联想具有特殊的重要性。联想将核心竞争力归结为管理三要素，即建班子、定战略、带队伍，其中建班子和带队伍都是人力资源管理的内容。人力资本主要体现在企业家、高管团队和普通员工三个方面，高科技企业中作为"活劳动"的人力资本具有巨大的增值潜力。首先，企业家是人力资本的核心，作为联想的奠基人和精神领袖，柳传志具有企业家的睿智和政治家的敏锐，能够准确把握电子行业的发展环境和先进技术的发展趋势，生动地诠释了企业家认知因素对企业发展的重要性。以伯乐著称的柳传志始终把人力资源作为企业发展的重头戏，早期，他为联想拉来了张祖祥、李勤和倪光南；中期，他培养了杨元庆和郭为；后期，退居二线的柳传志以发现和培养人才为营生，培养了朱立南、赵立欢和陈国栋（姜美芝，2011）。柳传志为培养接班人甚至采用"因人设事"做法，将企业分拆为联想集团和神州数码。其次，企业决策的科学性不仅取决于企业家的视野和经验，还受制于高管团队的素质，包括团队的知识结构、性格差异和能力高低。联想把建班子作为核心竞争力的第一要素，领导班子建设更是建班子的首要内容，精诚团结的领导班子是联想战略统一的前提。通过各种正式及非正式的交流会、早餐会、生日会等方式，联想使领导班子能够和谐共处，大大提高了领导班子的战斗力。最后，联想坚持"人生而平等"并积极为员工提供公平的工作环境，通过各种学习和培训手段，加上合理的绩效管理和薪酬管理，联想打造了一个高效的斯巴达克方阵。联想重视对员工进行教育和培训，早期主要是零散学习和突击式培训，经二十年的发展，已形成完善的培训理念和完整的培训体系，使员工能够和企业共同进步和成长。2005年，联想荣获"CCTV 中国年度十佳雇主"和"CCTV 中国年度雇主调查业内人士评选的最佳雇主奖"两项大奖。2006年，中华英才网发起最佳雇主评选，联想集团荣获最佳雇主第一名（姜美芝，2011）。

(2) 联想的结构资本。

在与国际接轨的过程中联想认识到结构资本的重要性，联想注意吸取各种经验和教训，在公司发展壮大的同时根据环境变化不断完善企业的结构资本。柳传志认为，做企业好比带军队，要想带好队伍必须依靠合理的组织架构和有效的规章制度，充分调动员工的积极性，才能保证队伍能够有序、协调、高效地完成任务。联想在不同时期的组织架构可以用"船"来形容，从"平底快船"到"大船结构"和"舰队模式"，联想根据企业内外环境的变化对组织架构进行合理调整以适应企业的发展战略，"船"式结构的变革和制度的严明保证了联想的稳步成长。1990 年被称为联想的"制度建设年"，为了打造高效的"斯巴达克方阵"，联想制定了一系列严格规范的公司制度。通过"孙宏斌事件"，联想将危机管理制度和流程列入公司战略管理体系，并在关键时刻成功解决了柳倪冲突，为联想赢得了广阔的发展空间和美好的未来。2000 年，联想成功实施了 ERP 项目，具体包括财务会计、管理会计、销售与分销、物料管理、生产计划五大模块以及人力资源管理等部分，规范和优化了 77 个业务流程，实现了业务流程的重组，提高了企业的整体运营效率。

(3) 联想的关系资本。

在市场竞争与规章制度不健全的转型经济条件下，联想注意营造与各利益相关者共赢的生存环境。联想非常重视与顾客的关系，确立了以客户为导向的文化准则，树立了"价格是硬道理，服务是大道理"的信念；在与供应商的合作上，联想提倡共赢的理念，与供应商建立了战略合作伙伴关系；联想注重发展非正式关系，特别是注意与政府建立良好的联系，从充分发挥郭为的公关才能改授联想汉卡一等奖，到并购 IBM PC 业务后积极加入美国商会以获得办理美国签证的便捷通道服务，联想的发展处处体现着对关系资本的重视和运用。品牌、商誉和企业形象是利益相关者对企业产生信任的基础（Fernandez，2000）。品牌是市场经济条件下企业最重要的资源，良好的品牌效应能够为企业成长提供重要的关系资本。从卖旱冰鞋、电子表到卖电冰箱和 IBM 电脑，联想即使在企业发展最为困难的时期也没有放弃塑造自有品牌的梦想，并成功打造了神奇的联想汉卡和创造奇迹的联想电脑两大品牌产品（姜美芝，2011）。收购 IBM PC 业务的首要目的也是借助 IBM 品牌推广联想产品，将联想 Lenovo 标志推向国际市场，最终提升自己的品牌效应，使联想的市场占有率大大提高。

第 13 章　智力资本、动态能力对企业绩效的作用研究：基于联想集团的案例分析

联想集团自成立以来就非常注重智力资本的积累，并购 IBM PC 业务后联想获得了良好的品牌、技术（包括专利和团队）和国际性管理结构，企业智力资本的各个要素都得到了显著提升，为联想的发展壮大奠定了坚实的基础。联想对于智力资本的重视及其效果有力地印证了理论命题 1。

13.3.2　联想集团的动态能力

（1）联想的市场感知能力。

柳传志前瞻性地认识到 PC 必将改变人们的工作和生活，1984 年率领 10 名计算机科研人员和 20 万元人民币的启动资金开始了创业。在早期代理 AST 计算机业务的过程中，联想发现了计算机市场增长的巨大潜力，不甘心只做"贸"，1988 年向"工"进军开始生产自有品牌的计算机，为企业日后的发展打下了基础。联想在成立之初与国际著名电脑厂商的合作不仅增强了企业实力，更重要的是借机摸索到了市场规律，了解了电脑技术的现状和发展趋势。联想在发展过程中始终坚持以市场为导向，以满足客户需求为目标，觉察到中国老百姓上网比较麻烦，1997 年联想开发了一键上网电脑，使当年的市场份额增加了 9%（"中国企业成功之道"联想集团案例研究组，2012）。后来，联想又根据市场需求设计了一键恢复功能，为服务器产品增加了"防雷击系统"以提高产品性能，在电脑行业竞争日益加剧导致利润逐渐降低的背景下，这些适应市场需求的先进技术为联想提供了高于竞争对手的毛利率，促进了联想集团的发展壮大。

（2）联想的学习吸收能力。

联想集团注重培养企业的学习吸收能力，积极学习国际优秀企业的管理经验贯穿于联想发展的始终。从早年的汉卡技术到 20 世纪 90 年代初的主板代工及电脑整机生产，联想主动学习和模仿行业内的领先企业，体现了专业序贯化学习和广泛摄入式学习的有机结合，善于学习使联想成功借鉴了许多成熟的管理经验。在学习过程中，联想并没有照搬其他公司的管理模式，而是加以改进和变通以探索适合中国国情和企业特点的解决方案。联想认真学习戴尔的销售渠道和管理经验，深入分析中国环境并对戴尔销售模式进行改造，提升了联想在中国市场的销售额。联想始终引领中国 PC 厂商渠道变革的潮流，从早期的直销到后来的分销，并通过复制惠普模式实现超越，随后在与戴尔的渠道之争中涅槃，形成了独具特色的集成分销模式（姜美芝，2011）。为了引进国外先进的管理方法，联想积极与国际著名咨询公司合作，在麦肯锡为联想进行战略

咨询期间，联想团队主动参与咨询过程，掌握了麦肯锡的分析工具和分析方法，为联想的成长提供了一流的管理理念。

（3）联想的变革创新能力。

联想不断在关键领域进行技术创新，1997 年发明了一键上网功能的计算机，2000 年发明了基于安全芯片的可信计算机，2002 年推出双模式电脑，大大提高了产品性能和市场占有率。联想通过不断创新始终保持行业的领先地位，从 2000 年开始建立包括联想研究院及平台和事业部研发机构的两极架构体系，并购 IBM PC 事业部后又启动了全球协同创新体系，建立了高效的链接机制和一流的试验环境，大大提高了企业的创新效率（"中国企业成功之道"联想集团案例研究组，2012）。凭借勇于创新的精神，联想迅速跨越陈旧的营销理念，将先进的体育营销和事业关联营销视为圭臬。作为中国第一家享有国际声誉的电脑厂商，联想运用奥运会和世界杯两大体育营销平台将 Lenovo 品牌升级为国际名牌，成为中国体育营销的领跑者。事业关联营销兼顾企业效益和社会效益的统一，被誉为最高层次的营销观念，2009 年联想集团在北京总部举行"联想青年公益创业计划训练营"，积极培养壮大公益创业公司，推进了企业和社会的共同发展（姜美芝，2011）。有两件事能够充分体现联想勇于变革和创新的精神。联想成立之初，由于资源基础比较薄弱，企业的运转完全依赖微薄的利润和银行贷款，当时中关村的企业普遍采取"技工贸"的发展模式，联想反其道而行之，制定和实施了"贸工技"的战略路线。"因人设事"是广为诟病的人事制度，联想从"分槽喂马"的故事中获得灵感，在特殊的人事安排上把"因人设事"用到出神入化的境地，联想的拆分不仅培养了接班人，也解决了自有品牌和代理品牌的冲突（"中国企业成功之道"联想集团案例研究组，2012）。当然，联想追求有限度的创新，1994 年明智地放弃了"中国芯"的研发，避免了因为追求过度完善和过度创新而陷入资金链断裂的陷阱。

在复杂程度较高、不确定性较大的生存环境中，联想集团塑造了应对环境限制和变化的动态能力，根据环境变化采用不同的途径跨越"能力坎"，通过柔性的战略管理有效地克服了核心刚性陷阱，联想的成长过程也是动态能力逐步提升的过程。联想对于动态能力的重视及其效果有力地印证了理论命题 2。

13.3.3　联想集团智力资本与动态能力之间的联系

高科技产业的技术进步日新月异，市场环境变化莫测，摩尔定律①揭示了信息产业的动态性和竞争的激烈程度。了解用户的需求并进行良好的内外部沟通是企业创新成功的前提条件（Rothwell，1997）。20 世纪 90 年代初，为了跟上时代发展的需要，柳传志开始培养年轻接班人以应对日新月异的市场变化，通过完善的培训系统使企业员工能够紧跟时代发展的潮流。因为有了高效的"斯巴达克方阵"、健全的组织结构和良好的关系网络，联想能够及时了解市场环境，根据客户需求和环境变化合理配置企业资源，集中优势兵力研制出 Q286 微机，在研发战略上实施"田忌赛马"，在营销战略上采取"茅台的质，二锅头的价"，最终在 20 世纪 90 年代的阻击战中击败国际巨头，傲立于世界之巅（姜美芝，2011）。

对于高科技企业来说，企业的动态能力与智力资本同等重要（徐召红、杨蕙馨，2013）。人力资本、结构资本和关系资本的积累极大地提升了联想集团的动态能力，联想每次展示出的超强动态能力都离不开企业智力资本的积累。联想智力资本和动态能力的联系有力地印证了理论命题 3。

13.3.4　联想集团的冗余资源

联想从 1988 年开始尝试海外战略，并为实现企业国际化设计了"海外三部曲"，直到 2005 年才算初步实现了国际化的目标（姜美芝，2011）。联想收购 IBM PC 业务的当年，其营业收入大约为 30 亿美元，正是因为具有大量过剩的资金，企业具有超强的资本实力才能允许联想做出如此大的战略选择。当然，由于电脑行业技术更新速度非常快，元器件、半成品和产成品的流动性是决定企业成败的重要因素。1997 年夏，过多囤积元器件所导致的财务危机使联想认识到，PC 业务是"鲜果"而不是"干果"（"中国企业成功之道"联想集团案例研究组，2012）。迈克尔·戴尔说过："我们库存的不是产品而是信息"，过多的产品冗余对高科技企业来说是一种负担。联想财务部制定了元器件和产成品库存定期贬值的制度，促使电脑公司各部门努力压缩库存，尽力降

---

① 摩尔定律是英特尔创始人之一戈登·摩尔于 1965 年发现的，揭示了信息技术进步的速度。当价格不变时，集成电路上可容纳的晶体管数目，约每隔 18 个月便会增加 1 倍，性能也将提升 1 倍。也就是说，每 1 美元所能买到的电脑性能，每隔 18 个月翻两倍以上。

低"鲜果"的冗余数量；销售部则制定了严格的经销商筛选制度，向回款最快的经销商优先贷款，对企业冗余资源进行了有效管理。

企业要想培育强大的动态能力，需要有一定资源的支持，联想应对环境变化所采取的各种战略行动，无论是建设生产基地、研发中心还是搭建销售渠道，都需要大量资金和人员的支持。联想对冗余资源的管理及其效果有力地印证了理论命题4。

13.3.5 联想集团的生存环境

由于技术的进步和消费偏好的变化，高科技企业面临激烈的市场竞争。联想是在中国经济体制改革和计算机行业飞速变化的时代逐渐发展起来的，联想的战略管理表现出极大的柔性，当国内外竞争格局以及IT行业技术发生变化时，联想总是能快速地调整战略，使企业发展符合竞争环境和行业趋势的要求（"中国企业成功之道"联想集团案例研究组，2012）。当微机还属于高档产品的年代，联想通过技术提升和成本压缩在中国市场打起价格战，使家用电脑在具备主流微机性能的同时价格大大降低，让微机从高端消费品变成"家用电脑"；在价格战方兴未艾之时，联想将工业设计理念引入电脑设计，通过外观塑造让PC产品以相对时尚的风格呈现在消费者面前，避免了长期陷入价格战泥潭的困境；在竞争者还未从联想一系列动作中反应过来的时候，联想又启动了服务战（姜美芝，2011）。与此同时，联想大力加强渠道建设，种种措施使联想微机销量迅速增长，1996年联想集团成功登上国内PC市场第一的宝座。

市场环境越动荡联想越注重动态能力的培育，凭借根据环境变化迅速进行战略调整的动态能力，联想的发展方向在关键时期能够迅速适应企业的外部环境和内部条件，实现了企业的发展壮大。联想根据环境变化进行的柔性管理及其效果有力地印证了理论命题5。

13.4 结 束 语

在竞争激烈的知识经济时代，智力资本和动态能力对企业绩效具有举足轻重的作用，智力资本不仅直接影响企业绩效，还通过动态能力的中介作用间接影响企业绩效。当然，企业只有拥有适当数量的不同冗余资源才能增加企业的动态能力，动态能力与企业绩效的关系还受环境动荡程度的调节。基于上述分析过程和研究命题，可以构建相关理论模型，见图13-1。优秀企业的成长过程是相似的，联想集团的许多管理经验是可以复制的，探究联想的成功之道能够惠及其他众多企业，最终提升我国高科技企业的管理水平和国际竞争力。

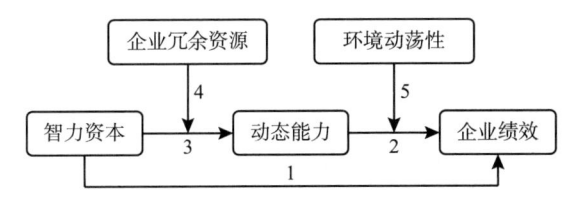

图13-1　智力资本和动态能力对企业绩效的作用

当然，联想集团丰富的管理经验不可能仅仅归结为企业智力资本和动态能力这条简单的主线，联想的成功还需要进行更加深入的研究。另外，智力资本、动态能力对企业绩效的作用过程仍是一种主观假设和简单验证，智力资本和动态能力各组成要素对企业绩效的作用路径和作用程度还有待进一步分析和论证。

参考文献：

[1] 蔡树堂. 基于动态能力的企业可持续成长研究 [M]. 北京：经济科学出版社，2011.

[2] 洪茹燕，吴晓波. 智力资本驱动的动态能力与企业竞争优势实现机理研究 [J]. 科学管理研究，2006 (4)：84-87.

[3] 黄培伦，曾春艳，尚航标. 智力资本、动态能力与企业持续竞争优势的关系研究 [J]. 科技管理研究，2010 (5)：108-110.

[4] 江积海. 动态能力与企业成长 [M]. 北京：经济管理出版社，2007.

[5] 姜美芝. 向联想学战略 [M]. 杭州：浙江人民出版社，2011.

[6] 刘飞，简兆权，毛蕴诗. 动态能力的界定、构成维度与特性分析 [J]. 暨南学报（哲学社会科学版），2010 (4)：53-58.

[7] 刘井建. 创业学习、动态能力与新创企业绩效的关系研究 [J]. 科学学研究，2011 (5)：728-734.

[8] 冉敏. 论冗余资源与扭转战略选择 [J]. 重庆大学学报（社会科学版），2007 (6)：37-42.

[9] 任俊义. 企业智力资本对绩效影响的实证研究：要素结构视角 [J]. 烟台大学学报（哲学社会科学版），2011 (10)：98-105.

[10] 芮明杰，郭玉林，孙琳. 智力资本收益分配论 [M]. 北京：经济管理出版社，2006.

[11] 石春生，何培旭，刘微微. 基于动态能力的知识资本与组织绩效关系研究 [J]. 科技进步与对策，2011（3）：144–149.

[12] 王霆. 结构资本：企业系统效率的源泉 [J]. 中共中央党校学报，2006（12）：75–78.

[13] 徐召红，杨蕙馨. 智力资本与动态能力对高科技企业绩效的作用机理 [J]. 理论学刊，2013（2）：56–60.

[14] 张钢. 基于技术转移的企业能力演化过程研究 [J]. 科学学研究，2001（9）：70–75.

[15] "中国企业成功之道" 联想集团案例研究组. 联想成功之道 [M]. 北京：机械工业出版社，2012.

[16] Burt R. S. Structural Holes：The Social Structural of Competition [M]. Cambridge：Harvard University Press，1992.

[17] Chattopadhyay, P., Glick, W. H. & Huber, GP. Organizational Actions in Response to Threats and Opportunities [J]. Academy of Management Journal, 2001, 44 (5)：937–955.

[18] Collis, D J. Research Note：How Valuable are Organizational Competence [J]. Strategic Management Journal, 1994, 15 (S1)：143–152.

[19] C. W. L. Hill, G. R. Jones, Strategic Management：An Integrated Approach [M]. Houghton Mifflin, Boston, 2001.

[20] Hao Jiao, Ilan Alon, Chun Kwong Koo, Yu Cui. When Should Organizational Change Be Implemented? The Moderating Effect of Environmental Dynamism between Dynamic Capabilities and New Venture Performance [J]. Technology Management, 2013 (30)：188–205.

[21] Helfat, C. E., Finkelstein, S., Mitchell, W., Peteraf, M., Singh, H., Teece, D., and Winter, S. Dynamic Capabilities：Understanding Strategic Change in Organizations [M]. London：Blackwell, 2007.

[22] J. Hurwitz, S. Lines, B. Montgomery, J. Schmidt, The Linkage between Management Practices, Intangibles Performance and Stock Returns [J]. Journal of Intellectual Capital. 2002, 3 (1)：51–61.

[23] Knight K. J., Performance Measures for Increasing Intellectual Capital [J].

Strategy and Leadership, 1999, 27 (2): 22 – 27.

[24] Lawson, M. B. In Praise of Slack: Time is of the Essence [J]. The Academy of Management Executive, 2001, 15 (3): 125 – 135.

[25] Li – Chang Hsu and Chao – Hung Wang. Clarifying the Effect of Intellectual Capital on Performance: The Mediating Role of Dynamic Capability. British Journal of Management, DOI: 10. 1111/j. 1467 – 8551. 2010. 00718. x.

[26] Marsh S. J., Stock G. N. Building Dynamic Capabilities in New Product Development through Intertemporal Integration [J]. Journal of Product Innovation Management, 2003, 20 (2): 136 – 148.

[27] MeKee, D. O., RajanVaradarajan, P. & Pride, W. M. Strategic Adaptability and Firm Performance: A Market-contingent Perspective [J]. Journal of Marketing, 1989, 53 (3): 33 – 55.

[28] Nahapiet J. & Ghoshal S. Social Capital, intellectual Capital and the Organizational Advantage [J]. Academy of Management Review, 1998, 23 (2): 242 – 266.

[29] Nick Bontis. Intellectual Capital: An Exploratory Study that Develops Measures and Models [J]. Management Decision, 1998, 36 (2): 63 – 76.

[30] Pena, I., Intellectual capital and business start – up success [J]. Journal of Intellectual Capital, 2002, 3 (2): 180 – 198.

[31] Sehwa Wu, Liangyang Lin, Muyen HSU. Intellectual Capital, Dynamic Capabilities and Innovative Performance of Organizations [J]. International Journal of Technology Management, 2007, 39 (3/4): 279 – 296.

[32] Sharfman, M. P., Wolf, G., Chase, R. B., and Tansik, D. A. Antecedents of Organizational Slack [J]. Academy of Management Review, 1988, 13 (4): 601 – 614.

[33] Stewart, A. Thomas. Your Company's Most Valuable Asset: Intellectual Capital [J]. Fortune, 1994, 130 (7): 68 – 74.

[34] Sveiby, K. E., The Intangible Assets Monitor [J]. Journal of Human Resource Costing and Accounting, 1997, 2 (1): 73 – 97.

[35] Verona, G. and Ravasi, D. Unbundling Dynamic Capabilities: An Exploratory Study of Continuous Product Innovation [J]. Industrial and Corporate Change, 2003, 12 (3): 577 – 606.

[36] Zahra, S., Sapienza, H., and Davidsson, P. Entrepreneurship and Dynamic capabilities: A Review, Model and Research Agenda [J]. Journal of Management Studies, 2006, 43 (4): 917–955.

[37] Zott, C. Dynamic Capabilities and the Emergence of Intra-industry Differential Firm Performance: Insights from a Simulation Study [J]. Strategic Management Journal, 2003, 24 (2): 97–125.

第14章
动态能力与企业竞争优势的关系及作用机理[①]

企业如何创造并维持自身的竞争优势是战略管理理论的研究重点。20世纪90年代以来，随着外部环境动态性的增强，动态能力逐渐成为企业战略理论研究的重要课题。本章通过动态能力与企业竞争优势的关系及作用机理等国内外研究文献的梳理和分析，阐述了已有研究的进展及不足，以期为后续该领域的相关研究提供一定的借鉴。

14.1 引　言

1994年蒂斯和皮萨诺（Teece and Pisano）在《企业的动态能力》中提出了动态能力的概念，引起了理论界的关注。三年后蒂斯（Teece，1997）进一步阐述了动态能力的理论框架，指出动态能力是企业对内外资源和能力进行整合、构建和重组以适应环境变化的能力。艾森哈特和马丁（Eisenhardt and Martin，2000）认为，动态能力不是模糊和同义反复的，而是一系列具体的、可识别的组织流程，包括产品的开发、战略的制定和企业的联盟。扎赫和乔治（Zahra and George，2002）指出，动态能力是企业为了应对竞争对手和顾客需求的不断变化，主要决策者重新配置和整合企业资源的能力。佐罗和温特（Zollo and Winter，2000）认为，动态能力是一种集体活动模式，能使企业对运营惯例进行系统调整以提升企业的效能。贺小刚等（2006）认为，动态能力是企业学习以应对市场变化的能力，具有动态性、系统性和结构性。虽然动

[①] 本章作者为徐召红、杨蕙馨，发表在《经济问题探索》2013年第9期（有改动）。

态能力的概念比较混乱,学者基本认同动态能力是企业应对超竞争环境的一种能力。

解释竞争优势的来源是战略管理研究的主要议题,企业竞争优势来源的研究经历了由外生决定论转向内生决定论、再到强调内外整合的综合决定论三个发展阶段。20世纪90年代以来,动态能力理论受到了管理学界和企业界的普遍关注,最近10年研究动态能力的相关文献呈现出稳步增加的趋势。尽管学者普遍认同在超竞争环境下企业应该动态地适应环境的变化,但是已有研究尚没有对动态能力能否创造超越竞争对手的优势地位这个基本问题达成一致,对于动态能力提升企业竞争优势的作用机理也存在不同的观点。

14.2 动态能力与企业竞争优势关系的研究视角

D. 艾维尼(D'Aveni,1994)提出了超竞争的概念,在超竞争环境中企业的竞争优势仅仅是暂时性的,动态能力能够提高企业的主动性,使企业不断进行创新以维持自身的竞争优势。有关动态能力的研究已有20年的历史,但是动态能力能否为企业带来良好的经营绩效和竞争优势的观点并不统一,有些学者的观点甚至针锋相对(见图14-1),有关动态能力作用和功效的争论趋于白热化。

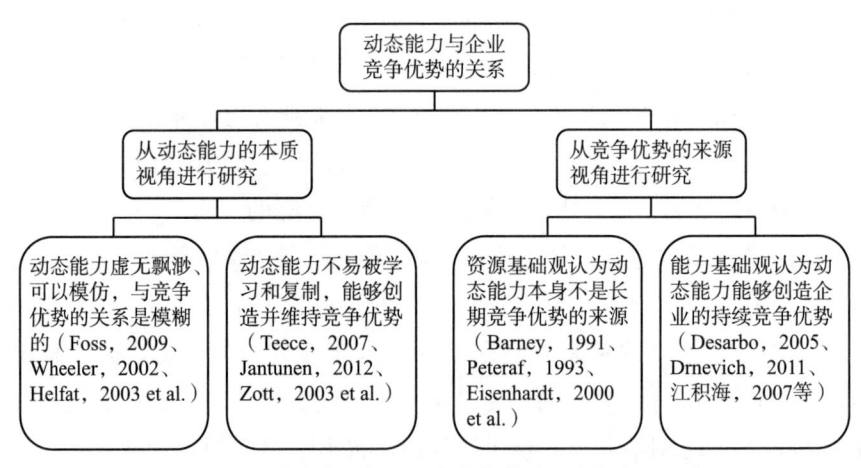

图14-1 动态能力与企业竞争优势的研究视角及观点

14.2.1 超竞争环境凸显动态能力对企业竞争优势的重要性

企业竞争优势是企业在一定范围内比竞争对手更好地满足消费者的需要，从而获得更多超额利润的一种竞争态势（杨国亮，2007）。企业竞争优势的最终表现是企业绩效，企业绩效高于行业平均水平说明该企业具有竞争优势。有关企业竞争优势来源的研究可以分为竞争优势外生决定论（即产业结构理论）、竞争优势内生决定论（包括资源基础理论和企业能力理论）、竞争优势综合决定论（即动态能力理论）。产业结构理论认为竞争优势是外生的，企业要想获得竞争优势应该进入有吸引力的行业，但是，相同市场条件的同一产业中的不同企业的市场绩效可能存在较大差异，竞争优势外生决定论无法对此作出合理解释。资源基础理论对竞争优势的研究转向企业内部，认为竞争优势是由企业的资源差异决定的，外部市场结构不是决定企业竞争优势的主要因素，基于静态分析的资源基础理论无法解释动荡环境中企业竞争优势的来源。同时，由于能力具有强烈的惯性，企业原有的能力无法随环境迅速改变，反而可能成为制约企业发展的桎梏，企业能力理论同样不能解释动荡条件下企业竞争优势的来源。动态能力理论同时考虑了企业的外部环境和内部资源及能力的结合，对竞争优势的来源做出了更客观全面的诠释，是对产业结构理论、资源基础理论和企业能力理论的革新和超越。

14.2.2 从动态能力的本质出发分析动态能力与竞争优势的关系

自动态能力提出以来，学者们对其概念、构成和特征等众多基本问题尚未形成一致意见，由此引发了人们对动态能力研究的质疑。福斯（Foss，2009）认为，动态能力跟"皇帝的新装"一样虚无缥渺。威尔勒（Wheeler，2002）认为，动态能力在不同企业甚至不同产业之间都存在共同点，动态能力是可以模仿的，可以通过多种学习途径进行培育，由于存在共性动态能力所导致的绩效差异会趋于缩小。丹尼尔和威尔逊（Daniel and Wilson，2003）以电子商务为例对动态能力进行研究，认为动态能力具有共性，即存在最佳标准（best practice）。赫尔法特（Helfat，2003）对能力生命周期进行了分析，认为动态能力存在行业最佳水平，虽然企业培育动态能力时具有不同的起点和路径，企业最终都将拥有相似的动态能力，动态能力只能为企业带来短期竞争优势。温特（Winter，2000）则提出，在企业中存在"应急问题处理（ad hoc problem solving)"模式，可以通过该模式实现企业的转变，企业究竟应该选择动态能力还是"应急问题处理"模式，取决于两者投资成本和投资收益的权衡。莱文斯奥和奥卡索（Levinthal and Ocasio，2007）认为，有关动态能力的研究已经进入了一个死胡同，可见动态能力毫无研究价值。阿莱德和博密雷（Arend and Bromiley，2009）对动态能力进行了较为系统的批判，认为学者们应该放弃对动态能力的研究。这些研究成果对动态能力提出了质疑，认为动态能力本身并不一定能够提高企业绩效，所以动态能力与企业竞争优势之间的关系是模糊的。

蒂斯（Teece，1997、2007）提出，由于知识存在复杂性的内在联系、企业在规章制度方面的限制以及个人在理解能力方面的困难，动态能力是不容易被学习和复制的。简图恩（Jantunen，2012）以杂志印刷业中的四个企业为例分析了动态能力的异质性，结果发现动态能力在同一个行业中既存在特殊性也存在相同点，其中，感知能力在同一个行业中的不同企业之间是相似的，而获取并重新配置资源的能力在不同企业之间是不同的，管理者要想获取竞争优势应该培育企业独特的动态能力。赫尔法特（Helfat，1997）对美国石油产业进行了分析，考察了动态研发能力对企业适应外部环境的促进作用。左特（Zott，2003）用计算机仿真的方法对动态能力与企业绩效的关系进行推演后发现，因为动态能力的不同，同一产业内的企业之间具有明显不同的绩效水平。莫里特诺和威尔斯玛（Moliterno and Wiersema，2007）认为，动态能力是企业有目的地创造或调整资源的组织能力，企业根据环境变化剥离资产的动态能力能够显著提升企业竞争优势。以上研究成果有力地支持了蒂斯（Teece，1997）的观点，即动态能力是难以进行复制的，动态能力能够创造并维持企业的竞争优势。

还有学者指出，动态能力的提出时间较短，动态能力理论的发展尚处于"婴儿期"，动态能力理论存在的问题不是病态的，而是"婴儿期"的正常特征和表现。新兴理论的发育和成熟需要较长一段时间，交易成本经济学经历了35年才得以实证检验，演化经济学经历了30年才形成较完整的体系，资源基础观和行为理论的成熟更是经历了50年，理性的战略研究者不能因为暂时的争论和置疑就将动态能力理论扼杀于摇篮。

14.2.3 从竞争优势的来源出发分析动态能力与竞争优势的关系

在企业竞争优势来源的相关研究中，学者普遍认为资源和能力是影响企业利润的两大因素，并由此形成了资源基础观（RBV）和能力基础观（CBV），分别从不同角度对企业竞争优势的来源做出了解释。资源基础观认为企业是由异质性资源组成的集合体，强调难以复制的资源是企业绩效和竞争优势的源泉。巴尼（Barney，1991）认为，企业可以提高所占有的资源质量或者比竞争对手更有效地利用资源获得竞争优势。随后，佩特莱福（Peteraf，1993）发表了《资源基础观：竞争优势的基石》。维克伦德和谢菲尔德（Wiklund and Shepherd，2003）也强调了资源的重要性，认为知识资源与中小企业的绩效显著正相关，企业的战略定位增强了知识对企业绩效的作用。艾森霍特（Eisenhardt，2000）认为，虽然动态能力在细节上具有独特性，在不同企业之间动态能力存在明显的共同点，动态能力可以在不同企业之间复制，动态能力对企业竞争优势的作用体现在资源配置过程中，动态能力本身不是长期竞争优势的来源。上述研究成为人们质疑动态能力与企业竞争优势关系的重要依据。

与资源基础观相对应，能力基础观强调企业拥有的特殊能力对于企业绩效的重要作用，认为企业具有竞争优势是由于拥有比竞争对手更高效地解决问题的能力。能力基础观存在两种代表性观点：一种是核心能力观，以普拉哈拉德和哈默尔（Prahalad and Hamel）为代表，注重企业价值链中的个别关键优势；另一种是整体能力观，以斯塔克、伊万斯和舒尔曼（Stalk，Evans and Shulman）为代表，强调价值链中的整体优势。德萨波（Desarbo，2005）等发现在动荡的环境中，战略能力越强对企业绩效的正向作用越明显。江积海指出，资源是企业在生产过程中投入的基本要素，资源本身几乎没有生产能力，企业的生产过程需要通过能力对资源进行协调和组合。随着20世纪90年代以来环境动态性的增强，学者们开始关注企业应对环境变化的动态能力。德纳维基（Drnevich，2011）对智利企业进行研究后发现，动态能力的异质性能够提高企业绩效，而普通能力的异质性并不太重要，环境的动态性减弱了普通能力对企业绩效的作用，却能够增强动态能力对企业绩效的作用。上述研究成为动态能力创造企业持续竞争优势的有力证据。

另外，有些学者认为，由于资源和能力之间相互依存的紧密关系，资源基础观和能力基础观并不矛盾，能力基础观是对资源基础观的发展，两者可以而且应该放到一个模型中进行分析。林（Lin，2012）把动态能力放在资源基础观框架下分析其对企业绩效的作用，并选择财富杂志中中国台湾前1000家企业进行研究，发现有价值的、稀缺的、难以模仿的、不可交易的（VRIN）资源既能够直接影响企业绩效，也能够通过动态能力的调节作用间接影响企业绩效。曹红军（2011）认为，特质性资源是企业获取竞争优势的物质条件，企业利用资源的能力是制约特质性资源发挥作用的关键因素，资源管理能力在资源异质性正向作用于企业绩效的过程中起调节作用。

14.3 动态能力对企业竞争优势的作用机理

动态能力对企业绩效的积极作用得到多数学者的认同，但是动态能力如何作用于企业绩效和竞争优势尚处于"黑箱"状态，学者们对动态能力的作用机制和作用过程存在不同的观点（见表14-1）。

表14-1　　　动态能力对企业竞争优势作用机理研究

作用机制	主要观点	代表人物及时间
动态能力直接提升企业竞争优势，其效应独立于其他变量	动态能力能够直接提升新创企业的绩效	阿萨斯和布斯尼茨（Arthurs and Busenitz，2006）；蒋勤峰（2008）；胡望斌（2009）；葛宝山（2009）；刘井建（2011）等
	动态能力能够直接提升新产品的开发绩效	赫尔法特（Helfat，1997）；迪兹（Deeds，2000）；马什和斯托克（Marsh and Stock，2006）；普列托（Prieto，2009）；江积海（2007）等
	动态能力能够直接提升企业的国际化绩效	柯贝拉（Jantunen，2005）；卡洛斯（José Carlos，2011）；克里斯蒂亚娜和塞尔维（Christiane and Sylvie，2011）等
动态能力对企业竞争优势的作用受其他因素的影响	动态能力通过中介变量（企业战略、企业创新、动态环境适应性）提升企业竞争优势	王和艾哈迈德（Wang and Ahmed，2007）；曹红军（2008）；陆愚（2008）；焦豪（2011）；冯军政（2012）；蔡树堂（2012）等
	动态能力通过调节变量（环境变量、组织变量）提升企业竞争优势	艾森哈特和马丁（Eisenhardt and Martin，2000）；马什和斯托克（March and Stock，2003）；林萍（2009）；Hao Jiao（2013）；刘井建（2011）；马利克和塔布（Malik and Kotabe，2009）；阿萨斯和布斯尼茨（Arthurs and Busenitz，2006）；詹和罗（Zhan and Luo，2008）；王和许（Wang and Hsu，2010）；威尔顿（Wilden，2012）等

14.3.1 动态能力能够直接提高企业的竞争优势

新创企业的成长过程是理论界关注的焦点，动态能力对新创企业绩效的积极作用得到了证实。阿萨斯和巴斯尼茨（Arthurs and Busenitz, 2006）认为，如果首次发行股票的上市企业具有动态能力，其创业行为会更具有竞争优势，能够获得较好的绩效。蒋勤峰（2008）对初创阶段的小型企业进行研究，指出动态能力能够对企业的创业绩效产生积极作用。胡望斌（2009）发现，新企业的创业导向与动态能力之间、新企业动态能力与企业成长之间具有显著正相关关系。葛宝山（2011）从动态能力入手打开了资源开发过程到企业绩效的黑箱，证明了动态能力在资源开发过程与新创企业绩效间的中介作用。刘井建（2011）用环境响应、技术柔性和组织柔性三维标准度量动态能力，认为动态能力直接对中小型新创企业的经营绩效和成长绩效产生影响。吴（2007）对中国台湾高科技企业进行了研究，发现动态能力在企业资源和企业绩效间起中介作用，在快速变化的市场中企业注重动态能力的培育和提升。

还有一些学者对新产品开发领域的动态能力进行了研究。郝福特（Helfat, 1997）认为，动态能力有利于企业创造新产品和新工艺以应对市场环境的变化。提斯（Deeds, 2000）指出新产品的快速开发是高科技企业成功的关键因素，并通过对94家医药生物技术企业的实证分析发现动态能力能够促进高科技企业新产品的开发过程。马斯和史塔克（Marsh and Stock, 2006）研究发现，新产品开发中的动态能力有利于跨期新产品的开发，并进一步提高企业绩效从而使企业保持竞争优势。普瑞特（Prieto, 2009）阐明了产品开发过程中动态能力的特点、影响因素和作用，并在西班牙收集相关数据验证了动态能力有利于提高企业的产品开发能力。我国学者江积海（2007）认为，新产品开发绩效主要通过开发时间和开发柔性来度量，动态能力能够有效缩短后发企业新产品的开发时间，提高开发柔性。

随着经济全球化的深入，跨国经营成为企业在全球范围内配置资源的一种战略选择，很多学者对企业国际化进程中动态能力与绩效的关系进行研究。詹特宁等（Jantunen, 2005）认为创业导向和动态能力对企业的国际化绩效产生显著的影响。卡洛斯（José Carlos, 2011）从社会网络视角分析了中小企业国际化进程中社会资本、动态能力和企业绩效间的关系。克里斯汀和西威（Christiane and Sylvie, 2011）采用动态能力视角分析了企业的国际化进程，介绍了三阶能力的概念，认为探索能力的培育有利于提高企业国际化进程中的发展速度，开发能力的培育有利于提高企业国际化进程中的生存率，提出应该对两者进行权衡以使国际化绩效最大化。

14.3.2　动态能力通过中介变量间接地提高企业竞争优势

中介变量和调节变量是挖掘复杂因果关系时所引入的重要变量，通过引入中介变量和调节变量可以揭开自变量与因变量之间产生关系的过程黑箱（张莉，2011）。部分学者认为，动态能力与企业竞争优势之间存在中介变量的作用。王和阿莫德（Wang and Ahmed，2007）认为，动态能力与企业绩效之间不存在直接关系，在这个关系链条中涉及许多中间环节。曹红军和赵剑波（2008）认为，战略过程在动态能力对企业绩效的正向关系中发挥中介作用，动态能力通过企业适应环境变化的战略过程对企业绩效与竞争优势产生积极作用。陆愚等（2008）认为，动态能力决定了跨国公司对新兴市场的认知，决定了公司的定位战略、市场战略、进入战略和价格战略，最终影响跨国公司在新兴市场中的绩效。焦豪（2011）认为利用式创新与探索式创新在动态能力与企业绩效间发挥中介效应。冯军政（2012）探索环境动荡性、动态能力对不连续创新的影响，以及不连续创新对组织绩效的非线性影响，认为不连续创新在环境动荡性与组织绩效以及动态能力与组织绩效之间发挥部分中介作用。蔡树堂（2012）对中国企业194份有效问卷进行实证研究，认为动态能力对企业可持续成长有显著正向作用，并且通过企业动态环境适应性中介作用于企业可持续成长。

14.3.3　动态能力对企业竞争优势的影响是通过调节变量实现的

多数学者认同环境变量在动态能力与企业绩效之间起调节作用。艾森哈特和马丁（Eisenhardt and Martin，2000）认为，分析动态能力与企业绩效关系时必须考虑企业所处环境的影响，在环境动荡程度比较温和时，动态能力的结果是可以预测的；在高度动荡的环境中，动态能力的结果是不可预测的。马斯和史塔克（Marsh and Stock，2003）引入环境动态性作为调节变量，发现新产品开发过程中跨期整合过程的有效管理能够增加新产品开发成功的可能性，复杂环境下动态能力对公司绩效的影响更强。我国学者林萍（2009）、焦豪（2011）和刘井建（2011）也发现了环境特征对于动态能力和企业绩效关系的调节效用。李大元等(2009)则认为,动态能力对企业持续优势有显著的积极作用,环境不确定性不是调节变量而是动态能力的驱动因素,动态能力与持续优势的关系不受环境不确定性水平的影响。另外,马利克和科特比(Malik and Kotabe,2009)以印度和巴基斯坦为例分析了政府政策对新兴经济体的影响,发现政府政策在动态能力与企业绩效间起调节效应,政府的支持政策有利于企业绩效的提升。

有些学者认为组织变量在动态能力与企业绩效之间起着调节作用。阿萨斯和布斯尼茨(Arthurs and Busenitz,2006)认为新上市的公司面临更激烈的竞争、更严格的公众监督和政府监管,风险资本家在动态能力和企业绩效间起调节作用,当风险资本家重新注资时会增加其抵御风险的能力,风险资本家的声望对上市公司的股票收益有显著正向影响。有些学者把环境变量和组织变量同时进入模型,分析其在动态能力与企业绩效之间的调节作用。詹和罗(Zhan and Luo,2008)考察了环境动态性和伙伴间合作关系在动态能力与企业绩效间的调节作用,环境动荡性越明显动态能力对企业绩效的作用越大,伙伴间合作关系较好时动态能力对企业绩效的作用越大。王和徐(Wang and Hsu,2010)通过中国台湾242家半导体企业七年的面板数据,分析了竞争态势和公司治理在动态能力与高科技企业绩效间的调节作用。维尔登(Wilden,2012)采用结构方程模型对动态能力和企业绩效的关系进行了分析,发现企业良好的组织结构有利于增强动态能力对企业绩效的作用,同时动态能力对企业绩效的作用还受竞争激烈程度的影响。

14.4 简要评述

14.4.1 存在的问题

主要包括三个方面。首先,动态能力的内涵和构成尚不明确。动态能力的概念应首先追求严谨,有了严谨的学术概念才能导致有价值的学术探索(鄢德春,2007)。有关动态能力的内涵还存在争议,动态能力的划分维度等基本问题也没有达到一致意见。如果动态能力的内涵和构成不统一,将会影响更深入的研究,最终导致动态能力理论难以指导企业的实践活动。其次,动态能力的衡量存在分歧。如何衡量一个企业是否具有动态能力,如何比较不同的企业动态能力水平的差异,对于此类问题尚没有统一的认识。虽然企业能力领域的部分实证研究为动态能力是企业竞争优势来源的观点提供了一定的支持,由于缺乏清晰明确的分析框架和成熟可靠的量表,动态能力与企业绩效关系的实证研究很难有确定的结论。最后,有些结论缺少实证研究的支持。动态能力难以准确度量,在一定程度上造成了理论研究和实证研究的分离,难以指导企业的实践活动。动态能力的很多研究结论还停留在抽象的概念和框架的讨论层面,仅仅是从理论到理论的演绎,缺少案例研究和实证研究的支持。近几年有关动态能力的实证研究逐渐增多,在以后的研究中,需要在增加实证研究数量的同时提高实证研究的质量。

14.4.2　未来的研究方向

应该加强以下三个方面的研究。首先,动态能力基本理论的发展。学术界对动态能力的定义仍然比较抽象,所构建的动态能力框架也比较粗略。在动态能力的维度划分和测量方法方面存在严重分歧,导致相关实证研究缺少关联性,研究结论也存在较大差异。只有动态能力的基本理论发展成熟后,才能深入分析动态能力对企业竞争优势的作用。在将来的研究中,需要对动态能力的基本理论加以完善。其次,采用实证研究方法系统地分析动态能力的形成机制。动态能力究竟是如何形成的,对这一问题的研究仍然停留在蒂斯(Teece,2007)提出的粗略框架上。创建动态能力需要大量的资源承诺和其他成本,选择正确的动态能力非常关键,这方面的研究还比较欠缺。在将来的研究中,需要构建一个模型来系统地解释动态能力诸要素的作用机理和作用过程,指导企业有效地培育动态能力以维持自身的竞争优势。最后,开展本土化的实证研究。近几年,国内外分析企业动态能力与竞争优势关系的实证研究逐渐增多,但是各研究所采用的动态能力的划分维度和测量方法并不统一,得出的结论各不相同甚至相互矛盾,严重影响了研究结论的一般适用性。今后,我国学者应该结合中国制度转型的现实背景,积极开展本土化的实证研究,完善动态能力的相关结论,逐渐提高动态能力理论的普适性(李兴旺,2006)。

参考文献:

[1] 蔡树堂. 动态能力对企业可持续成长作用机理的实证研究 [J]. 经济管理,2012(8):154-162.

[2] 曹红军,卢长宝. 王以华. 资源异质性如何影响企业绩效:资源管理能力调节效应的检验和分析 [J]. 南开管理评论,2011(4):25-31.

[3] 曹红军,赵剑波. 动态能力如何影响企业绩效:基于中国企业的实证研究 [J]. 南开管理评论,2008 (11):54-65.

[4] 冯军政. 环境动荡性、动态能力对企业不连续创新的影响作用研究 [D]. 浙江大学博士学位论文,2012.

[5] 葛宝山,董保宝. 基于动态能力中介作用的资源开发过程与新创企业绩效关系研究 [J]. 管理学报,2009 (4):520-526.

[6] 贺小刚,李新春,方海鹰. 动态能力的测量与功效:基于中国经验的实证研究 [J]. 管理世界,2006 (3):94-113.

[7] 胡望斌,张玉利,牛芳. 我国新企业创业导向、动态能力与企业成长关系实证研究 [J]. 中国软科学,2009 (4):107-115.

[8] 江积海. 动态能力是"皇帝的新装"吗?[J]. 经济管理,2012 (12):129-142.

[9] 江积海. 动态能力与企业成长 [M]. 北京:经济管理出版社,2007:59.

[10] 江积海. 基于动态能力的后发企业新产品开发策略研究 [J]. 科研管理,2007 (1):104-108.

[11] 蒋勤峰,田晓明. 企业动态能力对企业创业绩效作用的实证研究 [J]. 心理科学,2008 (31):1094-1099.

[12] 焦豪. 双元型组织竞争优势的构建路径:基于动态能力理论的实证研究 [J]. 管理世界,2011 (11):76-91.

[13] 李大元,项保华,陈应龙. 企业动态能力及其功效:环境不确定性的影响 [J]. 南开管理评论,2009 (12):60-68.

[14] 李兴旺. 动态能力理论的操作化研究:识别、架构与形成机制 [M]. 北京:经济科学出版社,2006.

[15] 林萍. 动态能力的测量及作用:来自中国企业的经验数据 [J]. 中南大学学报(社会科学版),2009 (8):533-540.

[16] 刘井建. 创业学习、动态能力与新创企业绩效的关系研究 [J]. 科学学研究,2011 (5):728-734.

[17] 刘井建. 动态能力与新创企业绩效的关系实证研究 [J]. 中国科技论坛,2011 (9):67-73.

[18] 陆愚,焦豪,张夷君. 新兴市场中跨国公司的战略选择研究——基于动态能力理论的视角 [J]. 科学学与科学技术管理,2008 (11):127-134.

[19] 苏云霞,孙明贵.国外动态能力理论研究梳理及展望[J].经济问题探索,2012 (10):172-180.

[20] 鄢德春.动态能力的概念和理论有价值吗[J].科学学研究,2007 (3):478-481.

[21] 杨国亮.企业竞争优势论[M].北京:中国经济出版社,2007:41-42.

[22] 张根明,陈才.企业家能力对企业竞争优势的影响研究[J].中国软科学,2010 (10):164-171.

[23] 张莉.实验研究中的调节变量和中介变量[J].管理科学,2011 (2):108-116.

[24] Arend R. J., Bromiley P. Assessing the Dynamic Capabilities View: Spare Change, Everyone? [J]. Strategic Organization, 2009, 7 (1): 75-90.

[25] Ari Jantunen, Hanna - Kaisa Ellonen, Anette Johansson. Beyond Appearances - Do Dynamic Capabilities of Innovative Firms Actually Differ? [J]. European Management Journal, 2012 (30): 141-155.

[26] Arthurs J. D., Busenitz L. W. Dynamic Capability and Venture Performance: The Effects of Venture Capitalists [J]. Journal of Business Venturing, 2006, 21 (2): 195-215.

[27] Barney J. B. Firm Resources and Sustained Competitive Advantage [J]. Journal of Management, 1991, 17 (1): 99-120.

[28] Christiane Prange, Sylvie Verdier. Dynamic Capabilities, Internationalization Processes and Performance [J]. Journal of World Business, 2011, 46 (11): 126-133.

[29] Daniel E. M., Wilson H. N. The Role of Dynamic Capabilities in E - business Transformation [J]. European Journal of Information Systems, 2003 (12): 282-296.

[30] Deeds D. L., Deearolis D., Coombs J. Dynamic Capabilities and New Product Development in High Technology Ventures: An Empirical Analysis of New Biotechnology Firms [J]. Journal of Business Venturing, 2000, 15 (3): 211-229.

[31] DeSarbo, Benedetto, Michael Song, Sinha. Revisiting the Milesand Snow Strategic Framework: Uncovering Interrelationships between Strategic Types, Capabilities, Environmental Uncertainty, and Firm Performance [J]. Strate-

gic Management Journal, 2005, 26 (1): 47 - 74.

[32] Drnevich P. L., Kriauciunas A. P. Clarifying the Conditions and Limits of the Contribution of Ordinary and Dynamic Capabilities to Relative Firm Performance [J]. Strategic Management Journal, 2011, 32 (3): 254 - 279.

[33] Eisenhardt K. M., Martin J. A. Dynamic Capabilities: What Are They? [J]. Strategic Management Journal, 2000, 21 (10): 1105 - 1121.

[34] Foss N. Dynamic Capabilities: The Emperor's New Clothes [EB/OL]. http://organizations and markets.com/2009/04/20/dynamic - capabilities - the - emperors - new - clothes.html, 2009 - 4 - 20/2012 - 7 - 30.

[35] Hao Jiao, Ilan Alon, Chun Kwong Koo, Yu Cui. When Should Organizational Change Be Implemented? The Moderating Effect of Environmental Dynamism between Dynamic Capabilities and New Venture Performance [J]. Technology Management, 2013 (30): 188 - 205.

[36] Helfat C. E., Peteraf M. A. The Dynamic Resource - Based View: Capability Lifecycles [J]. Strategic Management Journal, 2003, 24 (10): 997 - 1010.

[37] Helfat C. E., Peteraf M. A. Understanding dynamic capabilities: Progress along a development path [J]. Strategic Organization, 2009, 7 (1): 91 - 102.

[38] Helfat. Know-how and Asset Complementarity and Dynamic Capability Accumulation: The Case of R&D [J]. Strategic Management Journal, 1997, 18 (5): 339 - 360.

[39] Isabel M. Prieto, Elena Revilla, Beatriz Rodríguez - Prado. Building Dynamic Capabilities in Product development: How do Contextual Antecedents matter? [J]. Scandinavian Journal of Management, 2009 (25): 313 - 326.

[40] Jantunen A., Puumalainen K., Saarentreto S., KylAheiko K. Entrepreneurial Orientation, Dynamic Capabilities and International Performance [J]. Journal of International Entrepreneurship, 2005, 3 (3): 223 - 243.

[41] José Carlos M. R. Pinho. Social Capital and Dynamic Capabilities in International Performance of SMEs [J]. Journal of Strategy and Management, 2011, 4 (4): 404 - 421.

[42] Levinthal D., Ocasio, C. Dynamic Capabilities and Adaptation. DRUID De-

bates (video). http://www.druid.dk/streaming/ds2007/onsdag/msh.htm, 2007 - 6 - 21.

[43] Malik O. R., Kotabe M. Dynamic Capabilities, Government Policies, and Performance in Firms from Emerging Economies: Evidence from India and Pakistan [J]. Journal of Management Studies, 2009, 46 (3): 421 - 450.

[44] Marsh S. J., Stock G. N. Building Dynamic Capabilities in New Product Development through Intertemporal Integration [J]. Journal of Product Innovation Management, 2003, 20 (2): 136 - 148.

[45] Marsh S. J., Stock G. N. Creating Dynamic Capability: The Role of Intertemporal Integration, Knowledge Retention, and Interpretation [J]. Journal of Product Innovation Management, 2006, 23 (5): 422 - 436.

[46] Moliterno, Wiersema. Firm Performance, Rent Appropriation and the Strategic Resource Divestment Capability [J]. Strategic Management Journal, 2007, 28 (11): 1065 - 1087.

[47] Peteraf M. A. The Cornerstones of Competitive Advantage: A Resource - Based View [J]. Strategic Management Journal, 1993, 14 (3): 179 - 191.

[48] Teece D. J. Dynamic Capabilities and Strategic Management [J]. Strategic Management Journal, 1997, 18 (7): 509 - 533.

[49] Teece D. J. Explicating Dynamic Capabilities: the Nature and Microfoundations of (Sustainable) Enterprise Performance [J]. Strategic Management Journal, 2007, 28 (13): 1319 - 1350.

[50] Wang Chao - Hung and Hsu Li - Chang. The Influence of Dynamic Capability on Performance in the High Technology Industry: The Moderating Roles of Governance and Competitive Posture [J]. African Journal of Business Management, 2010, 4 (5): 562 - 577.

[51] Wang C. L., Ahmed P. K. Dynamic Capabilities: A Review and Research Agenda [J]. International Journal of Management Reviews, 2007, 9 (1): 31 - 51.

[52] Wheeler B. C. A Dynamic Capabilities Theory for Assessing Net - Enablement [J]. Information Systems Research, 2002, 13 (2): 125 - 146.

[53] Wiklund, Shepherd. Knowledge - based Resources, Entrepreneurial Orienta-

tion, and the Performance of Small and Medium-sized Businesses [J]. Strategic Management Journal, 2003, 24 (13): 1307 – 1314.

[54] Wilden, R. et al., Dynamic Capabilities and Performance: Strategy, Structure and Environment [J]. Long Range Planning, 2012: http://dx.doi.org/10.1016/j.lrp.2012.12.001.

[55] Winter S. G. Understanding Dynamic Capability [J]. Strategic Management Journal, 2003, 24 (10): 991 – 995.

[56] Wu Lei – Yu. Entrepreneurial Resources, Dynamic Capabilities and Start-up Performance of Taiwan's High-tech Firms [J]. Journal of Business Research, 2007 (60): 549 – 555.

[57] Wu Zhan and Yadong Luo. Performance Implications of Capability Exploitation and Upgrading in International Joint Ventures [J]. Management International Review, 2008, 48 (2): 227 – 253.

[58] Yini Lin, Lei – Yu Wu. Exploring the Role of Dynamic Capabilities in Firm Performance under the Resource-based View Framework [J]. Journal of Business Research (2013), http://dx.doi.org/10.1016/j.jbusres.2012.12.019.

[59] Zahra S. A., George, G. The Net Enabled Business Innovation Cycle and the Evolution of Dynamic Capabilities [J]. Information Systems Research, 2002, 13 (2): 147 – 151.

[60] Zollo M., Winter, S. G. Deliberate Learning and the Evolution of Dynamic Capabilities [J]. Organization Science, 2002, 13 (3): 339 – 351.

[61] ZottC. Dynamic Capabilities and the Emergence of Industry Differential Firm Performance: Insights from A Simulation Study [J]. Strategic Management Journal, 2003, 24 (2): 97 – 125.

第 15 章
企业转型升级的动态能力构建及作用机理研究[①]

经济的转型升级依托于微观企业的转型和升级。本章分析了动态能力及企业转型升级的相关文献后,确定了构成企业转型升级动态能力的子能力,通过调查问卷对我国经济转型过程中企业的动态能力进行测量,并对动态能力与企业绩效的关系进行探索。研究发现,企业转型升级的动态能力由三个子能力构成,子能力之间紧密相关;市场感知能力通过影响学习吸收能力和变革创新能力间接提升企业绩效,学习吸收能力和变革创新能力能够直接提升企业绩效。

15.1 引 言

随着技术变革速度的加快,产品的生命周期大大缩短,加上全球竞争因素的影响和消费者需求的多样性,企业所处的生存环境日益复杂(王建军,2017)。动态能力有利于企业主动适应市场环境的变化,能够使企业具有先动优势,多数学者已经接受动态能力的概念,认同动态能力是企业感知环境并整合资源以应对危机或抓住机会的能力(徐召红等,2013)。我国正处于经济转型升级和产业结构调整的关键时期,企业的经营环境更为复杂和多变。转型升级是企业由低技术水平、低附加值向高技术水平、高附加值的转变(赵昌文,2013),有利于促进相关产业迈向全球价值链的中高端。在企业转型升级的过程中,动态能力的合理构建不仅可以帮助企业识别正确的转型方向,还可以确立有效的转型战略并取得良好的转型效果(Sarch et al.,2010)。

---

① 本章作者为徐召红、杨惠馨,发表在《东岳论丛》2018 年第 4 期(有改动)。

国内外市场需求乏力，要素成本却节节攀升，企业需要通过生产效率的提高和创新因素的支撑，才能够获得长足发展。主动转型成为企业可持续发展的关键（唐孝文等，2015），众多学者对互联网时代我国传统企业的转型升级问题进行了深入研究（Ma Xiang，2017）。多数企业转型升级乏力的原因之一是转型能力的缺失或不足，企业在超竞争环境中要想得以生存，必须培育和提升动态能力（邓少军等，2017）。本章将对企业转型升级过程中的动态能力进行分解，并探讨各个构成维度对企业绩效的作用机理，以期能够深入了解促进企业成功转型升级的动态能力构建过程，提升动态能力理论对企业管理实践的指导作用。

15.2 企业转型升级动态能力的构成维度

超竞争环境下，动态能力对企业持续竞争优势的积极作用已经得到认同。在动态能力的相关研究中，多数学者都强调机会识别、组织学习和整合创新的重要性。依据企业转型升级的行为过程，可以将动态能力划分为市场感知能力、学习吸收能力和变革创新能力三个维度。

15.2.1 市场感知能力

建设现代化经济体系，必须深化供给侧结构性改革，努力提高供给体系的质量。我国产业结构分化明显，落后产能必将逐渐退出市场，改变原有的粗放型发展模式，是企业转型升级的总体路径。随着居民收入水平提升，消费者对产品质量和服务质量的要求越来越高，需求呈现出个性化与流行化并行的趋势（肖静华等，2014），质量的提升和品牌的打造可以促进企业的产品升级。市场感知能力是企业响应外界环境变化的基础，是企业及时应对动态环境的前提条件。在竞争激烈的市场中，企业能否成功转型升级受到产业环境和企业能力两个方面的影响。

在我国经济增长进入中高速轨道的"新常态"下，众多企业都面临着非常严峻的考验，快速变化的市场环境要求管理者能够及时发现企业的创新机会和发展机遇。市场感知能力本质上是一种信息搜寻机制，是企业动态能力最基本的构成要素之一。结合大数据、云计算等新兴技术，企业可以对相关信息和资料进行充分挖掘，了解海量群体的行为模式。建立高效的信息系统有利于管理者访问和分析不同来源的数据，提高企业对潜在机会的洞察能力

(Nicholas et al., 2016)。

15.2.2 学习吸收能力

某些传统产业经过一定程度的技术改造和网络嫁接后,有可能会演变为有竞争力的新兴产业,应该大力推动互联网、大数据、人工智能和实体经济的深度融合。通过技术引进推动企业升级是现实可行、成本低、效益好的转型路径(杨瑛哲,2017),管理者将先进技术引入本企业后,必须加强培训以加速新技术的消化吸收,才能取得良好的经济效益。在构建企业转型升级的动态能力时,管理者和员工是重要的影响因素,技术的智能化和网络化要求企业全体成员不断学习以提升自己的专业素养。

党的十九大报告指出,激发和保护企业家精神,建设知识型、技能型、创新型的劳动者大军。2017年前后,我国人口红利的拐点已经出现,发展以技能人才为基础的人力资源培养体系,可以提高企业的劳动生产率,从而对冲劳动力成本的上升趋势,技能型劳动力的培养和使用,能够显著影响企业转型升级的绩效水平(Nicholas et al., 2016;程虹等,2016)。学习吸收能力是构建企业动态能力的重要源泉,员工学习吸引能力的增强,有利于提高技术引进的效率,促进企业的转行、转轨或升级。

15.2.3 变革创新能力

从微观上看,通过技术创新对冲要素价格的上升以提升产品附加值,是企业转型升级的主要途径。当然,转型升级时的技术选择应以自主创新为主还是以技术引进为主,是一个值得研究的问题,但是战略性技术必须依靠企业的自主创新。面对国内外众多因素的制约,企业只有立足于自主创新,才能实现成长方式的有效突破。另外,企业品牌的建立能够提高需求刚性,转型升级过程中取得重大技术创新的企业应该加强自我品牌的建设和保护,力争在价值链重构时居优势地位,树立"中国质造"的高品质形象。

创业和创新是我国经济社会发展的引擎和动力,政府鼓励更多社会主体积极投身于创新创业。企业转型升级的实现强调创新在提升竞争力中的作用,变革创新能力是企业动态能力的关键和核心。面对转型升级的巨大压力,管理者必须增加研发支出的比重,提高企业的技术创新能力。当然,重视企业创新并不是简单地追求研发投入规模的增加,而应该综合考虑投入产出的实际效果,否则容易助长不计研发效果的资源浪费现象和指标造假现象(刘志彪等,2014)。

15.3 理论假设与模型构建

15.3.1 动态能力三个维度之间的紧密联系

能力是企业内部创造和积累的不同类型知识的集合,动态能力强调各维度的动态性、系统性和结构性,各个构成维度之间存在紧密的逻辑关系。理论奠基人蒂斯(Teece,2007)对动态能力的维度进行了深入分析,指出不同维度之间存在递进演化的关系。首先,市场感知能力与学习吸收能力之间存在紧密联系。面对不断变化的外部环境,企业在转型升级时必须采取相应的行动以提供适应市场需求的产品或服务,只有企业意识到原有的知识已经陈旧或者存在欠缺,才有可能通过有效的学习实现原有知识的补充和更新。其次,市场感知能力与变革创新能力之间存在紧密联系。动态能力的最终目标是使企业适应环境的变化,及时并准确地发现市场环境的变动是动态能力形成和演化的基础。企业只有准确识别环境变化所带来的机遇或挑战,才能明确企业变革创新的方向(熊胜绪,2016)。最后,学习吸收能力与变革创新能力之间存在紧密联系。学习并吸收先进知识是企业创新的基础和来源,企业意识到环境变化并经历必要的学习过程后,通过充分弥补企业内部资源、技术和能力等各方面的不足,才能够有效地整合已有的资源,提供符合市场需求的新产品或新服务,实现与新环境的匹配和企业的转型升级。综上分析,可以提出如下假设:

H1:动态能力三个维度之间存在紧密联系。

H1a:市场感知能力正向作用于学习吸收能力,二者存在正相关关系。

H1b:市场感知能力正向作用于变革创新能力,二者存在正相关关系。

H1c:学习吸收能力正向作用于变革创新能力,二者存在正相关关系。

15.3.2 动态能力与企业绩效的关系分析

在环境动荡性日益加剧的情况下,分析动态能力各维度对企业转型升级成效的重要程度和作用路径,有利于指导企业的管理实践活动,提升企业转型升级的能力。首先,对环境的洞察是企业采取应对策略的前提(李兴旺,2006),企业只有具备灵敏的市场感知能力,才能正确制定转型升级的目标。对企业来说,在动荡的超竞争环境中,既存在生死存亡的挑战也蕴含着千载难逢的机遇,企业对周围环境的感知越准确和及时,越有利于管理者采取有效的后续行动，以实现提高企业绩效的最终目标。其次，动态能力的发展是一种学习机制，企业必须通过不断学习并积累知识，才能在转型升级过程中实现已有知识的更新。知识已经成为社会经济发展的根源，企业必须注重对知识的有效获取和合理利用才能逐渐发展和壮大，因此各企业都在努力地向学习型组织转变。企业的学习吸收能力越强，越能够成功借鉴竞争对手和其他行业的先进经验，促进企业绩效的提高。最后，企业是否具有创新精神，是转型升级的重要保障，管理者必须提升企业的创新意识和创新能力（程虹等，2016）。市场上的赢家往往都具有高效的整合重构能力，从而能够有效地分配企业所掌握的资源，并快速进行创新以响应市场环境的变化。随着环境动荡程度的加剧，企业的变革创新能力越强，越能够高效地生产出适销对路的产品，满足消费者的需求以提高企业的绩效水平。综上分析，可以提出如下假设：

H2：动态能力正向作用于企业绩效，二者存在正相关关系。

H2a：市场感知能力正向作用于企业绩效，二者存在正相关关系。

H2b：学习吸收能力正向作用于企业绩效，二者存在正相关关系。

H2c：变革创新能力正向作用于企业绩效，二者存在正相关关系。

通过以上分析，可以建立以下理论模型，如图 15-1 所示。

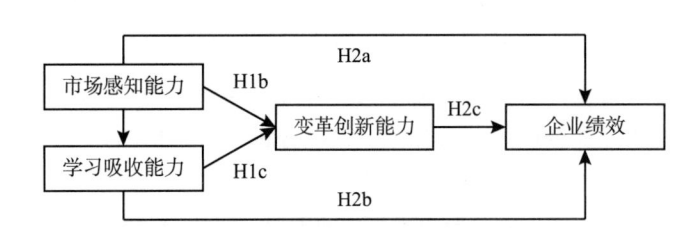

图 15-1 动态能力和企业绩效关系的理论模型

15.4 研究设计与数据搜集

15.4.1 研究变量设计

通过相关文献的梳理获得了反映动态能力和企业绩效的调查问卷，并基于实地访谈的结果进行了修正，题项均采用李克特五点量表进行衡量，各题项的具体内容见表 15-1。其中，市场感知能力指企业在转型升级过程中能及时识别环境变化所带来的机会或威胁，借鉴贺小刚（2006）、焦豪（2010）、蔡树堂（2011）等的研究，可以用四个题项来反映和测量；学习吸收能力指企业在转型升级时能把竞争对手或其他行业的外溢知识引入企业内部，借鉴林萍（2008）、刘亚军（2010）等的研究，可以用四个题项来反映和测量；变革创新能力指企业能重新组合所拥有的资源以提供新产品或新服务，借鉴王核成（2010）、张凤海（2013）等的研究，可以用四个题项来反映和测量；企业绩效包括财务绩效和非财务绩效两个方面，借鉴波恩蒂斯（Bontis，2000）、石春生（2011）、任俊义（2011）等的研究，可以用四个题项来反映和测量。

表 15 – 1　　　　　　　　变量因子分析与信度检验

变量	测量题项（指标）	因素载荷量	Cronbach's α 值
市场感知能力	企业能准确预测本行业市场需求的变动情况（MC1）	0.756	0.804
	企业能意识到本行业先进技术的发展变化趋势（MC2）	0.808	
	企业能识别潜在的竞争者的出现及其影响程度（MC3）	0.505	
	企业能及时了解各级政府对本行业的相关政策（MC4）	0.662	
学习吸收能力	企业能够在全体员工之间分享公司的发展愿景（LC1）	0.605	0.893
	企业鼓励员工不断学习并提供良好的培训机会（LC2）	0.596	
	企业注重通过各种渠道从外部获取有用的信息（LC3）	0.625	
	企业能够根据所获取的信息更新原有的知识（LC4）	0.604	
变革创新能力	企业对创新活动投入大量人力、物力和财力（IC1）	0.746	0.909
	企业管理者和员工具有不断创新的探索精神（IC2）	0.804	
	企业文化鼓励员工进行各种变革和创新活动（IC3）	0.791	
	企业对变革和创新提供卓有成效的激励机制（IC4）	0.837	
企业绩效	企业的利润率较高（EP1）	0.883	0.856
	企业的投资回报率较高（EP2）	0.866	
	企业销售收入有不断增长的趋势（EP3）	0.668	
	企业的市场占有率持续提高（EP4）	0.623	

15.4.2　调查对象与数据搜集

本研究共向 356 家企业发放调查问卷，回收 238 份，其中有效问卷 170 份，问卷回收率和有效问卷率分别为 66.85% 和 47.75%。问卷的发放主要集中在我国东部经济比较发达的地区，包括北京、深圳、济南、潍坊等大中城市，采用当场发放和电子邮件两种方式。本研究所设定的模型有 4 个变量，共 16 个题项，170 份问卷能够满足结构方程模型的样本要求。

15.5 资料分析与解释

15.5.1 信度和效度检验

信度越大意味着测量的标准误越小，可用克隆巴赫系数（Cronbach's α）进行验证。本研究使用 SPSS 21.0 软件进行统计分析，经计算各变量的 Cronbach's α 系数均大于 0.8，可见本研究中调查问卷的量表是比较可靠的。

进行探索性因子分析可知，KMO 检验值为 0.907，Bartlett 球度检验值为 1867.33，自由度为 120，显著水平为 0，因此样本的相关矩阵间有共同因素存在。利用主成分分析法，并采用最大方差法旋转，得到所有因素的因子载荷系数，从表 15-1 可见，各因素层面的题项变量的因素负荷量均在 0.500 以上，表明潜在变量可以有效地反映各个指标变量。四个因素的解释变异量分别是 23.58%、17.02%、16.37% 和 16.15%，联合解释变异量达到 73.12%，满足社会科学研究的一般要求。

15.5.2 相关分析

表 15-2 为动态能力三个维度与企业绩效的相关系数矩阵。动态能力的三个维度之间存在显著的相关关系，因此不能采用回归分析方法，本研究采用结构方程对模型进行验证，通过路径分析以克服变量之间的相关性问题。

表 15-2　　　　　　　　研究变量之间的相关系数

变量	市场感知能力	学习吸收能力	变革创新能力	企业绩效
市场感知能力	1			
学习吸收能力	0.687**	1		
变革创新能力	0.624**	0.767**	1	
企业绩效	0.507**	0.541**	0.507**	1

注：样本容量为 170；** 表示 $P<0.01$。

15.5.3 结果分析

(1) 模型修正及拟合。结构方程模型可以对各种因果模型进行辨识、估计与验证，本研究采用 AMOS 21.0 统计软件，对变量之间的路径系数进行检验。对本研究模型的拟合程度进行检验，GFI = 0.82，RMSEA = 0.081，AGFI = 0.85，GFI，NFI 均大于 0.9，表明模型的拟合情况良好。

(2) 假设检验。针对前文所作的模型假设，将相关结果进行统计。从表 15-3 可知，除 H2a 外，模型的其他假设均成立，其中 H1a 和 H1c 的路径系数较大，结果也最为显著。因此企业在转型升级过程中具有以下特点：一方面，市场感知能力对学习吸收能力的影响非常显著，学习吸收能力对变革创新能力的影响也非常显著；另一方面，学习吸收能力和变革创新能力能够直接影响企业绩效，市场感知能力通过提升学习吸收能力和变革创新能力间接地影响企业绩效。

表 15-3　　　　　　　　　　　假设检验结果

假设	变量关系	路径系数	T值	检验结果
H1a	市场感知能力→学习吸收能力	0.687**	12.290	支持
H1b	市场感知能力→变革创新能力	0.184*	2.763	支持
H1c	学习吸收能力→变革创新能力	0.641**	9.650	支持
H2a	市场感知能力→企业绩效	0.224	1.713	不支持
H2b	学习吸收能力→企业绩效	0.256*	2.391	支持
H2c	变革创新能力→企业绩效	0.171*	2.550	支持

注：** 表示 $P<0.01$，* 表示 $P<0.05$。

(3) 效应分析。为了深入了解企业转型升级过程中动态能力各个维度与企业绩效之间的关系，可以进一步对其进行效应分析，表 15-4 为动态能力三个维度对企业绩效的直接效应、间接效应和总效应。从表 15-4 可见，市场感知能力对企业绩效的直接效应不显著，间接效应为 0.283，总效应为 0.283；学习吸收能力对企业绩效的直接效应为 0.256，间接效应为 0.109，总效应为 0.366；变革创新能力直接影响企业绩效，效应值为 0.171，没有间接效应，总效应为 0.171。由效应分析的结果可知，在企业转型升级动态能力的三个构成维度中，学习吸收能力对企业绩效的影响最大。我国多数企业的转型升级仍然应以引进和吸收先进技术为基础，必须充分发挥学习吸收能力对企业转型升级效果的积极作用。一方面，管理者应该构建学习型组织，在企业内部建立良好的知识共享和学习机制；另一方面，企业必须充分利用相关法律法规，加强自有知识及产权的利用和保护。

表 15-4　　　　　　　　动态能力对企业绩效的影响效应

变量	直接效应	间接效应	总效应
市场感知能力	—	0.283	0.283
学习吸收能力	0.256	0.109	0.366
变革创新能力	0.171	—	0.171

15.6　结论与不足

15.6.1　结论与启示

（1）企业动态能力的三个维度之间存在显著的正相关关系。动态能力的三个维度密切相关，只有三者相互配合和支持，才能充分发挥动态能力的积极作用，促进企业的转型和升级。首先，企业通过市场感知能力才能及时了解环境变化所带来的机会或威胁，并根据企业状况制定有效的发展战略和实施步骤，这是企业转型升级的前提条件。其次，知识是当今企业最重要的资源，管理者认识到环境的变化及企业自身的优劣势之后，才能够积极地向社会各方学习，借鉴并吸收其他企业的成功经验。最后，面对激烈的市场竞争，管理者需要对各种资源进行整合和变革，通过创新来满足复杂多变的消费者偏好，才能使企业在动荡的环境中得以生存和发展，完成企业的转型和升级。企业转型升级的动态能力体现为市场感知能力、学习吸收能力和变革创新能力的整体优化，如果企业仅仅重视动态能力的某个维度，很难充分发挥动态能力对企业转型升级效果的积极作用。

（2）转型升级过程中动态能力的三个维度均能够显著提高企业绩效。传统企业的转型和升级是今后我国经济能够健康发展的前提条件。在全球化和知识经济时代，动态能力贯穿企业转型升级的全过程，能够使企业在外部环境变化的情况下，动态地更新和释放资源，协调企业的内外部关系，最终完成转型和升级。本研究发现，在我国企业的转型升级过程中，学习吸收能力对企业绩效的作用最大，市场感知能力的作用次之，变革创新能力的作用较小。我国大部分企业的核心技术仍然缺失，研发变革能力比较薄弱，自主创新水平较低，企业绩效的提高主要依赖于对其他企业的学习和模仿（Zhang et al., 2016）。众所周知，我国引进的技术与国际先进技术之间存在一定的差距，相对于技术引进，自主创新是更有效、更长久的企业转型方式（杨瑛哲等，2017）。面对竞争激烈的市场环境和知识产权的严密保护，企业管理者必须高度重视自主创新能力的培育，才能充分发挥动态能力对企业转型升级成效的积极作用。

（3）企业必须建立有效的激励机制才能全方位地提升自身的动态能力。企业转型升级成功的关键因素是具备一定的动态能力，动态能力是由多个子能力构成的，子能力的强弱及组合状态决定了企业动态能力的整体水平（龚一萍，2011）。首先，面对瞬息万变的市场环境，企业在转型升级过程中应该建立和完善高效的信息系统，积极收集各种有价值的资料和信息，包括市场需求、技术发展、竞争者状况及政府的相关政策，才能提高企业的市场感知能力。其次，追求转型升级的企业必须主动向学习型组织转变，逐步在企业内部建立高效、开放的学习机制，鼓励全体员工不断学习先进知识和技能，充分了解其他企业的成功经验和失败教训，才能提高企业的学习吸收能力。最后，高层管理者要想促使企业的转型升级战略取得成功，必须投入足够的人力、物力和财力，支持员工大胆进行探索和尝试，在企业内部树立不断创新的精神，培育先进的创新文化，才能提高企业的变革创新能力，更好地适应生存环境的变化。

15.6.2 不足之处

本研究主要存在两方面的不足。一方面，由于不同行业的市场环境和技术状况存在一定差异，为了深刻理解不同行业动态能力的差异和转型升级的效果，未来的研究可以对调查对象进行分类，例如将企业划分为传统制造业或服务业，对动态能力不同维度的作用进行分析和对比。另一方面，企业只有经过一定时间的运营并逐步走上正轨之后，才有可能形成强有力的动态能力，才能对企业绩效的水平作出比较客观的评价，将来可以深入分析动态能力在企业不同生命周期的作用。

参考文献：

[1] 蔡树堂. 基于动态能力的企业可持续成长研究 [M]. 北京：经济科学出版社，2011.

[2] 程虹，刘三江，罗连发. 中国企业转型升级的基本状况与路径选择——基于570家企业4794名员工入企调查数据的分析 [J]. 管理世界，2016（2）：57-70.

[3] 邓少军，芮明杰，赵付春. 多层次信息消费驱动传统产业转型升级的路径模式：供给侧与需求侧对接的视角 [J]. 复旦学报（社会科学版），2017（3）：154-163.

[4] 龚一萍. 企业动态能力的度量及评价指标体系 [J]. 华东经济管理，2011（9）：150-154.

[5] 贺小刚，李新春，方海鹰. 动态能力的测量与功效：基于中国经验的实证研究 [J]. 管理世界，2006（3）：94-103.

[6] 焦豪. 企业动态能力绩效机制及其多层次影响要素的实证研究 [D]. 复旦大学博士学位论文，2010.

[7] 李兴旺. 动态能力理论的操作化研究：识别、架构与形成机制 [J]. 北京：经济科学出版社，2006.

[8] 林萍. 组织动态能力研究——Teece等的动态能力框架的一个扩展 [D]. 厦门大学博士学位论文，2008.

[9] 刘亚军. 企业智力资本、吸收能力及创新文化对技术创新绩效的影响——基于制造业的研究 [D]. 天津大学博士学位论文，2010.

[10] 刘志彪，陈柳. 政策标准、路径与措施：经济转型升级的进一步思考 [J]. 南京大学学报，2014（5）：48-56+158.

[11] 任俊义. 企业智力资本对绩效影响的实证研究：要素结构视角 [J]. 烟台大学学报（哲学社会科学版），2011（10）：98-105.

[12] 石春生，何培旭，刘微微. 基于动态能力的知识资本与组织绩效关系研究 [J]. 科技进步与对策 [J]. 2011（3）：150-155.

[13] 唐孝文，刘敦虎，肖进. 动态能力视角下的战略转型过程机理研究 [J]. 科研管理，2015（1）：90-96.

[14] 王核成. 动态环境下的企业竞争力：基于动态能力观的竞争力及其演化研究 [M]. 北京：科学出版社，2010.

[15] 王建军. 动态能力和社会关系对企业绩效的作用机制: 调节的中介效用检验 [J]. 管理工程学报, 2017 (1): 39-49.

[16] 肖静华, 谢康, 吴瑶, 冉佳森. 企业与消费者协同演化动态能力构建: B2C 电商梦芭莎案例研究 [J]. 管理世界, 2014 (8): 134-151+179.

[17] 熊胜绪. 企业技术创新动态能力理论探析 [J]. 中南财经政法大学学报, 2016 (3): 33-38.

[18] 徐召红, 杨蕙馨. 动态能力与企业竞争优势的关系及作用机理 [J]. 经济问题探索, 2013 (9): 154-160.

[19] 薛继亮. 技术选择与产业结构转型升级 [J]. 产业经济研究, 2013 (6): 29-37.

[20] 杨瑛哲, 黄光球. 企业转型的技术变迁路径分析: 基于系统动力学的仿真模型 [J]. 科技进步与对策, 2017 (2).

[21] 张凤海. 动态能力对新企业绩效的影响机理研究 [D]. 大连理工大学博士学位论文, 2013.

[22] 赵昌文, 许召元. 国际金融危机以来中国企业转型升级的调查研究 [J]. 管理世界, 2013 (4): 14-21+64.

[23] David J. Teece. Explicating Dynamic Capabilities: The Nature and Micro-Foundations of (Sustainable) Enterprise Performance [J]. Strategic Management Journal, 2007, 28 (13): 1319-1350.

[24] Lucy Fallon-Byrne, Brian Harney. Microfoundations of Dynamic Capabilities for Innovation: a Review and Research Agenda [J]. Irish Journal of Management, 2017, 36 (1): 21-31.

[25] Ma Xiang. Influence Research on the Industrial Transformation and Upgrading Based on Internet Plus Strategy [J]. Journal of Computational and Theoretical Nanoscience, 2017, 14 (9): 4384-4390.

[26] Nicholas Roberts, Damon E. Campbell, Leo R. Vijayasarathy. Using Information Systems to Sense Opportunities for Innovation: Integrating Postadoptive Use Behaviors with the Dynamic Managerial Capability Perspective [J]. Journal of Management Information Systems, 2016, 33 (1): 45-69.

[27] Nick Bontis, William Chua Chong Keow, Stanley Richardson, Intellectual Capital and Business Performance in Malaysian Industries [J]. Journal of Intellectual Capital, 2000, 1 (1): 85-100.

[28] Sarah E. A. Dixon, Klaus E. Meyer, Marc Day. Stages of Organizational Transformation in Transition Economies: A Dynamic Capabilities Approach [J]. Journal of Management Studies, 2010, 47 (3): 416-436.

[29] Xianhui Zhang, William A. Peek, Bohdan Pikas, Tenpao Lee. The Transformation and Upgrading of the Chinese Manufacturing Industry [J]. Journal of Applied Business and Economics, 2016, 18 (5): 97-105.

第 16 章
智力资本与动态能力对高科技企业绩效的作用机理[①]

解释企业竞争优势的来源一直是战略管理研究的主要议题。在知识经济时代，新技术的飞速发展使企业的竞争环境不断变化，超竞争环境不断显现和加强。智力资本的积累和动态能力的培育有助于高科技企业绩效的提升。对高科技企业短期绩效来说，智力资本和动态能力有时可以互相替代；对高科技企业长期绩效来说，智力资本和动态能力是互补的，缺一不可。

企业竞争优势来源的研究由竞争优势外生论转向竞争优势内生论，又发展到强调内外整合的动态能力理论，经历了由外生走向内生，再到内外整合的过程。在竞争优势的相关研究中，学者们普遍认同资源和能力是决定企业利润的两大基本要素。在知识经济时代，知识成为企业最具战略性的资源和竞争优势的重要源泉，智力资本是企业知识的集中体现，成为人类财富创造的重要手段。20世纪90年代以来的道琼斯工业指数显示，财富的核心是智力资本而不是有形资产。与此同时，全球竞争格局凸显，环境的动荡性和复杂程度随之加剧，消费者的需求又多种多样，种种因素导致企业竞争优势的来源以逐渐加快的速度被创造出来和侵蚀掉。在超竞争环境中，企业动态能力成为学者和企业管理者关注的焦点。本章把高科技企业绩效分为短期绩效和长期绩效，分析智力资本和动态能力的关系及对高科技企业绩效的作用机理，以期能够丰富企业竞争优势来源的理论研究。

---

① 本章作者为徐召红、杨蕙馨，发表在《理论学刊》2013年第2期（有改动）。

16.1 企业资源与企业能力的关系

学者们对资源的定义可以分为广义和狭义两种。从广义上讲，企业资源包括企业所控制的各种资产、能力、组织过程、公司特性、信息、知识等（Barney，1991）。从狭义上讲，资源仅指企业生产过程中投入的各种要素的组合，包括商誉等无形资产（Grant，1991）。从广义的资源观来看，企业能力属于企业资源的范畴。但是，作为特殊资源的企业能力，不同于企业的一般资源，能力对企业来说具有特殊的重要性。莫因根和拉曼安加（Moingeon and Ramanantsoa，1998）认为，能力是企业对资源进行优化配置的过程。我国学者在相关研究中也对能力进行了界定。张钢（2001）认为，企业能力是以信息处理为基础的资源运用和操作过程，它是企业专有的，并且通过企业资源间复杂的互动作用逐渐发展起来。江积海（2007）认为，资源是生产过程中的投入要素，能力是利用一组资源完成某些任务或活动的才能，生产活动要求对资源进行组合和协调，就本身而言，资源几乎没有生产能力。

资源和能力之间的关系主要存在两种不同观点。第一种观点以韦纳费尔特和巴尼（Wernerfelt and Barney）等人为代表，认为企业能力也是一种企业资源。第二种观点以彭罗斯和格兰特（Penrose and Grant）等人为代表，认为企业资源与企业能力需要进行区分，资源能够在要素市场上通过购买而获得，能力只能在企业内部通过构建而形成。能力具有不同于资源的两个重要特征：第一，能力因其隐于组织和流程中而难以传导；第二，能力的首要目的是提高资源的生产率。如果将企业能力视为资源，就难以理解能力的发展过程及资源、能力与企业绩效之间的关系，笔者倾向于狭义的企业资源概念，认同资源是能力的基础和载体，对于智力资本、动态能力与企业绩效三者间的关系研究也是以狭义的企业资源概念为基础的。

彭罗斯（Penrose，1959）指出，一个企业获得租金可能并不是因为它有更好的资源，而是由于具有更好地利用这些资源的特别能力。玛卡多可（Makadok，2001）分析了两种不同的因果机制（资源选择机制和能力建立机制）对经济的影响：在资源选择机制中，管理者收集和分析信息以建立选择资源的市场；在能力建立机制中，管理者设计和建立组织系统来提高企业资源的生产率。他认为，这两种租金产生的机制并不是互相排斥的，企业可能同时应用它；在某些情况下资源选择机制和能力建立机制是互补关系，在另外一些情况则是替代关系。作为企业重要资源的智力资本与企业重要能力的动态能力之间是否存在这种互补关系和替代关系？如果存在，在什么情况下是替代关系？什么情况下是互补关系？

16.2 高科技企业智力资本、动态能力与企业绩效的界定

16.2.1 高科技企业的特点

高科技企业以知识为主要投入，以高新技术为主要产品，是追求持续创新的智力密集型企业。界定高科技企业的标准包括三条：①企业管理者主要由工程师和技术工作者组成；②企业中大于30%的员工为技术人员；③收入中3%或更多用于研发。我国《高新技术企业认定管理办法》规定，认定高新技术企业必须满足六个条件，其中包括：具有大学专科以上学历的科技人员占企业当年职工总数的30%以上，其中研发人员占企业当年职工总数的10%以上；近三个会计年度研究开发费用总额占销售收入总额的比例不低于3%（销售收入不同该比例不同，分别为3%，4%和6%）；高新技术产品（服务）收入占企业当年总收入的60%以上。

高科技企业的上述特点决定了智力资本和动态能力对于企业的特殊重要性：一方面，高科技企业员工的知识水平较高，知识的积累决定了高科技企业的产品性能，与其他企业相比，高科技企业的智力资本显得更为重要；另一方面，高科技企业的研发投入较高，其所处的经营环境的动荡性更为突出，无论是技术环境还是市场需求环境都处于更快速的变化之中，与其他企业相比，高科技企业动态能力的培育显得更为重要。

16.2.2 智力资本的内涵及测量

自从美国经济学家约翰·肯尼斯·盖尔布莱斯（John Keneth Galbraith）于1969年提出智力资本概念后，不同学者从不同角度对智力资本进行了诠释，形成了会计学流派、知识管理流派、战略管理流派和价值链流派等流派。其中，会计学流派认为智力资本是企业的无形资产，知识管理流派认为智力资本是知识与能力的综合，战略管理流派认为智力资本是企业的战略资源，价值链流派强调智力资本是企业价值创造的源泉。

笔者认为智力资本指高科技企业内部以知识形态存在和运动、并能够给企业创造价值的知识。采用 Stewart 的维度划分方法，智力资本可以划分为人力资本、结构资本和关系资本三个维度（Stewart，1994）。人力资本指高科技企业员工个人所拥有的知识，这些知识以隐性形式存在于个体之中，并受个人教育经历、工作经历及遗传等因素的影响；结构资本是高科技企业知识管理的机制，主要功能在于保存知识并将知识与人力资本联结，结构资本建立在人力资本之上，反过来影响组织中个体的知识学习和行为表现；关系资本指高科技企业与其他组织或顾客之间的往来关系，是体现高科技企业与外界关系的知识。

16.2.3 动态能力的内涵及测量

蒂斯和皮萨诺（Teece and Pisano）在《企业的动态能力：简介》一文中提出了动态能力的概念，动态能力是竞争力或能力的子集，该子集促使企业创造新的产品和流程并响应变化的市场态势。随后蒂斯等（Teece et al.，1997）进一步指出，动态能力指企业在快速变化的环境中整合、建立和重构内外竞争力来持续竞争优势的能力。动态能力理论受到管理学界和企业界的普遍关注，基本上都认同动态能力是企业应对超竞争环境的一种能力。

笔者认为动态能力指高科技企业在外部环境变化传递的信息指导下，通过动态地更新和释放企业资源，协调整合内外部关系来适应环境变化的能力，包括市场感知能力、学习吸收能力和变革创新能力三个维度。市场感知能力指高科技企业对商业环境变化的灵敏观察力，对消费需求变动的鉴别力以及对市场新机遇的发现力；学习吸收能力指高科技企业通过获得、吸收、转化和利用现有知识资源来创造新知识的能力；变革创新能力指高科技企业对组织资源和产品进行重构和创新，使之能够符合外部环境变化的能力。

16.2.4 企业绩效的测量

绩效的含义非常广泛，学术界对企业绩效的测量一直存有争议。企业绩效的测量应该包括两部分（Man，2001）：①企业盈利性。该部分主要反映企业短期盈利水平，包括以下测项：投资回报满意度、净利润满意度、与同行相比投资回报程度、与同行相比净利润增长率；②企业成长性。该部分主要反映企业的未来成长潜力，包括以下测项：市场占有率、流动资金增长、营业额增长。

笔者认为高科技企业绩效应该表现为企业在一定经营期间内所取得的财务

效益以及反映企业未来发展潜力的内部能力，前者反映高科技企业短期经营状况，后者反映高科技企业能否获得持续发展，并分别用短期绩效和长期绩效来表示。

16.3 智力资本、动态能力对高科技企业绩效的影响

16.3.1 智力资本、动态能力对高科技企业短期绩效的作用

（1）智力资本对高科技企业短期绩效的作用资源基础观认为企业自身的资源是其竞争优势的基础，资源是企业绩效差异的主要来源。洪茹燕等（2006）认为企业资源由智力资本和非智力资本联合构成，智力资本是企业的核心要素，非智力资本是企业的辅助要素。对高科技企业来说，智力资本显得更为重要，智力资本直接影响高科技企业即期盈利水平，是高科技企业最为重要的战略资源。

智力资本的三个要素相互作用，共同影响企业绩效，只有人力资本、结构资本和关系资本三者相互支持，智力资本才能发挥较高的效能。首先，人力资本是智力资本的核心，是最活跃、最有开发价值的一种资源，已有的大量研究证实了人力资本对企业绩效的重要作用。沃瑞特等（Wright et al.，1994）从资源基础观出发，认为企业竞争优势在一定条件下来源于人力资本的积累。与传统企业相比，高科技企业的人力资本显得更为重要，员工知识的积累能够提高企业生产效率，增加企业利润，人力资本直接提升企业短期绩效。其次，结构资本是企业生产经营和管理活动中的一种制度安排，为人力资本提供了价值创造的平台。人力资本价值的实现离不开结构资本的辅助，结构资本能够提高企业短期绩效。最后，关系资本强调的是企业与其外部利益相关者之间的关系。高科技企业与顾客、供应商及政府管理者之间保持良好的关系，有利于降低企业成本，提高市场占有率，关系资本有利于企业短期绩效的提高。

（2）动态能力对高科技企业短期绩效的作用企业战略是否适应外部环境很大程度上决定了企业的经营状况，企业管理者必须采取与竞争环境相匹配的企业战略，合理配置企业资源。高科技企业经营环境的动荡性非常突出，在动态环境下，如果高科技企业不积极进行变革和创新，就会被同行竞争对手超越。动态能力直接影响高科技企业即期盈利水平，是高科技企业最为重要的能力。首先，市场感知能力。随着市场环境的动态变化，企业之间的竞争焦点会

随之发生变化。企业适应环境的行为是对环境变化所作出的反映，企业适应环境变化的所有行为产生于充分认识环境变化的能力（李兴旺，2006）。准确地感知市场环境的变化并迅速调整企业目标，有助于高科技企业短期绩效的提升。其次，学习吸收能力。学习可以促进显性知识和隐性知识的传递，是培养和发展企业能力的根本途径。只有积极创建学习型组织，不断提高学习能力，才能为企业动态能力的形成和维持创造条件。高科技企业要想在动态环境下获得利润，必须具有比竞争对手更强的学习吸收能力。最后，变革创新能力。彼得·德鲁克认为，创新是"赋予资源以新的创造财富能力的行为"。在超竞争环境下，高科技企业应该及时对企业资源进行整合重构，积极开发适应环境变化的新产品以提高企业利润。

（3）案例分析。

案例一："山寨"一词，最早源于深圳华强北商业街生产的低端手机，这里曾云集了两千多家与手机相关的商铺，制造出大量廉价低端手机，销往国内乃至出口世界各地。随着全国范围内打击侵犯知识产权和制售假冒伪劣商品专项行动的展开，这条商业街正在经历萧条：纯粹的"山寨"几乎消亡殆尽，带有"微创新"的小品牌，在国外从欧美市场转向南亚、拉美和非洲等不发达市场，在国内则"撤退"到了和农村市场。在2012年秋季广交会上，曾经充斥各展台的"山寨"iPhone、"山寨"三星也难寻踪迹。山寨厂商虽然具有一定的动态能力，但是没有注重企业智力资本的积累，一味模仿和低价竞争只能给企业带来短期暴利，却无法长久生存下去。

案例二：拥有131年历史的柯达公司曾经是世界上最大的影像产品及相关服务的生产和供应商，具有雄厚的智力资本。然而，随着数码技术的崛起以及层出不穷的同行竞争者，柯达公司未能快速抓住具有竞争力的现代数字技术，产品更新缓慢，没有培育基于产品创新和顾客需求的动态能力，没有充分重视数码时代的到来，淡漠了市场需求趋势的变化，将市场拱手让于佳能和尼康。柯达公司由于不重视动态能力的培育，自2007年以来不但没有盈利，反而亏损严重，再也无法延续往日的辉煌，最终只得于2012年1月19日申请破产保护。

16.3.2 智力资本、动态能力对高科技企业长期绩效的作用

（1）超竞争环境下智力资本与动态能力的关系资源是企业经营的基础，是企业能力发生作用的基础。战略性资源的控制是企业取得竞争优势的重要来

源之一，能力是企业合理配置相关资源的知识与技能，是企业经营的深层基础。资源是能力的基础，作为企业重要资源的智力资本是动态能力的基础和载体，动态能力的发展和演化很大程度上取决于企业智力资本的水平。

1994年，D. 艾维尼（D'Aveni）提出了超竞争的概念，使环境具备了紧张、快捷的竞争行为特征，竞争者必须快速采取行动，才能削弱竞争对手的优势。动态能力有助于企业在动荡的市场环境中做出高效的反应，通过培育动态能力，企业的智力资本才能把握动荡环境的机遇和挑战。高科技企业的智力资本和动态能力都是异质的，这种异质性决定了不同的企业具有不同的绩效，企业可以通过智力资本的积累和动态能力的培育，提高企业绩效。在超竞争环境下，智力资本与动态能力无法单独形成企业的长期竞争优势，智力资本与动态能力的有效互动是形成持续竞争优势最为关键的来源。

（2）智力资本与高科技企业长期绩效：动态能力的中介作用。

在超竞争环境中，企业成功的道路不是试图维持长期不变的竞争优势，而是通过不断创新追求一系列暂时优势，使企业比产业中其他企业总是领先一步（D'Aveni，1995）。资源基础理论基于独特资源的重要性提出了要对资源进行动态管理，但是并没有进行深入的分析。可以说，动态能力理论在一定程度上是针对资源基础理论的静态分析法而展开的。

玛卡多可（Makadok，2001）深刻地阐释了资源获取对企业树立竞争优势的重要意义。他认为"能力"尤其是"动态能力"只能是在企业获取资源后才产生竞争优势。企业获得的竞争优势源自企业所拥有的核心竞争力并表现为企业动态能力，而企业拥有的这种能力是企业长期积累形成的智力资本的凝练和转化（黄培伦等，2010）。高科技企业智力资本存量决定了企业短期内发现市场和配置资源的动态能力，企业智力资本的增长及更新速度决定了企业未来的竞争能力。在智力资本对高科技企业长期绩效的作用过程中，动态能力起到了中介作用，这一结论在已有的研究中已经得到了证实。如果把企业的持续竞争优势比做一棵大树，动态能力便是其枝干，智力资本则是为它提供营养的根系，企业的智力资本存量越厚实，越容易培育高效的动态能力。

（3）案例分析。

案例三：成立于1984年的联想集团，已经成为一家在信息产业内多元化发展的大型企业集团。经过近二十年的发展，联想集团在全球66个国家拥有分支机构，在166个国家开展业务，在全球拥有超过25000名员工，年营业额达 146 亿美元，并建立了以中国北京、日本东京和美国罗利三大研发基地为支点的全球研发架构。从联想集团的发展过程看，联想成功的关键在于以柳传志、杨元庆为首的高层管理者对行业环境及技术发展趋势的理解和把握，从初级汉卡到代工，从生产低价的自主品牌电脑到并购 IBM，其前瞻性的战略眼光使联想在动态环境中能够把握竞争战略的先机和正确的发展方向。

20 世纪 80 年代，联想在进军海外时，针对自己对国际个人计算机市场一无所知的现状，与熟悉国际市场的香港公司合作，迅速打开了国际市场。2004 年，联想提出国际化战略并收购 IBM 个人计算机业务，获得了在国际市场上具有良好商誉的 IBM 品牌的暂时使用权及代表高端笔记本电脑形象的 Thinkpad 品牌的永久使用权，同时获得了国际市场的运作人才和运作经验，为联想在国际和国内市场取得竞争优势创造了良好的资源基础。由此，联想集团的资源基础和动态能力在其战略管理过程中得到了开发和提升，为企业绩效的提高和集团的发展壮大提供了双重保障。

16.3.3　智力资本、动态能力与高科技企业绩效的关系矩阵

在动态环境下，企业获取竞争优势的基本模式已经从获取持续的竞争优势转向持续地获取一系列暂时竞争优势。一方面，智力资本和动态能力作为重要的战略性资源和能力，都是高科技企业短期绩效的直接来源。如果高科技企业仅重视智力资本和动态能力的单方面培育，只能在短期内提高企业绩效。另一方面，高科技企业拥有知识和智力资本只是企业提高长期绩效的必要而非充分条件，企业要想在超竞争环境中维持持续的竞争优势，应该注重智力资本与动态能力的协同培育和发展。如图 16-1 所示，当企业的智力资本较少，同时企业的动态能力较弱时，企业难以在激烈的竞争中生存下来；当企业具有较少的智力资本和较强的动态能力（如山寨厂商）时，企业能够在短期内获得较高利润，但这种竞争优势不具有可持续性；当企业具有较多的智力资本和较弱的动态能力（如柯达公司）时，企业也能在短期内获得较高利润，这种竞争优势同样不具有可持续性；当企业同时具有较多的智力资本和较强的动态能力（如联想集团）时，企业不仅能够在短期内获得较高利润，企业的竞争优势还能够在较长时间内得以维持。由上分析可见，对于高科技企业的短期绩效来说，智力资本和动态能力有时可以互相替代；但是，对于高科技企业的长期绩效来说，智力资本和动态能力是互补的，缺一不可。高科技企业通过对自身智力资本和动态能力的识别和评估，可以清楚地知道自己的优势和劣势，从而指

导企业进行合理的规划和管理，逐渐提升企业绩效，最终构建并维持企业的竞争优势。

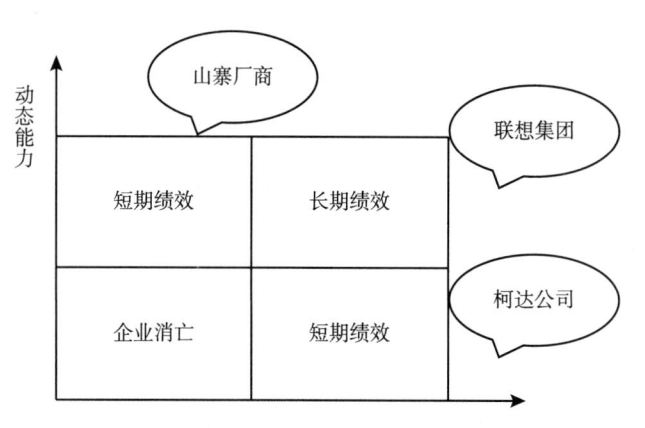

图 16-1　智力资本、动态能力与企业绩效的关系矩阵

16.4　结　束　语

在动态环境下，企业只有同时具有雄厚的智力资本和较强的动态能力，才能在激烈的市场竞争中提高企业绩效，建立并维持自身的竞争优势。从长期来看，作为企业重要资源的智力资本是形成动态能力的基础，企业所拥有的动态能力是智力资本的凝练和转化；智力资本处于动态变化的系统中，动态能力的培育在提高企业绩效的同时，反过来又有利于企业智力资本的提升。在超竞争环境下，高科技企业不仅应该考虑到获取即期竞争优势所必需的条件（如成本和质量），而且应该意识到要想维持未来的竞争优势，必须在对原有的业务进行更替的产业升级过程中实现资源与能力的顺利衔接，尤其是智力资本和动态能力的有效互动。

参考文献：

[1] 洪茹燕，吴晓波. 智力资本驱动的动态能力与企业竞争优势实现机理研究 [J]. 科学管理研究，2006，24（2）：84-87.

[2] 黄培伦，曾春艳，尚航标. 智力资本、动态能力与企业持续竞争优势的关系研究 [J]. 科技管理研究，2010，30（15）：108-110.

[3] 江积海. 动态能力与企业成长 [M]. 北京：经济管理出版社，2007.

[4] 李冬伟, 汪克夷. 智力资本流派研究 [J]. 科技进步与对策, 2009 (20): 194–200.

[5] 李兴旺. 动态能力理论的操作化研究：识别、架构与形成机制 [M]. 北京：经济科学出版社, 2006.

[6] 张钢. 基于技术转移的企业能力演化过程研究 [J]. 科学学研究, 2001, 19 (3): 70–77.

[7] Barney, J. B. Firm Resource and Sustained Competitive Advantage [J]. Journal of Management, 1991, 17 (1): 3–10.

[8] D'Aveni, R. A., Coping with the Hyper-competition: Utilizing the New 7S's Framework [J]. Academy of Management Executive, 1995, 9 (3): 45–60.

[9] Grant, R. M. The Resource-based Theory of Competitive Advantage: Implications for Strategy Formulation [J]. California Management Review, 1991, 33 (3): 114–135.

[10] Makadok, Riehard. Toward A Synthesis of Resource-based and Dynamic-capability Views of Rent Creation [J]. Strategic Management Journal. 2001, 22 (5): 387–401.

[11] Moingeon, Bertrand, Rmananatsoa, Benrard, Metais, Emmnauel, Orton, J Douglas. Another Look at Strategy-structure Relationships: The Resource-based View [J]. European Management Journal, 1998, 16 (3): 297–305.

[12] Patrick M. Wright, Gary C. McMahan & Abagail McWillianms. Human Resource and Sustained Competitive Advantage: A Resource-based Perspective [J]. The International Journal of Human Resource Management, 1994 (5): 699–727.

[13] Penrose, E. T. The theory of Growth of the Firm [M]. Oxford: Basil Blackwell Publisher, 1959.

[14] Stewart, A. Thomas. Your Company's Most Valuable Asset: Intellectual Capital [J]. Fortune, 1994 (130).

[15] Teece, David J. Pisano, Gary Shuen, Amy. Dynamic Capabilities and Strategic Management [J]. Strategic Management Journal, 1997, 18 (7): 509–533.

第四篇
改革与国有企业发展

第17章
中国国有企业改革及其治理[①]

国有企业改革是中国整个经济体制改革的中心环节。经历了40多年的改革历程，中国国有企业在内在机制及外部环境上均发生了深刻的变革。在取得成就的同时，与非国有企业相比，国有企业从总体上看适应市场竞争的能力还相对较弱，且部分国有企业亏损现象严重。因此，如何完善国有企业公司治理，增强大中型国有企业竞争力，是深化国有企业改革的重点，也是学术界研究的热点。

17.1 1978年改革前国有企业的情况

新中国成立初期，中国的国有经济是在苏联模式——计划经济体制影响下成长和发展起来的。传统体制中的国有企业，是国家在资本相对稀缺、劳动力相对丰富的要素禀赋结构下形成的。它与当时的经济体制、历史条件和经济发展水平相适应，奠定了中国经济发展的基础。

从1958年开始，中国工业领域中就只存在国有经济和集体所有制经济两种经济成分。截至1978年国有企业改革拉开序幕之前，中国工业企业总数为348400家，其中，全民所有制企业83700家，占企业总数的24%。这8.37万家国有企业的工业总产值为3289亿元，占全部工业总产值的77.6%。1978年全民所有制企业各部门固定资产原值为4488.2亿元，就业人数达7451万人。

国有企业在国民经济中的支柱地位决定了它是国家财政收入的重要组成部分。1978年国家财政收入1132.26亿元，其中国有企业上缴利税962.42亿元（包括上缴利润571.99亿元，上缴税收390.43亿元），占国家财政收入的85%。

---

① 本章作者为杨蕙馨、曲媛，发表在《首都经济贸易大学学报》2008年第1期（有改动）。

从以上统计数据看出，1978年以前中国经济呈现出"大一统"的局面。国有企业数量庞大，规模可观，在中国的社会主义社会建设史上发挥了支柱性的作用。但是，在高度集中的计划经济体制下，国有企业没有任何的经营自主权，这不利于企业经营者和职工生产积极性的发挥，从而导致国有企业长期在低效率的状态下运营。

17.2　国有企业改革的历程

自1978年起，中国开始了国有企业改革的探索之路。至今，国有企业改革已经历了放权让利、"利改税"、承包经营责任制、建立现代企业制度及"抓大放小""债转股"及建立现代产权制度五个阶段。

17.2.1　1978~1982年放权让利阶段

1978年党的十一届三中全会召开，启动了第一次思想解放的高潮，市场机制、价值规律的调节作用在理论上得到了肯定。1979年4月做出了扩大企业自主权的决定，决定向企业让渡生产自主权、原料选购权、劳动用工权和产品销售权等14项权力。同时，政府给企业确定增产增收目标，允许企业在实现目标的前提下提取少量的利润留成作为职工的奖金。

这一举措提高了劳动者的生产积极性，4200多家试点企业的产值、利润均有大幅度增长。1979年国有工业企业实现利税比1978年增长了10.1%，国家财政收支也从1978年的财政赤字10.17亿元转为1979年的财政盈余135.41亿元，职工实际工资比上年增长了7.5%。但由于计划经济时期的宏观环境和政策环境与放权让利的政策不相匹配，企业负盈不负亏，经营者又存在着道德风险，改革后期出现了"工资侵蚀利润"的现象。这种现象严重违背了"给予企业自主权和独立利益的同时，不断提高国有资产的收益以及财政收入"的改革目标。

17.2.2　1983~1986年实行"利改税"阶段

为实现提高国有资产收益和确保财政收入稳定增长的双重目标，1983年4月，国务院颁布了《关于国营企业利改税试行办法》。将所有大中型国营企业从以往上缴利润的制度改变为按实现利润向国家缴纳企业所得税，税后余利由企业与主管部门进行利润分成，国营小企业按八级超额累进税率缴纳所得税。

为了进一步加强企业的经济责任，1985年国家对国有企业实行"拨改贷"政策，将企业投资由国家无偿预算拨款改为银行贷款。这预示着我国金融市场、资金市场逐步形成。

"利改税"的改革战略试图为企业创造公平稳定的税收制度和竞争环境，把国有企业培育成自主经营、自负盈亏的经济实体。但在实际推行过程中，由于价格机制改革落后，企业的经济和审计制度不完善，使得"利改税"未能避免"快打牛鞭""苦乐不均"的现象，而且企业设法规避税负的行为也影响了政府财政收入的增加。

17.2.3 1987～1992年推行承包经营责任制阶段

经过前两个阶段的改革，政府已经对国有企业下放了部分权力并让渡了部分利润。1986年12月，企业承包经营责任制开始逐步实施，这一改革效果显著。1987～1992年经历了两轮承包，98%的国有大中型工业企业都采取了不同程度的承包经营责任制。

承包责任制确实推进了国民经济的发展，然而在企业经济效益增长的同时，国家财政收入却不断下降。这一现象源于承包人在承包前期与国家讨价还价，承包过程中掠夺性地利用资源，合同兑现时又负盈不负亏。承包经营者的道德风险在宏观市场环境发育不健全的条件下是不可避免的。

尽管同一时期国内的一些学者提出了国有企业股份制改革的思路，且于1986年已在部分中小型国有企业开始试点。但由于缺乏非国有财产主体的介入，股份制企业融资不足，股份制改造在这一时期没有顺利进行。

17.2.4 1993～1997年建立现代企业制度和"抓大放小"的国有经济战略性重组阶段

1993年党的十四届三中全会提出了围绕"建立产权清晰、权责明确、政企分开、管理科学的现代企业制度"来"解决深层次矛盾、着力进行企业制度的创新"的问题。1996年第八届全国人民代表大会对国有企业改革提出了"抓大放小"的新思路，对国有企业实施战略性重组。通过采取改组、联合、兼并、租赁、承包经营和股份合作制、出售等形式，加快放开搞活国有小型企业的步伐，同时积聚力量塑造具有国际竞争力的大企业集团。

国家对国有企业结构性改组的战略思路是分类指导：提供公共产品的企业，选择国有国营模式；垄断性行业选择国有控股模式；竞争性行业进行公制改造，国有资本有序退出。经过这一阶段的改革，国有企业战线明显收缩，产业结构得到优化。

17.2.5　1997年至今的债转股政策及建立现代产权制度新阶段

长期以来，国有企业高负债一直制约着国有经济的发展，并加剧了中国银行体系的金融风险。1997年以来，国家出台了加大企业兼并破产力度、债权转股权、技术改造贴息等重大政策，支持国有企业的脱困工作。中央政府为四大国有商业银行注入2000亿元资本金，承接各银行的不良债权，使四大国有银行分别组建了资产管理公司。同时把部分国有企业2万亿元的银行贷款转化为资产管理公司对企业的股权，使"债转股"政策得以实施，改善了国有企业的资本结构。

2003年国有资产监督管理委员会正式成立，开始代表国家履行国有资产出资人的监督管理职责，同年召开的十六届三中全会提出：要着力推进国有企业股份制改革，使股份制成为公有制的主要实现形式，必须加快推进产权制度改革，建立"归属清晰、权责明确、保护严格、流转顺畅"的现代产权制度。

随后，党的十六大建立了中央政府和地方政府分别代表国家履行出资人职责，享有所有者权益，权利、义务和责任相统一，管资产和管人、管事相结合的两级国有资产管理体制，开启了国有资产管理体制改革新的历史阶段。

17.3　国有企业改革取得的成果

经过40多年的积极探索和实践，国有企业的内在机制及外部环境均发生了深刻的变革。中国国有企业改革在许多方面取得了令人瞩目的成就与创新。

17.3.1　国有经济的战线显著收缩

自1996年以来，国家通过实施"抓大放小"的战略，利用拍卖、兼并等途径，大多数小型国有企业已转变为非国有企业，国有经济在国民经济总体中的比重明显降低。

国有企业数量由1998年的近6万家减少到2005年的2万家左右。其中，国有工业企业战线的收缩更为明显，见图17-1。

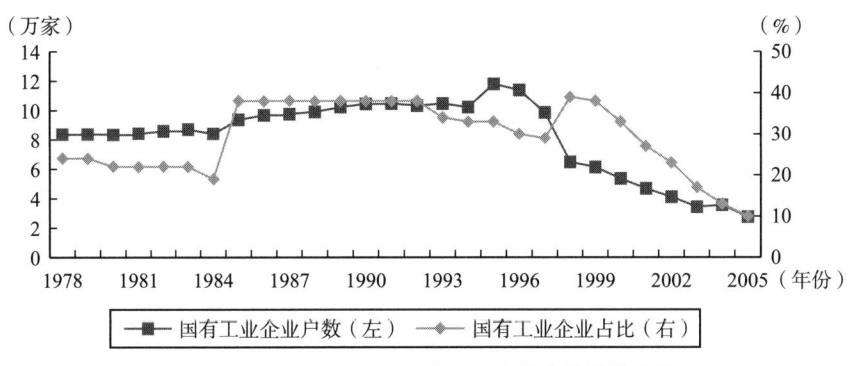

图 17-1　1978~2005 国有工业企业家数及其占比

资料来源:《中国统计年鉴》1989~2006 年。

以 1978 年为起点，中国国有工业企业的户数呈现先升后降的趋势。1995 年工业企业户数达到峰值 11.8 万家，到 2005 年减少到 27477 家，仅占 10%，比 1995 年减少了 76.7%，比改革之初的 1978 年减少了 67.1%。

改革的成果不仅体现在国有企业数量的减少，更体现在经济结构的优化。国有企业在竞争性领域的比重显著下降，一批困难企业通过政策性破产退出市场。国有资本在关系国家安全和国民经济命脉的军工、石油石化、电力、冶金、电信、民航、海运等重要行业和关键领域，继续保持支柱地位。处于优势和控制地位的国有企业资产总额和资产净额都有显著增长。国有资产总额由 1998 年的 13.5 万亿元增加到 2005 年的 26.7 万亿元，增长了 97.8%；国有净资产总额从 50370.7 亿元提高到 76763.2 亿元，增长了 52.4%；2005 年国有及国有控股企业工业总产值 83749.92 亿元，是 1978 年的 25.5 倍。

17.3.2　国有企业的整体经济效益得到改善

国有企业战线收缩的同时，整体的经营状况得到了改善。近几年，国有企业的销售收入、利润、税金等指标均成两位数逐年增长。到 2005 年底，全国国有企业累计实现利润 9047.2 亿元，同比增长 25.1%，是 1978 年的 15.8 倍，是亏损最为严重的 1998 年的 42.3 倍，见表 17-1。

表 17-1　　　　　1997~2005 年国有企业实现利润　　　　　单位：亿元

项目	1997 年	1998 年	1999 年	2000 年	2001 年	2002 年	2003 年	2004 年	2005 年
利润	806.5	213.7	1145.8	2833.8	2811.2	3786.3	4769.4	7368.8	9047.2

资料来源：2006 年《中国财政年鉴》。

企业利润的增加还表现在资产利润率由 1998 年的 0.16% 上升为 2004 年的 3.42%，同时，净资产利润率和销售利润率等效益指标也都逐年上升，见图 17-2。

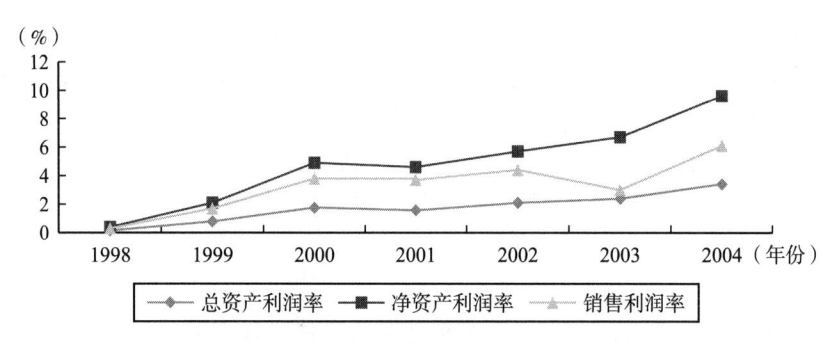

图 17-2　1998~2004 年国有企业重要利润指标

资料来源：2005 年《中国财政年鉴》。

17.3.3　产权制度改革取得突破

产权制度改革是近年来国有企业改革的重点，国有企业实现了财政预算贷款、国内银行贷款、自筹资金投资、利用外资等多种融资形式，多数地方政府成立了国有资产监管机构以促使政企分开，全国 2903 家国有及国有控股大型骨干企业已有 1464 家改制为多元股东持股的公司制企业。全国国有控股的境内外上市公司 1000 余家，累计筹集资金超过 1 万亿元。部分省市国有中小企业改制面已达 80% 以上。

17.3.4　主辅分离和企业富余人员分流推进

近年国有企业分流下岗人员累计达到 2700 多万人，其中 1800 万人实现了再就业。2005 年全国就业总人数为 75825 万人，国有单位 6488 万人，仅占总就业人口的 8.56%。2005 年，中国石油、中国石化、东风汽车三大集团分离社会职能试点基本完成，有 854 个中小学和公检法机构、9.4 万名职工从三大集团中分离，每年为企业减轻负担 40 多亿元。截至 2005 年 9 月底，通过主辅分离，全国共分流富余人员 141.4 万人①。

---

① 国资委. 国有企业改革与发展取得新的成就［J］. 财经界，2006（3）.

17.3.5 形成了一批具有国际竞争力的大企业

一系列改革措施的实施促使一批初步具有国际竞争力的大企业开始涌现，2005 年中国内地进入世界 500 强企业已达 15 户，全部是国有企业。2006 年中国企业 500 强上榜企业中，国有及国有控股企业 349 家，占企业总数的 69.80%。其年末资产总计 390919 亿元，占中国企业 500 强的 94.95%；实现利润总额为 5656 亿元，占中国企业 500 强利润总额的 87.99%；从业人数 2042 万人，占中国企业 500 强从业人数的 90.15%[①]。

虽然国有企业改革取得了令人瞩目的成就，但与建立社会主义市场经济体制的要求相比，国有企业改革的进展还不尽如人意。国有经济的发展速度总体落后于非国有经济，由于产权界定不清晰、所有者职能不到位，国有企业通过企业重组进行调整的效率会大打折扣，国有资产很难实现保值增值。公司治理的核心是在所有权与经营权分离的情况下，通过一系列的制度安排，保障所有者对企业的最终控制权，并平衡企业各利益相关主体之间的关系。因此，有效的国有企业公司治理模式是现阶段国有企业改革新的关注点。

17.4 国有企业公司治理分析及改进策略

17.4.1 中国国有企业公司治理模式的演变

在传统的计划经济体制下，国有企业的资源配置、经营目标、人事任命等市场运行的各个方面完全依靠政府这只"看得见的手"进行调节，国有企业与政府形成了单向的"命令服从式的"权利关系。这种行政化的治理模式不能称之为真正意义上的公司治理。

伴随着中国国有企业的改革，国有企业公司治理形成了以委托代理理论为基本理论前提，以股东利益最大化为治理目标的现代企业制度的治理模式。1993 年颁布的《公司法》，初步构建了中国国有企业的公司治理体系——股东大会下设董事会和监事会两个平行机构的"二元制"结构，比较接近日本模式。1998 年稽查特派员制度的试行，中国逐步将德国模式中的公司外派监事

---

① 2006 年世界 500 强排行 [EB/OL]. 财富中文网, http://www.fortunechina.com/fortune500/c/2006-10/01/content_9539.htm.

会制度引入公司治理的框架中来。此后,中国上市公司在治理中逐步汲取了英美模式的做法,引进了独立董事制度。因此,中国国有企业公司治理的模式兼具日德模式和英美模式的特点。

17.4.2 中国国有企业公司治理现状及问题

中国国有企业在从完全行政化的治理模式逐步转变为所有权和经营权相互分离,股东会、董事会、监事会相互制约的现代企业公司治理模式的进程中取得了突破性的进展。但由于历史、体制及市场环境等多方面的原因,国有企业公司治理尚存在不少问题。

(1) 委托代理链条冗长。现代企业中,由于经营权和所有权的分离,存在股东会与董事会、董事会与经理层以及股东会与监事会之间的委托代理关系。国有企业的产权属于全民所有,但全民不能直接对国有企业进行监督和管理,只能委托政府进行管理,政府按照政资分离的原则设立中央及地方国资委对国有资产行使所有权。国资委又组建国有投资公司代表国有资产出资人和企业发生产权关系,即形成了全民—政府—国资委—国有投资公司—企业等一系列初始的所有者与代理所有者之间的委托—代理关系。再加上企业内部普遍存在的三层委托—代理,组成了国有企业中多层次的复杂的委托—代理关系。在每一层次的委托—代理中都存在委托人与代理人之间利益与目标函数的差异,从而放大了信息不对称并增加了监督成本,使代理效率降低。在这一链条中,所有者很难对经营者进行有效监督,股东利益最大化的目标难以实现。

(2) 国有股"一股独大",公司治理结构[①]失衡。在国有企业股份制改造过程中,国有股往往会占据绝对控股地位,使得国有企业产权结构比较单一,国有股"一股独大",国有股在董事会中高度垄断而形成了董事小团体利益一致、口径一致的现象。在这种情况下,外部董事必然会受到内部董事的收买、排斥,其作用没有真正发挥出来。而集团公司通过采用管理者兼职、业务关联、公共设施交叉、财务资金互通等手段牢牢控制上市公司的股东会、董事会以及管理层,出现了国有企业中"内部人控制"和"大股东控制"并存的局面,使国有企业内部治理结构失衡。这使得国有企业在科学决策、对经营管理者的监督、中小股东利益保护等公司治理方面的措施都不能得以落实。同时,国有企业现代公司改制过程中存在新老"三会"并存的局面。党委会、职代

---

① 公司治理结构是指所有者、董事会和经理人员三者之间的相互制衡关系。

会与工会"老三会"在原有的国有企业的经营管理中发挥了重要作用,而股东大会、董事会与监事会是公司治理结构中的"新三会"。"新三会"和"老三会"职能的交错重叠也导致了国有企业内部治理结构失衡。

(3) 所有者缺位。公司治理的目标是股东利益最大化,股东为了自身利益的实现就会有动力对企业经营状况进行监督。但对于中国国有企业而言,国家作为名义上的持股者却没有监督的动力,原因在于剩余索取权与剩余控制权的不相匹配导致政府拥有"廉价投票权"。大股东所有者缺位使西方所谓股权相对集中的"有效监督假说"在中国国有企业不能成立。而小股东由于手持的权益有限,存在"搭便车"行为,他们无能力也无动力对管理者进行监督。另一个因素是中国的小股东大部分是为了投机而购买股票,他们大多只在乎短线的盈利而非股权的收益,自然不会留意管理者的长期经营方向和企业盈利可能。总之,大股东虚置,小股东投机最终造成了中国国有企业的所有者缺位。

(4) 经营者激励约束机制失衡在英美等发达国家,完善的资本市场和经理人市场,是对经营者进行激励约束的重要客观条件。而中国企业的外部市场尚未成熟,破产机制也不规范,由竞争带来的对经营者的威胁很小,无法构成经营者行为的约束机制。另外,与发达国家相比,中国经营者的报酬很低,总经理的名义收入平均只有职工的 3 倍左右,不足以激励他们努力工作。当显性激励之下获得的契约报酬与声望不如约束之外获取的隐性收入时,激励就会失效,而约束又短缺,很容易造成经营者滥用职权。经营者在职消费过度、利用职权为自己营造关系网、利用国有资产进行内外寻租等现象比比皆是。另外,行政任命的不确定性也会导致企业经营者的短期化行为。这些都不利于经理人员行为的激励约束。

(5) 政企不分,内外部监督职能弱化。在典型的现代企业制度中,股东大会是公司的最高权力机关,董事会是最高决策机关。而在国有企业中,股东大会、董事会做出的决议往往还需经过上级主管部门的批准,受上级主管部门的监督。而政府在执行监管职能时,一方面要扮演国有资产所有者的角色追求股东权益最大化的目标,另一方面又扮演着公众事务管理者的角色要实现复杂的社会目标。政府赋予了国有企业许多政策性负担和社会责任。在这样的情况下,政府无法准确衡量国有企业实际运营绩效的高低,信息不对称使得政府对国有企业的监督难以实现。在国有企业内部,由于中国公司法缺乏对监事任职资格条件和外部监事的规定,国有企业的监事会成员几乎全部是内部人员,与董事长形成上下级关系,大大削弱了监督力度。同时,由于中国的公司治理兼具英美与日德模式的特征，使得独立董事与监事会都依法对公司财务状况负有监督检查的权利和义务，这种因职权重叠造成的扯皮、推诿使得仅存的一些监督绩效也大打折扣。

17.4.3　中国国有企业公司治理的改进策略

（1）完善国有资产管理体制，优化委托代理链条。我国国有企业治理问题的特殊性及委托代理链条过长的现象归根结底是由国有资产管理体制造成的。为了解决委托代理链条中的信息不对称及代理成本过高的问题，国有企业应首先厘清代理链中各个环节的地位及作用，把政府行政机构与国有资产管理机构相互区分，使国有产权的行政性委托—代理关系转化为企业性委托代理关系。国资委作为国有资产所有者代表应既享有出资人的资产收益、重大决策和选择管理者的权利，又要履行出资人义务，维护企业的经营自主权。同时，继续完善国有投资公司专门从事国有资产运营管理的能力。国资委应对国有资产投资公司进行业绩指标和职责履行情况的考核，以确保国有资产的保值增值。

（2）促进产权流通，促使所有者到位。根据产权理论，有效的产权安排应使剩余控制权与剩余索取权相互匹配，并使产权清晰、可转让。然而，在国有企业，剩余索取权属于国家，剩余控制权属于经营者。为解决剩余索取权和控制权不对称的问题，国有企业相继进行了厂长负责制、承包制、建立企业集团、国有资产管理公司和股份制改革等，其基本逻辑是从单一的国有所有制向多元混合产权结构转化。通过资本市场的有效调节和相关制度安排，促进国有股、个人股、法人股以及外资股等以一定的比例进入国有公司制企业，这不仅有利于国有资本的扩张，更有利于形成多元主体的制衡机制，促进国有企业所有者到位。

（3）发挥银行等金融机构的作用，优化治理结构。由于中国正处于转轨时期，市场机制的完善还需要一定的过程。在这一过渡时期，银行等金融机构在国有企业公司治理过程中应发挥重要的作用。根据日德模式的经验，银行等金融机构通过参股获得企业的经营信息，从而影响企业的决策，这有利于企业的融资与金融监督，降低了资本运作中存在的风险。在我国国有企业改革的过程中，"债转股"政策的实施，使银行持有了大量的国有企业的股份。因此，银行应该具有监督和管理被持股国有企业的运营状况的动力。金融机构对国有企业决策的参与一方面可以减少企业的投机行为，保护中小股东的利益。另一方面，有利于在董事会中形成相应的制衡力量，促使国有企业治理结构优化。

(4) 创造竞争环境，改善经营层激励约束机制。委托—代理理论认为公司治理问题源自所有权与经营权的分离，以及由此产生的激励不相容，信息不对称和责任不对称等一系列问题。完善的公司治理结构关键是建立一个激励相容机制，以企业经营的客观成果，作为经营者绩效的评价信息和奖惩依据。在英美模式的公司治理中，发达的金融市场和透明的市场信息对经理人形成了持续性约束，成为激励约束经理人员的根本保证。因此，建立健全有效的金融市场、产品市场、经理人市场及信息披露制度，可以为国有企业经营层的激励约束创造良好的竞争性外部环境。从内部机制来看，首先，国有企业必须改经理人员行政任命为公开选聘，取消企业的行政级别和管理人员的干部级别。经营者的工作绩效应通过企业市场占有率、销售率、利润率、股票价格等市场指标进行考核。其次，国有企业应通过制定合理的薪资、剩余索取权的合理分配、挑战性的工作、适当的在职消费以及声望、社会地位的舆论支持等对经营者进行激励，同时必须对其加强财务监督约束、个人行为法制约束以及职业道德约束等。激励约束相容才能保证经营者行为代表所有者的利益。

(5) 减少政府干预，促使预算硬化。在政企不分的经济环境下，国有企业因负有沉重的政策性负担和社会责任而出现政策性亏损。国有企业利润不能完全反映经营者的绩效，使得政府对国有企业预算约束软化。政策性负担—信息不对称—软预算约束，形成了一个恶性循环，内生地导致了国有企业效益低下和国有资产流失问题。因此，国有企业改革的关键是取消其政策性负担，减轻社会和历史负担。同时建立起符合市场要求的国有资产经营预算体系，建立起真正的委托—代理者的约束体制和监督、奖惩机制。在此基础上，政府的工作重点将放在审查国有企业的经营目标，聘请专业机构对国有企业进行审计，派出监事会对审计结果进行考核、评价，以更好地实现监督职能，而将经营自主权真正还给企业。只有这样，国有企业才能以公平的起点与其他企业竞争，从而解决国有企业长期存在的信息不对称及预算软化的问题。

参考文献：

[1] 陈志昂，缪仁炳. 从比较公司治理结构看国有企业改革的方向 [J]. 浙江社会科学，1999 (5)：28 - 32.

[2] 国资委. 国有企业改革与发展取得新的成就 [J]. 财经界，2006 (3)：28 - 29.

[3] 何炼成，赵增耀. 国有企业的治理结构问题、争论及演化趋势 [J]. 学术

研究，2000（4）：14-19.
[4] 林毅夫，蔡昉，李周. 充分信息与国有企业改革［M］. 上海：上海三联书店、上海人民出版社，1997.
[5] 林毅夫，李志赟. 中国的国有企业与金融体制改革［J］. 经济学，2005（4）：913-936.
[6] 张灏瀚，张明之. 从经营国有企业到管理国有资产［M］. 北京：社会科学文献出版社，2005.
[7] 中国统计年鉴1989-2006［K］. 中国统计出版社.

第18章 国有企业高层管理人员激励与企业绩效实证研究[①]

高层管理人员作为企业的核心决策层,对企业的发展起着关键的作用。中国国有企业高层管理人员激励问题是所有权和经营权分离后一直困扰着国有资产监管部门、经济学家、管理学家以及管理实践者的难题。国外学者对高层管理人员激励与绩效的研究已经比较成熟,得出的结论也是一致的,但国外的研究结论并不完全适合于中国国有企业。本章以中国国有上市公司为样本,重点研究企业绩效与高层管理人员现行激励的相关性、高层管理人员的现行激励对企业绩效的影响,以期对国有企业高层管理人员激励机制的完善,特别是薪酬激励制度的改进与完善提供经验证据。

18.1 国内相关研究回顾

大多数国外学者实证分析得出了企业绩效与高层管理人员报酬、持股之间存在着显著正相关关系的结论。由于中国1999年才要求上市公司在年报中披露管理层报酬,因此,国内研究管理层激励与企业绩效相关关系才刚刚起步。

李增泉(2000)以沪深两市700多家公司为样本,用1998年数据以线性回归模型对上市公司依资产规模、行业、国家股比例和公司所在区域进行了分组检验,发现上市公司董事长和总经理的年度报酬与企业绩效并不相关,而是与企业规模密切相关,并表现出明显的地区差异。

魏刚和杨乃鸽(2000)以沪深两市816家A股上市公司为样本,采用

[①] 本章作者为杨蕙馨、王胡峰,发表在《南开经济研究》2006年第4期(有改动)。

1998年年报数据进行线性回归,发现上市公司高层管理人员的年度报酬水平和持股数量与公司绩效不存在显著的正相关关系,年度报酬的大小对高级管理人员并没有产生显著的激励作用;高级管理人员的持股数量与公司绩效不但不存在所谓的"区间效应",而且高级管理人员持股比例越高,与上市公司业绩的相关性越差;公司规模与高级管理人员的报酬存在显著的正相关关系;行业因素影响上市公司高级管理人员的报酬水平,其中表现特别显著的是高科技行业、房地产业和食品业。

张晖明、陈志广(2002)以2000年沪市上市公司为样本,通过线性回归发现,企业绩效与高级管理人员报酬和持股比例显著正相关,特别是以净资产收益率和主营业务利润率表现的企业绩效与高级管理人员报酬具有明显的线性关系。

朱德胜、岳丽君(2004)以2000年以前发行A股的上市公司2000~2002年数据,运用多元线性回归得出结论:按公司规模分组,仅小型公司的管理者薪酬变动与主营业务收入具有较显著的相关性,而大中型公司管理者的薪酬变动与企业绩效的相关性不显著;按行业的竞争性分组,具有一定竞争性行业中的公司管理者薪酬与净资产收益率具有显著的相关性,而垄断行业和竞争性行业中的公司管理者薪酬与企业绩效的相关性不显著。

可见,关于中国上市公司高层管理人员激励与企业绩效关系的研究得出的结论并不完全一致,尤其是只针对国有企业的研究更少。

18.2 样本选取及变量设计

18.2.1 样本数据选择

本章选择国有上市公司为样本,目的是弄清中国国有企业高层管理人员激励与企业绩效之间的关系。文中"国有上市公司"是指国有及国有控股(绝对控股或相对控股)的上市公司,相对控股是指控股比例虽在51%以下,但实际控制人[①]仍是国有企业或国家单位的上市公司。

选取的样本来自上海证券交易所只发行A股的国有上市公司,样本区间为2002~2004年,以2004年年报数据为主要分析对象。样本满足下列条件:

---

① 实际控制人由新浪财经股票信息中的个股公司资料查到。

①截至2004年12月31日，上市年数不少于3年，即2002年1月1日前上市，考虑到新上市公司业绩容易出现非正常性波动，对新上市公司进行了剔除；②考虑到极端值对统计结果的影响，剔除了业绩过差的ST和PT公司以及被注册会计师出具过非标准保留意见、拒绝表示意见、否定意见等审计意见的上市公司；③2003年与2004年净利润均不小于零；④金融银行业符合上述条件的只有1家，因其不具有代表性，故剔除；⑤制造业与批发和零售业有6家公司未披露高层管理人员薪酬状况，将其剔除。最终共得到样本344家，全部数据均取自证券之星、中国证券监督管理委员会网站及《中国证券报》《上海证券报》等公布的年度财务会计报告。

18.2.2 变量设计

（1）自变量。

高层管理人员是指从事公司战略性决策并直接对公司的生产、经营活动和绩效负责的人员。对上市公司管理岗位来说，高层管理人员具体包括董事长、总经理、副总经理、财务主管、董事会秘书，但不包括独立董事。因为上市公司给予独立董事的报酬或津贴基本是固定的，与公司的实际经营状况无关。

高层管理人员激励在这里仅指高层管理人员的年度报酬和持股比例等易观察的可量化因素，其他激励形式，诸如职位升迁、社会地位、荣誉、个人成就感等不易观察的非量化因素，由于技术处理上的困难，将不进行考察。

高层管理人员年度薪金报酬（AP）：由于中国大部分上市公司披露的只有前三名高层管理人员的总薪酬，考虑到资料获取的限制和管理者薪酬的可比性，高层管理人员年度薪金报酬主要指本文所定义的高层管理人员——董事长、总经理、副总经理、财务主管、董事会秘书中年度薪金最高的前三名的年度报酬总额。

高层管理人员持股比例（MSR）：由于前三名高层管理人员持股资料不易获取，本章以所有高层管理人员持股数量占公司总股本的比例来计量。

（2）因变量。

衡量企业绩效的指标很多，如净资产收益率、总资产收益率、主营业务利润率、每股收益、托宾Q等。笔者认为对绩效的衡量采用其中几个指标，用主成分分析法计算综合得分的方法比较恰当。

企业绩效（P）主要表现在营利性和成长性两个方面。营利性反映了企业的资本收益状况，成长性反映了企业发展能力和发展潜力。假设营利性指标

EPS、ROE、ROA 为一组，用变量 F_1 作为公因子。成长性指标 IPOS、IROE 为一组，用 F_2 作为公因子。通过对表 18 – 1 中五个因变量指标进行主成分法因子分析提取适当的公因子，再以每个因子的方差贡献率作为权数对各因子的得分进行加权以构造综合得分函数。即：$P_i = a_{i1}F_{i1} + a_{i2}F_{i2}$，其中 P_i 是第 i 个公司（$i=1, 2, \cdots, 344$）绩效的综合得分；a_{i1} 是第 i 个公司第 1 个因子的方差贡献率；a_{i2} 是第 i 个公司第 2 个因子的方差贡献率；F_{i1} 是第 i 个公司第 1 个因子的得分；F_{i2} 是第 i 个公司第 2 个因子的得分。

表 18 – 1　　　　　　　　　　　自变量与因变量列表

项目	变量名称	符号	解释
自变量	高层管理人员年度薪金	AP	前三名高层管理人员年度报酬总额
	高层管理人员持股比例	MSR	所有高层管理人员持股数量占公司总股本的比例
因变量	净资产收益率	ROE	评价所有者权益获取报酬的水平
	总资产净利率	ROA	反映企业包括负债和所有者权益在内的全部资产的获利能力
	每股收益	EPS	反映普通股的获利水平
	主营业务收入增长率	IPOS	反映企业成长和发展能力
	资本积累率	IROE	表示当年资本的积累能力，评价企业发展潜力和发展趋势

（3）调节变量。

高层管理人员激励和企业绩效之间的关系是否会受到企业特征的影响呢？为了验证这一设想，设计了四个调节变量：企业规模、资产负债率、所属行业、所属区域。

企业规模（S）：将样本公司按年末总资产额分为大、中、小三类。年末总资产额小于等于 5 亿元的为小型公司，大于 5 亿元小于等于 15 亿元的为中型公司，大于 15 亿元的为大型公司。

资产负债率（D）：是负债总额与资产总额的比值。按资产负债率将样本公司划分为四类：①资产负债率≤20%；②20% < 资产负债率≤50%；③50% < 资产负债率≤70%；④资产负债率 > 70%。

行业变量（I）：由于公司绩效会受到行业因素（包括政府政策的调整、市场条件的变化、人们心理预期的差异等）的影响，设置了行业变量。按各行业之间的竞争可比性，将样本公司所属行业划分为三类：第一类是最不具竞争可比性的行业，包括房地产、电力煤气及水的生产和供应、综合类三个行业，是存在较高进入壁垒的垄断性行业；第二类是只具有一定竞争性的行业，包括交通运输仓储、采掘、农林牧渔三个行业，总体上属于资源性或基础设施类行业，具有一定的进入壁垒；第三类是竞争性行业，包括制造、建筑、批发和零售贸易业、信息技术业、社会服务业、传播与文化六个行业。

地区变量（A）：企业所在地区也会对企业绩效及高层管理人员激励产生不同影响。根据2004年人均国内生产总值的不同，把样本公司所在地区划分为三类：第一类为发达地区，包括上海、北京、天津、浙江、江苏、广东；第二类为较发达地区，包括福建、山东、辽宁、黑龙江、河北、内蒙古、新疆、吉林、湖北；第三类为欠发达地区，包括海南、重庆、山西、湖南、河南、青海、江西、宁夏、西藏、安徽、陕西、四川、广西、云南、甘肃、贵州。

18.3 数据的描述性分析

18.3.1 总体描述性分析

如表18-2所示，总体而言，2004年前三名高管年度报酬较2003年增加，但持股数量与持股比例均减少，个别样本之间在报酬和持股方面的差异非常悬殊。

表18-2　　　　　　　企业绩效、高管年度报酬与持股情况

变量		年份	均值	中值	方差	最小值	最大值	样本
因变量	ROE	2003	7.52%	6.59%	36.27	0.23%	50.61%	344
		2004	7.57%	6.37%	43.56	0.11%	53.63%	344
	ROA	2003	3.82%	3.15%	9.63	0.15%	17.79%	344
		2004	3.66%	2.84%	10.88	0.03%	21.36%	344
	EPS	2003	0.245	0.18	0.059	0.007	1.94	344
		2004	0.239	0.16	0.061	0.002	2.09	344
	IROS	2003	29.38%	19.79%	3743.42	-69.60%	636.56%	344
		2004	27.17%	21.11%	2246.38	-78.48%	560.33%	344
	IROE	2003	11.15%	4.62%	3367.00	-47.89%	1053.8%	344
		2004	9.52%	4.28%	405.38	-39.41%	196.50%	344

续表

变量		年份	均值	中值	方差	最小值	最大值	样本
因变量	AP	2003	539989.38	412500	2.24E+11[a]	37643.28	5120000	344
		2004	655695.69	500093.5	3.49E+11	49763.28	4970000	344
	MSR	2003	0.058%	0.018%	0.061	0.0001%	2.954%	238
		2004	0.044%	0.015%	0.025	0.0001%	2.328%	236
	MSQ[b]	2003	155118.52	57690.5	1.25E+11	630.00	3721680	238
		2004	145190.33	57494	8.05E+10	168.00	2336480	236

注：高管持股比例的统计不考虑"零持股"的样本公司，以下不再注明。
a：由于数值太大，采用科学计数法，下同。b：表示高层管理人员持股数量，下同。

2004年344家国有上市公司平均每家为其前三名高层管理人员支付年度报酬总额为655695.69元，平均每位高管年度报酬总额为218565.23元，较2003年平均水平高出21.43%。但是个别样本之间差异非常悬殊，2003年前三名高管年度报酬总额最小值为37643.28元，最大值为5120000元，二者相差136.01倍；2004年前三名高管年度报酬总额最小值为49763.28元，最大值为4970000元，相差99.87倍。

高层持股总体而言减少。2004年高管持股数平均为145190.33股，持股比例为0.044%，较2003年分别下降了6.4%与24.14%。企业高层持股数量和持股比例之间的差距也很大，如2004年高层持股数量最少为168股，最多为2336480股；最大持股比例（2.328%）是最小持股比例（0.0001%）的23280倍。

从分布区间看，大多数样本公司前三名高管可以获取较高的年度报酬，高管"零持股"现象严重，总体持股比例低。2004年344家公司中有108家零持股，占31.4%。

18.3.2　不同行业国有上市公司高管激励状况

（1）前三名高管年度报酬总额水平存在明显的行业差距，各公司之间的差异也十分显著。表18-3显示，从分行业统计看，社会服务业、信息技术业及批发和零售贸易这三个行业的年度报酬总额平均数已连续两年维持三雄称霸的局面，其中，2004年社会服务业9家样本公司平均报酬总额为1338566.70元，高管人均年报酬高达44.62万元。而农林牧渔业高管年度报酬总额平均数连续两年排在末席，2004年7家样本公司平均报酬总额为239171.43元，高管人均年报酬为 7.97 万元。农林牧渔业、制造业、传播与文化产业、交通运输仓储业、建筑业连续两年在全部样本平均数以下。从方差看，各样本公司之间的差异也十分明显。2003 年与 2004 年最大值与最小值均出现在制造业，2004 年前三名高管报酬总额最小值为 49763.28 元，最大值为 4970000.00 元，后者是前者的 99.87 倍。

表 18-3　不同行业国有上市公司前三名高层管理人员报酬总额

所属行业	年份	均值	中值	方差	最小值	最大值	样本
农林牧渔业	2003	229442.86	240000.00	6.14E+9	114000.00	367600.00	7
	2004	239171.43	240000.00	1.32E+10	114000.00	472400.00	
采掘业	2003	576633.33	378700.00	1.98E+11	265000.00	1086200.00	3
	2004	749666.67	460000.00	3.72E+11	339000.00	1450000.00	
制造业	2003	464872.04	358900.00	2.47E+11	37643.28	5120000.00	186
	2004	579342.43	411236.50	3.90E+11	49763.28	4970000.00	
电力煤气及水的生产和供应	2003	537075.55	343311.00	2.21E+11	60000.00	2050000.00	22
	2004	677216.32	609158.00	1.68E+11	170000.00	1550000.00	
建筑业	2003	517006.80	422300.00	4.00E+10	313430.60	817400.00	7
	2004	525762.28	420000.00	5.48E+10	330990.00	983500.00	
交通运输仓储业	2003	484034.58	450000.00	9.07E+10	150000.00	1400000.00	19
	2004	613626.84	560000.00	9.50E+10	190000.00	1400000.00	
信息技术业	2003	676253.13	614500.00	8.69E+10	260000.00	1321450.00	16
	2004	920539.69	756500.00	6.07E+11	340000.00	3631795.00	
批发和零售贸易	2003	713534.90	543050.00	1.82E+11	120600.00	1916300.00	34
	2004	779014.62	640000.00	2.44E+11	120600.00	2075000.00	
房地产	2003	572983.93	483699.00	8.73E+10	130644.00	1038000.00	15
	2004	731007.98	500000.00	2.50E+11	130644.00	1632000.00	
社会服务业	2003	1206944.40	920100.00	5.26E+11	507000.00	2853000.00	9
	2004	1338566.70	1261100.00	9.72E+11	120000.00	3418000.00	
传播与文化产业	2003	493300.00	439600.00	1.35E+11	118000.00	976000.00	4
	2004	619824.00	636750.00	2.30E+11	122400.00	1083396.00	
综合类	2003	673276.64	596800.00	1.65E+11	180000.00	2170286.00	22
	2004	769716.90	779250.00	1.56E+11	180000.00	1836649.00	

续表

所属行业	年份	均值	中值	方差	最小值	最大值	样本
全部样本	2003	539989.38	412500.00	2.24E+11	37643.28	5120000.00	344
	2004	655695.69	500093.50	3.49E+11	49763.28	4970000.00	

（2）国有上市公司高层管理人员总体持股较少，且存在明显的行业差异。

由表18-4看出，国有上市公司高层管理人员持股数量较少，持股比例偏低，且存在显著的行业差异。分行业看，连续两年持股比例高于全部样本平均水平的是批发和零售贸易、农林牧渔业与制造业。2003年采掘业持股比例最低，在2004年样本总体持股比例较2003年降低的情况下，该行业却有一定的增长。

表18-4　　　　　　不同行业高层管理人员持股比例、持股数量状况

所属行业		年份	均值	中值	方差	最小值	最大值	样本
农林牧渔业	MSR	2003	0.070%	0.061%	0.003	0.0096%	0.1481%	4
		2004	0.064%	0.049%	0.004	0.0096%	0.1482%	
	MSQ	2003	313478.20	149150.40	1.71E+11	29700.00	925912.00	
		2004	413512.45	117240.40	4.26E+11	29700.00	1389869.00	
采掘业	MSR	2003	0.0180%	0.018%	—	0.0180%	0.018%	1
		2004	0.0242%	0.0242%	—	0.0242%	0.0242%	
	MSQ	2003	66500.00	66500.00	—	66500.00	66500.00	
		2004	89700.00	89700.00	—	89700.00	89700.00	
制造业	MSR	2003	0.072%	0.015%	0.113	0.0004%	2.9540%	123
		2004	0.048%	0.014%	0.045	0.0004%	2.3281%	121
	MSQ	2003	146548.30	47190.00	1.69E+11	630.00	3721680.00	123
		2004	118859.02	49780.00	6.31E+10	630.00	2336480.00	121
电力煤气及水的生产和供应	MSR	2003	0.025%	0.014%	0.001	0.0003%	0.1157%	16
		2004	0.024%	0.011%	0.001	0.0003%	0.1157%	17
	MSQ	2003	126465.06	56523.00	4.81E+10	1191.00	883326.00	16
		2004	151139.65	47360.00	9.77E+10	1191.00	1304343.00	17

续表

所属行业		年份	均值	中值	方差	最小值	最大值	样本
建筑业	MSR	2003	0.030%	0.015%	0.001	0.0084%	0.0650%	3
		2004	0.016%	0.015%	0	0.0084%	0.0241%	
	MSQ	2003	184977.67	111100.00	3.05E+10	59360.00	384473.00	
		2004	104310.67	111100.00	1.76E+09	59360.00	142472.00	
交通运输仓储业	MSR	2003	0.0210%	0.014%	0.001	0.0001%	0.0887%	14
		2004	0.0199%	0.013%	0.001	0.0001%	0.0887%	
	MSQ	2003	77295.643	77892.50	3.88E+09	2000.00	170000.00	
		2004	83471.430	98221.50	4.27E+09	2000.00	202800.00	
信息技术业	MSR	2003	0.043%	0.035%	0.002%	0.0005%	0.114%	10
		2004	0.044%	0.039%	0.002%	0.0005%	0.112%	9
	MSQ	2003	162748.10	124116.50	3.35E+10	960.00	596463.00	10
		2004	172459.11	144000.00	3.50E+10	960.00	586830.00	9
批发和零售贸易	MSR	2003	0.071%	0.034%	0.010	0.0005%	0.396%	30
		2004	0.066%	0.034%	0.008	0.0001%	0.353%	
	MSQ	2003	214312.50	81291.00	1.47E+11	853.00	1783876.00	
		2004	234139.03	91623.50	1.63E+11	168.00	1783876.00	
房地产	MSR	2003	0.044%	0.013%	0.003	0.0003%	0.139%	9
		2004	0.045%	0.009%	0.003	0.0003%	0.163%	
	MSQ	2003	185114.56	35500.00	6.80E+10	1039.00	639609.00	
		2004	173056.44	37500.00	5.26E+10	1039.00	639609.00	
社会服务业	MSR	2003	0.035%	0.042%	0.001	0.0003%	0.0584%	5
		2004	0.034%	0.042%	0	0.0024%	0.0584%	
	MSQ	2003	134852.20	150890.00	1.34E+10	2067.00	306804.00	
		2004	140550.00	156000.00	1.39E+10	3400.00	306804.00	
传播与文化产业	MSR	2003	0.037%	0.037%	0.002	0.0088%	0.0643%	5
		2004	0.011%	0.011%	0	0.0088%	0.0138%	
	MSQ	2003	81810.00	81810.00	9.88E+09	11520.00	152100.00	
		2004	24444.00	24444.00	1.38E+08	16128.00	32760.00	

续表

所属行业		年份	均值	中值	方差	最小值	最大值	样本
综合类	MSR	2003	0.033%	0.017%	0.003	0.0008%	0.2671%	21
		2004	0.031%	0.016%	0.003	0.0035%	0.2671%	
	MSQ	2003	159574.95	54452.00	1.13E+11	2000.00	1489963.00	
		2004	152517.67	54200.00	1.13E+11	7000.00	1489963.00	
全部样本	MSR	2003	0.058%	0.018%	0.061	0.0001%	2.9540%	238
		2004	0.044%	0.015%	0.025	0.0001%	2.3281%	236
	MSQ	2003	155118.52	57690.50	1.25E+11	630.00	3721680.00	238
		2004	145190.23	57494.00	8.05E+10	168.00	2336480.00	236

18.3.3 不同规模国有上市公司高管激励状况

表18-5显示，国有上市公司绝大多数都是大中型企业，前三名高管年度报酬总额均值的大小与企业规模有联系，小型企业的报酬总额均值最小，大型企业的报酬总额均值最大。但是，报酬总额的最小值却出现在大型企业中。总体而言，企业规模与前三名高管报酬总额成正比。高管持股比例均值与企业规模的联系不似报酬总额均值与企业规模的联系。最高持股比例出现在中型企业，持股比例的最小值出现在大型企业。

表18-5　　　　不同规模国有上市公司高管激励状况

规模		年份	均值	最小值	最大值	样本
小型企业	AP	2004	358577.8	122400.00	700000	9
		2003	298887.80	82800.00	525200.00	16
	MSR	2004	0.012%	0.0056%	0.0161%	4
		2003	0.0117%	0.0007%	0.0176%	10
中型企业	AP	2004	523438.7	93066.00	4970000	115
		2003	452395.10	64000.00	2050000.00	139
	MSR	2004	0.062%	0.0003%	2.3281%	79
		2003	0.0856%	0.0003%	2.9537%	95

续表

规模		年份	均值	最小值	最大值	样本
大型企业	AP	2004	736984.9	49763.28	4520000	220
		2003	624821.30	37643.28	5120000.00	189
	MSR	2004	0.036%	0.0001%	0.3529%	153
		2003	0.0421%	0.0001%	0.3957%	133
全部样本	AP	2004	655695.7	49763.28	4970000	344
		2003	539989.40	37643.28	5120000.00	344
	MSR	2004	0.044%	0.0001%	2.3281%	236
		2003	0.0582%	0.0001%	2.9537%	238

18.3.4 不同地区国有上市公司高管激励状况

由表18-6看出，前三名高管报酬总额的多少和地区经济发达程度正相关，即地区经济越发达，前三名高管报酬总额越多。但是，高管持股比例却不同，高管持股比例均值最大值出现在经济不发达地区，而且发达地区与较发达地区的持股比例差不多。

表18-6　　　　　　　不同地区国有上市公司高管激励状况

地区		年份	均值	最小值	最大值	样本
发达地区	AP	2004	777942.13	115254.50	3418000	157
		2003	670716.00	60000.00	2853000	157
	MSR	2004	0.0384%	0.0001%	0.3529%	118
		2003	0.0419%	0.0001%	0.3957%	118
较发达地区	AP	2004	596964.46	93600.00	4970000	105
		2003	468686.85	64000.00	5120000	105
	MSR	2004	0.0358%	0.0003%	0.2671%	71
		2003	0.0382%	0.0003%	0.3957%	74
欠发达地区	AP	2004	496843.10	49763.28	2024300	82
		2003	380997.75	37643.28	1585200	82
	MSR	2004	0.0713%	0.0004%	2.3281%	47
		2003	0.1322%	0.0003%	2.9537%	46

18.3.5 不同负债比率的国有上市公司高管激励状况

由表18-7发现，在资产负债率>20%的三组中，前三名高管年度报酬总额相差不大。前三名高管年度报酬总额均值最大值出现在资产负债率最高（大于70%）的一组中，其次是20%<资产负债率≤50%一组。企业资产负债率≤20%时，其年度报酬总额均值最小。而高管持股比例均值的最大值出现在20%<资产负债率≤50%这一组中；其次是50%<资产负债率≤70%一组，且其与资产负债率>70%一组的高管持股比例相差最小；当资产负债率≤20%时，高管持股比例最低。

表18-7　　　　不同资产负债率下国有上市公司高管激励状况

资产负债率		年份	均值	最小值	最大值	样本
资产负债率≤20%	AP	2004	530477.30	117000.00	1210000	21
		2003	455727.00	78993.00	1142900	24
	MSR	2004	0.0198%	0.0009%	0.0950%	17
		2003	0.0233%	0.0014%	0.1033%	17
20%<资产负债率≤50%	AP	2004	666377.30	77700.00	4970000	171
		2003	550006.60	60000.00	5120000	185
	MSR	2004	0.0610%	0.0001%	2.328%	106
		2003	0.0799%	0.0001%	2.9537%	119
50%<资产负债率≤70%	AP	2004	659572.40	49763.28	4520000	130
		2003	537542.80	37643.28	2170286	116
	MSR	2004	0.0325%	0.0001%	0.3529%	98
		2003	0.0397%	0.0004%	0.3957%	89
资产负债率>70%	AP	2004	669288.70	134500.00	2075000	22
		2003	563827.20	60000.00	1916300	19
	MSR	2004	0.0285%	0.0019%	0.1516%	15
		2003	0.0319%	0.0035%	0.1432%	13

18.4 假设检验与分析

一般来讲，当选定企业绩效的衡量指标后，高层管理人员的报酬增加应当能够促进企业绩效的改善，即高层管理人员在高报酬的激励下不断努力提高企业的绩效，以达到委托人与代理人目标的不断调和，这时我们说激励机制是有效的。在描述性分析基础上，进一步探讨激励的有效性。

18.4.1 企业绩效综合得分

利用 SPSS 对选择的指标 EPS、ROE、ROA 和 $IROS$、$IROE$ 进行主成分法因子分析，发现与预期一样。得出：

2004 年：$F_{i1} = 0.377EPS_i + 0.337ROE_i + 0.387ROA_i - 0.199IROS_i$
$\qquad + 0.003IROE_i$

$F_{i2} = -0.102EPS_i + 0.041ROE_i - 0.129ROA_i + 0.756IROS_i + 0.499IROE_i$

$P_i = 57.892\% F_{i1} + 21.081\% F_{i2}$

2003 年：$F_{i1} = 0.361EPS_i + 0.368ROE_i + 0.378ROA_i - 0.052IROS_i$
$\qquad + 0.033IROE_i$

$F_{i2} = -0.021EPS_i + 0.047ROE_i - 0.09ROA_i + 0.731IROS_i + 0.634IROE_i$

$P_i = 50.063\% F_{i1} + 20.86\% F_{i2}$

为了对全部样本及其分组考察国有企业高层管理人员激励与企业绩效的关系，构建一个一元线性回归模型：$P_i = \alpha_i + \beta_i COMP + \varepsilon_i$，其中 P_i 是第 i 个公司（$i = 1, 2, \cdots, 344$）的综合绩效；α_i、β_i 为常数项；$COMP$ 是高层管理人员激励变量，分别代表 AP_i、MSR_i；ε_i 为残差。

18.4.2 高管激励与企业绩效关系的总体回归

假设 1：企业绩效与前三名高层管理人员年度报酬总额、高管持股比例之间存在显著的正相关关系。

由表 18-8 看出，企业绩效与前三名高管的年度报酬总额呈显著正相关关系，而高管持股比例与企业绩效之间不存在显著相关关系。

表18-8　企业绩效与高管激励的回归

项目	非标准系数 B	非标准系数 标准误	标准系数 Beta	t	Sig. t	F	Sig. F	R^2	调整后的 R^2
（常数项） AP2004	−0.148 2.263029461476e−007	0.049 0.000	0.217	−3.056 4.110	0.002 0.000	16.895	0.000（a）	0.047	0.044
（常数项） AP2003	−0.123 2.275387990425e−007	0.044 0.000	0.198	−2.818 3.744	0.005 0.000	14.015	0.000（a）	0.039	0.037
（常数项） MSR2004	−0.032 −0.192	0.038 0.233	−0.054	−0.828 −0.822	0.409 0.412	0.676	0.412（a）	0.003	−0.001
（常数项） MSR2003	−0.016 −0.198	0.035 0.138	−0.093	−0.464 −1.435	0.643 0.153	2.060	0.153（a）	0.009	0.004

18.4.3 考虑企业规模的分组回归

假设2：国有上市公司规模越大，前三名高管年度报酬总额、高管持股比例对企业绩效的影响越大。

由表18-9发现：①大型企业的企业绩效与前三名高管年度报酬总额之间显著正相关，存在线性关系，即高管报酬总额越高企业的绩效越好；中小企业的企业绩效与前三名高管年度报酬总额并不存在显著相关关系。②不论在哪种企业规模下，高管持股比例对企业绩效都不存在显著影响。

18.4.4 考虑所在地区的分组回归

假设3：国有上市公司所在地区经济越发达，前三名高管年度报酬总额、高管持股比例对企业绩效的影响越大。

由表18-10发现：①前三名高管年度报酬总额与地区经济发达程度呈显著正相关关系，对企业绩效有显著影响（2004年较发达地区除外）；但通过相关系数的比较，发现地区经济越发达，前三名高管年度报酬总额对企业绩效的影响反而越小。②在经济发达程度不同的地区，高管持股比例对企业绩效均没有显著影响。

18.4.5 考虑行业的分组回归

假设4：国有上市公司所属行业的竞争性越强，前三名高层管理人员年度报酬、高管持股比例对企业绩效的影响越大。

由表18-11发现：①在垄断性行业，前三名高管报酬总额对企业绩效没有显著影响；而在资源性行业和竞争性行业，二者之间存在显著正相关关系。在资源性行业中，前三名高管年度报酬总额对企业绩效的影响最大。②高管持股比例与企业绩效之间，只在资源性行业具有显著影响，二者之间还是一种负相关的关系。上述情况证明国有上市公司所属行业并不是竞争性越强，前三名高层管理人员年度报酬、高管持股比例对企业绩效的影响越大。

18.4.6 考虑资产负债率的分组回归

假设5：国有上市公司资产负债比率越小，前三名高层管理人员年度报酬、高管持股比例对企业绩效的影响越大。

由表18-12发现：①只有20%＜资产负债率≤50%这一组，前三名高管

表 18-9　考虑企业规模的分组回归

项目		非标准系数 B	标准误	标准系数 Beta	t	Sig. t	F	Sig. F	R^2	调整后的 R^2
大型企业	(常数项) AP2004	−0.079 2.216867388023e−007	0.068 0.000	0.210	−1.166 3.168	0.245 0.002	10.039	0.002（a）	0.044	0.040
	(常数项) AP2003	−0.050 1.746913356986e−007	0.063 0.000	0.169	−0.794 2.342	0.428 0.020	5.487	0.020（a）	0.029	0.023
	(常数项) MSR2004	0.063 −0.679	0.059 0.874	−0.063	1.060 −0.777	0.291 0.439	0.603	0.439（a）	0.004	−0.003
	(常数项) MSR2003	0.023 −0.396	0.055 0.700	−0.049	0.427 −0.565	0.670 0.573	0.320	0.573（a）	0.002	−0.005
中型企业	(常数项) AP2004	−0.231 1.411484124673e−007	0.067 0.000	0.144	−3.459 1.544	0.001 0.125	2.385	0.125（a）	0.021	0.012
	(常数项) AP2003	−0.245 3.573738610944e−007	0.072 0.000	0.228	−3.423 2.735	0.001 0.007	7.479	0.007（a）	0.052	0.045
	(常数项) MSR2004	−0.197 −0.081	0.046 0.172	−0.054	−4.285 −0.472	0.000 0.638	0.223	0.638（a）	0.003	−0.010
	(常数项) MSR2003	−0.065 −0.174	0.056 0.143	−0.126	−1.174 −1.220	0.243 0.226	1.489	0.226（a）	0.016	0.005

第18章 国有企业高层管理人员激励与企业绩效实证研究

续表

项目		非标准系数 B	标准误	标准系数 Beta	t	Sig. t	F	Sig. F	R^2	调整后的 R^2
小型企业	（常数项）AP2004	0.138 −5.573754998348e−007	0.411 0.000	−0.196	0.336 −0.528	0.747 0.614	0.279	0.614（a）	0.038	−0.099
	（常数项）AP2003	−0.354 1.265263167515e−006	0.223 0.000	0.446	−1.586 1.866	0.135 0.083	3.481	0.083（a）	0.199	0.142
	（常数项）MSR2004	−0.850 82.419	0.876 69.051	0.645	−0.971 1.194	0.434 0.355	1.425	0.355（a）	0.416	0.124
	（常数项）MSR2003	0.227 −18.118	0.321 24.952	−0.249	0.707 −0.726	0.499 0.488	0.527	0.488（a）	0.062	0.055

表 18-10　考虑所在地区的分组回归

	项目	非标准系数 B	标准误	标准系数 Beta	t	Sig. t	F	Sig. F	R^2	调整后的 R^2
发达地区	（常数项） AP2004	-0.262 3.031812753849e-007	0.080 0.000	0.272	-3.266 3.522	0.001 0.001	12.406	0.001（a）	0.074	0.068
	（常数项） AP2003	0.121 1.869102834160e-007	0.076 0.000	0.155	-1.594 1.960	0.113 0.052	3.840	0.052（a）	0.024	0.018
	（常数项） MSR2004	-0.039 0.1.110	0.055 0.845	-0.121	-0.705 -0.1313	0.482 0.192	1.725	0.192（a）	0.015	0.006
	（常数项） MSR2003	0.018 -0.786	0.059 0.873	-0.083	0.307 -0.901	0.759 0.370	0.811	0.370（a）	0.007	-0.002
较发达地区	（常数项） AP2004	-0.110 1.286133344598e-007	0.074 0.000	0.164	-1.478 1.683	0.143 0.095	2.833	0.095（a）	0.027	0.017
	（常数项） AP2003	-0.153 2.392360655519e-007	0.067 0.000	0.255	-2.275 2.674	0.025 0.009	7.149	0.009（a）	0.065	0.056
	（常数项） MSR2004	-0.072 0.967	0.082 1.214	0.095	-0.873 0.796	0.386 0.429	0.634	0.429（a）	0.009	-0.005
	（常数项） MSR2003	-0.040 0.071	0.076 0.990	0.008	-0.527 0.071	0.599 0.943	0.005	0.943（a）	0.000	-0.014

续表

项目		非标准系数 B	非标准系数 标准误	标准系数 Beta	t	Sig. t	F	Sig. F	R^2	调整后的 R^2
欠发达地区	（常数项）AP2004	-0.240 6.6824097386e-007	0.119 0.000	0.369	-2.027 3.548	0.046 0.001	12.591	0.001（a）	0.136	0.125
	（常数项）AP2003	-0.159 5.3009513432224e-007	0.104 0.000	0.263	-1.527 2.443	0.131 0.017	5.968	0.017（a）	0.069	0.058
	（常数项）MSR2004	0.075 -0.217	0.105 0.307	-0.105	0.716 0.709	0.477 0.482	0.502	0.482（a）	0.011	-0.011
	（常数项）MSR2003	-0.020 -0.190	0.077 0.140	-0.201	-0.253 -0.135	0.802 0.181	1.846	0.181（a）	0.040	0.018

表 18-11　考虑行业的分组回归

项目		非标准系数 B	标准误	标准系数 Beta	t	Sig. t	F	Sig. F	R^2	调整后的 R^2
垄断性行业	（常数项） AP2004	−0.099 4.696615592206e−008	0.120 0.000	0.043	−0.827 0.328	0.412 0.744	0.107	0.744（a）	0.002	−0.016
	（常数项） AP2003	−0.102 4.004701523003e−008	0.114 0.000	0.033	−0.890 0.252	0.377 0.802	0.064	0.802（a）	0.001	−0.016
	（常数项） MSR2004	−0.040 −1.491	0.081 1.406	−0.156	−0.490 −1.061	0.626 0.294	1.126	0.294（a）	0.024	0.003
	（常数项） MSR2003	−0.055 −2.140	0.078 1.369	−0.229	−0.701 −1.563	0.487 0.125	2.443	0.125（a）	0.053	0.031
资源性行业	（常数项） AP2004	−0.304 9.476410922832e−007	0.165 0.000	0.576	−1.840 3.659	0.077 0.001	13.386	0.001（a）	0.331	0.307
	（常数项） AP2003	−0.263 8.900638746e−007	0.105 0.000	0.647	−2.502 4.411	0.019 0.000	19.454	0.000（a）	0.419	0.397
	（常数项） MSR2004	0.462 −6.360	0.145 3.139	−0.441	3.181 −2.026	0.005 0.059	4.106	0.059（a）	0.195	0.147
	（常数项） MSR2003	0.349 −4.570	0.105 2.155	−0.457	3.310 −2.121	0.004 0.049	4.497	0.049（a）	0.209	0.163

续表

项目		非标准系数 B	非标准系数 标准误	标准系数 Beta	t	Sig. t	F	Sig. F	R^2	调整后的 R^2
竞争性行业	（常数项） AP2004	-0.159 2.31420843897e-007	0.056 0.000	 0.229	-2.823 3.752	0.005 0.000	14.075	0.000（a）	0.053	0.049
	（常数项） AP2003	-0.126 2.41872684957e-007	0.051 0.000	 0.214	-2.481 3.497	0.014 0.001	12.229	0.001（a）	0.046	0.042
	（常数项） MSR2004	-0.056 -0.127	0.047 0.245	 -0.040	-1.210 -0.519	0.228 0.605	0.269	0.605（a）	0.002	-0.004
	（常数项） MSR2003	-0.016 -0.177	0.043 0.146	 -0.092	-0.363 -1.209	0.717 0.228	1.461	0.228（a）	0.008	0.003

表 18-12　考虑资产负债率的分组回归

项目		非标准系数 B	标准误	标准系数 Beta	t	Sig. t	F	Sig. F	R^2	调整后的 R^2
负债率 ≤20%	（常数项）AP2004	-0.261 7.793683855845e-007	0.314 0.000	3.24	-0.832 1.492	0.416 0.152	2.226	0.152（a）	0.105	0.058
	（常数项）AP2003	-0.184 2.349877969183e-007	0.147 0.000	0.182	-1.249 0.867	0.225 0.396	0.751	0.396（a）	0.033	-0.011
	（常数项）MSR2004	0.159 0.321	0.197 6.515	0.013	0.807 0.049	0.432 0.961	0.002	0.961（a）	0.000	-0.066
	（常数项）MSR2003	0.168 -6.776	0.117 3.336	-0.464	1.444 -2.031	0.169 0.060	4.126	0.060（a）	0.216	0.163
20% < 负债率 ≤50%	（常数项）AP2004	-0.106 2.761921203243e-007	0.068 0.000	0.278	-1.551 3.762	0.123 0.000	14.151	0.000（a）	0.077	0.072
	（常数项）AP2003	-0.065 2.087134470169e-007	0.057 0.000	0.204	-1.144 2.821	0.254 0.005	7.957	0.005（a）	0.042	0.036
	（常数项）MSR2004	0.012 -0.168	0.057 0.244	-0.067	0.210 -0.688	0.834 0.493	0.474	0.493（a）	0.005	-0.005
	（常数项）MSR2003	0.016 -0.201	0.048 0.138	-0.134	0.336 -1.462	0.737 0.147	2.136	0.147（a）	0.018	0.010

第18章 国有企业高层管理人员激励与企业绩效实证研究

续表

<table>
<tr><th rowspan="2">项目</th><th colspan="2">非标准系数</th><th>标准系数</th><th rowspan="2">t</th><th rowspan="2">Sig. t</th><th rowspan="2">F</th><th rowspan="2">Sig. F</th><th rowspan="2">R^2</th><th rowspan="2">调整后的 R^2</th></tr>
<tr><th>B</th><th>标准误</th><th>Beta</th></tr>
<tr><td rowspan="8">50% < 负债率 ≤70%</td><td colspan="9"></td></tr>
<tr><td>（常数项）
AP2004</td><td>-0.158
7.337709189729e-008</td><td>0.068
0.000</td><td>0.082</td><td>-2.322
0.925</td><td>0.022
0.356</td><td>0.856</td><td>0.356（a）</td><td>0.007</td><td>-0.001</td></tr>
<tr><td>（常数项）
AP2003</td><td>-0.265
3.309914 77097e-007</td><td>0.078
0.000</td><td>0.259</td><td>-3.396
2.862</td><td>0.001
0.005</td><td>8.189</td><td>0.005（a）</td><td>0.067</td><td>0.059</td></tr>
<tr><td>（常数项）
MSR2004</td><td>-0.121
-0.577</td><td>0.054
0.782</td><td>-0.075</td><td>-2.249
-0.737</td><td>0.027
0.463</td><td>0.544</td><td>0.463（a）</td><td>0.006</td><td>-0.005</td></tr>
<tr><td>（常数项）
MSR2003</td><td>-0.102
-0.084</td><td>0.064
0.776</td><td>-0.012</td><td>-1.605
-0.108</td><td>0.112
0.914</td><td>0.012</td><td>0.914（a）</td><td>0.000</td><td>-0.011</td></tr>
<tr><td colspan="9"></td></tr>
<tr><td colspan="9"></td></tr>
<tr><td colspan="9"></td></tr>
<tr><td rowspan="4">负债率 >70%</td><td>（常数项）
AP2004</td><td>-0.479
5.6215341 85143e-007</td><td>0.270
0.000</td><td>0.367</td><td>-1.775
1.766</td><td>0.091
0.093</td><td>3.118</td><td>0.093（a）</td><td>0.135</td><td>0.092</td></tr>
<tr><td>（常数项）
AP2003</td><td>0.258
-2.0744157 89787e-007</td><td>0.296
0.000</td><td>-0.117</td><td>0.872
-0.485</td><td>0.395
0.634</td><td>0.235</td><td>0.634（a）</td><td>0.014</td><td>-0.044</td></tr>
<tr><td>（常数项）
MSR2004</td><td>0.186
-0.3542</td><td>0.303
6.196</td><td>-0.157</td><td>0.615
-0.572</td><td>0.549
0.577</td><td>0.327</td><td>0.577（a）</td><td>0.025</td><td>-0.051</td></tr>
<tr><td>（常数项）
MSR2003</td><td>0.305
-3.254</td><td>0.270
5.516</td><td>-0.175</td><td>1.130
-0.590</td><td>0.282
0.567</td><td>0.348</td><td>0.567（a）</td><td>0.031</td><td>-0.057</td></tr>
</table>

年度报酬总额对企业绩效有显著的影响,呈显著正相关关系。这符合企业利用负债的财务杠杆作用,但资产负债率一般情况不应大于 50% 的理念,也证实了企业资产负债率并不是越小,前三名高管年度报酬总额对企业绩效的影响越大。②企业的资产负债率不论处于哪一区间,高管持股比例与企业绩效之间均没有显著影响。

18.5 政策建议

第一,高层管理人员的年度报酬中,基本工资属于固定收入,而年度奖金的金额与企业绩效应直接挂钩,由企业的短期绩效来确定。通过分析发现,既然企业绩效与前三名高管年度报酬总额显著正相关,因此,在设计国有企业高层管理人员年度报酬时,可以适当降低基本工资的比重,提高年度奖金的数额从而加大高管年度报酬与企业短期绩效的相关性。

第二,高管持股将高层管理人员的利益与企业的长期绩效相联系,属于长期报酬激励。借鉴发达国家经理人员的薪酬结构,长期报酬以股票和期权的形式为最佳。中国国有企业高管持股与企业绩效不相关,主要是因为国有企业高管"零持股"现象严重,即使持股,比例也很低,且大多数是因为投资持股和增资配股高管才持股,真正的激励性持股基本不存在。因此,应该重视长期报酬激励在高管薪酬结构中的作用,合理有效地提高高层管理人员的激励性持股比例,改变高管持股对企业绩效失效的现状,发挥其应有的激励效果。

第三,考虑了企业规模这一调节变量后,发现只有大型企业的前三名高管报酬总额对企业绩效有显著性影响。因此,在资产总额超过 15 亿元的大型国有企业,高管年度报酬结构中,可以适当降低属于固定收入的基本工资的比重,加大年度奖金的比重,更好地发挥高管年度报酬总额对企业短期绩效的激励作用。

第四,考虑了企业所属行业这一调节变量后,发现在资源性行业和竞争性行业,前三名高管年度报酬总额对企业绩效均有显著影响,在资源性行业影响最大,因此这两个行业的国有企业应该恰当处理固定收入与年度奖金的比例,在资源性行业的企业高管报酬中可适当提高固定收入的比例。高管持股比例只在资源性行业对企业绩效有显著影响,还是负相关,一方面可能是因为现行高管持股并非真正意义上的激励性持股,另一方面可能因为资源性行业企业绩效的衡量除了要考虑营利性和成长性外,还应该更多地考虑资源的有效利用率、可持续发展、资源价格等指标。因此，在资源性行业，不仅应该加强激励性持股，更应该采用更全面的绩效考核指标对国有企业绩效进行恰当的衡量。

第五，考虑了企业资产负债率这一调节变量后，发现只有20%＜资产负债率≤50%这一组，前三名高管年度报酬总额对企业绩效有显著的正向影响。但是企业资产负债率所处区间是随着企业资本结构情况不时变化的，有时历史遗留下来的高负债率问题并不是现任高层管理人员能够及时改变的，所以，并不能简单地提倡企业将资产负债率控制在20%～50%这一区间。国有企业在对高层管理人员进行薪酬激励时，应该综合考虑其他的企业特征因素——企业规模、所在地区、所属行业等，采取适当的薪酬激励措施。

参考文献：

[1] 李增泉．激励机制与企业绩效：一项基于上市公司的实证研究［J］．会计研究，2000（1）：24-30.

[2] 刘国亮，王加胜．上市公司股权结构、激励制度及绩效的实证研究［J］．经济理论与经济管理，2000（5）：40-45.

[3] 施东晖．经理期权计划在美国的兴起和影响［J］．世界经济，2000（7）：63-67.

[4] 宋增基，张宗益．上市公司经营者报酬与公司绩效的实证研究［J］．重庆大学学报，2002（11）：90-93.

[5] 魏刚，杨乃鸽．高级管理人员激励与上市公司经营绩效［J］．经济研究，2000（3）：32-39.

[6] 杨瑞龙，刘江．经理报酬、企业绩效与股权结构的实证研究［J］．江苏行政学院学报，2002（1）：46-54.

[7] 张晖明，陈志广．高级管理人员激励与企业绩效——以沪市上市公司为样本的实证研究［J］．世界经济文摘，2002（4）：29-37.

[8] 张小宁．经营者报酬、员工持股与上市公司绩效分析［J］．世界经济，2002（10）：57-64.

[9] 朱德胜，岳丽君．管理者薪酬与企业绩效的相关性研究［J］．山东财政学院学报，2004（6）：45-49.

第19章 关于国有企业购并与规模经济的思考[①]

为了实现国有资产的保值增值，盘活国有资产存量、获得规模经济已成为国有企业改革的重点。以资本为纽带、以企业购并为核心的资产重组，有助于形成跨地区、跨行业、跨所有制、跨国经营的大型企业集团，改变以往我国国有企业普遍存在的规模小、同构化的"小而全"局面。但是，也应该注意到，我国市场经济体制还不完善，企业购并起步晚，企业对购并和规模经济还存在着认识上的误区，认为企业规模越大就越有可能形成规模经济。本文试图通过对企业购并和规模经济基本理论的论述，弄清规模经济的科学含义，以便指导国有企业购并决策。

19.1 企业购并的实质：1+1=？

在市场经济发达的国家中，企业购并是企业在激烈的市场竞争中主动选择的一种竞争战略。购并（Merger & Acquisition，M&A）是指两家或更多的独立企业合并组成一家企业，既有可能是强强联合，也有可能是强弱联合，或者是弱弱联合。无论哪一种形式的购并，决策的关键是是否可以节约交易费用。企业购并实质上是一种不同企业间的产权交易，是购并企业依据自身的发展，为了获得更多的利润和谋取更大的发展空间，通过产权交易方式而获得目标企业（被购并企业）的控制权或将其纳入自身企业的行为。

[①] 本章作者为杨蕙馨、鲁有臣，发表在《东岳论丛》1998年第6期（有改动）。

购并是要付出代价的，即要取得 1 + 1 > 2 的效果，购并企业要支付一定的成本。如果购并只能达到 1 + 1 = 2 的效果，就无多少实际意义了。从成本—收益的角度分析，只有当购并后的企业利润率高于购并前时，购并活动才是成功的，即企业为购并付出的成本加上购并后整个企业的总投资的利润率大于购并前企业的利润率，用公式表示为：$\frac{\pi_c}{Z_g + Z} > \frac{\pi_a}{Z_a}$，其中 π_a 为购并企业购并前的利润额，Z_a 为购并企业购并前的总投资额，π_c 为购并后企业的利润额，Z_g 为购并的成本。

纵观世界各国巨型企业的发展成长历史，都经历过大规模的购并。通过购并进行资本运营，可以使企业规模在短时间内得以迅速扩张，但是，企业规模并不是越大越好。企业规模的扩大为企业带来交易费用降低的同时，也会导致组织协调和管理费用的增加，而且人员的增多可能使得管理和激励机制的效用降低，这就需要进行成本与收益的权衡比较，只有当购并后所带来的交易费用的节约大于内部组织协调和管理费用的增加时，购并才有利可图。否则，就需要谨慎对待了。

19.2　规模经济的科学含义

随着社会分工和专业化协作的发展，规模经济的重要性逐渐显示出来，追求规模经济的行为日益渗透到各种经济活动中去。从理论上讲，规模经济最核心的含义是指在投入增加的同时，产出增加的比例超过投入增加的比例，单位产品的平均成本随着产量的增加而降低，即规模收益（或规模报酬）递增；反之，在投入增加的同时，产出增加的比例小于投入增加的比例，单位产品的平均成本随着产量的增加而上升，即规模收益（或规模报酬）递减；如果投入与产出的比例保持不变，即规模收益（或规模报酬）不变。当规模收益递增时，称作规模经济（economies of scale），规模收益递减时称作规模不经济（diseconomies of scale）。投入的增加和产出规模的扩大是规模经济的前提，由于投入的增加和产出规模的扩大导致了单位投入的产出水平提高，或者单位产出的平均成本降低，从而产生了规模经济。如图 19-1 所示，当产量水平扩大到 q_1 之前，由于专业化分工协作提高了效率，或者大规模地生产经营节约了管理、采购、销售、广告、研究开发以及资金筹集等方面的费用，产生了规模经济；当产量水平由 q_1 扩大到 q_2 时，规模经济已得到了充分利用，产量水平

在 q_1 至 q_2 之间出现的是规模收益不变；当产量水平大于 q_2 时，就出现了规模不经济。

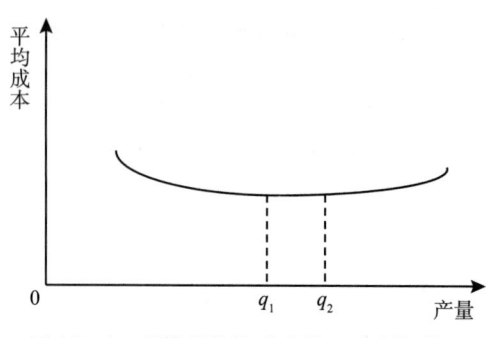

图 19-1 规模经济的"产量—成本"关系

规模经济的分类方法很多。按照生产要素在企业的集中程度和投入产出量的大小，可以把规模经济分为三个层次。第一个层次是单一产品的规模经济，这是指在单一产品的生产中，伴随着产品生产规模的扩大而发生的单位产品生产成本的降低，单位产品的成本在一定范围内递减直至达到单位产品平均成本的最低点，这时的产量规模称作最低经济规模（minimum efficient scale, MES），最低经济规模的产量水平依具体产品的技术特性可高可低。第二个层次是工厂水平上的规模经济，所谓工厂是指在一定的场所集合一定的生产设备，把不同的投入要素按照一定的比例结合起来，经过一定的形态转换而生产出一定产品的组织形式，工厂的形态取决于产品的生产技术特性，如单一产品工厂和多种产品工厂（水平结合的工厂、垂直结合的工厂、多角化关联工厂、多角化非关联工厂等），工厂生产规模的扩大可以产生专业化分工效益、提高管理效率、节约管理费用等规模经济。第三个层次是多工厂水平（多种产品工厂）上的规模经济，或叫企业水平（company-wide）上的规模经济，最简单的多工厂水平的规模经济是一个企业或公司一个个地复制生产相同产品的工厂，使规模扩大，产量水平提高，从而使企业或公司的成本水平逐步降低，经济学关于长期成本曲线是短期成本曲线最低点的包络线研究的就是这种情况。当多个工厂生产不同产品（产品品种的增加）时，多工厂的经济性又常常被称作范围经济（economies of scope）。这在许多化学产品的生产中表现得特别明显，例如一个连续的生产流程可以生产出多个品种的产品，铁路、航空和水路的客货运联营也是典型的例子。由于企业购并的方式多种多样，三个层次上的规模经济问题均会涉及。

19.3　规模大 ≠ 规模经济

由上所述，结论是显而易见的，即企业规模并不是越大越好，凡事都有一个限度。归根结底，企业购并不是为了简单地追求规模扩张，任何方式的购并均应以保持生产经营的内在联系和分散风险为前提，如横向购并、纵向购并和多角化购并，通过购并是要降低内部交易费用，取得规模经济，提高企业在市场上的竞争力，扩大市场占有份额，最终达到提高盈利水平的目的。目的能否实现，取决于多种条件和制约因素：

第一，规模经济与市场需求。规模经济的前提是投入的增加和产出规模的扩大，因而规模经济与市场需求是密切相关的。经济学原理告诉我们，任何产品的价值只有在市场上得以实现，也就是市场上存在对该种产品的需求，消费者购买该种产品，生产者才能补偿成本并获得利润。换句话说，在产出规模扩大的过程中，只有产品的市场需求不存在问题，规模经济才得以成立和实现。事实上，市场上的任何一种产品都或多或少地存在差异，消费者的需求不仅取决于该产品的价格，还取决于消费习惯、消费偏好、消费时尚等等。这就意味着任何产品的价值实现均受到市场需求的约束，对某种产品的需求受多种因素的影响。换言之，规模经济能否实现取决于产品的需求弹性，应该说规模经济与产品的需求弹性存在正相关关系，即产品的需求弹性越大，就越有可能从规模的扩张中获得规模经济效益，反之，产品的需求弹性越小，规模损失的可能性就越大。

第二，市场条件与规模经济的实现。既然在一定的区间内随着产出规模的扩张，单位产出的成本可以下降，这就为生产者提供了降低销售价格的可能性。而其他生产者由于规模小则不具备这种可能性，那么，这种竞争的结果只能有两种可能性：一种是其他生产者也跟随着降低价格，导致整个市场价格的下降，下降后的市场价格如果低于其他生产者的平均成本，则必然使这部分生产者亏损直至破产。一旦这部分生产者破产退出市场上规模较大的生产者的产品的实现不再困难，从而规模经济得以实现。另一种可能性是其他生产者并不跟随着降低价格，市场上就出现了同种产品多种价格的情况，消费者自然会选择价格较低者，这意味着市场扩大了对价格较低者的产品需求，相反，高价格的产品在市场上就难以实现，最终结果也会导致这部分生产者破产。

典型的例子是近年来微波炉价格"一溃千里",昔日几千元的高档产品,现在数百元便可获得,早已进入"寻常百姓家"。1997年格兰仕又发动第二次价格战,更使微波炉价格最低降至488元。人们惊喜之余,纷纷购买,掀起了又一波微波炉消费热潮,微波炉普及率再度提高。在这场价格战中,几十个厂家在经营无利之时,联名状告格兰仕"倾销",搞"不公平竞争"。而事实上,格兰仕是微利20元销售。因为格兰仕公司生产规模大(1998年将达到年产450万台,其他厂家最多年产不过60万台),成本低,当然可薄利多销,亦即获得规模经济。

由此看出,扩大产出规模、追求规模经济是在市场份额随之扩大的情况下实现的,但是,市场份额的扩大并不必然带来规模经济。对处于垄断地位的生产者而言,一般不会盲目地追求规模经济,而是追求单位产出的盈利水平最高,或者在保持垄断地位的前提下追求超额利润的最大化。对于非垄断生产者而言,如果试图以追求规模经济来获取更多的利润,则需要考虑在产出规模扩大的同时,市场需求弹性和价格变化对产品需求的综合影响。

19.4　国有企业购并中应注意的几个问题

中国国有企业购并是伴随着经济体制改革的深化和市场经济体制的建立完善而发展起来的,为了搞活国有大中型企业,正在进行抓大放小,强强联合的资产重组,但是,传统体制固有的条块分割、地方封锁以及政府管理还未完全理顺等问题的存在,使得很多企业不能正确把握购并时机,盲目购并,对购并前后的经营不能进行科学合理的预测分析,有的甚至是购并后背上了沉重的债务和人员包袱。因此,要正确地对待购并就需要做到:

第一,切忌盲目追求规模忽视规模经济,务必对购并进行科学的成本—收益分析。规模大是高效率的结果,而不是相反,千万不能颠倒了因果关系。一句话,无论什么企业的发展壮大,根本在于效率的高低,规模的扩大是由于专业化分工协作使效率得以提高。小企业只要能很好地利用专业化分工协作获得高效率,照样能在市场竞争中站稳脚跟,不然,规模再大的企业也会被市场淘汰。为此,企业在进行购并决策时一定要弄清所处行业的技术经济特性、国内外市场需求状况以及国内外市场竞争态势,对购并活动进行科学的成本—收益分析,保证通过购并能使企业达到合理的经济规模,增强竞争力,真正实现规模经济。

第二，政府应有正确的政策和健全的法规指导企业购并活动。政府应尽快制定和完善与企业购并活动有关的各项法规条例，如民法、公司法、破产法、反垄断法、证券交易法、劳动法、社会保险法、税法以及会计师法、审计师法等，规范企业的购并活动，严防购并活动中国有资产的流失，并妥善安排好被购并企业职工的再就业。

第三，尽快制定主要行业企业购并的产业政策，从金融、财政、职工安置等各方面制定相应的配套措施。例如，我国汽车工业产业组织是急需优化的国民经济支柱产业，建议通过联合、兼并、参股等方式，形成以产品为龙头，骨干企业为核心，产权为纽带的大型企业集团，使 2~3 家汽车企业集团迅速成长为具有经济规模按专业化分工的总装、发动机、铸锻毛坯等生产基地，并具有一定的产品开发能力。同时形成一批零部件企业（集团），成为自主开发先进产品，能面向国内外两个市场，具有国际竞争力的"小型巨人"企业。使汽车工业初步形成厂点小、批量大、品种多的合理产业组织和少数大型企业间有序竞争的市场结构，力争同类汽车产品产量居国内前 3 家企业的销售量在国内市场占有率达到 70% 以上。

第四，大力发展资本市场，为企业购并提供一个良好的、公开的、信息较充分的可以降低交易费用的场所，使资源流向高效率的企业。

参考文献：

[1] 王缉慈. 关于企业规模科学性的思考 [J]. 中国工业经济, 1997 (7): 27-30.

[2] 植草益. 产业组织论 [M]. 北京：中国人民大学出版社, 1988.

[3] Bain J. S. Industrial Organization [M]. New York, John Wiley, 1959.

第20章
论董事会在国有公司治理中的作用[①]

20世纪90年代以来，特别是1994年《公司法》实施后，我国大中型国有企业纷纷改制为国有独资公司、国家控股的有限责任公司或股份有限公司（本章统称为国有公司），希望以公司制这一现代企业制度来达到明晰产权、政企分开和政资分离的目的。实践证明，问题并没有得到很好解决。国有公司效率低下和亏损的现实对进一步深化国有企业改革提出了新的挑战，建立和完善适合我国国情的有效的公司治理结构已成为摆在我们面前的一项紧迫任务。作为公司治理结构重要组成部分的董事会在其中处于核心地位。本章论述了加强董事会建设是提高国有公司治理效率的重要途径。

20.1 公司治理结构的发展趋势——董事会中心主义

20世纪是大公司支配社会经济生活的时代，而大公司控制权由股东会向董事会转移、董事会权力不断得到强化是一种不可逆转的趋势。

第一，现代公司的巨型化导致股权高度分散，成千上万的股东显然无法做到对公司经营实施统一有效的控制。另外，股权的高度分散使单个股东无法通过有效行使股东权对公司决策起到有意义的影响，而公司股东的高度流动性，使股东之间缺乏固定的密切联系、普遍存在"搭便车"的心理。竞争激烈、复杂多变的市场在客观上要求公司的经营决策必须灵活快捷，因此有效的经营决策只能委托给具有专业知识的董事和经理人员。

[①] 本章作者为杨蕙馨、张文红，发表在《首都经济贸易大学学报》2002年第4期（有改动）。

第二，现代商事交易以迅速、不确定为特征。如果由每年一度的股东会批准，将不仅影响公司的经营效率，更不利于保护与公司交易的善意第三人，从而破坏交易安全。

为了适应激烈的市场竞争，各国公司普遍出现了董事会职权扩大化的倾向，纷纷将公司经营权集中于公司董事会，形成了公司实际上由董事会操纵的局面。

1937年德国《股份法》率先对股份有限公司机关的权力分配进行改革。首先在法律中明确规定股东大会的权力限于法律、章程的规定，同时规定董事会在执行公司业务方面享有法定的专属权限，凡属此权限之内的业务事宜，董事会可全权做出决议，不受股东大会的干预。德国的做法很快为多数大陆法系国家所仿效。之后，法国、英国等欧盟成员国相继在公司立法中出现了削弱股东大会权限，加强董事会权限的趋势。美国公司更是顺理成章地规定："除本法令或公司章程另有规定外，公司的一切权力都应由董事会行使或由董事会授权行使，公司的一切业务活动和事务都应在董事会的指导下进行。"（梅慎实，1996）可见，董事会权力的强化形成了现代公司治理结构的"董事会中心主义"。

20.2 我国国有公司治理结构存在的问题

我国的《公司法》是参照国际惯例，结合我国由传统企业制度向现代企业制度转轨的实际制定的。《公司法》要求国有企业改制为公司后，实行权责分明、管理科学、激励和约束相结合的内部管理体制，在形式上建立股东大会、董事会及经理人员相互制衡的治理结构。但在现实中我国国有公司治理存在诸多问题。

第一，公司制改造没有使国有资本经营从根本上改变"无人负责"的状况，国有公司中国有资本所有权的主体没有实际到位，从而导致所有者缺乏对经营者的激励和约束，使公司治理结构特有的制衡机制流于形式。

第二，国有大股东控制型的公司治理结构缺乏内部监控机制，公司相关利益主体之间缺乏相互制衡机制。当公司控股股东侵害公司利益时小股东的利益得不到保护。实践中的监事会起不到监事会应有的作用。

第三，基于国有资本控股地位容易形成事实上的内部人控制，另外，由于诸多市场尚处于建立和完善过程中，公司治理的外部监控方式也不健全，突出表现在资本市场、公司接管市场、经理市场及其相应的中介组织上。

20.3 董事会与国有公司治理效率的提高

20.3.1 加强董事会作用是提高国有公司治理效率的重要途径

加强董事会作用是建立有效的公司治理结构的重要环节，尤其是国有公司的董事会对于解决公司治理结构中存在的问题起着非常重要的作用。

(1) 通过加强所有者代表——董事会建设，可以明确所有者责任，解决"所有者缺位"问题。

国有资本的所有者通过依照法定程序派出人员进入国有公司的董事会，使所有者在公司中实现"人格化"。委托人的"人格化"部分解决了委托人责任量化到个人的问题，董事承担受托责任后，由董事所组成的董事会以法定形式行使选择经营者、重大决策和资本收益的权利，可以从根本上改变所有者主体缺位的问题。所有者代表——董事的量化责任，使董事会承担起国有资产增值、保值的法律责任，承担起代表所有者对经理人员的激励与约束的责任，克服因"所有权虚置"产生的对经理人员的监督乏力、激励不足之缺陷。

(2) 保障董事会的地位，有利于依靠股东权益对政府行为进行制衡和逐步实现政企分开。

建立现代企业制度，要依据《公司法》使所有者代表进入股东会、董事会，行使所有者拥有的权利。所以，董事会的权力是将分散在政府各部门的国有股东权力集中起来进入企业而形成的，而不是将厂长负责制中厂长(经理)的权力上收形成的。国家股东选派代表进入企业组成股东会和董事会，就可以在企业和各股东的上级主管部门之间形成一个隔离带。上级主管部门要对企业进行干预，就可能受到来自股东会和董事会中其他股东的制约。

(3) 加强董事会建设，是公司制改革实践的要求。

国有公司要在激烈的市场竞争中求生存，谋发展，必须适应市场经济的要求，提高公司的决策效率。国有公司在努力提高公司绩效的实践中，逐渐感悟到高质量的董事会作为企业的决策核心，是企业快速健康发展的保证。为减少重大经营决策的失误，多数国有公司开始注重完善决策机制，围绕董事会成立了决策咨询委员会，以吸收他人和集体的智慧，达到科学决策的目的。如小鸭集团设立了决策咨询委员会，春兰集团成立了董事局，龙头股份等许多企业的董事会中都设有外部董事。中国许多公司特别是大型国有企业,公司治理结构确属薄弱环节,董事会职能的规范和改进,是中国经济体制改革和资本市场发展的重要内容之一。

(4) 加强董事会建设,保护中小投资者的利益。

公司治理结构的核心是规范股东与管理层之间的关系和行为。股东的性质和特征在很大程度上决定了能否形成合理的治理结构。由于我国公司法确定的资本决定原则,国有公司国有股权处于控股地位,容易使股东会流于形式,中小股东的利益和权利无法得到保护,由此中小股东也缺乏参与公司治理的内在激励。因此,加强董事会建设,改革董事会的选举程序和董事会构成,保证中小投资者有权选举自己的代表。例如,不仅真正落实公司法规定的董事会成员中必须有一定数目的职工代表,而且规定职工董事除了在公司工作的收入外,不能从担任董事职务中获得其他经济收入,以免产生与经理合谋的激励。另外,也可实行累计投票制维护中小股东利益,防止大股东全面操纵董事会,降低一股独大带来的决策风险,实现董事会的内部制衡以及"公司民主"(corporate democracy)。

20.3.2 切实规范董事会建设,保障公司治理效率

既然董事会在公司治理结构中处于中心地位,直接左右着公司绩效的高低,那么,要提高国有公司竞争力,就应切实规范董事会建设。由于国有企业原有内部领导体制是从所有者直接到厂长(经理),缺少中间层次,董事会建设无先例可循,只能在实践中逐步积累经验加以完善,为此需要立足国情并借鉴国际经验。

(1) 确保董事会履行其受托责任,真正代表和维护股东利益。

为确保董事会代表和维护股东利益,应做到:①引进外部董事[①]制度。董事会成员中必须有相当数量的不属于"内部人"的外部董事,外部董事主要应由国有资产代表、法人持股机构代表以及一些专业独立董事组成。外部董事主要是在公司股东和高层经理的利益发生分歧时站在公正的立场上做出决断,

---

[①] 外部董事是内部董事的对称,又称独立董事,指不在公司担任除董事外的其他职务,并与其所受聘的公司及其主要股东不存在可能妨碍其进行独立客观判断的关系的董事,故又称兼职董事、非执行董事。内部董事是指本公司在册职工或管理人员出任董事职务,又称执行董事、常务董事。2001年5月中国证监会《关于在上市公司建立独立董事制度的指导意见》征求意见稿中规定,上市公司董事会成员中应有1/3以上的独立董事,其中应当至少有1名会计专业人士。

维护公司整体利益，尤其要关注中小股东的合法权益不受损害。②保证决策机构统一。为了克服"老三会"与"新三会"的矛盾，公司党委负责人和职工代表可以通过公司法规定的董事会聘任程序进入董事会，以便形成单一的最高决策机构。③设立专门委员会。如财务审计委员会、法律委员会、经营委员会等，为公司决策提供咨询意见，或对公司活动进行审计监督。④落实董事的个人责任。⑤建立董事激励机制。为调动董事参与公司治理的积极性，应确立科学合理的董事年薪标准，使之对董事有足够的激励；还可考虑股票期权制度，使董事兼顾公司短期目标与长期目标。

(2) 确保董事会对高层经理人员的监督与激励。

董事会是公司的最高决策机关，它不干预公司的日常经营，但受托行使公司经营战略，包括对重大财产关系变动的决定权，以及对经营活动和经理人员的监督权。董事长与高层经理人员应由不同的人兼任，经理所兼任的公司董事应有人数上的限制，可以规定不超过总数的1/3，以形成董事会与高层经理人员之间的制衡关系。

为促使经理人员为实现股东利益和公司目标而努力，董事会不仅要对经理人员进行严格的监督，还应对他们有恰当的激励。除董事会对经理的内部监督之外，市场机制是外部最主要的监督约束机制，包括产品市场、资本市场和企业家市场。近年来一些国有公司对经营者进行的有补贴地售股和股票期权等激励方式的试点，已取得一定经验，应及时加以总结，存利去弊，积极创造条件加以推广。

参考文献：

[1] 程合红，刘智慧，王洪亮．国有股权研究［M］．北京：中国政法大学出版社，2000．

[2] 何玉长．国有公司产权结构与治理结构［M］．上海：上海财经大学出版社，1997．

[3] 梅慎实．现代公司机关权力构造论［M］．北京：中国政法大学出版社，1996．

[4] 吴敬琏．现代公司与企业改革［M］．天津：天津人民出版社，1994．

[5] 徐晓松．公司法与国有企业改革研究［M］．北京：法律出版社，2000．

[6] 叶祥松．国有公司产权关系和治理结构［M］．北京：经济管理出版社，2000．

第21章
独立的电力生产者：英国电力工业发展与资金筹集的启示[①]

第二次世界大战后，英国的国有化程度在西方发达国家一直是最高的，尤其是在基础设施、基础产业中占有极高的比例（约占国有工业产值的80%以上）。1979年撒切尔夫人上台后大力推行私有化政策，电力工业的私有化是从20世纪90年代开始的。私有化后，电力工业得到了长足发展，拓宽了资金筹集渠道，引进了竞争机制。使电力工业的各项财务指标得到明显改善。这对我国改善电力工业的"瓶颈"制约、促进电力工业的发展很有启发和借鉴意义。

21.1 英国电力工业简况

电力工业一般由四部分组成，即发电、变电、输电和供电，1979年之前英国电力工业由国家和地方政府垄断。例如英国的中央电力局（CEGB）就垄断了全部的电力生产和变电，12个地区性的电力局则负责电力的输送和供应。这种垄断性的市场结构的弊端就在于服务质量差、经营亏损。因此，英国20世纪90年代在电力工业中开始推行私有化政策，引入竞争机制，通过将CEGB分为三个独立的电力公司、分开电网的所有权。鼓励新的公司进入电力生产市场，鼓励向消费者供电的竞争等方式，既达到向消费者提供优质服务，又达到扭转电力工业亏损、增加盈利的目的。

英国电力市场上有三个主要竞争者：国民电力公司（national power）、电力生产公司（power-gen）和地区电力公司（regional electricity companies）。国

---

① 本章作者为杨蕙馨，发表在《山东大学学报（哲学社会科学版）》1997年第2期（有改动）。

家分别拥有这三家电力公司的一定股份，其他股份则由公众持有，其中国民电力公司的股票已公开在伦敦证券交易所上市。

在电力市场引入竞争机制，打破原有的垄断局面，鼓励多个电力公司展开竞争，其优势就在于：①竞争迫使电力生产者努力降低成本，从而输变电环节也力争提供价廉质优的服务，使电价保持在比较低廉的水平；②发电和供电市场上的竞争迫使电力生产者更加注重技术进步，20世纪90年代后新上了一些发电厂和项目，采用新的技术和设备，使电力生产跨上了一个新台阶，彻底改变了过去电力供不应求的局面；③电力公司自我投资和内部积累意识增强，减轻了国家财政投资负担。

21.2　私有化后英国电力工业的成就

私有化后，英国电力工业尤其是在电力生产供应上，有管理的竞争性市场代替了过去的垄断性市场。由此带来的效益主要表现在：

第一，以新的形式对电力项目进行投融资，缓解了政府公共投融资的压力。私有化后，新的电厂的建设完全由项目业主负责，业主负责项目的设计、融资、建设实施直至建成后的生产经营、维修和偿还债务等，实行全过程负责，并承担相应的投资风险，也保证了相应的投资收益。如伦敦东部的巴金（Barking）电站的建设。该项目是英国电力工业私有化后建设的第一个大型私有化电厂，设计能力为100万千瓦联合循环燃气机组，项目总投资7.54亿英镑。项目业主为巴金电力有限公司（Barking Power Limited），由泰晤士电力公司与伦敦地区、英国东部地区、南部地区的三家电力公司合资组成，泰晤士电力公司占51%的股份，其余三家的股份分别为13.5%、13.5%和22%。在项目总投资中，股本金9400万英镑，占总投资的12.47%，由合资各方按比例承担，其余的6.6亿英镑向银行借款，由国内外26家银行组成的银团（即贷款辛迪加）提供贷款。巴金电力有限公司对项目的筹建、融资、建设和建成后的经营负全部责任。该公司经过两年多的谈判，先后与项目建设有关的单位签订了50多项经营合同，包括银行借款合同、施工承包合同、与英国天然气公司签订的15年供应天然气合同、与全国电网公司签订的出售电量合同等。工程于1992年7月开工，1995年已经按期建成投产。

私有化后，英国在电力工业的发展中，对项目的融资和管理方式主要有三种：①BOO方式（build-own-operate），即由私营业主进行融资建设，建成后拥有项目的产权并进行管理和经营，即"建设—拥有—经营"方式。电力工业中大都采用这种方式进行项目融资和建设。②BOT方式（build-operate-transfer）和BOOT方式（build-own-operate-transfer），BOT方式指由私营单位进行融资建设，建成后进行管理和经营，按协议经营一段时间后需将产权归还给政府，即"建设—经营—转让"的方式。BOOT方式指由私营单位融资建设，建成后拥有产权并进行管理和经营，在规定时间届满后也需将产权交给政府，即"建设—拥有—经营—转让"的方式。两者的区别为：首先，BOT方式中私营业主只拥有经营权，而BOOT方式中私营业主既有经营权，也拥有一段时间的产权。其次，BOT方式归还政府前的建设和经营时间相对较短，BOOT方式的建设和经营的期限一般较长，特别适用于大型电厂和核电站的建设。③私营单位和国有部门合资建设和经营电力项目，但政府对私营单位不承担风险责任。产权的最终归属问题根据项目情况决定，英国政府一般不再参与电力工业项目的建设和筹资。

第二，竞争为在位经营者提供了商业机会，使其经营更富效率。这可从电力工业的财务指标比较中一目了然。私有化前，政府为电力工业制定的财务指标为：1962～1966年资产收益率（折旧前）为12.4%，实际完成12%；1967～1968年分别为12.4%和12.3%的资产收益率，实际完成11.7%和13%，1969～1973年为7%的资产净收益率（剔除折旧后），实际只完成4.8%。可见，私有化前的大多数年份里电力工业未能圆满地完成政府制订的财务目标。

1990年12月英国首先从地区电力公司开始推行电力工业私有化计划，电力工业的经营状况此后大为改观。例如，1991～1993年电力生产公司的税前利润（不变价）由2.72亿英镑增至4.25亿英镑，增长了56.25%，与此同时劳动生产率提高了59.3%。全国电网公司自1990年私有化后，税前利润由1990年的4.286亿英镑（不变价）增至1993年的5.332亿英镑，同时资本收益率由6.7%提高到7.5%。

第三，保持电力价格向下的压力，同时改善服务质量。随着私有化的推进，英国政府在定价方式、对垄断权力的限制以及服务质量等方面制定了一系列宏观调控措施，在较长一段时间内保持了电力价格向下的压力。

为了保证电力市场上的竞争秩序，英国政府组织了一个全国性的电力市场，要求所有发电厂必须进入这个市场，每半小时不同的发电厂报一次价，电价最便宜的发电厂则准许开工，电价较高的则停工。因为私有化后英国电的供给大于需求，采取竞价方式决定谁开工谁停工是比较公正合理的。输变电则由全国电网公司独家经营，但国家对输变电价格进行宏观调控，变电价格变化率等于通货膨胀率减3%，输电价格变化率等于通货膨胀率，供电价格变化率等于通货膨胀率减2%。英国不仅在发电、送变电市场引入竞争机制，也允许大的电力消费者自主选择电力供应商，通过电力消费者主权督促电力企业提高效率，改善服务质量。

21.3 英国电力工业的筹资实践

私有化之前，英国电力工业的内部资金来源主要是留利、折旧、资产出让等，而外部资金来源均与政府有关，要么政府直接提供，要么政府提供担保，要么政府与其他金融机构直接达成融资协议，外部资金来源主要有国家贷款基金、公共分红资本、政府补助金、国外借款及租赁等。国有化时期，由于政府对电力工业的发展实行大包大揽的政策，因此，为电力工业筹资便是政府无法推卸的责任。

私有化之后，电力工业的资金筹集状况发生了很大变化。私有化时期，电力工业的资金来源也无外乎内部资金与外部资金两大渠道，内部资金来源也主要是留利、折旧、资产出让等，外部资金来源结构却发生了根本性的变化。这时，电力企业必须直接面对市场，不能再依靠政府投资和政府担保了，而只能是依据市场规律，直接地或通过银行等金融机构间接地参与金融市场进行资金融通，自主决策，独立承担风险。正因为这样，私有化条件下外部资金来源的灵活性很大，筹集外部资金的条件弹性较大，既可随行就市发行债券、进行租赁，也可直接进行项目融资、发行股票。不同渠道的资金来源成本差别较大，这就需要企业审时度势、权衡利弊，使资金构成保持合理比例，降低资金成本。

私有化后的电力生产公司1991年投资需求为3.28亿英镑，内部筹资率为92.1%，外部资金来源占投资需求的21%，内外部资金来源超过投资需求的部分表现为公司现金的增加。电力生产公司是通过发行长期债券和股票筹集外部资金的。金国电网公司1993年投资需求为9.617亿英镑，内部筹资占92%强，加上外部资金来源也超过了投资需求，表现为公司现金的增加。

21.4 启示与借鉴

为了确保 2000 年我国电力装机达到 3 亿千瓦，从而满足国民经济年增长率 8%~10% 的需要，借鉴英国的经验与做法对我国电力工业来讲有非常现实的意义。

第一，电力工业自身具有很强的内外部筹资能力，只要方法措施得当，培养塑造一批独立的电力企业，完全可以在不依赖政府的情况下解决资金问题。任何企业的资金问题，从根本上讲都取决于其盈利能力。无论什么企业，只要其盈利能力达到一定水平，筹资便不成为其问题。我国电力总量供不应求，电力生产能力开工后的销售不成问题，电费又是经常性收入。因而，只要政府按照市场经济规律，放手让电力企业展开竞争，一方面可减轻政府投融资和财政支出压力，另一方面又可促进电力工业自我发展。何乐而不为？当然，政府对电力市场的竞争秩序、电价水平等要进行宏观调控。在这一方面山东省进行了有益的尝试。山东"七五"期间的电力投资中，财政拨款所占比重逐年下降，主要是依靠面向社会多渠道筹资。

第二，摆正政府在电力工业发展和资金筹集中的地位与作用。在私有化之后，英国政府很重视电力工业的发展，但又不像国有化时将其资金需求全部包揽下来，相反，政府通过合理的价格水平、对垄断权力的控制（尤其是区别电力生产与电网经营，允许电力生产中多家企业展开竞争，而只允许全国电网公司独家垄断全英国的电网系统）等调控措施，促进电力工业提高盈利能力，改善经营效率。由此可见，在电力工业资金筹集中，政府大包大揽是万万不可的，但彻底撒手不管又不适合电力工业的特点。在这里，政府恰到好处地把握宏观调控的力度特别重要。

第三，BOO、BOT、BOOT 方式也适用于我国电力工业。当然，这三种筹融资方式也适用于我国其他基础产业和基础设施的建设。因为这三种筹融资方式的共同点在于项目建设和经营的责权利统一，既减轻政府投融资压力，使政府从烦琐的经营管理事务中解脱出来，又能充分调动私营业主的积极性。

第五篇

家族企业与民营经济发展

第22章
家族企业异质性特征分析[①]

在家族企业研究中,"家族"作为一个重要的变量长期以来没有得到研究人员的普遍重视(Dyer,2006),致使对家族企业发展的规律等基本问题的阐释还显不足。既然从家族的视角审视家族企业的问题是推动家族企业研究进程的重要途径,就首先需要弄清家族企业的异质性特征。本章从嵌入性、系统性、目标性、家族参与的维度和契约性五个方面诠释家族企业的异质性特征。

22.1 家族的嵌入性

"嵌入"首先是由经济史学家卡尔波拉尼(1957)在"人类经济嵌入并缠结于经济与非经济的制度之中"的命题中提出的。他认为:"对经济的结构和运行而言,宗教和政府可能像货币制度或减轻劳动强度的工具与机器的效力一样重要。"20世纪70年代初,格兰诺维特将经济活动的"嵌入"对象由宗教、政府等社会制度转向更为具体的社会人际关系,并指出主流经济学和主流社会学中的人的行为假设都有所偏颇。主流社会学过度社会化的假设忽略了个体行为对社会结构可能产生的反作用力;主流经济学则处于另一个极端,将人的行为假设为一个没有社会性的"经济动物"。嵌入性命题(经济行为嵌入于社会人际关系之中)的提出就有可能避免过度社会化和完全非社会化这两个假设的极端。

基于这一命题,在家族企业研究领域中学者们将注意力集中于创业者嵌入于社会关系网络的研究中。在过去二十多年中,学者们却忽略了几乎所有创业者都会嵌入的一个组织——家庭。企业在建立之初时所需的内部管理资源、社

[①] 本章作者为杨蕙馨,发表在《贵州社会科学》2008年第3期(有改动)。

会资本及资金大都由家族或家族网络所提供，因此，企业可以被认为是依家族而建立。例如，创业队伍经常是由家族成员组成（Aldrich and Langton, 1998）；企业创立阶段，家族在资源流动过程中发挥重要作用（Ruefetal, 2002）；家庭变迁往往影响新创组织的形成（Cramton, 1993）。对此，奥德瑞驰（Aldrich, 2003）提出了家族嵌入（Family Embeddedness）的观点。家族和企业并不是独立的两个组织，二者具有紧密的内在关联性，家族构成、家族成员的角色与成员之间的关系等都会对企业产生影响。家族嵌入观点的提出有利于纠正以往家族企业研究中只偏重对个体在企业和社会网络中行为分析的倾向。

22.2　家族企业的系统性

根据嵌入的观点，家族企业是由家族和企业两个最基本的系统所组成。塔格瑞和戴维斯（Tagiuri and Davis, 1989）在此基础上又加入所有权维度，在由家族、企业与所有权组成的三环模型中，家族企业的任何个体都能被放置在由这三个子系统相互交叉构成的七个区域中，扮演着不同角色（见图22-1）。图22-1为描述家族企业利益主体之间的关系以及不同角色下的个体之间利益和冲突提供了一种有效分析工具。

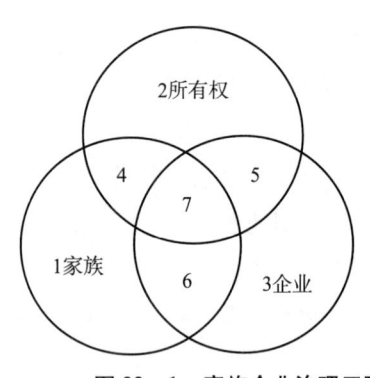

1区：单纯家族成员
2区：单纯所有者
3区：单纯企业雇员
4区：是企业股东的家庭成员但不在企业工作
5区：在企业工作并拥有股权的非家族成员
6区：在企业工作但不具有股权的家庭成员
7区：在企业工作并拥有股权的家族成员
4和7属于家族所有者，6和7表示家族管理者

图22-1　家族企业治理三环模型（Tagiuri and Davis, 1989）
资料来源：转引自张强（2003）。

家族系统和企业系统在动力机制、生命周期、人事关系、价值观等方面均存在着巨大差异（见表22-1），家族企业既有经济组织的特征（如强调企业

的所有权和控制权的归属),又具有非经济组织的特征(如强调特殊的人际关系及相应的观念和规范)。因此,家族企业不仅以企业利润最大化为目标,更追求家族福利最大化,这包括:①追求金钱和财富,增加家族在物质生活方面的福利。②保证家族成员与非家族成员竞争时优先获得工作和晋升的机会与权利。③随着企业规模的扩大,家族成员获得权力欲望的满足和对社会地位的追求。④出现矛盾和冲突时,家族企业可以利用掌握的资源补偿家族成员的损失,平衡家族成员的利益,解决家族纷争,实现家族和睦。可见,家族目标与企业目标有些方面是一致的,例如对财富的追求,有些方面却是相悖甚至对立的,尤其是在资源一定的情况下,个体难以同时实现这些不同类型的目标。如果在资源分配顺序上家族总是优先于企业,就可能影响企业的成长,引起非家族成员的不满。进一步来说,经济偏好可以用一般性商品(如货币)来表示,而非经济偏好(如家族和谐、自身形象)却很难找到合适的指标表示。如果重要决策的标准无法以货币化方法来评价,那么仅凭货币指标不能保证协调所有者之间关于增长机会和风险的态度,由此导致冲突的产生(Bergstrom,1989)。

表 22-1　　　　　　　　　　家族企业双系统特征

家族系统	企业系统
血缘关系是永久的; 无条件接受要求; 互相关怀; 根据家庭里的辈分确定权威; 非正式的行为关系; 培养子女成年; 世代相传的人生周期	员工关系是暂时的; 要求绩效和表现; 培育人才; 根据在企业里的角色和职务确定权威; 正式的雇佣关系; 获取利润; 有限的工作和生产周期

资料来源:转引自张强(2003)。

22.3　家族企业的目标性

由于家族系统与企业系统相互依赖,任何一个系统的行为或事件都会影响另一个系统,所以,家族企业很难完全摆脱哪一个系统的导向。而在不同发展阶段,家族企业的目标会随家族需求与企业需求的相互作用而变化(Ward,1987)。沃德认为,家族企业发展的初期,家族与企业的利益导向基本一致,都是尽可能使企业建立并生存下来,创始人基本能够遵循利润最大化目标制定所有决策。随着企业成长和规模扩大，即使创始人仍控制着企业，但家族后代的逐渐成长可能导致家族企业的目标发生变化，为儿女的未来预留职位和提供财务保障将被赋予更重要的地位。企业发展到一定程度之后，企业与家族需求冲突更加严重，甚至导致企业发展停滞。创始人退休，权杖交接可能引发家族成员之间的矛盾。家族企业的目标可能会从寻求经济业绩转为维护家族和谐。沃德的结论具有一定合理性，但现实情况肯定更加复杂，这也增加了实证研究的困难，因此相关的文献较为有限（见表22-2）。这些研究表明：与非家族企业相比较而言，家族企业的目标要更多、更复杂，包括经济性目标和非经济性目标，家族目标与企业目标等；企业规模、家族发展阶段等因素也会对目标选择产生影响，一般来说，小型家族企业更为关注家族方面的目标，大型家族企业会优先考虑企业方面的目标（尤其是财务目标），同时兼顾家族利益。各种目标的交织使家族企业面临更加复杂的代理问题。

表22-2　　　　　　　　部分关于家族企业目标的实证研究

作者	样本	结论
塔格瑞和戴维斯（Tagiuri and Davis, 1992）	哈佛商学院小企业管理项目，调查了524位参与者（其中86%是CEO，接近60%是企业的创办人）	家族企业最重要的6个目标是：拥有一家员工为之自豪并快乐而有效工作的公司；为所有者提供财产利益和保障；开发优质新产品；促进个人成长；成为提升社会地位的工具；建立良好的企业公民形象；提供工作安全
李和罗格夫（Lee and Ro-gof, 1996）	问卷由231个企业所有者完成，其中家族企业的所有者118人	家族企业与非家族企业在财务目标上的差异不显著，家族企业更看重与家族相关的目标上（如对家族有所贡献和家族继承）
麦克凯恩等（McCann et al., 2001）	华盛顿州的1000个家族企业，有效样本231个，40%是企业总裁（其中30%是CEO），其他包括运营或财务长、副总裁、董事或其他的企业管理者	家族方面和企业方面的16个目标的重要性排名中，前三位分别是建立有效的管理队伍、确保长期财务绩效和维持现有市场地位。与企业相关的目标占据前五位；与家族相关的目标包括家族价值观的渗透（第9位）、为家族成员提供发展机会（第13位）、选择和培养家族接班人（第14位）、强调家族企业中家族方面的事宜（第15位）和家族成员的个人财产计划（第16位）

续表

作者	样本	结论
科特依 （Kotey B., 2005）	根据澳大利亚统计署组织的"Business Longitudinal Survey"，对比了233家小型非家族企业和362家小型家族企业，341家中型非家族企业与305家中型家族企业	结果支持了麦克凯恩等（McCann et al., 2001）的部分研究结果，家族企业随着规模的扩大对企业目标（如企业成长性）重视程度增加

22.4 家族参与的维度

家族参与是学者们所公认的家族企业异质性的重要特征。多数学者选择从所有权、管理和代际传承的维度来解释家族参与的特征，具体包括：绝大多数有表决权的普通股由有血缘和婚姻关系的家族成员持有；公司管理团队主要是由拥有该企业的家族的成员们组成；公司经历了来自拥有该企业的家族的代际所有权传承。

学者们对所有权的重视程度并不一致。唐克尔斯和弗洛里次（Donckels and Frohlich, 1991）认为，家族企业成员至少应拥有企业60%以上的财产所有权。热诺德斯（Reynolds, 1995）指出家族企业有三种类型：第一种是单一所有者拥有；第二种是50%以上的所有权由家族控制并且50%以上的家族成员都在公司担任管理职务；第三种是50%以上的所有权由家族控制但在公司担任管理职务的家族成员少于50%。拉波塔特尔（LaPortaetal, 1998）认为，若不考虑公司规模的影响，一个家族要有效控制一个企业需要的控制权临界水平为20%。叶银华等（2001）对中国台湾上市家族企业的研究发现，家族平均只需要15%的股权就可以有效控制一家公司，控制的临界水平与公司规模有关，公司规模越大，其他股东的股权往往越分散，控制权的临界水平就越低。可见，家族所有权从绝对控股到相对控股的变化是一个连续的动态过程，一旦突破某个临界点，家族对企业的影响就非常微弱，就不能称为家族企业。

关于家族管理，家族所有者往往采取以"人治"为主要特征的家长式管理，以家长权威调解子女或下属间的关系，凭主观经验和判断制定决策和战略。另外，家族企业倾向于让家族成员担任重要职务，但随着家族内部成员无法满足企业技术和管理能力的要求，职业经理人的进入成为必然，家族企业高层管理团队由家族经理和职业经理组成，如何协调二者之间的利益和冲突、建立完善的激励约束机制就成为家族企业平稳运行和持续发展的关键，事实上就是要求家族管理逐步从"人治"转变为"法治"的过程。

家族企业的重要特征是家庭关系卷入企业的管理，并且权杖的交接是在家庭成员间以非市场导向的方式进行（Churchill and Hatten，1987）。家族企业代际权杖的交接不仅包括所有权，还包含涉及企业运作和战略方向的管理控制权。家族企业的代际传承可以视为建立一个新的均衡状态的过程。在这一过程中，继承人和创业者、股东、经理人、继承竞争者、家族成员等利益相关者之间进行一场重复博弈。由于继任具有非帕累托改进性质，如果某些参与人预期未来的收益可能减少，他们会采取各种措施影响继任过程，继任过程面临的不确定性因素增加。除此之外，对于继承者而言，虽然财富和地位可以继承，但才智和企业家精神是无法传递的，因而许多家族企业往往在第二代就衰败了。

22.5　家族参与的契约性质

从契约理论的角度，家族企业区别于非家族企业的本质性特征在于，它是一种嵌入于家庭组织结构及其治理机制之上的特殊企业契约。家族企业的要素构成中既有通过外部市场所融入的社会性（财物和人力）资本，也有依靠家族成员之间永久性契约关系所融入的家族性（财物和人力）资本，因此家族企业存在"一个由创业家族与非家族要素资本之间的要素使用权合约和创业家族内部成员之间的永久性关系合约所共同组成的复合企业契约结构"（余立智，2005）。家族性关系契约的形成是以委托人与代理人之间血缘和亲缘为纽带，以情感标准而不是理性标准为依据。它的缔结是以共同的生活习惯或权威为基础，不需要通过市场化交易所必需的讨价还价。由于家族成员之间的人格化身份和长幼顺序不可能重新选择，这类契约具有相对稳定性。家族成员间的权利义务关系主要是由他们在长期共同生活中自然形成的家庭规范所规定，由家长的利他主义行为机制和家族成员间的声誉惩罚机制来维系。

学者们一直关注于家族性契约对家族企业的作用。哈维（Harvey，1999）认为，相对于职业化管理中正式的、非人格化的显性契约关系，家族系统中成员间非正式的、人格化的隐性契约关系，可以借助家族认同感、信任、忠诚和利他主义等减少企业内耗、降低管理控制难度。家族性契约还能使家族成员形成心理所有权，提升家族成员对企业所面临挑战的认同感，降低所有者、管理者和其他家族成员之间的信息不对称。家族性契约能使家族企业获得独特的竞争优势,尤其是在难以对行为进行评估和监督时或者难以进入资本和劳动市场的情况下。

近年来,家族性契约的负面作用也逐渐被学者所认识,例如,家族契约引起所有者侵占而导致代理成本的增加(Gomez – Mejiaetal, 2003)。在人际关系上表现出明显特殊主义倾向和差序格局特征,家族成员具有交易优先权,对家族之外的成员形成了明显的"自己人—外人"进入壁垒,产生差序信任,造成企业内部任人唯亲,裙带关系,难以提高家族外部成员的工作积极性和忠诚度,降低了对外部优秀人才的吸引力等。原因在于家族性契约是依靠道德、习俗等自发力量维系,这种隐性契约事前没有做出明确的书面规定,事后也难以验证和执行。因此,当业主与家族成员的经营思维出现分歧,或者家族成员对自身利益的偏好强度超过家族整体利益时,家族性契约的约束力逐步开始弱化,就需要建立和发展正式契约来激励约束企业中的利益相关主体。

22.6 结　　论

综上所述,在家族嵌入的视角下,家族和企业是相互作用、相互影响的两个系统,家族参与导致家族企业表现出区别于其他组织的异质性特征。本章对家族企业异质性的分析,得到的相关结论可以为未来这一领域的深入研究提供参考和依据。

参考文献:

[1] 叶银华、李存修、柯承恩. 公司治理与评等系统 [M]. 台北:商智文化出版社, 2002.

[2] 余立智. 家族制企业的生成与变迁:一个契约观点 [J]. 财经论丛, 2005 (7): 78 – 83.

[3] 张强. 自家人、自己人和外人——中国家族企业的用人模式 [J]. 社会学研究, 2003 (1): 12 – 20.

[4] Aldrich, H. E., Cliff E. J. The Pervasive Effects of Family on Entrepreneurship: Toward AFamily Embeddedness Perspective [J]. Journal of Business Venturing. ? 2003, 18 (5): 573 – 596.

[5] Aldrich, H. E. Langton N. Human Resource Management and Organizational Lifecycles [G]. Frontiers of Entrepreneurship Research, Babson College,

Center for Entrepreneurial Studies, BabsonPark, MA. 1998: 349 – 357.

[6] Bergstrom, T. C. A Fresh Look at the Rotten Kid Theorem—and Other Household Mysteries [J]. Journal of Political Economy, 1989, 97 (5): 1138 – 1159.

[7] Churchill, N. C., Hatten, K. J. Non-market Based Transfers of Wealth and Power: A Research Framework for Family Businesses [J]. American Journal of Small Business, 1987, 11 (3): 51 – 64.

[8] Cramton, C. D. Is Rugged Individualism the Whole Story? Public and Private Accounts of A Firm's Founding [J]. Family Business Review, 1993, 6 (3): 233 – 261.

[9] Davis, J. A., Tagiuri, R. The Influence of Life—Stage on Fathers on Work Relationships in Family Companies [J]. Family Business Review, 1989, 2 (1): 47 – 74.

[10] Donckels, R., Frohlich, E., Are Family Businesses Really Different? European Experiences from STRATOS [J]. Family Business Review, 1991, 4 (2), 149 – 160.

[11] Dyer, W. G. Jr., Examining the "Family Effect" on Firm Performance [J]. Family Business Review, 2006, 19 (4): 253 – 273.

[12] Gomez – Mejia, L. R., Larraza – Kintana, M., Makri, M. The Role of Family Ties in Agency Contracts [J]. Academy of Management Journal, 2003, 44 (1): 81 – 95.

[13] Harvey, S. James Jr., What Can the Family Contribute to Business? Examining Contractual Relationships [J]. Family Business Review, 1999, 12 (1): 61 – 72.

[14] Kotey, B. Goals, Management Practices, and Performance of Family SMEs [J]. International Journal of Entrepreneurial Behaviour and Research, 2005, 11 (1): 3 – 24.

[15] La Porta, Lopez – de – Silanes, F. Shleifer, A., Vishny R., Law and Finance [J]. Journal of Political Economy, 1998 (106): 1113 – 1155.

[16] Lee Myung – Soo, Rogoff, G. E. Comparison of Family Owned and Non – Family Owned Businesses: An Investigation of Differences in Goals, Attitudes, and Family/Business Conflict [J]. Family Business Review, 1996, 9

(4): 423-437.

[17] McCannIII, J. E., Y. Anna, Leon – Guerrero. Strategic Goals and Practices of Innovative Family Businesses [J]. Journal of Small Business Management, 2001, 39 (1): 50-59.

[18] Polanyi, K. The Economy as Instituted Process [A]. in Trade and Market in the Early Empires: Economics in History and Theory [C]. edited by Karl Polanyi, Conrad Aresberg and Harry Pearson. Chicago: Henry Regnery Company. 1957: 79.

[19] Reynolds, P. D. Family Firms in the Startup process: Preliminary Explorations [R]. Paper Presented at the Annual Meeting of the International Business Program Association, Nashville, Tennessee, 1995 (7).

[20] Ruef, M., Aldrich, H. E., Carter, N. M. Don't Go to Strangers: Homophily, Strongties, and Isolation in the Formation of Organizational Founding Teams [R]. American Sociological Association Meeting, 2002.

[21] Tagiuri, R., Davis, JA. On the Goals of Successful Family Companies [J]. Family Business Review, 1992, 5 (1): 263-281.

[22] Ward, J. L. Keeping the Family Business Healthy: How to Plan for Continuing Growth, Profitability, and Family Leadership [M]. San Francisco: Jossey—Bass, 1987.

第23章 家族企业网络化发展中的合作特征[①]

23.1 问题的提出

自亚当·斯密（Smith，1776）以来，在相当长的一段时间内，新古典主义经济学家们普遍认为"看不见的手"是资源有效配置的唯一方式。而科斯（Coase，1937）彻底改变了这一局面，指出企业可以替代市场成为资源配置的另一选择，市场通过价格机制进行资源配置，而企业则依靠组织内部的权威或计划来配置资源。钱德勒（Chandler，1977）进一步提出了"看得见的手——管理协调"的概念，认为管理协调有时比市场协调更为有效。至此，人们深信企业和市场是两种不同的资源有效配置方式。然而这种严格的"二分法"忽视了经济活动的复杂性和多样性，日益受到工商实践的严峻挑战。事实上，在企业与市场相互渗透、相互替代的过程中，两种组织也在相互交融、相互结合，形成了许多新的组织形式，这种现象虽然一直存在，但在20世纪末尤为突出，人们已无法简单地说出它们究竟是企业还是市场。

对于这场组织变革所产生的新组织，威廉姆森（Williamson，1985）称之为"混合结构"或"混合治理"，拉森（Larsson，1993）形象地比喻为组织间的"握手"。学术界更为普遍的认识是鲍威尔（Powell，1990）等的观点：这些组织应统称为企业网络，是介于企业和市场之间的组织形式。与传统的层级组织相比，企业网络组织更加适应产品需求多样化的市场，比大企业能更迅速

---

① 本章作者为杨蕙馨、张云鹏，发表在《贵州社会科学》2007年第3期（有改动）。

地捕捉住市场机会并组织生产系统满足市场需求。对家族企业而言,通过构建企业间正式的和非正式的网络关系而寻求网络化成长已经成为复杂的全球化环境下家族企业成长的重要方式和策略。

23.2　家族企业与企业网络的概念界定

23.2.1　家族企业

学术界对家族企业概念争论之激烈与分歧之大是一个有趣的现象。利兹(Litz, 1995)试图通过建立结构分析模型和意向分析模型以确定界定家族企业的基本维度,即产权、管理控制权和加强两个权力的趋向,但他并没有对家族企业给出一个普遍的定义;专门研究家族企业定义的贺志锋(2001)也承认"没有能够得出一个普适家族企业研究的定义"。

钱德勒(Chandler, 1987)强调家族企业大多出现在企业初创阶段。对此,钱德勒提出家族企业就是"企业创始者及其最亲密的合伙人(和家族)一直掌握大部分股权。他们与经理人员维持紧密的私人关系,且保留高阶层管理的主要决策权,特别是在有关财务政策、资源分配和高级人员的选拔方面"。这一界定标准把家族成员的参与定位在高层的决策权。

我国大陆学者潘必胜(1998)认为,当一个家族或数个具有紧密关系的家族拥有全部或部分所有权,并直接或间接掌握企业的经营权时,这个企业就是家族企业。他还根据家族关系渗入企业的程度及其关系类型,把家族企业分为三种类型:

(1) 所有权与经营权完全为一个家族所掌握;

(2) 掌握着不完全的所有权,却仍能掌握主要经营权;

(3) 掌握部分所有权而基本不掌握经营权。

我国台湾学者叶银华(1999)以临界控制持股比率将个别公司的股权结构的差异性与家族的控制程度纳入家族企业的认定,认为具备以下三个条件就可认定为家族企业:①家族所控制的持股比率大于临界持股比率;②家族成员或具二等亲以内之亲属担任公司董事长或总经理;③家族成员或具三等亲以内之亲属担任公司董事席位超过公司全部董事席位的一半以上。这个定义显然比较精确,而且从股权和经营控制权的角度把家族企业看成是一个连续分布的状况,从家族全部拥有两权的企业到家族仅拥有临界控制权的企业,都是家族企业，一旦突破了临界控制权，家族企业就演变为公众公司。

我国大陆学者储小平（2003）等在吸收了叶银华定义精华的基础上，将家族企业定义为家族资产占控股地位、家族规则与企业规则的结合体。其所有权和控制权表现为一种连续的状态，包括所有权与控制权不可分离的紧密持有形式到企业上市后，家庭成员对资产和经营管理保持临界控制权的企业。

本章主要从家族对企业权力控制的角度来界定家族企业，即家族企业就是企业控制权为某一家族所拥有的企业组织形式，而企业组织形式的维系又主要依靠血缘、亲缘、姻缘等非正式契约的凝聚力。当然，受国别、企业规模及企业股权结构等因素的影响，各国（或地区）关于企业临界控制权的比例会有所不同。基于这种界定标准，对家族企业的研究范围可以更加宽泛，从而有助于理解世界范围内家族企业分布的广泛性这一事实。

23.2.2 企业网络

20世纪70年代以来，许多学者对企业网络组织问题进行了研究，有关的争论也在不同学派中展开。

新制度经济学者认为，企业网络是一种介于纯市场和层级（企业）之间的中间性组织形式，它比市场稳定，比层级（企业）灵活，是一种克服市场失灵和层级组织（企业）失灵的制度安排，企业网络组织的出现是节约交易费用的结果。

新经济社会学者格兰诺维特（Granovetter，1985）认为由分包产生的组织形式是有别于层级和市场的另一种组织形式，他称之为"准企业组织"。作为企业间嵌入性的网络结构，这种组织方式可以使交易双方尽可能地了解到对方的信息，建立起信任机制，避免交易中可能的流血的公开斗争，使冲突得以弱化，市场交易变得井然有序。

针对中国台湾地区的华人企业网络，吴思华（1992）认为，企业网络是指"一群独立自主又彼此依赖的成员组合，成员之间具有专业分工、资源互补现象，彼此间维持着长期的非特定合约关系"。赖士葆、俞海琴（1993）则将其认定为："两个或两个以上独立但又相互关联的个体企业间所建立的长期关系，这种关系乃是介于交易和正式层级关系的两种形式之间；借此关系，个体间可以维持长久的交易，此交易不一定需以契约维持，而可通过承诺与信任来进行，使网络内的个体可以获得网络外个体所没有的竞争优势"。

针对浙江温州、金华等地的小企业集群，仇保兴（1999）认为，小企业集群是"克服市场失灵和内部组织失灵的一种制度性办法",这种组织结构介于纯市场和层级两种组织之间,相对有效地克服市场失灵和内部组织失灵。

陈守明(2002)认为,"企业网络是一种对专业化分工的整合装置,由一组自主独立而又相互关联的企业,依据专业化分工和协作建立起来的,一种具有长期性的、有指向的、企业间的组织联合体"。

虽然不同学科的学者对企业网络定义的侧重点有所不同,但都承认合作是企业网络的重要特征,这种合作可以是交易,也可以是分工协作。网络中的企业正是在一系列正式或非正式的契约基础之上展开这种合作活动,以获得长期的利益[1]。本章研究的立足点落脚于家族企业与非家族企业的比较,对家族企业所表现出的合作倾向与合作能力做出假设,以期对家族企业参与企业网络间合作及网络化发展[2]提供分析依据。

23.3 家族企业的合作特征与合作能力分析

23.3.1 企业合作的先决条件

(1)企业家的特质。第一,长期导向和有限理性。寻求短期利益往往导致合作者利用合作所带来的好处采取机会主义行为,这样会挫伤其他成员的合作意愿,导致合作进程终止。因此,合作首先要求参与者能够做到为了未来的不确定利益而放弃眼前利益,这需要企业家具有有限理性和采取长期行为。第二,沟通能力。在网络中,企业通过反复的协商、谈判和学习过程来加强合作,因此具有良好的沟通能力是很重要的。第三,愿意改变和冒险。一项合作决策往往是与产品或生产相关的一次组织创新,合作者要面对在这一过程中由于沉没成本、信任基础破裂和权力的不对称分布可能带来的种种风险。所以,要认真审视企业现阶段的状况和战略以及是否具备做好改变和承受风险的准备。第四,相对的独立性。从法律意义上讲,网络中的企业是具有独立性的个

---

[1] 这种合作的好处可能在未来某一时刻才能显示出来,有赖于合作对象所采取的行动(尽管这种行动具有不确定性)。

[2] 对家族企业而言,其网络化发展有两种形式:一种是"进入",即家族企业通过与已存在的网络中的企业发生合作关系而参与企业网络中;另一种是"新建",即以家族企业为中心通过与其他企业建立长期合作关系而形成网络。但从企业网络的意义上讲,这两种形式是一样的,是网络动态变化的过程。

体，但这种独立性难免会在经济上受到限制。更确切地讲，这种独立是"在选择上的牺牲与由这种牺牲所换来的灵活性之间的一种平衡"。在受到合作安排所影响的决策领域中，做出合作决策同时意味着个人自由处理权受到限制。而恰恰是这些限制使得合作一方相信另一方的行为，从而在总体上产生更大的选择自由，这也被称为"合作的悖论"。因此，合作的前提是能够接受对自身行为选择权的限制。

（2）企业的特质。第一，资源过剩。这些资源包括生产资料和管理能力。第二，独立生存的能力。网络中的合作企业必须具有独立生存的能力，否则一旦出现"信任违反"的情况，由此所带来的风险对企业将是沉重的打击。为避免发生这种情况，网络中那些可能破坏合作基础的行为应该受到监控。第三，信任资本的扩展。企业需要拥有良好的声誉，例如"值得信赖的伙伴"。因此，它们的行为必须遵循长期、可信的原则。只有这样才有可能发展值得信赖的"公司历史"。第四，相似性与差异性。各个企业之间差异越大，处理资源的利益机制越不同，就越有可能产生有利的合作交换结构。另一方面，企业间的相似程度越大，越易引起对资源的竞争和企业相对优势重要性的增加[①]，这些都不利于合作进程。但是，相似性有利于合作各方形成共同的"资源库"，有利于增加管理协调和资源调配的便利性，而企业在经营类型和观念上的差异则不利于合作的演化。

23.3.2 家族企业的合作特征

（1）个人优先于组织。创业家族对企业的影响——尤其是在创业阶段——会一直传递到企业内部成员身上，他们的贡献、抱负、忠诚和与公司、家族的个人联系成为家族企业的坚实基础。一方面，员工对企业和创业者的认同引起他们对变化的强烈抵制。另一方面，个人关系是与非正式结构相联系的，那么，在与潜在合作伙伴进行协调时需要明确这些原本不清晰的结构。但这种关系导向又有利于建立个人间信任，例如，合作企业关键人物间的这种信任就是合作成功开始的重要前提。不过，对个人关系的过分重视也有可能导致合作变得困难。例如，企业高级主管与合作方进行商榷时，往往将所建立的企业间信任关系限制为合作企业与某个具体人的关系。尤其是在新继任者的情况下，

[①] 与其他企业相比，企业所具有的优势一种是其他企业没有的，另一种情况是都有优势但是相比较而言本企业较为突出。在企业间相似性增加的情况下，这种相对优势的重要性更为突出。

"如果这些人失去他们的权力地位，那么整个合作进程将会终止"。

（2）忠诚优先于资格。在企业家建立家族企业的过程中，员工或外部伙伴所表现出来的忠诚胜过其他一切因素。因而，新的或有利的潜在合作者在试图与家族企业建立合作时可能遇到很大阻力，尤其是在成长或重建阶段，家族企业将会在与新合作者建立信任的过程中遇到困难。

（3）节俭。家族企业在创业阶段往往提倡一种节俭的思想，并将之贯穿于整个企业的生产经营活动中①。这种节俭意识反映在企业的经济行为中表现为不管实际利润多少而必须保持一定的生产及生活方式，这在一定程度上抑制了创新活动和开发必要的投资项目，合作中有风险的原始投资因此而被回避。在这种思维方式下，家族企业很少主动实施合作行为。

（4）过去的成功总是被当作恰当的企业战略。企业总是沉浸于创业时的成绩，这会导致企业回避风险，对变革充满怀疑态度，而过多依赖已经或逐步过时的产品和生产技术。在这种情况下，家族企业可能因此陷入对潜在合作伙伴失去吸引力的危险中。

23.3.3　家族企业的合作能力分析

通过对家族企业合作特征与合作先决条件进行因果分析，可以初步建立家族企业合作特征模型（见图 23-1）。这个模型反映出家族企业的合作特征中哪些有利于合作，哪些不利于合作，从而对家族企业网络化发展中的合作能力有一个初步的认识。

（1）有利于合作的因素：出于对忠诚伙伴的信任，家族企业倾向于与组织内某个关键人物建立长期合作关系；在家族内讨论公司事宜发展了企业主的沟通能力；家族企业易于发展建立在个人关系之上的私人信任和更高的合作倾向；类似的组织文化使家族企业间更易合作。

（2）阻碍合作的因素：受创业者影响，企业保持节俭的习惯，避免过剩能力的出现；前人的经验也影响了企业对传统思维模式和战略的质疑；某些家族成员由于缺乏信息和技能，往往会过高评价自身对合作者的吸引力；家族企业所形成的特定文化使其与非家族企业的合作比较困难。

---

① 当然，在私生活中这种节俭未必会被倡导和遵守。

企业成长研究

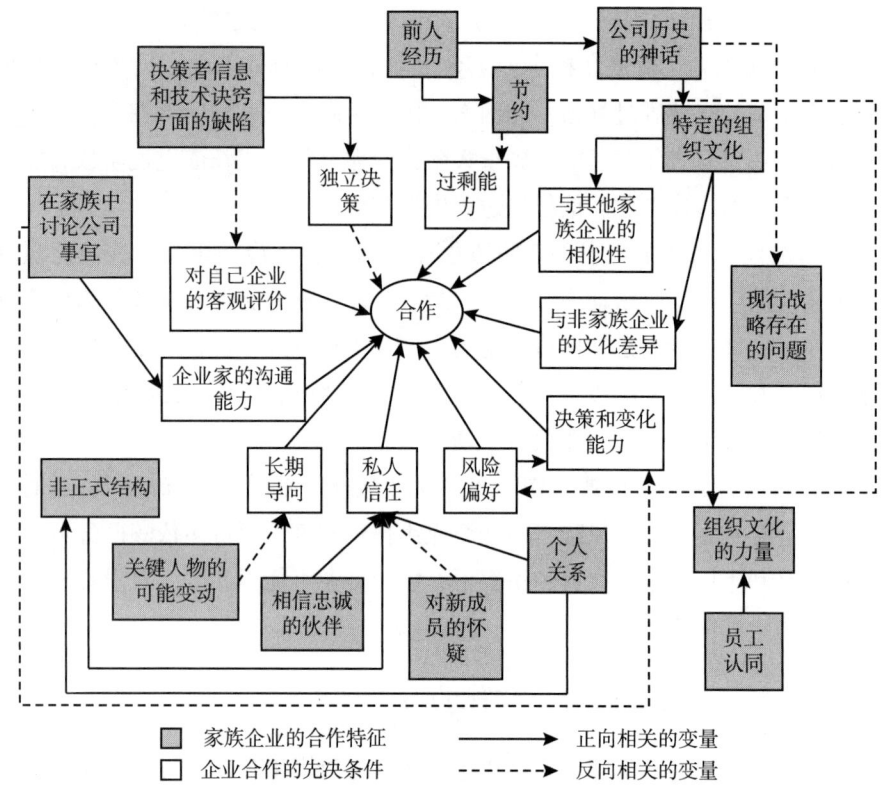

图 23-1 家族企业合作特征模型

23.4 对我国家族企业的启示

在企业网络中，企业之间的关系维持除了正式的契约，还需要大量非正式的契约，如信任、承诺、感情等作为联结的纽带。与西方家族企业相比，我国家族企业明显具有"弱组织和强网络"（weak organization and strong linkages）[①]的特点，建立了以信任为基础的生产、市场、信息等长期导向的联系，而这种联系有助于增强企业的应变能力、自我调节能力和竞争能力，进而影响家族企业的成长。

对我国家族企业的认识、研究和评价，必须联系其深厚的家族文化背景。

---

① 这是雷丁（1990）对华人企业组织行为的重要结论。雷丁认为，以家族企业为主的华人经济能够取得成功的原因是企业之间的网络关系弥补了组织软弱的不足，这一结论得到了大量有关东南亚华人企业组织研究的验证。

因为中国是一个家文化传统最为悠久和深厚的国度，其对人们心理与行为影响之深远，是其他国家和民族难以比拟的。中国台湾著名学者李亦园认为中国文化是"家的文化"。在家文化的影响下，我国家族企业具有两个明显特征：① 差序格局。费孝通（1988）指出，中国的社会结构人际关系实际上是一种差序格局，以自己为中心，与他人的亲密地位、信任程度与边际距离成反比，在每一圈层上网络成员都遵循特定的相互关系模式，后者又造成了经济交往密切程度的差别。家族企业嵌入一种以亲缘、血缘和地缘为基础的关系网络中，而对网络之外的个人或团体则是排斥的、难以形成信任合作关系，其结果是超越家族之外的经济组织难以生存。② 泛家族主义。中国家文化有很大的包容性和弹性，不只是给家庭或家族提供一套规则，而且把它泛化到社会经济生活的方方面面。"家里的"可以包罗任何要拉入自己的圈子、表示亲热的人物，自家人的范围是因时因地可伸缩的，大到数不清，真是"天下可成一家"。因此，家族企业并不是以孤立的原子状态存在并开展交易和竞争的，企业的合作能力以及由此达到的成长空间是其他文明中的家族企业难以比拟的。当家族企业在突破家族制管理遇到难以逾越的障碍时[①]，通过企业间的合作形成企业网络是现实的选择，事实上这也是多数家族企业努力的方向。我国江浙地区的经济腾飞，与当地中小企业的网络化发展有很大关系，而这些企业大多都是家族企业。鉴于传统文化的影响，我国家族企业的合作特征模型可表示为如图23-2所示。

23.5 结 束 语

本章探讨了家族企业在网络化发展中的合作倾向和合作能力，并结合中国家文化对我国家族企业的网络化发展做出了分析。但本章研究内容只限于决策者与企业内部的情况，没有将企业环境和目的（如资源依赖、交易成本）等方面的因素对合作的影响考虑在内，而且提出的仅仅是一个理论上的假设，尚未进行相应的实证验证。这些可作为今后进一步研究的方向。

[①] 笔者在《信任与中国家族企业的持续发展———一种文化的观点》一文中分析了家族制管理仍是在一定时期内家族企业的必然选择，但从长期来看家族企业必须突破这种管理模式以获得外部资源、实现持续发展。

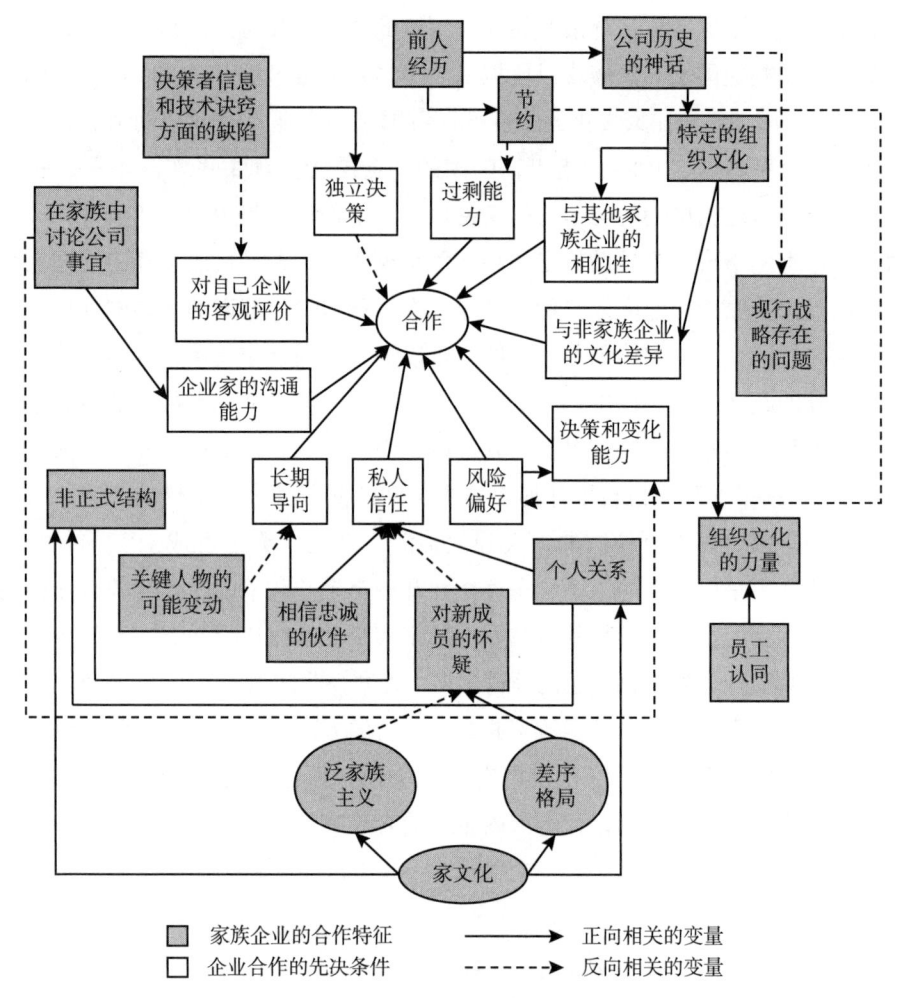

图 23-2 家族企业合作特征模型

参考文献：

[1] 阿尔弗雷德·钱德勒. 看得见的手——美国工商企业的管理革命 [M]. 北京：商务印书馆，1987.

[2] 陈守明. 现代企业网络 [M]. 上海：上海人民出版社，2002.

[3] 储小平、李怀祖. 信任与家族企业的成长 [J]. 管理世界，2003 (6)：98-104.

[4] 费孝通. 乡土中国. 费孝通选集 [M]. 天津：天津人民出版社，1988.

[5] 贺志峰. 论家族企业的定义与重要性 [C]. 广州：企业家理论与企业成

长国际研讨会会议论文集,2001.

[6] 赖士葆,俞海琴.建立两岸汽车业分工体系[M].台北:台湾管理科学出版社,1993.

[7] 雷丁.海外华人企业家的管理思想——文化背景与风格(中译本)[M].上海:上海三联书店,1993.

[8] 李亦园.中国人的家庭与家的文化[A]//文崇一、萧新煌.中国人:观念与行为[C].台北:巨流图书公司,1998.

[9] 潘必胜.乡镇企业中的家族经营问题[J].中国农村观察,1998(1):14-20.

[10] 仇保兴.小企业集群研究[M].上海:复旦大学出版社,1999.

[11] 吴思华.产业网络与产业经理机制之探讨.第一届产业管理研究会.台北:辅仁大学,1992.

[12] 杨蕙馨,张云鹏.信任与中国家族企业的持续发展——一种文化的观点[J].贵州社会科学,2006(3):24-27.

[13] 叶银华.家族控股集团、核心企业与报酬互动研究——台湾与香港证券市场之比较[J].管理评论(台湾),1999,18(2):36-39.

[14] Beckhard, R. & Dyer, G., Managing Change in the Family Firm – Issues and Strategies[J]. Sloan Management Review, 1983(3):59-65.

[15] Boettcher, E., Kooperation and Demokratie in der Wirtschaft[M]. Tübingen: Mohr, 1974.

[16] Burt, R. S., Cooperative Corporation Actor Networks: A Reconsideration of Inter-Locking Directorates Involving American Manufacturing[J]. Administrative Science Quarterly, 1980(4):557-582.

[17] Chandler, A. D., The Visible Hand: The Managerial Revolution in American Business[M]. Cambridge, MA: Belknap Press, 1977.

[18] Coase, R. H., The Nature of the Firm[J]. Economica, 1937(4):386-405.

[19] Granovetter, M., Economic Action and Social Structure: A Theory of Embeddedness[J]. American Journal of Sociology, 1985(3).

[20] Hakansson, H. & Wootz, B., A Framework of Industrial Buying and Selling[J]. Industrial Marketing Management, 1979(1):28-39.

[21] Harrigan, K. R., Managing for Joint Venture Success[M]. Lexington. To-

ronto: Lexington Books, 1986.

[22] Koot, W. T. M., Underlying Dilemmas in the Management of International Joint Ventures. INF. J. Contractor & P. Lorange (Eds.), Cooperative Strategies in International Business. Lexington, Toronto: Lexington Books, 1988.

[23] Larsson, R., The Handshake between Invisible and Visible Hands [J]. International Studies of Management & Organization, 1993 (23): 87 –106.

[24] Litz, R. A., The family Business: Toward Definitional Clarity [J]. Family Business Review, 1995 (2): 71 –81.

[25] Powell, W. W., Neither Market nor Hierarchy: Network of Organization [J]. Research in Organizational Behavior, 1990 (12): 295 –336.

[26] Steiner, L., Family Firms, Plural Forms of Governance and the Evolving Role of Trust [J]. Family Business Review, 2001 (4): 353 –367.

[27] Vago, M., Integrated Change Management: Challenges for Family Businesses Clients and Consultants [J]. Family Business Review, 2004 (1): 71 –80.

[28] Williamson, O. E., The Economic Institution of Capitalism: Firms, Markets, Relation Contracting [M]. New York: The Free Press, 1985.

第24章

信任与中国家族企业的持续发展：一种文化的观点[①]

家族企业作为一种普遍存在的企业组织，在全球经济活动中扮演重要角色。纵观全球，美国约有90%的企业为家族企业，英国有70%的企业为家族企业，日本也有超过80%的企业为家族企业。在我国，家族企业也是由来已久，改革开放后特别是近15年来家族企业获得了巨大发展，已经成长为推动中国经济增长和结构调整的重要力量之一。但与国外相比，中国很难找出像杜邦、福特公司这样的"百年老店"。2003年美国《家族企业》公布了全球最大200家家族企业的排行榜，沃尔玛、福特、三星位居前三，而中国内地没有一家家族企业入选。据统计，中国60%的民营企业在5年内破产，85%在10年内消亡，民营企业平均寿命只有2.9年，而家族企业在民营企业中占90%以上[②]。21世纪初，我国的家族企业大多已成长到二次创业阶段，如何实现家族企业的持续发展成为亟待解决的课题。

24.1 家族企业成长问题的实质

从理论界已有的成果来看，对家族企业的定义大多从家族拥有所有权和掌握控制权的角度来阐述，还没有形成一个统一的结论，也难以确定哪一种状态中的家族企业组织形式是不合理的和低效的。但可以取得共识的是，家族企业是家族与企业的统一体，家族与企业的双重性决定了家族企业的基本矛盾，这个基本矛盾在家族企业的发展中具有两面性：一方面是家族对企业的积极作

[①] 本章作者为杨蕙馨、张云鹏，发表在《贵州社会科学》2006年第3期（有改动）。
[②] 刘国光，刘迎秋等. 中国民营企业竞争力研究 [M]. 北京：社会科学文献出版社，2004.

用，家族成员之间的忠诚信任关系节约了交易成本，家族伦理约束简化了企业的监督和激励机制，使得家族企业成为有效率的经济组织；另一方面，随着企业规模的不断扩大，家族资源不能满足企业发展的需要，企业需要不断地吸纳家族外的社会资本以突破家族的界限获得发展西方家族企业是通过"经理革命"完成社会化转变，因此，在学者指出中国家族企业也应以两权分离的现代企业制度代替家族制管理来解决这一问题。但从实践看，那些采取了现代企业制度的家族企业却再次遭遇了挫折后重又回到了家族控制。而根据2004年发布的中国民营企业竞争力研究蓝皮书，民营企业竞争力与家族制之间几乎不存在后者决定前者的特定关系。不仅如此，在中国现阶段反而还存在另外一种相反的情况，即企业竞争力指数最高的企业（比如为100时），家族制企业所占比重是最高的。由此可见，制约家族企业成长的症结并不在于企业治理结构。现代经济的实质是"人类合作秩序的不断扩展"，企业的成长必须不断地有效融合外部社会资本，而没有信用制度的支撑，人与人之间大规模的分工合作是不可能扩展到家族或血缘关系以外的。因此，真正制约家族企业成长的是信任资源。

对信任问题的研究已经从最初社会心理学的角度发展到经济学领域，日裔美国学者福山在这一方面的成果可说是最引人注目的。他认为，"所有的经济体都是从家庭企业起步的"，只是"到了后来才采用了更客观的公司结构"。家庭企业能否发展为公司制的大企业，主要取决于其所在社会的文化。福山将不同的文化区分为低信任度的文化和高信任度的文化，前者是信任超越血亲关系的社会，如日本、美国等国家；后者是信任只存在于亲缘关系中的社会，例如中国。只有那些拥有较高信任度的社会才有可能创造较稳定、规模较大的企业组织。福山的研究对于从信任角度解释家族企业的成长具有启发性的重要意义。文化决定了一国的信任资源，不同文化下的信任资源对家族企业制度变迁的路径选择产生了深刻的影响，而同一社会文化下的信任资源和信任结构也呈现动态变化的特征。本章将对美国、日本和中国的传统文化进行横向比较，对中国家族企业发展历程进行纵向追溯，以揭示信任资源形成、发展的文化和社会原因，及其对家族企业发展路径选择的内在作用，并为我国家族企业的成长提出建议，以期对我国家族企业的理论研究和实践操作尽微薄之力。

24.2 美日中家族企业发展的文化考察

24.2.1 美国"契约"文化

钱德勒（1987）在《看得见的手》一书中系统研究了 1840~1940 年间美国企业由家族式演变成现代经理式企业的过程。在 19 世纪 40 年代，美国家族企业还处于小规模和个人经营方式，因为这个时期的美国也是信用制度严重缺失的历史阶段。"由于可靠和诚实比商业上的敏锐更重要，即使是比较专业化的商人也仍然宁可挑选他们的儿子或女婿或长期熟悉的人充当代理人或合伙人，处理远方城市的生意"。19 世纪中后期，新能源和通信及运输事业的巨大变革促进了生产规模的膨胀，扩大资本的需求促使业主不得不超越家族的限制，这促使了专业经理层的形成。但直到 20 世纪初期，美国的经济体系仍然含有金融的资本主义和家族式的资本主义要素。经理式的资本主义尚未居于支配地位。直至 20 世纪 20 年代广泛出现的现代科学管理运动，才使现代经理式企业成为美国经济活动的主角。

西方文化的主流是基督教文化，而基督教本质上是一种自由结社，宣扬人生来是自由平等的。这决定了西方社会以"个人本位"为基础，依靠宗教和法律来协调、凝聚社会，强调个人独立和自由。因而，在西方的家族企业中家族成员之间的关系是契约的与平等的，家族内外一视同仁，这减少了人们合作的交易成本，促进了社会中介组织和正式制度的建立，推动社会分工合作的深化。美国也曾经历了信用制度严重缺失的阶段，遗憾的是，钱德勒并没有对美国企业如何解决委托——代理中的信任问题做出解释。我们从另一位美国学者祖克尔（1986）的研究中找到答案。祖克尔通过对 1840~1920 年美国经济中信任状况的研究，发现这一时期大量外来移民涌入美国，人口流动速度加快，从而加剧了人际间的不信任，信任的缺失又加剧了企业组织乃至整个社会的不稳定，当时的美国社会对信任资源的需求十分强烈。于是政府加强推广专业资格认证制度，强化各种规章和立法，这些使由法制产生的信任机制得到越来越广泛的应用，加上薄弱的家族文化、发达的社会团体及人们在大范围内的频繁互动，都为社会积累了丰富的信任资本，促使美国家族企业率先完成向现代企业制度的转变。

24.2.2 日本"转型"文化

日本是我国一衣带水的邻邦,同属深受儒家文化影响的国家,但日本将儒家文化与本土文化相结合,形成了一种以儒教、佛教及其本民族神道等多元共存的思想体系。这种"转型"文化从日本家族文化和家庭结构方面可以体现出来:第一,日本家族成员之间关系淡薄,较早地出现了建立在非血亲关系基础上的社团;第二,与中国"诸子均分"财产继承制不同,日本实行的长子继承制有利于企业资本的积聚与规模发展,避免了创业人过世之后企业被瓜分的命运,家族企业有可能实现永续累积;第三,在企业继承权的分配上体现了"能力至上"的原则,宁愿把继承权传给别人,也不传给能力低下的亲生儿子。这些都有助于日本企业顺利突破家族制度,实现两权分离,为家族企业未来的制度转变积淀了深厚的社会资本。

第二次世界大战前家族企业是日本的主要企业形式,那些大型的家族企业(财阀)很早就走上了专业化管理之路,从社会上雇用那些和家族没有血缘关系但很有能力的人做"总管"。许多大型企业都禁止雇佣具有血缘关系的亲属,家族成员想进入企业工作并没有特殊的照顾,公司聘用员工一般根据一定的客观标准进行考核。到了20世纪30年代,几乎所有的家族企业已经不再把企业的高层管理职位保留给家族成员了,并且企业传到第二代手里,家族就退居幕后,将权力交给支薪的主管。第二次世界大战后,日本家族企业发展出现根本性转折,家族对大型企业的所有权随着美军对日本的占领、日本财阀的强制性解散而终止,战争结束之前掌握财阀运营的股东及其管理人员丧失了对企业的控制权,很多没有股份的中层经理人员得以填补到高层管理岗位,财阀迅速以财团的形式重新组建起来,但是已有了本质的区别,发展成为所有权高度分散、专业化管理的大型现代股份公司。

24.2.3 中国传统家文化

中国是一个"低信任度"的国家吗?自古以来中国人把"信"作为五伦之一,甚至以忠信形象深入人心的关公作为财神的"形象代言人",这表明中国传统社会中信任观的重要性。但中国人的"信"更多的是建立在人情、个人承诺和名誉的基础上,缺乏正式制度的约束和支持;信任"自家人",而对外人的信任依关系的紧密程度的疏远而逐渐减弱。费孝通(1999)在其所著《乡土中国》一书中指出:中国的社会结构人际关系实际上是一种差序格局,以自己为中心，与他人的亲密地位、信任程度与边际距离成反比，在每一圈层上网络成员都遵循特定的相互关系模式，后者又造成了经济交往密切程度的差别。泛家族主义是中国文化的另一大特征。中国家文化有很大的包容性和弹性，不只是给家庭或家族提供一套规则，而是把它泛化到社会经济生活的方方面面。"家里的"可以包罗任何要拉入自己的圈子、表示亲热的人物，自家人的范围是因时因地可伸缩的，大到数不清，真是天下可成一家。

24.2.4 信任结构

鉴于中国特殊的家族主义价值观和行为方式，我们认为，我国信任文化不适合以"高""低"定论，而提出关系信任和社会信任这一组相对的概念。关系信任是内外有别的特殊主义信任，是在家文化的影响下人与人之间的信任植根于血缘、业缘、地缘关系当中。社会信任是基于法律、制度和正式契约之上的普遍主义信任，具有外部性特征。中国是一个关系信任资源非常丰富的社会。因为中国是一个家文化传统最为悠久和深厚的国度，中国台湾著名学者李亦园认为中国文化是"家的文化"。家文化对中国人的社会、经济、政治等各个方面的活动影响支配之大，在世界其他国家和民族中是罕见的。另一方面，中国传统社会并不是靠宪法和法律制度来治理，而是靠儒家的伦理道德准则对个体内在化影响而整治，这使中国社会缺乏法治精神，造成了社会信任资源非常薄弱。

用关系信任和社会信任这一组概念同样可以解释美国和日本家族企业的发展过程，并得到"不同文化下的信任结构企业发展路径不同"的结论。美国薄弱的家文化有利于社会信任的发展，而关系信任比较淡薄，家族企业可以顺利建立两权分离的现代企业制度。与中国相比，日本家族伦理的作用没有那么强烈，但与美国相比，其关系信任资源明显地作用于家族企业的演变过程中，形成了带有明显"家族"色彩（如终身雇佣制、年功序列制）的现代企业，这也成为战后日本企业在很长时间内获得竞争优势的源泉之一。中国信任资源的独特性与泛家族主义有密切关系。正是泛家族化规则使关系信任资源不局限于固定的范围，具有了不断扩张的趋势，在连接人际交往、寻求超出家庭、家族以外的社会资源中发挥了重要作用。而在福山的研究中把"家"看成是范围固定与封闭的常量，忽略了中国家文化的包容性和弹性，因此，他用"低信任文化"来形容中国社会。我们认为，更合适的解释是以关系信任为主，社会信任比较淡薄，但在泛家族规则的作用下关系信任有不断扩展的趋势，使家族企业规模发展成为可能。

24.3　中国家族企业的历史发展路径

中国家族企业的最初形态可以追溯到明清时期的徽商和晋商。当时晋商资本之雄厚，经营项目之多，活动区域之广，活跃时间之长，在世界商业史上是罕见的。很多商号（特别是驻各地的分号）普遍采用了所有者和经营者分开的制度。财东（投资人）决定投资某项商业时，先物色一个有经验、可信赖的人做掌柜，并在有中证人参加的宴请席上，向掌柜授予全权，并签订契约，规定资本若干由掌柜自主经营，连日常盈亏他们也不过问，只是静候账期决算。由此可见，在晋商的发展过程中，所有权与经营权已达到高度分离的程度，财东对经理的信任程度之高，是当时西方国家的家族企业难以相比的。在晋商兴盛的几百年间，极少有掌柜和伙计坑害企业、欺骗财东的记载。这一方面是晋商有一整套极其严格的财务、报告、日常管理等制度，另一方面是儒家文化中"受人之托，忠人之事"的忠信观念的约束。"虽未经国家法律之规定，而守范围、重信用、敦品行，此其所长也。"

近代以来，家族企业在半殖民地半封建社会的中国艰难地生存和发展，但也出现了一大批民族资本家，如"状元资本家张謇""面粉大王与棉纱大王"荣氏兄弟等，其企业的发展都达到相当大的规模。新中国成立后，以民族工商业为代表的中国家族企业，有着三五年左右与新兴国营工业和平共处、竞争发展的时期。但在此后的一个较长时期内，家族企业被作为社会主义革命的对象不断地受到批判、打击，至改革开放前夕已近绝迹。改革开放后，家族企业得以蓬勃发展。但处于社会转型期的家族企业主一方面难以获得泛家族规则这种传统伦理信任资源的有力支撑；另一方面，健全的市场经济规则还在逐步的建立之中，与之配套的法律、政策、中介市场尚未完善，企业成长受到了社会信任资本弱化的制约。在这种情况下，家族信任成为家族企业在特定社会历史条件下的必然选择和可靠依赖，其表现形式就是选择家族制管理。但是，这种关系信任资源往往局限在一定范围内，从长远来看，随着社会化分工和全球化竞争的加剧，家族主义关系信任无法满足企业进一步发展的需要，家族式管理模式将面临严峻的挑战。如果届时仍缺少外部社会信任的支持，那么，家族企业将在双重信用缺失的情况下陷入发展的两难境地。

24.4 解决家族企业成长问题的现实路径

（1）发挥政府社会管理者的职能，营造良好的制度环境和社会信任文化。一是制定和完善相关法律法规，保障投资人和债权人的利益。如果不能对投资人进行有效的保护而受到经理人员的不当侵害，那么，企业主与职业经理人的信任关系就难以真正建立。二是完善经理市场。加强人才信息特别是信用记录的透明度，加强经理人的职业道德建设，发挥经理市场的激励约束功能，规范经理人员的行为。三是保护产权。这是个人的权利获得保护的必要前提，也是家族企业由"人治"到"法治"、由人格化的关系信任向非人格化的社会信任转化的根本保证。四是通过教育与媒体的传播形成良好的社会文化。可以借鉴美国、日本的经验，加大德育教育力度，从小培养孩子信任、诚实的意识，并通过集体活动培养其合作能力。媒体应不断宣传积极的社会价值观，使开放、信任、创新等成为社会主流意识。

（2）家族企业应不断进行制度创新，增强企业竞争力。一是明晰产权并逐步实现产权多元化。家企合一的产权具有封闭性和超经济性质，与市场经济规则不和谐。打破家族产权"一股独占"的封闭结构，有利于企业吸收社会金融资本和人力资本。二是采取贤亲并举的用人原则，结合忠诚和能力需要划分工作岗位，实行差别化用人办法。对忠诚度要求较高的岗位，尽量采用家族成员；对能力要求较高的岗位，尽量采取市场化运作的办法，公开从社会上选聘。三是利用泛家族规则建立广泛的商业网络和企业联盟。加入WTO后我国企业面临的竞争愈加激烈，而我国家族企业普遍规模偏小，要在竞争中生存发展，可以利用泛家族规则整合本地资源，在同一地域形成分工协作关系，发展中小企业集群，实现优势互补，以较大的市场规模取代较大的企业规模，较多的市场资源配置取代企业内部生产，形成外部规模经济。

（3）建立超越家族的家族企业文化。

联想集团少帅赵令欢在加入联想前是有着"海归"背景的职业经理人，当谈到加入联想的感受时，他认为，"联想最吸引我的是这是个讲人情的地方。在国外不管我把工作怎么当自己的事业做，总觉得它就是个工作，而只有在联想，我觉得我可以把我的工作真正地当成事业，甚至当成自己的命。因为这里有一种亲情。我从来就不觉得我不是联想人。"

企业组织追求的应该是把"企业"变成"家族"，而不是把"家族"变成

"企业"。具有"家"特征的企业文化可以大大降低管理成本，提高员工忠诚度，构成企业的竞争优势。特别是在外部信任资源缺失的情况下，可以通过企业文化重构发展新型关系信任资源，一定程度上有效缓解家族企业对社会人力资本吸纳的困境。尤其是对职业经理人和企业核心员工，这种关系信任可以作为激励约束制度的文化补充，在一定意义上可以发挥比制度更大的作用。而这一点，无论对家族企业还是非家族企业都有重要的启示。建立现代的家族企业文化，可以从以下几个方面着手：

第一，突破传统家族伦理中非理性的血缘、亲缘观念，取消家族与非家族成员内外有别的价值判断标准，使员工产生本能的归属，并使其进一步转化为积极的工作动力。

第二，用泛家族规则吸纳和整合企业的人力资本，将亲情、信任和能力融合起来，用文化的认同力量把家族外的成员凝聚在企业内部，创造具有高度凝聚力和向心力的企业整体。

第三，为防止家族文化的不利因素向企业渗透，可通过一些机构、规章和制度在家族和企业之间建立起必要的"安全保护带"，对于家族成员参与企业管理的资格、方式、原则、责任和义务做出明确的规定，从而使得家族文化对于家族竞争优势的正面影响得到增强。

24.5 结 束 语

即使在美国这样家文化观念较为淡薄的国家，家族企业演变为现代经理式企业也花了100多年的时间。而中国当代家族企业的发展不过20多年，今后的发展将是一个长期而复杂的过程，而且没有现成的模式可以套用。但是，从日本和美国的家族企业社会化进程中可以得到一些有益启示，如美国政府在社会信用缺失时期加强了立法和制度建设，日本家文化中的任人唯贤的用人原则等。家族企业的成长不仅仅是企业自身的问题，而且是一个复杂的社会问题，需要从制度和文化、政府和企业多个层面进行建设。

参考文献：

[1] 本尼迪克. 菊花与刀 [M]. 杭州：浙江人民出版社，1987.
[2] 储小平. 家族企业研究：一个具有现代意义的话题 [J]. 中国社会科学，2000（5）：51－58.

[3] 费孝通. 乡土中国 [A]//东方之子,大家丛书,费孝通卷. 北京:华文出版社,1999.

[4] 弗朗西斯,福山. 信任——社会道德与繁荣的创造 [M]. 呼和浩特:远方出版社,1998.

[5] 李亦园. 中国人的家庭与家的文化 [A]. 文崇一、萧新煌. 中国人:观念与行为 [C]. 台北:巨流图书公司,1998.

[6] 刘国光,刘迎秋等. 2004 中国民营企业竞争力研究 [M]. 北京:社会科学文献出版社,2004.

[7] 汪丁丁. 回顾"金融革命"[J]. 经济研究,1997 (2):69-77.

[8] 小艾尔弗雷德,D.,钱德勒. 看得见的手——美国企业的管理革命 [M]. 北京:商务印书馆,1987.

[9] 张正明. 晋商兴衰史 [M]. 太原:山西古籍出版,1995.

[10] Lynne G. Zucker. Production of Trust:Institutional sources of economic structure,1840—1920 [J]. Research in Organizational Behavior,1986 (8).

第25章

家族式管理与家族企业核心竞争力[①]

25.1 引　言

家族企业在各国经济活动中始终扮演着重要的角色。美国杜邦、日本松下、泰国正大等享誉全球的家族企业，在某种程度上影响着全球经济的发展。如美国家族企业占美国企业总数的92%，创造了国内市场78%的就业机会，雇用了59%的劳动力，创造了3.3兆美元（49%）的国内生产总值（GDP）。中国改革开放后私营企业迅速崛起，不仅在中国国民经济中发挥着重要作用，从长远看也将是中国市场经济发展不可忽视的重要企业群体。

在现代人的印象中，家族式管理是一种落伍的管理方法。然而，家族式管理具有悠久的历史，是中国大多数家族企业普遍采用的管理模式。在一定意义上说，家族式管理模式是理性和情感的独特结合，家族企业之所以具有顽强的生命力，与其特有的灵活的家族式管理模式是十分密切的。

随着企业内外环境的变化，打造自身特有的核心竞争力才能使企业在激烈的竞争中求得生存和发展。管理模式是企业核心竞争力的主要组成部分之一。本章借用制度经济学和企业文化理论的基本观点，从中国家族企业面临的一般环境入手，探讨家族式管理对中国家族企业核心竞争力形成所起到的重要作用，并就如何改进家族式管理模式，进而提升中国家族企业的核心竞争力提出建议。

[①] 本章作者为杨蕙馨、王长峰，发表在《山东大学学报（哲学社会科学版）》2006年第2期（有改动）。

25.2 文献综述

25.2.1 有关家族式管理的研究

很多学者对家族式管理进行了研究，不仅分析了家族式管理的优缺点，而且探讨了如何在家族企业管理中引入职业经理人，家族式企业如何向现代企业转变等问题。

克林·盖尔西克（1998）利用三环模式把家族企业系统表示成三个独立而又交叉的子系统：企业、所有权和家庭。他认为家族企业的任何个体都能被放置在由子系统相互交叉构成的七个区域中的某一环里，并可反映任何家庭系统的特殊面貌。他只是从为家族企业提供咨询的角度，论述家族企业在发展过程中将会遇到的一些问题，并利用角色冲突、角色演变和角色换位的方法，解决家族企业实际存在的冲突和矛盾，并没有真正研究家族式管理模式的本质规律。

郭立宏（2001）指出家族式管理在我国现阶段的民营企业中普遍存在，原因有社会、文化、制度背景以及获取稀缺资源等。他还指出以所有权和经营权合一为基本特征的家族式管理模式有着一系列有利于企业运行的优势，也存在着诸多与生俱来的弊端。

储小平（2002）对家族企业如何吸纳和集成新的管理资源，特别是对引进职业经理人与家族企业成长的关系作了详尽分析，并验证了以下假设的正确性：①私营家族企业主突破家族人力资本封闭性的动机和行为日益增强；②信息分享的风险和企业主的"集权情结"成为家族企业融合经理人力资本的主要障碍；③家族企业内部的特殊用人规则会发生蜕变，并与"能力至上"的普遍主义规则相融合。对于家族企业如何成功引入职业经理人，进而提高家族企业的管理水平等具体措施则论述不多。

曹建海和黄群慧（2004）用经济学中的自增强理论分析了中国民营企业的发展路径。他们认为，民营企业在早期发展中，由于受限于特定的环境与体制，决定了其在资本原始积累投资期采用个体业主制、家庭制、合伙制等企业制度形式，在企业管理模式上往往采取家族化方式。当企业进入成长和发展阶段，市场竞争的各种条件要求家族企业突破自身界限，需要以家族资本去有效融合社会资本、与非家族成员共享企业的所有权、剩余索取权和经营控制权时，甚至需要完全放弃家族控制时，家族企业主往往不能与时俱进，依然在家族财务资本和人力资本的封闭圈子内运作，依然用家族的规则来管理企业，形成一种非效率的超稳定均衡状态。他们的论述指出了民营企业发展过程中存在的问题，认为只有从家族制向现代企业制度转型才能获取企业的竞争优势。

25.2.2 有关家族式管理与家族企业核心竞争力的研究

把家族式管理与核心竞争力二者联系起来的研究比较少。就少有的几篇研究文献而言，大多没有涉及二者之间的关系，更没有深层次地探讨家族式管理模式对家族企业核心竞争力的重要作用。很多学者在分析有关家族式管理模式的优劣时，从产权以及融资、战略管理、日常决策管理体制和人力资源引进等方面阐述了家族企业存在的一些优势和不足，认为要提高家族企业的竞争能力，必须抛弃"过时的"家族企业管理模式，建立现代企业制度。

判断一种管理模式是否过时，应该看这种管理模式是否适应它所处的环境。家族式管理模式应不应该抛弃，应首先分析家族企业所处的外部环境条件，分析在该环境条件下家族式管理模式是否适应家族企业的发展，是否能够提升家族企业的核心竞争力。对此，本章没有具体分析家族式管理模式中的一些细节问题，而是分析在中国特有的环境条件下，特别是在中国传统"家"文化的影响下，家族式管理模式的优势和劣势，从中得出为什么家族式管理模式对中国家族企业的核心竞争力有重要影响，为什么家族式管理模式仍然适合中国的家族企业；然后分析如何改进家族式管理，克服家族式管理的不足，进而提升家族企业的核心竞争力。

25.3 家族式管理模式的优劣势及对家族企业核心竞争力的影响

25.3.1 家族式管理的优势分析

（1）环境的不确定性和信息的不规范性。

进入 21 世纪以来，企业的外部环境正在发生着巨大的变革，知识与技术日新月异，市场需求朝个性化与多样化方向发展，企业必须不断地创造市场需求以寻求发展，而不是等待市场机会的突然好转。企业面临的外部环境具有高度的复杂多变特征，从而导致竞争空前激烈。从信息角度看，这种高度复杂多变的环境伴随着信息的不规范,信息被阻碍的情况加剧。经济学原理指出,不断变化的高度不确定性的环境会使有限理性更加难以实现,并且使交易双方获取信息的成本增加,有渠道得到这些信息的一方存在扣留和扭曲信息的倾向。信息不规范使得许多在信息规范中经常发生的交易也成为小数目交易,增加交易涉及的资产专用性程度,从而必须使用更为复杂的治理结构。

根据环境的确定程度和信息的规范程度,不同的管理模式适应于不同的环境和不同的信息规范程度(见表25-1)。当环境比较稳定,信息比较规范时,制度式管理模式中一般没有信息障碍。采用制度式管理模式的组织中,如果上级处事公正,并且按照工作表现提升或奖励下级,这时组织成员各自的目标比较容易统一起来,能够找到有效控制不同利益主体的方法,使得各方利益主体协调一致地行动。

表 25-1　　　　　　　　　两种不同的管理模式的特点

项目	家族式	制度式
环境及信息的规范性	不断变化的复杂环境,信息不规范	环境比较稳定,信息比较规范
基本特征	凝聚力、参与管理、团队协作、大家庭的感觉	秩序、规章制度、效率
领导者	良师益友、提供方便者、慈爱的父母	协调者、组织者、监督者
企业凝聚力来源	忠诚、传统、人与人之间的相互信赖和依存	规章制度、政策和程序、明确的期望
战略重点	开发人力资源、组织承诺感、士气	寻求稳定和可预测性、效率

在信息不规范的情况下,信息的交流将受到极大限制。信息的扩散只能借助于面对面的人际交流,这时相对应的管理模式就不是制度式,而是家族式。在家族式管理模式下,家族首领通过家族成员和人际关系组成的信息系统来获得企业的内外部信息,信息首先集中于家族首领(企业家),然后在这些没有人为扭曲、真实可靠的信息支持下,家族首领有能力做出和实施正确的决策。所以在不断变化的复杂环境中,在信息不规范的条件下,最佳的管理模式不是制度式,而是家族式。

(2)中国传统的"家"文化的影响。

家族式管理之所以在中国有着顽强的生命力,与中国传统的"家"文化有密切关系。在中国传统文化中,家庭及家庭利益和声誉远远高于其他组织。

在东西方社会的制度结构中,家庭制度的地位和作用有很大的不同。中国社会构造的根基在家庭,西方社会的根基在个人。中国人非常重视家庭生活,可以将中国社会称为"伦理本位"的社会;西方人重视个人的独立地位和自由权力,可以将西方社会称为"个人本位"的社会。另外,中国传统的"家"文化还衍生出"泛家族"文化,重视社会关系的培养。费孝通(1999)在分析中国农村社会时就提出了"差序格局"的概念,提出中国人重视社会关系,每个人都生活于一个巨大的社会网络中,中国人的行为也因为在这个关系网络中的相对地位不同而表现出很大的差异。

家庭伦理和家庭观念以及社会关系在中国社会生活中的影响和作用是很大的。家庭是社会的细胞,单位和社区在一定意义上是家庭的放大。家庭的地位非常突出,其作用也非常重大,各种社会观念的形成无不受其影响。另外,中国人际交易模式主要是建立在人情关系基础之上,关系越熟悉,达成交易的可能性就越大。以人情关系作为交易基础的交易模式有两个优点:一是可减少交易费用,因为较熟悉的关系可以减少搜索、订立契约及履行契约的成本;二是可减少不确定性和风险。在一个法制不是很健全的社会里,由于交易中存在风险和不确定性,人们在交易过程中就尽量利用熟悉的关系。这种熟悉的关系往往会构成一种关系型的专用资产。在熟悉的关系内从事交易不一定是最优的,即不一定能达到"帕累托最优",但是可以大大降低不确定性和风险。

在上述文化背景下,中国人自觉不自觉地把家庭和家庭运作模式引入到企业管理中。家族企业中有一种比较特殊的现象:反复地贡献与赠与而不讲回报,这正是由于"家"文化的影响使家族企业内部洋溢着一种与外部激烈竞争格格不入的利他主义情结。这种现象形成了家族企业内部有机的团结,这种团结可以看作是成员之间的一种长期契约。人们意欲是利己的,而行为都是合作的。在这种氛围下,与其他的管理模式相比,家族式管理更容易建立家族首领的权威,形成共同理念和核心价值观(见表 25-1)。并且家族成员积极参与管理,形成团队协作,使整个家族企业给人一种大家庭的感觉。家族首领不仅是家族成员的良师益友和提供方便者,而且像慈爱的父母一样关怀每一位家族成员,使整个家族企业内形成人与人之间的相互信赖和依存的状态。

25.3.2 家族式管理的劣势分析

(1) 信息系统不完善随着家族企业的发展壮大,需要处理越来越庞大的信息流,这时容易引起家族的"信息过载"问题。

在规模比较小时,虽然存在信息的不规范,但信息总是有限的,企业首领可以通过良好的人际关系获得决策所需的信息。然而,在复杂多变的环境中,家族企业如果信息收集和处理能力不足,引起家族企业的"信息过载",就可能随时引发致命的决策错误。一旦企业首领无法准确地获得相关的信息,引起决策错误,就会丧失其在家族企业内的权威地位,并带来一系列的不利后果。企业首领权威地位的丧失意味着他的一家之主的地位名存实亡,他将失去原来在家族企业内部所起到的独特的核心作用,使家族企业原有的凝聚力丧失,导致企业内部各自为政的状态,最终各种矛盾和利益冲突加剧,相互隐藏和虚构信息不仅失去了家族式管理的优势,也使得企业的各项管理控制制度失灵,将企业置于高风险的经营状况之中。

济南三株公司从兴盛到倒闭有着复杂的、多方面的原因。其中不容忽视的一点就是三株公司的信息系统。三株公司刚刚起步时,其信息系统还能勉强运转。但随着公司规模的迅猛扩张,信息系统失灵了。失灵最为严重的是公司的销售信息系统,这是导致三株最终失败的导火索。由于该信息系统的失控,使整个公司的销售陷入混乱状态,引发严重财务危机。

(2)外部信任资源短缺。

中国传统的"家"文化增强了家族内部成员之间的相互信任,降低了家族内部的交易成本,并使整个家族处于一种团结的氛围,这些都有利于在家族企业内实行家族式管理。但是,大部分的家族企业缺乏对外部人员的信任。这种外部信任资源的短缺已成为制约家族企业提升核心竞争力的重要因素之一。

由于信任不足,家族企业难以从经理人市场上吸纳管理资源。储小平(2002)调研发现,相当多的私营家族企业的成长瓶颈不是金融资本,而是管理资源这种最重要的人力资本。因为私营家族企业的融资能力都很强,企业的技术、机器设备也都很先进,但仍然陷入重重的发展困境中。从李忱和陶学禹(2003)的调查(见表25-2)看出,家族企业首领对经理人才市场的态度和看法反映了中国经理人才的匮乏,经理人市场不规范,不能满足和适应市场经济的需要,同时,也反映出家族企业领导者对经理人才吸纳与使用的深层次问题。

表 25–2　　　　　企业主对能否实现职业经理式管理运作的态度　　　　单位：%

企业主态度	所占比例
非常乐观	3.9
很乐观	13.7
看好	47.1
不好说	25.5
不看好	11.7
很悲观	0
非常悲观	0

笔者在对济南某高新技术家族企业做管理咨询时发现，由于缺乏外部信任资源，不能很好地引进职业经理人，导致该公司陷入管理困境。从技术的角度说，该公司的缔造者掌握的一项核心技术在国际上都处于领先水平，基本上没有竞争者，有着广阔的市场前景。从资金的角度说，这家公司有科技风险投资公司的支持，银行信用也很好。但是该公司的缔造者由于是技术出身，缺乏基本的管理技能，公司从开始创立到 1999 年一直处于管理混乱状态。1999 年公司从某国有企业挖来了一位有才能的管理者，管理状况开始改观。但是最终还是由于缺乏对引进管理者的信任，致使该管理者被迫辞职，公司又重新陷入管理混乱状态。这个案例说明家族企业仅仅有技术和资金并不能形成核心竞争力，管理是家族企业核心竞争力的重要组成部分。

25.3.3　对家族企业核心竞争力的影响

经济组织的本质是促使交易主体产生理性的合作，但合作的基本问题在于人们只有部分一致的目标，因而其努力也是不协调的。如果一种经济组织及其管理模式能够从一定程度上克服这种目标的分散性，找到有效控制不同利益主体的方法，使得各方利益主体协调一致地行动，必然会大大提高该组织的效率，进而提升该组织的核心竞争力。

从前面的分析看出，在中国家族企业的特定历史外部环境条件以及中国传统的"家"文化的影响下，家族式管理虽然有缺陷，从总体上说家族式管理与其他管理模式相比较有着更大的优势。家族式管理更容易应对复杂的外部环境和不规范的信息，节约交易费用，降低不确定性和风险；更容易在家族企业内形成内部成员的一致信仰和价值观，减少甚至消除成员之间的不信任和可能的机会主义倾向，使得各方利益主体协调一致地行动。所以，就需要研究家族企业在成长壮大和为适应环境变化所做的各种变革中，如何在去其糟粕的同时继承和发展家族式管理模式，使家族企业能够真正具有独特的核心竞争力，否则，盲目抛弃家族式管理，不仅无助于改善企业经营状况，反而可能使一个好端端的家族企业走向失败。

25.4 家族式管理变革趋势与家族企业核心竞争力的提升

针对家族式管理模式的缺陷，应从两方面对家族式管理模式进行变革，以提升家族企业的核心竞争力。

25.4.1 构建强有力的信息系统

信息系统不完善容易引起"信息过载"问题，会影响家族企业的生存和发展。只有构建强有力的信息系统，家族企业才能在快速变化环境中打破各种信息阻碍，使各项决策特别是战略决策中融入更多的知识和信息。构建家族式管理模式下的信息系统，最为关键的是建立家族首领的战略决策支持信息系统。家族企业的首领只有能做出高质量的战略决策，能带领家族成员力挽狂澜，度过各种危机，才可能取得实质性的权威地位，并产生凝聚核的作用，这也是家族式管理模式取得成功的重要保证。在急剧变化的环境中，家族首领无法完全依靠自己的判断和正确决策来建立自己的权威时，家族式管理取得成功，就必须建立有效的信息系统来帮助家族首领提高战略决策的质量。具体方法是改变传统的结构化的制定战略决策的模式，面向客户，从企业的内外渠道收集客户信息，特别是追踪关键性的市场信息。家族企业的首领必须关注信息系统的功能与要实现的战略任务，比如，通过信息系统对数据挖掘，确定客户的动态需求，预期他们对新产品和新服务的偏好，据此制定出能为企业创造价值的战略决策。

25.4.2 培养家族企业的核心理念和价值观

解决外部信任资源短缺问题，只靠监督和约束激励机制是不够的。要从根本上解决这一难题，家族企业必须培养企业独特的理念，共同的理念和价值观才是一个企业获得外部信任的根本保障。

理念是核心竞争力的灵魂，家族企业要解决外部信任问题，形成自己的核心竞争力，就必须有一个灵魂和统一的核心。核心竞争力的首要内容是优势资源，它不仅包括土地、设备、资本和人才等有形资源，也包括知识和品牌等无形资源。但是，这些优势资源还只是核心竞争力的一般构成内容，而不是真正的核心。它们既不足以充分说明相互间的联系是如何建立起来的，也不足以说明核心竞争力的基本内容是如何形成的，更不能说明它们所形成的竞争力如何能够长期保持。要解决这些问题必须具有理念且依靠理念。

理念是思想原则与价值观念的融合，核心理念则是基本原则与核心价值观的融合。核心理念既非来自模仿其他公司的价值观，也非来自追随外人的指令和研读管理书籍以及纯粹的智力运作，关键是抓住自己真正相信的东西。家族企业在发展过程中如果能够注重培养自己的核心理念，特别是注重企业内部各种理念的融合和接续，就能够不断克服家族与家族企业之间的种种矛盾，特别是解决引进职业经理人的难题。

力诺集团是众多家族企业的典范。力诺集团成立于1994年9月，原是专业生产工业、民用玻璃制品的劳动密集型加工企业，经过10多年的艰苦奋斗，逐步发展成为以新能源、新材料、新技术为发展方向，以中西制药、生物工程、玻璃新材料、环保涂料等为主导产业，并涉及金融、投资、担保、物流等产业的国际化大型企业集团。公司建立伊始，就注重核心理念和价值观的培育，逐步总结形成了自己的核心理念和价值观："铸世界名牌，建百年力诺"，力诺事业是所有力诺人的事业，大家有一个共同的愿景，即打造世界名牌，创建百年企业。这种统一的核心理念和价值观一直指引着力诺集团健康向前发展，解决了外部信任资源短缺问题，大批优秀的职业经理人加盟，为力诺集团的进一步腾飞奠定了坚实的基础。

25.5 结 束 语

既然家族式管理模式比较适应高度复杂多变的环境，尤其在处理不规范信息上有独特的优势，那么，就不能盲目地说家族式管理是一种落后的管理模式，它对形成家族企业的核心竞争力起着至关重要的作用。当然，家族式管理在许多方面还存在着不足，需要通过构建家族企业强有力的信息系统，培养家族企业统一的核心理念和价值观来不断改进家族式管理，使其发挥更大的优势，进而提升家族企业的核心竞争力。

参考文献：

[1] 曹建海，黄群慧．制度转型、管理提升与民营企业成长——以浙江华峰集团为例［J］．中国工业经济，2004（1）：99-106.

[2] 陈凌．信息特征、交易成本和家族式组织［J］．经济研究，1998（7）：27-33.

[3] 陈振雄．论中外合资企业的管理方式［J］．中山大学学报（社会科学版），1997（1）：11.

[4] 储小平．职业经理与家族企业的成长［J］．管理世界，2002（4）：100-108.

[5] 邓波．试论民营企业家族式管理［J］．企业经济，2003（12）：38-40.

[6] Donald F. Kuratko, Harold P. Welsch．创业成长战略（第2版）［M］．北京：清华大学出版社，2005.

[7] 郭立宏．家族式管理模式的优势与劣势［J］．经济管理新管理，2001（14）：16-23.

[8] 克林盖尔西克．家族企业的繁衍［M］．北京：经济日报出版社，1998.

[9] 李忱，陶学禹．家族企业管理模式变革的实证研究［J］．中国矿业大学学报，2003（2）：82.

[10] 栗战书．中国家族企业发展中面临的问题与对策建议［J］．中国工业经济，2003（3）：87-93.

第26章
民营企业管理模式探析：家族式管理过时了吗？[①]

26.1 引　言

在中国，"民营"概念最初是对国有企业实行民营方式而言的。随着改革的不断深入，就现阶段来说，民营企业可以这样理解：从广义上看，民营企业是"非国有国营"的企业，即除国有国营的企业外，均可纳入民营企业范畴，包括国有民营企业在内。从狭义上看，民营企业是指除国有企业、集体企业及外资企业以外的内资非公有制企业。从所有权看，民营企业是私有的，从这个意义上说，民营企业就是私有企业，但是中国由于其特殊原因，愿称其为民营企业，而不愿称其为私有企业。民营企业既可以是个人独资企业、合伙企业，也可以是公司制企业，其所有权与经营权既可以分离也可以不分离。

由于中国民营企业产生的特殊背景致使其长期以来处于一种被歧视状态，并形成了非常鲜明的特点。企业创立所需资金主要来源于亲朋好友，而创立后的发展资金主要依靠自我积累、滚动发展，超过60%的民营企业没有从银行贷过款。仅有19.37%的民营企业拥有科研机构，大多数民营企业没有想到或没有能力通过自主研发的方式获得先进技术。但有39.37%的民营企业采取外聘专家或顾问这种较为经济实用的形式获取技术。在管理上，大部分民营企业采用家族式管理。根据中国社会科学院和中国工商联1997年在21个省250个市对1947家私营企业所作的调查可知，50%以上的配偶和20%的成年子女参

[①] 本章作者为杨蕙馨、张鹏，发表在《河北经贸大学学报》2004年第4期（有改动）。

加了企业的工作。企业经理中有26%是企业主自己、17%是业主的亲友、5%是同乡，由没有个人关系的人担当经理的不到50%，37%的业主认为只有让亲友管理才放心。2001年有关私营企业的调查数据显示（见表26-1）：从总量上看，管理人员的社会招募比例已经在家族企业的管理人员任用中处于第一位，高达43.8%；而就各具体管理岗位而言，"三总师""财务部门主管""销售主管"等非决策性和专业性较强的岗位从社会招募的比例大于其他岗位，而"总经理""副总经理"等涉及经营控制权的关键岗位的社会招募比例比其他岗位低。这说明私营企业可以通过外聘职业经理人补充内部管理资源的不足，但对经营控制权仍十分看重，主要还是通过家族内部产生供给。在信任程度较差的情况下，这种管理模式能较好地自我保护。

表26-1　　　　　　　私营企业管理人员的来源构成　　　　　单位：%

项目	社会招聘	从本企业基层提拔	董事长或总经理亲属	董事长或总经理亲友	政府部门委派	其他来源
管理人员总数	43.80	29.24	11.67	8.59	0.58	6.11
总经理	16.00	25.00	42.00	3.00	1.00	12.00
副总经理	29.30	23.55	24.23	11.05	1.50	10.30
三总师	50.10	28.19	9.86	5.63	0.69	5.52
财务部门主管	40.58	24.57	16.37	12.90	1.01	4.57
采购主管	36.15	36.45	15.85	6.79	0.75	4.01
销售主管	41.87	35.60	13.59	3.89	0.46	4.60
仓库主管	34.50	42.10	13.76	4.50	0.50	3.63
一般管理人员	37.50	41.44	9.01	3.11	0.17	8.76

资料来源：中国社会科学院私营企业主研究中心．中国私营企业发展报告（2001）[R]．北京：社会科学文献出版社，2002：181．

可见，家族式管理在民营企业中占有很大的比例，这种管理模式对民营企业发展究竟起什么作用？是否应该逐步摒弃家族式管理，建立现代企业制度和治理机制呢？

26.2　家族式管理过时了吗？

家族企业与家族式管理。具有悠久的历史，事实证明家族企业与家族式管理依然具有较强的生命力。在某些发达国家如法国、意大利，特别是在亚洲新兴工业化国家或地区如新加坡、韩国以及中国香港地区，中小企业中的很大一部分是家族企业，并且多数是家族式管理。据中国社会科学院1999年的抽样调查，浙江私营企业中私人股份所占比例在90%以上，其中大股东所占比例高达66%以上，处于绝对控股地位；还有其他同姓兄弟约占14%的股份，业主和家族其他成员合计占企业股份的80%左右。现阶段中国的民营企业多数是产权家族式的企业，这说明家族企业与家族式管理有其他企业所不具有的优势。

(1) 有利于企业的创立。家庭是社会的基本单位，在创立企业时人们自然会把家庭与企业这两种形式加以结合。家庭的凝聚力是维持家族企业所有权的非财务原因。家庭往往是家族式企业融资来源的最初渠道。利用血缘和亲缘关系，家族企业不仅容易获得创办企业所需的人力资本和物质资本，而且凭借家族成员之间特有的血缘关系、类似血缘关系、亲缘关系和相关的社会网络资源，以较低的成本迅速集聚人才，全身心地投入，甚至可以不计报酬，能够在短时间内获得竞争优势，较快地完成原始资本的积累。特别是在我国市场经济发展初期，市场秩序不够正常、产权和契约法规尚不完善、契约的履行得不到可靠保证的环境下，家庭制度作为一种有效的替代制度，减少了企业创立的风险。

(2) 决策迅速，执行有力，反应灵敏。在信息社会，有胆识、能当机立断的人才能真正把有价值的信息变成财富。从家族整体利益来看，通常情况下利益的一致性使得各成员对外部环境变化具有天然的敏感性，外部尤其是市场变化的信息能很快传递至企业的每位成员。家族企业管理的集权性决定了决策的快速性。由于其不存在对上级部门的请示，也无须交董事会讨论，只要在以家庭为主体的管理层形成统一意见，甚至家长一个人即可拍板，而且不用去怀疑他的动机。在执行上，由于内部信息沟通顺畅，成员之间容易达成共识，加上业主的权威，能够在执行中很好地贯彻决策者的意图。这样的企业往往能比竞争对手更快地升降价格、消化库存、降低成本并更有效地整合资源，因而更富竞争力。

(3) 心理契约成本低。家族成员彼此间的信任及了解的程度远高于非家族企业的成员，家族企业成员之间的心理契约成本低。家族企业的凝聚力，加上心理契约成本较低，再加上经营权与所有权的合一，家族企业的总代理成本较非家族企业低。

(4) 家族企业创业者或领导者的人格魅力。中国家族企业的创业者或领导者大多具有中华民族的优良传统，勤俭、朴素、吃苦耐劳，他们的创业精神在家族企业中具有良好的示范作用。相对于用规章制度进行管理，这种示范作用会对家族企业的其他成员产生较强的感染作用。在家族企业中，管理者（一般是家长）不仅严格管理员工，而且更注重改善劳资关系。有些家族企业不轻易解雇员工和高福利的做法，也有效地赢得了员工的忠诚。这种"软硬"兼施、以软为主的管理手段，构成了家族式管理的又一特色。

毋庸讳言，家族企业与家族式管理模式是一把"双刃剑"，也存在劣势。

(1) 难以得到最优秀的人才。企业要做大要发展，需突破的一个重要瓶颈就是专业化和规范化，家族企业也不例外。吸收大量的专业人才进入企业管理核心层是专业化和规范化的必由之路。家族企业选择经营管理人员往往局限于家庭血缘关系中，不能在更大范围内选择优秀人才的结果使选择面越来越窄，可用的人越来越少。而长期的家族式管理，会使领导者变得自负，排斥外部优秀人才的加盟。另外，基于家庭关系建立起来的内部信任，自然对没有血缘、亲缘关系的员工不信任。因此，家族企业的劣势首先表现在深知自己的企业因缺乏人才而长不大，却又很难创建获得和留住人才的环境。

(2) 融资渠道有限，融资数量不足。家族企业的性质决定了它只能在较小的范围内获得资金，家族内部的封闭性使外界投资者很难了解企业的资产负债和真实经营情况，在这种情况下，外界投资者是不敢贸然进入的，由此造成融资困难，筹资渠道单一，这对大多数家族企业进入资金需求量较大的产业增加了一道屏障。

(3) 战略选择易受感情因素影响，调整困难。家族企业成员往往会对创业伊始涉足的主营业务抱有特殊的感情，即使领导者提出调整发展策略，也容易遭到家族第一代成员或未参与经营的持股成员的反对。由于环境的变迁，创业初期帮助家族兴起的主营业务已经由原来日进斗金的"金牛"变为需要投入大量现金的"瘦狗"，甚至成为导致公司亏损的关键因素。

(4) 协调企业内部及相关人际关系困难。家族企业实际上是企业与家族的统一体，家族企业内形成的各利益集团，由于夹杂复杂的感情和血缘关系，使得领导者在处理利益关系时处于更复杂、甚至是两难的境地。家族内成员可能以私人情感提出不合理的要求，以保障自己的既得利益，或者帮助利益相关者获取更多利益。此时家族企业的领导者能否处理好私人情感与企业利益间的关系，事关企业能否健康发展。

民营企业内部也存在一个产权明晰的问题。几个兄弟姐妹或父子、夫妻共同创业，其内部产权往往不明晰，特别是出现企业继承问题时，问题就更为突出，有可能导致企业被人为肢解，也有可能出现内部纷争。

26.3　影响民营企业管理模式选择的因素分析

既然民营企业在中国未来经济发展中有举足轻重的作用，相当一部分民营企业属家族企业，又实行家族式管理。是否这部分企业都要摆脱所有权和控制权上的家族控制变为非家族企业，相应地在管理模式上也要摆脱家族式管理呢？要回答这个问题首先要分析民营企业管理模式的选择需要考虑的因素。

（1）企业规模。组织理论将组织规模视为影响结构设计的一个重要变量。研究表明，大型组织与小型组织的结构在规范化、集权化和人员比率方面是不同的。

规范化是指规章、程序和书面文件，这些书面文件规定了雇员的权利和责任。大型组织具有较高的规范化程度，原因是大型组织更加依靠规章程序和书面文件去实现标准化，并对大量雇员与部门进行控制。相反，小型组织则可以通过高层管理者的个人观察进行控制。在集权化的组织中，决策由高层做出，而在分权化的组织中，类似的决策会由较低的管理层做出。随着组织的成长壮大，会出现越来越多的部门和人员，决策难以传达到最高层，或者高层管理者不堪重负。因此，组织规模越大，就越需要分权化。而在小型组织中，创立者或最高执行者通常参与每一项决策。

人员比率有两种。一种是在大型组织中，高层管理人员相对于雇员总数比率较小，随着组织的成长与壮大，组织将获得管理上的经济性。一种涉及办事人员和专业人员的比率，随着组织规模的扩大，这些人员在组织规模中的比例趋于增加。办事人员比率提高，是由于随着组织规模扩大，必需的沟通和汇报也随之增加；专业人员比率提高，是由于在复杂组织中，对专业化技能的需求增加。图 26-1 说明了大型组织和小型组织的管理人员和支持人员比率之间的关系。

从以上分析得出如下结论：

第一，家族企业在规模较小时，由于组织结构简单，信息传递较快，需处理的问题较少，家长能够胜任高层管理者的岗位。在企业规模较大时，由于组织结构更为复杂，需处理的问题增多，管理难度加大，家长不一定胜任高层管理者岗位，这时可以通过外聘由家长管理改为职业经理人管理；若原来的最高管理者（家长）仍然可以胜任，则可以继续在其位谋其职，但可以考虑外聘管理人员作为自己的参谋。

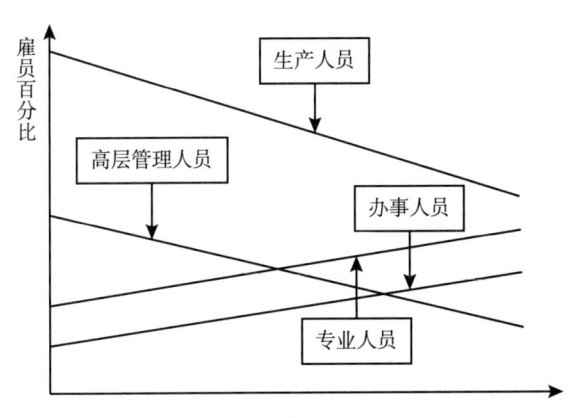

图 26-1　管理人员和工作人员的百分比

第二，较大的家族企业规模通常需要通过部门化来提高管理效率，这就要求在各部门配备相应的中层管理人员。即使家族企业在部门化之前在管理人员的供给上是充足的，但部门化后管理人员需求量的增加也要求家族企业必须通过外部寻源来解决管理人员的供给。

第三，外聘管理人员是一笔巨大的支出，对于小规模的家族企业而言，高薪外聘管理人员可能是不经济的，但较大的企业规模所带来的经济性为家族企业外聘中高层管理人员提供了可能。

（2）企业所处的生命周期。从企业生命周期分析，在创业阶段采取家族式管理的企业，往往比较容易成功。既然家族式管理可以简化监督和激励机制，那么，家族式管理的企业就是有效率的。

当企业进入成长和发展阶段，家族式管理往往成为限制发展的因素。当市场竞争要求家族企业突破自身界限，以家族资本去有效融合社会资本、与非家族成员共享企业的所有权、剩余索取权和经营控制权时，或者甚至需要完全放弃家族控制时，如果家族企业主不能与时俱进，依然局限于家族封闭的物质资本和人力资本的圈子内，这时的家族式管理的企业必然会遇到困难，导致效率的降低。

（3）企业的经营战略。企业战略实施中的一系列决策和实际行动总是要通过对企业内部各级、各部门的分工和授权。这种分工和授权既可以促进企业战略的实施,也可能起阻碍作用,关键在于企业的管理方式要与企业经营战略相匹配。

若企业采取专业化经营战略,家族式管理方式比较适合。若企业采取一体化战略,由于需配备较多业务能力全面的中高层管理者,就要外聘管理者甚至是高层管理者。若企业采取多元化经营战略,需设立较多的中高层管理岗位,就必须考虑以外聘的方式解决中高层管理者的供给。

(4) 企业所处的环境。企业是一个开放的经济系统,其经营管理必然受到客观环境的影响。环境对企业的影响可以从两个维度去分析:环境的复杂性和环境的稳定性。复杂—简单和稳定—不稳定相结合形成一个评估环境不确定性的框架(见表26-2)。

表26-2　　　　　　　　评价环境不确定性的框架

环境变化	稳定	简单+稳定=低不确定性 1. 很少的几个外部因素,这些因素都是相似的;2. 外部因素保持不变或者缓慢变化	复杂+稳定=中低度不确定性 1. 大量外部因素,并且这些因素不相似;2. 外部因素保持不变或者缓慢变化
	不稳定	简单+不稳定=中高度确定性 1. 少数几个外部因素并且这些因素是相似的;2. 因素变化频繁并且不可预测	复杂+不稳定=高度不确定性 1. 存在大量外部因素并且这些因素是不相似的;2. 因素频繁的变化,并不可预测
		简单	复杂
		环境复杂性	

资料来源:Robert B. Duncan. Characteristics of Perceived Environments and Perceived Environmental Uncertainty [J]. Administrative Science Quarterly, 1972 (17):313-327.

当企业所面临的环境为低不确定性时,家族式管理是可行的。当然,企业面对如此有利的环境,若采取其他管理方式也是可以的。当环境为中低度不确定性时,尽管环境是稳定的,但由于企业面临的环境比较复杂,一般来讲,家族式管理的企业管理人员凭借自己的能力很难做出科学的判断,此时如果外聘高级管理人员会更加有利。当企业面临的环境为中高度不确定性时,影响企业决策的环境因素简单但变化非常快,此时,家族式管理具有其他管理方式不可比拟的优势。当企业面临的环境为高度不确定性时,由于环境既复杂又不稳定,此时家族式管理的企业很难准确地把握环境并预测变化趋势,此时应通过外聘管理人员来提高决策的科学性。当然,若任何人员都难以科学判断面临的环境时,少数家族式管理的当家人可以凭借其悟性和灵感作决策,并获得成功。但是,随着市场经济体制的进一步完善和竞争的加剧,这种情况出现的概率越来越小。

(5) 影响民营企业管理模式选择的其他因素。除上述因素之外,其他因素也会影响民营企业管理模式的选择,如经理人市场的发育程度、企业家自身的素质等。如果经理人市场不健全,市场上没有充足的、符合能力要求的经理人,企业外聘管理者便不现实。如果民营企业的创立者是一个出色的管理者,并且能够胜任复杂和艰巨的管理任务,同时家族内其他成员在管理上也能够从容应对,民营企业在发展到规模很大后也没有必要外聘高级管理人员。

26.4 民营企业管理模式选择的模型

民营企业选择什么样的管理模式,受到多种因素的共同影响。在这些因素中,企业的规模、企业所处的生命周期、企业的经营战略和企业面临的环境这四种因素起着重要作用。

(1) 各因素的权重。虽然上述四种因素共同影响着民营企业管理模式的选择,但四者的重要性却不相同。根据经验分析,企业的规模(Sc)对管理模式的选择具有较大的影响作用,将其权重设为 0.45;企业的经营战略(St)起着次要作用,将其权重设为 0.35;企业所处的生命周期(Lc)起更次要的作用,将其权重设为 0.10;企业所处的环境(En)起较小的作用,将其权重设为 0.05。影响企业管理模式选择的其他因素用 Ut 表示,其权重设为 0.05。

(2) 各因素的具体数值分布。上述各因素都设为介于 0、1 之间的任意数。企业规模(Sc)越小,则把 Sc 设为一个越靠近 0 的小数,企业规模越大,则把 Sc 设为一个越靠近 1 的小数;企业经营战略(St)中包含的业务越少,则把 St 设得越靠近 0,反之则越靠近 1;企业所处的生命周期(Lc)越短,则越靠近 0,反之越靠近 1;企业所处的环境(En)越简单,则 En 越靠近 0,企业所处的环境越复杂,则 En 越靠近 1。

(3) 民营企业管理模式的选择模型。

综合上述分析,得出如下模型:

$$M = 0.45Sc + 0.35St + 0.10Lc + 0.05En + 0.05Ut$$

M 是一个介于 0~1 之间的数，即 $M\in(0,1)$。

若 M 接近于 0，则民营企业可以采取家族式管理模式，家族不仅可以控制整个企业，家长也可以实际管理这个企业。若 M 接近于 1，则民营企业最好采取公司制的治理和管理模式，创立该企业的家族成员可以根据实际情况控制（掌握多数股权）企业，也可以不控制企业。若家族企业的家长有能力管理企业，家长可以作为企业的最高管理者，否则，家长就不宜管理企业。若 M 接近于 0.5，民营企业应逐步改善家族式管理。首先，家长可以通过深造争取能够胜任企业的最高管理者；其次，家长应尽可能地转变观念，如果自己不能胜任高层管理，可考虑由实际管理企业变为控制企业；最后，尽量使家族成员从企业退出，不在企业内部工作，为管理上的规范化提供方便。

26.5 结 论

民营企业实行家族式管理还是选择其他管理模式，在理论界一直存在不同的观点，企业对此也面临两难选择。事实证明，存在两难选择是情有可原。不管在理论上还是在实践上都显示出，家族式管理模式既有优势又有劣势，但是，这并不意味着家族式管理已经过时。民营企业到底选择何种管理方式，应综合考虑各种因素，尤其是企业的规模、企业所处的生命周期、经营战略以及面临的环境。

对绝大多数民营企业而言，不仅企业规模小，而且成立的时间短，经营业务比较单一，管理比较简单，业主利用自己的身份、地位及个人魅力能够胜任管理岗位，同时较小的规模决定了外聘管理者是不经济的，因此，家族式管理模式相对于其他管理模式会更加高效。

对于一些发展到一定规模的民营企业，其业务越来越多，面临的环境越来越复杂，家族式管理模式的缺陷会逐步凸显出来。如三株集团的由盛及衰，表面上看是战略方面的失误，从根本上讲，其战略失误来自家族式的管理模式。正如三株集团董事长吴炳新所言："简单地说家族企业不好是不公平的，在创业阶段，家族企业的凝聚力是很宝贵的。但企业发展到一定程度，弊端就会越来越明显。社会上的能人无穷无尽，他们参与能保证民营企业健康发展。所以我规定，我的子孙不能担任三株的总裁，只做董事长。"

随着我国市场经济体制的逐步完善和经济实力的壮大，必将出现越来越多生命周期更长、规模更大、经营业务更多样的民营企业，在这些民营企业中，家族式管理的弊端会越来越明显,此时企业主应考虑及时外聘中高层管理者,自己则变为企业的控制者,实现所有权与经营权分离,使决策更加民主、科学、合理,使企业走上持续健康发展之路。

参考文献:

[1] 储小平. 家族企业研究:一个具有现代意义的话题 [J]. 中国社会科学,2000(5).

[2] 李明. 私营企业成功模式解析 [M]. 北京:中国致公出版社,2002.

[3] 李伟民. 中国大陆、香港、台湾中小型工业组织家族化的比较研究 [J]. 中山大学学报(社会科学版),1994(1).

[4] 刘光启. A 管理模式:家族企业版 [M]. 北京:企业管理出版社,1999.

[5] 盛珂. 打造新型家族企业 [M]. 北京:中国政公出版社,2002.

[6] 王士军. 私营企业如何做强 [M]. 北京:中国商业出版社,2002.

[7] 姚贤涛,王连娟. 中国家族企业:现状问题和对策 [M]. 北京:企业管理出版社,2002.

第 27 章
民营企业的组织结构与健康发展[①]

27.1 我国民营企业发展现状分析

随着社会主义市场经济建设的逐步深入，我国民营企业得到了蓬勃发展。据全国工商联统计，截至 2003 年底，全国民营企业户数 12 年里增长了 24 倍，同期个体工商户增长了 79%；民营经济注册资本增长了 58 倍，达到 2.8 万亿元。民营企业在总量快速发展的同时，质量也显著提升。统计显示，2003 年年营业收入 1.2 亿元以上的有 1582 家；企业平均营业收入年均增长 17%，远高于同期 GDP 的年均增长率。民营经济已成为国民经济中最有活力的部分和新的经济增长点。但是，不容忽视的现实是，民营企业的自然淘汰率相当高。据统计，中国民营企业的平均寿命只有 2.9 年；每隔 3 年，100 家企业中就有近 68 家死亡；每隔 5 年，北京中关村 100 家企业就有近 92 家消失；每隔 20 年，中国 80% 的企业将会被淘汰。导致民营企业失败的原因很多，许多专家和学者从不同层面、不同角度对民营企业进行了诊断。就企业规模和组织结构而言，造成我国民营企业短命的主要原因有：

（1）民营企业规模难以准确定位企业在不同的发展阶段客观上需要不同的规模定位。然而我国部分民营企业无视企业发展的客观规律，企业规模不是偏小，就是偏大，规模经济不显著。比如我国的汽车、制药等产业，由于进入、退出壁垒较低，往往造成进入这些产业的企业规模普遍偏小，而且导致产业内企业数量过多，市场集中度偏低。另外，还有许多民营企业有好大倾向，

[①] 本章作者为杨蕙馨、石建中、张鹏，发表在《高科技与产业化月刊》2005 年第 1/2 期（有改动）。

经营稍有起色，就产生投资扩张的冲动。而投资时机与企业发展却不吻合，往往在企业迅速发展阶段，大量投资，在形成生产能力时，却由于跟不上市场需求变化，使企业过早地进入衰退阶段，造成投资过剩，资金沉淀，无法收回。兵败于此的一个典型案例就是巨人集团。巨人集团在创业阶段以经营桌面排版印刷系统为主，一度成为国内 IT 业的巨人，创造了民营企业飞速发展的奇迹。但后来在快速成长阶段因追随市场热点而过早地走上了计算机、生物工程和房地产等多元化发展之路，穷于应付，结果造成大而不强的尴尬局面。

其实，在市场经济条件下，企业规模的大小不能简单地表现在雇员人数、资产额以及销售收入等划分指标方面的差异上，真正的含义应该是企业生命周期不同阶段下竞争力的强弱。尽管在企业初创阶段和成长阶段用从业人员数和资本额等标衡量和把握企业的竞争力在一定程度上是合理的。但是，随着企业逐渐成熟，企业间的竞争加剧，衡量企业竞争力的主要指标已不再是从业人员数和资本额等外在规模量，而是技术、知识（主要体现在人力资源的质量方面）、信息等内在价值量上。也就是说，用年销售额或营业额为标准划分企业规模虽然能在一定程度上反映企业生命周期某一阶段的经营能力，却不能从本质上反映企业的盈利能力，因而难以直接表征企业在这一阶段的竞争力强弱。因此，对企业所有者而言，用从业人数和资本额的规模来解释企业的竞争力进而作为划分企业大小的标准已不具有多少实质性的意义。

在企业生命周期的不同阶段，适应经营环境变化的需要，企业规模可在"大"与"小"之间进行权衡。一般来讲，小企业投资少、包袱轻、经营灵活调头快，适应市场变化的能力较强。但小企业也会暴露出由于规模小，易受到大企业的牵制和打击，难于形成最优经济规模等弱点。大企业不仅可以获得规模经济和范围经济，而且还可通过兼并、一体化，将企业内部交易替代企业间的市场交易，进而降低合同费用、监督费用、采购费用、信息费用、库存费用等。但大企业在发展过程中也会暴露出诸如反应迟钝、决策效率低，难以适应复杂多变、快变的市场环境，多层次的金字塔形的庞大官僚机构不利于创新等弱点。既然大企业与小企业各有利弊，那么企业规模就要依据生命周期不同阶段市场竞争需要、市场规则做出合理选择。

（2）组织结构与规模不能有效匹配。美国学者钱德勒指出：战略具有前导性而组织结构具有滞后性，组织的结构要服从于组织的战略，即企业要根据生命周期不同阶段的变化去制定战略，然后再调整企业原有的组织结构。我国很多民营企业组织结构的设计不能随着企业规模的发展壮大而作相应的调整，往往固定于一种组织结构,结果造成机构臃肿,效率低下,企业内部壁垒森严,信息传递慢,部门间协同差,职责不明,员工士气低落,对企业失去信心。尤其在家族式企业中,以往创办、领导企业的"元老们",以过去的荣耀与功劳为背景,利用家族在公司内部拥有的巨大势力,不重视企业规模扩大时人才的培养和引进,使企业后继乏人。

组织结构不仅要跟随战略,而且组织结构调整的原则是适应。美国管理学家杜拉克指出:选择职能型、事业部型、矩阵型、网络型等组织结构的哪一种取决于企业成长的不同阶段下企业规模的需要。能完成所担负任务的最简单的组织结构就是最佳的。一般而言,规模较小时,企业的经营范围只局限于某一产业或某一产业内的某种产品,与这种战略相适应的组织结构通常是集权直线职能制。这一方面是由于经营的产品品种单一,管理比较简单;另一方面实行集权的直线职能制,比实行事业部制及矩阵结构等形式有利于减少管理人员,降低成本。当规模较大时,为了增强企业实力,减少经营风险,保证均衡的投资利润率,企业往往进行多元化经营。根据多元化业务单元同的相关程度不同,企业的组织结构选择也不相同,见表27-1。

表27-1　　　　经营领域战略、规模与组织结构的对应关系

战略	规模	组织结构
单一经营	小	直线职能制
副产品型多种经营	中	附有单独核算单位的直线职能制
相关型多种经营	中	事业部制
相连型多种经营	大	混合结构
非相关型多种经营	大	子公司制

总之,民营企业做强、做长寿,不仅取决于宏观环境的优化,更重要的是在于企业如何在成长的不同阶段选择适宜的规模与组织结构。过去10年间,许多寄托了民营企业成长希望的企业如三株、红高粱等,都因规模及组织结构选择不够合理而流星般陨落,令人扼腕。那么,企业生命周期、规模与组织结构之间是什么关系?民营企业生命周期不同阶段下企业规模及组织结构如何选择呢?

27.2 企业生命周期、规模与组织结构之间的相互关系

企业就像生命体一样，会经历出生、成长、老化、衰退的生命历程。具体地讲，生命周期是指企业从领取营业执照之日起开始从事生产、流通和服务直到依法破产、被接管、被收购或其他原因而终止的时间跨度。本章将企业生命周期划分为初创阶段、成长阶段、成熟阶段、衰退阶段四个阶段。

企业生命周期的研究涉及规模、组织结构等诸多因素。其中，规模因素包括规模大小、规模经济性等。组织结构因素包括组织形式、规范化、集权化和层级数目等。企业生命周期、规模与组织结构之间相互关联、相互影响、相互补充。一般来说，企业生命周期决定企业规模与组织结构的选择，反过来，企业规模与组织结构的选择又将影响企业生命周期。

27.2.1 企业生命周期决定企业规模与组织结构的选择

企业的边界是由分工确定的，目的是节约市场交易成本。企业的组织结构设计是由企业内部要素（集权与分权、管理层次、规范性等）有效组合确定的，目的是节约企业内部管理成本。而企业规模与组织结构的选择取决于企业生命周期不同阶段市场交易成本与其内部管理成本的比较。在企业生命周期的不同阶段，由于分工及企业内部的结构要素组合不同，使得企业的市场交易成本与其内部管理成本呈现出差异性，见表 27-2。

表 27-2　企业生命周期不同阶段的市场交易成本与其内部管理成本的比较

项目	企业初创阶段	成长阶段	成熟阶段	衰退阶段
调节参考点	权威	权威	分权	参与
调节力量来源	计划为主	计划	供求为主	供求
稳定性比较	弱	较强	强	较弱
业务关联性	较强	强	弱	较弱
竞争性	较弱	较强	强	很强
内部组织成本	小	中	大	很大
交易成本比较	很大	大	中	小

在企业初创阶段和成长阶段，由于企业业务较单一且关联性强、调节计划性强，致使其内部管理成本小于市场交易成本。为了节约市场交易成本，分工就会在企业内部发展，导致企业内部部门及管理层次不断增加，规模不断扩大。随着企业规模扩大，企业的组织结构越来越复杂。这既增加了纵向的复杂性，也加大了横向的复杂性。为了加强横向和纵向协调，企业正规化程度的规章制度和书面文件数量必然相应地增加，致使组织结构不断山集权化向分权化转变。在企业成熟阶段，由于企业业务增多但关联性却逐渐减弱（如非相关多元化）、竞争激烈，致使其内部管理成本逐渐增加并接近市场交易成本，此国为了继续节约市场交易成本，分工将进一步在企业内部发展，表现为规模的进一步扩大，不过此阶段为了使组织有效运行，组织结构设计加强了内部协调性功能，由职能型向事业部型转变。在企业衰退阶段，由于竞争更为激烈，而企业稳定性、业务关联性减弱，使得企业内部管理成本逐渐大于市场交易成本，此时，为了节约内部管理成本，企业将重新分工并放弃某些中间产品的生产，减少产品部门及管理层次，转向市场购买，自己集中资源专门生产最终产品，表现为企业规模缩小，组织由分权化向集权化管理转变。可见，在企业生命周期不同阶段，由于企业内部管理成本和市场交易成本的变化，企业的规模和组织结构将呈现动态变化的趋势。

27.2.2　企业规模与组织结构的选择影响企业生命周期

第一，企业规模对企业生命周期的影响。企业规模越大，内部的部门及管理层次就越多，组织内部要素间的关系就越复杂，此时，若不能有效协调组织内的各种关系，企业往往易生大企业病，表现为反应迟钝、决策效率低，难以适应复杂多变、快变的市场环境，这些症状将导致企业生命机体老化、衰竭和死亡。相反，企业规模越小，企业的产品品种越少，抗风险能力就越弱，实力也就越弱，在与大企业的竞争中往往处于劣势，不利于企业生命的延续。

第二，组织结构对企业生命周期的影响。按照管理幅度的大小和管理层次的多少，组织可形成两种基本结构：扁平式结构与直式结构。扁平式结构旨在通过精简机构、提高效率，以增强组织对环境日益复杂多变的适应能力，较适合在企业成熟阶段采用。直式结构旨在通过明确分工严密管理，以增强组织对环境日益复杂多变的适应能力，较适合在企业成熟阶段采用。直式结构旨在通过明确分工、严密管理，以增强组织系统整体优势的有效发挥，较适合在企业初创阶段、成长阶段采用。另外,组织结构的柔性也将影响企业生命周期。当企业的柔性较强时,企业转型的成本较低,风险很小,有利于延长企业生命周期。当企业刚性较强时,转型的成本将会很高,有时甚至比新建企业的成本还高,不利于企业生命周期延续。可见,在企业成长过程中,由于其经营环境在不断地变化,为了提高生存能力,企业需要在生命周期的不同阶段选择合理组织结构,否则将会造成组织效率低下,不利于企业变革,进而会阻碍企业生命周期的延续。

27.3 企业生命周期不同阶段影响规模及组织结构选择的因素分析

企业的兴衰不是单一因素造成的,而是由企业内外各种因素共同作用的结果。由于企业在生命周期的不同阶段呈现出不同的特征,且其外部环境的差异性也非常显著,故企业在选择规模及组织结构时,还需考虑以下几方面的因素。

27.3.1 企业面临的外部环境

企业是一个开放的经济系统,其经营管理必然受到外部环境的影响。环境对企业的影响可以从两个维度去分析:环境的复杂性和环境的稳定性。复杂—简单和稳定—不稳定相结合形成一个评估环境不确定性的框架(见表27-3)。环境的不确定性在相当大的程度上决定了企业的组织结构和内部行为。面临不确定性的组织一般会鼓励各职能部门的沟通和协作,以帮助组织适应环境的变化。当外部环境复杂并且迅速变化时,组织内各部门要进行高度的专业分工,以便应对不同外部子环境带来的不确定性,每一个部门的成功都需要专门的知识技能和行为。图27-1反映了环境特点与组织行为之间的关系。

表27-3 评价环境不确定性的框架

环境变化	稳定	简单+稳定=低不确定性 1. 很少的几个外部因素,这些因素都是相似的;2. 外部因素保持不变或者缓慢变化	复杂+稳定=中低度不确定性 1. 大量外部因素,并且这些因素不相似;2. 外部因素保持不变或者缓慢变化

续表

环境变化	不稳定	简单+不稳定=中高度不确定性 1. 少数几个外部因素并且这些因素是相似的；2. 因素变化频繁并且不可预测	复杂+不稳定=高度不确定性 1. 存在大量外部因素并且这些因素是不相似的；2. 因素频繁的变化，并不可预测
		简单	复杂
		环境复杂性	

资料来源：Robert B. Duncan. Characteristics of Perceived Environments and Perceived Environmental Uncertainty [J]. Administrative Science Quarterly, 1972 (17): 313-327.

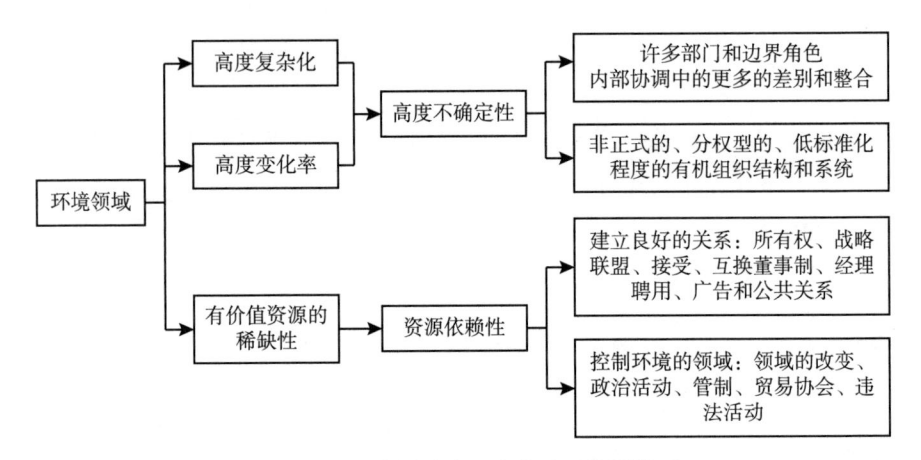

图 27-1 环境特点与组织行为之间的关系

资料来源：Adapted from Gerald Zaltman, Robert Duncan, and Johnny Holbek. Innovations and Organizations (New York: Wiley. 1973), 131.

从图 27-1 看出：不确定性是通过更为灵活的组织结构以及设置缓冲部门和边界跨越来解决的。当不确定性很低时，管理结构可以具有更多的机械性，而且部门数目和边界角色也较少。在谋求企业所需各种资源的过程中，一个组织越是依赖于其他组织，与这些组织建立良好关系或者对进入的领域进行控制就变得更为重要。如果对外部资源的依赖性很低，则组织能够保持自主权，并且不需要建立联系或者控制外部领域。企业在生命周期的不同阶段面临的环境复杂程度是不同的，具体来说，企业在初创阶段一般缺乏所从事产业的经验，信息的不确定性较高，企业的组织结构应该比较灵活，组织的制度也不尽规范；随着企业进入成长期乃至成熟期，企业对所从事的产业越来越熟悉，信息不确定性逐步降低，此时的组织结构可以具有更多的机械性，制度更加规范化。

27.3.2 技术复杂性

技术的复杂性反映了制造过程的机械化程度。较高的技术复杂性意味着绝大多数工作由机器来完成，较低的技术复杂性意味着在生产过程中人工起主要作用。伍德沃德研究发现技术复杂性与结构特点呈现出如下关系，如表 27 – 4 所示。

表 27 – 4　　　　　　　　技术复杂性与结构特点的关系

结构特点	技术		
	单件生产	大规模生产	连续加工
管理层次的数量	3	4	6
监督人员的管理跨度	23	48	15
直接/间接劳动比率	9:1	4:1	1:1
管理人员/总人数比率	低	中	高
工人的技能水平	高	低	高
规范化程序	低	高	低
集权化程度	低	高	低
口头沟通程度	高	低	高
书面沟通程度	低	高	低
总结构	有机	机械	有机

资料来源：John Woodward. Industrial Organization：Theory and Practice ［M］. London Oxford University Press，1965.

27.3.3 目标市场选择

依据企业服务的层次及定位的不同，可将目标市场分为主流市场、次主流市场、非主流市场。主流市场的基本特征是：产品需求量大、价格需求弹性小、产品标准化程度高、企业产品销量大、利润低、规模经济显著。非主流市场的基本特征是：产品需求小、价格需求弹性大、产品差异化程度高、企业产品销量小、利润率高、规模经济不显著。次主流市场主要介于主流市场与非主流市场之间，兼有二者的特征。企业在生命周期不同阶段由于经营环境和自身实力的变化，目标市场也会发生相应的调整。一般而言，在企业初创阶段，由于企业实力较弱，故目标市场常以非主流市场定位为主。随着企业的成长，企业实力得到一定程度的发展壮大，在时机成熟的条件下，目标市场可以从非主流市场向次主流市场定位转变。到企业成熟阶段，企业实力已发展壮大，不仅可以与强劲的竞争对手相抗衡，而且在产业领域也将处于领袖位置，这时企业就可以凭借强大的实力进军主流市场。伴随着企业在生命周期不同阶段下目标市场的定位不同，结合目标市场的不同特征，企业的规模、组织结构也要发生相应的变化，见表27-5。

表27-5　　　企业生命周期不同阶段目标市场规模、组织结构变化

项目	初创阶段	成长阶段	成熟阶段
目标市场	非主流市场	次主流市场	主流市场
规模	小	中	大
组织结构	直线型	职能型	事业部型

27.4　民营企业生命周期不同阶段规模及组织结构的选择

民营企业在不同的成长阶段，企业的规模和组织都具有不同的特点并呈现出一定的规律。

27.4.1　企业初创阶段

当市场上出现了新的商业契机时，会诱使一些民营企业进行投资经营。受资金及技术限制，处于初创阶段的民营企业，大多是由家族式经营开始。由于缺乏经验，企业常常以行动导向为原则，遇事"先做，有问题以后再说"，企业只是对各种机会做出反应，而不能有计划、有组织、定位明确地去开发和利用创造未来的机会。在此阶段，民营企业会遇到很多不确定性，如潜在市场的大小、优化产品结构、潜在及现有买主的性质以及如何最好地找到他们、技术难题是否能克服等，这些不确定性可能会给创业者带来很大的风险。受此影响，民营企业规模不宜太大。故在此阶段，民营企业应发挥"船小好掉头"的小企业优势，依靠细致的市场分析，获取充分的产品信息，在市场中寻求"利基点"，运用市场补缺的发展战略，将企业"做精、做专、做深"。

企业刚刚成立，组织关系较为单纯，多采用家长式的集中领导方式。组织结构以直线式为主，组织的一切活动均由创业者去决策、指挥，组织效率非常高。但在这种企业里，部门化程度较低，控制跨度宽，决策权集中在一个人手里，正规化程度低。

27.4.2 企业成长阶段

一旦证明产品非常成功，企业的销售额就会迅速增长，这将导致企业规模不断扩大，为了迅速占领市场，有些企业开始不断地增加固定资产的投资，增强自身的实力。另外，有些企业开始谋求兼并，结果是企业的绝对规模都不同程度地增大，实现了一定的规模经济，进而加快了企业占领市场的速度。竞争的结果使产业内企业规模形成了"大、中、小"共存的局面。经历了初创阶段，企业逐渐积累起了生产经验和技术能力，而且对本产业的信息掌握得越来越多，信息不确定性降低，此时，企业应以市场为导向调整和优化产品结构，实现产品生产系列化。继而根据发展的需要，实现纵向和横向一体化的扩张，进入相关多元化的业务领域，从而实现民营企业以专业化为核心并结合多元化的良性发展。

面对这种快速发展，企业原有的组织结构已不能有效运行，创业者受个人知识能力的制约，越来越难以有效地决策与指挥。创业阶段惯用的"一竿子到底"的"家长式"管理风格，随着企业规模扩大也暴露出许多弊端，它不仅容易使各管理层级存在较强依赖性，工作被动，缺乏积极性与创新精神，而且还会造成部门边界划分不清、岗位职责不明的问题，大大降低了组织运行的效率。变革组织结构已成为客观需要。适应组织发展，需要招募人员，重新设计组织结构，在原有组织结构的基础上增加管理层次和相关职能部门，宜采取职能式即集权与分权的组织结构。其目的在于通过分工和有效授权使工作专门化、部门化，充分发挥职能机构的专业管理作用，减轻上层主管人员的负担，使上层管理人员能有更多的时间分析产业结构的变化和发展趋势，有利于决策。但是这种组织结构也存在一定缺点，因为它按职能划分部门，各部门分管的业务工作不同，观察和处理问题的角度就会不一致，容易在职能部门之间产生矛盾和摩擦，协调比较困难；另外由于各职能部门管理人员各司其职，不利于高层次管理人员的培养。

27.4.3 企业成熟阶段

许多企业经历了从高速增长到有节制增长的阶段，这个阶段通常叫作企业的成熟阶段。对企业来说，向成熟转化是一个关键阶段。由于技术逐渐成熟消费者砍价能力不断增强，迫使企业不断扩大规模来建立成本优势和服务优势，以此来吸引消费者，这时，价格、服务以及促销战的爆发是常见的现象。如我国的彩色电视机行业，由于产品成熟，企业间为抢占市场而导致以降价为主要手段的市场竞争加剧，至今已经发生了多次价格大战，而且一次比一次更激烈，致使一些规模不经济的企业开始退出。当然大企业的发展壮大并不排斥小企业的存在。小企业不仅具有诸如灵活、适应性强等优点，而且小企业还可以充分发挥"产品差异化"形成的专业技术和经营管理能力，寻求市场的空隙，与大企业并存。其结果使得最终留在产业内的企业形成"寡头，大中小"共存的局面，它们各自适应一定的市场需求并形成一种互补性，在不同的目标市场进行竞争。在此阶段，为了使经营更加规范化，民营企业在提高总体素质的同时，应积极建立现代企业管理制度。通过兼并、重组、联合等形式，走强强联合、优势互补之路，努力组建成具有较强竞争力的跨地区、跨行业、跨所有制的大型企业集团。同时，有条件的民营企业可以实施名牌战略，在国内外树立起民营企业形象、信用和名气。

成长阶段的过度集权已不利于成熟阶段组织壮大的需要，企业组织要谋求进一步发展，就必须适当的分权，采用分权式的组织结构，使组织中各级管理者拥有较多的决策权。随着企业提供的产品和服务丰富化，某些大型企业为了充分利用过剩生产能力，可以构建事业部制的组织结构，实现从集权到分权的管理，这不仅有利于高层领导致力于长远规划，还有利于组织专业化生产和实现事业部内部的协作，更好地适应外部环境的变化，但在这个阶段应处理好集权与分权的关系，防止整个组织产生权力"失控危机"。

27.4.4 企业衰退阶段

在持续的一段时间里产品的销售量绝对下降时，企业就进入了衰退阶段。造成企业衰退的原因很多，诸如替代产品的出现，需求发生改变等。在这个阶段，在位企业将面临两种选择：一是退出产业。退出产业的速度因退出壁垒的不同而不同，对退出壁垒较低的产业，企业退出时往往采取"收割战略"，即取消投资并将企业的资源尽可能转换为现金。而对退出壁垒较高的产业，为了避免原始投资过度损失而不得不继续竞争，即使只能从投资中获得低于正常标准的收益。这些企业通常采取压缩业务单元，减小企业规模，增强主导产品的核心竞争能力，加快对初始投资的回收率来减少损失，而逐步退出。二是继续争夺剩余市场。企业衰退并不意味着企业将无利可图，企业衰退也许只是某些目标市场的需求减少，而其他目标市场的需求不变甚至上升。比如，雪茄的消费下降很大程度上是由于雪茄的社会认可急剧下降，但受部分消费者的青睐，雪茄需求的变化对于剩余销售并不一定导致市场利润的减少，正是基于这个原因，企业开始争夺某些细分市场，有的甚至投资某一细分市场建立进入壁垒以期实现高收益。总之，衰退阶段的企业以退出为主。对于继续经营的民营企业，为了争夺剩余市场应通过合作、契约、参股等多种形式，把部分生产经营环节转移至其他企业，摒弃"大而全""小而全"的经营模式，把资源集中于技术开发和品牌建设，增强核心优势。另外，还要主动谋求大中小企业有机结合、专业化协作、相互依存的组织结构，消除民营企业间的恶性竞争。

经历了初创阶段、发展阶段、成熟阶段，企业的组织结构开始老化，办事越来越墨守成规，冒险精神明显下降，创新精神被压制。为了延长企业的寿命，需要通过组织变革实现组织再发展，比如，建立矩阵式组织结构，加强技术方面的突破，努力优化产品组合，加强信息的横向沟通，以此来增加组织的弹性。有些企业还可以实现组织规模与经营规模分离，通过建立网络型组织将企业同时"变小"又"变大"——组织实体"变小"为适度规模，同时通过网络整合外部资源，形成较大的经营规模。在这个阶段，民营企业也应重视组织文化的培养，强调合作精神，使组织更好地适应环境的变化。

27.5 结 束 语

民营企业的生存过程是一个动态的过程。在瞬息万变的经营环境中，民营企业的规模及组织结构必须随着企业的成长而不断地进行调整。只有具有灵活的组织结构和适度的企业规模，企业才能对变化的环境做出及时反应，这也是适应市场竞争环境的有力反应。也就是说，企业选择什么样的规模和组织结构只是形式，做强、做长寿才是内容，不同的规模、不同的组织结构都有其体势和劣势。所以民营企业必须以能够持续、健康、稳定发展为前提，在企业生命周期的不同阶段选择适合自身发展需要的规模及组织结构，否则，企业生命周期就会缩短。

参考文献：

[1] 艾尔弗雷德，钱德勒．战略与结构——美国工商企业成长的若干篇章[M]．昆明：云南人民出版社，2002．

[2] 理查德·L．达夫特．组织理论与设计精要[M]．北京：机械工业出版社，2003．

[3] 迈克尔，波特．竞争优势[M]．北京：华夏出版社，1997．

[4] 许海靖．民营企业的组织发展问题及其对策[J]．企业经济，2002（3）：65-66．

[5] 杨小凯，黄有光．新兴古典经济学和超边际分析[M]．上海：上海三联书店，上海三联出版社，2002．

[6] 伊查克．爱迪．企业生命周期[M]．北京：华夏出版社，2004．

[7] 张高丽．在全省民营经济工作会议上的讲话[N]．山东中小企业．山东省中小企业办公室，2002．

[8] Church. Jeffrey, and Roger Ware, Industrial Organization：A Strategic Approach [M]. Irwin McGraw-Hill, 2000：54-59.

第28章
中国民营经济改革与发展40年：回顾与展望[①]

中国改革开放的40年，也是民营经济改革与发展的40年。在40年里，民营经济用不到40%的社会资源，贡献了50%以上的税收，开展了60%以上的固定资产投资和对外直接投资，组建了70%以上的高新技术企业，解决了80%以上的城镇就业，吸纳了90%以上的新增就业[②]，对中国经济从弱到强、由小到大产生了积极的推动作用。中国经济已由高速增长阶段向高质量发展阶段转变，民营经济必将迎来新的历史机遇。新时代下的民营经济如何开启新征程、承担新使命、发挥新作为、做出新贡献，对实现"两个阶段"奋斗目标和中华民族伟大复兴中国梦至关重要。党的十九大报告明确指出，未来将"毫不动摇鼓励、支持、引导非公有制经济发展""激发和保护企业家精神""支持民营企业发展"，这不仅坚定了民营企业家的信心，也给未来民营经济持续健康发展指明了方向。本章将通过回顾40年来中国民营经济的改革与发展历程，归纳和总结经验，在分析问题的基础上探寻未来民营经济实现转型升级和跨越式发展的康庄大道。

本章的结构安排如下：第一部分从六个阶段分析中国民营经济的改革历程，即1978~1988年的萌芽和起步阶段、1989~1991年的受挫和恢复阶段、1992~2001年的调整和引导阶段、2002~2007年的促进和提升阶段、2008~2012年的冲击和成长阶段、2013年至今的转型和腾飞阶段；第二部分从五个方面回顾中国民营经济取得的发展成就，即民营经济已成为国民经济的重要组成部分，成为和谐社会的重要建设力量，成为产业转型的重要动力来源，成为

---

① 本章作者为王海兵、杨蕙馨，发表在《经济与管理研究》2018年第4期（有改动）。
② 数据来自十九大新闻中心记者招待会上的问答。

市场竞争的重要参与主体，成为科技创新的重要驱动因素；第三部分从六个方面总结中国民营经济改革与发展的主要经验，即健康稳定的政治环境、科学合理的制度创新、卓越非凡的企业家精神、丰富有效的劳动供给、和谐共生的包容文化、多样频繁的社会互动；第四部分从五个方面对中国民营经济未来发展趋势进行展望，即从小到大的规模经济展望、从弱到强的竞争优势展望、从表到里的公司治理展望、从内到外的跨国经营展望、从近到远的代际传承展望。

28.1　中国民营经济的改革历程

中国民营经济的改革历程并非一帆风顺，从坚决取缔到被限制，从被限制到被承认，从被承认到受重创，从受重创到鼓励适当发展，从鼓励适当发展到积极促进，从积极促进到"毫不动摇地鼓励、支持、引导"，见证了其在社会主义经济中的地位从"必要补充"到"重要组成部分"的转变过程。参照图28-1中的相关数据及郭朝先（2008）、刘迎秋和刘霞辉（2009）、张志勇（2009）、单忠东（2009）等的研究，本章将40年来民营经济改革历程大致分为六个阶段。

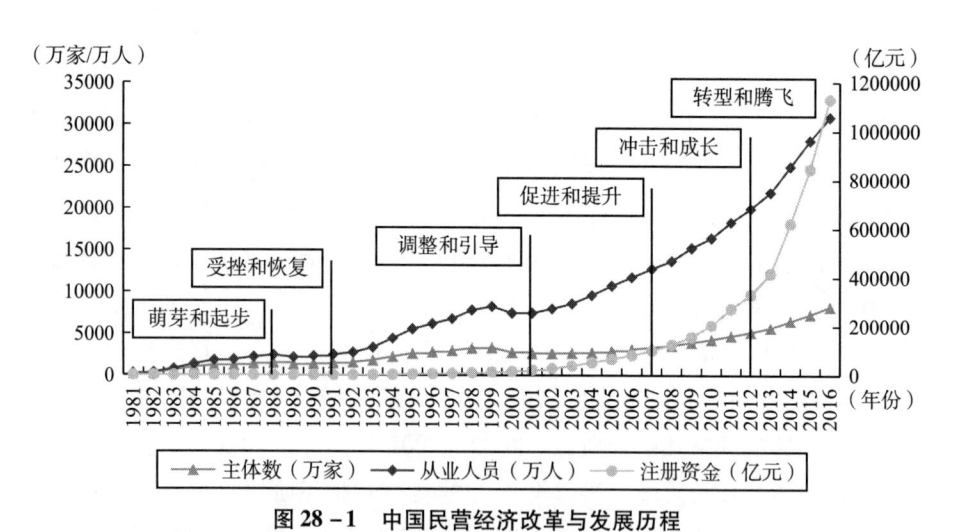

图 28-1　中国民营经济改革与发展历程

注：主体数和从业人员刻度为左轴；注册资金刻度为右轴。
数据来源：黄孟复（2009，2010）、历年《中国经济年鉴》、国家统计局网。

28.1.1 1978~1988 年：萌芽和起步阶段

改革开放前的一段时期，受"左"的思潮影响，中国在意识形态和经济实践中，采取了一系列消除民营经济的政策措施，导致到 1977 年底，民营经济中的私营经济近乎消亡，个体经济极其微弱，全国城镇个体劳动者数量从 1953 年的 898 万人减至 1977 年的 15 万人[①]。面对即将走入绝境的民营经济发展局面改革的呼声自下而上越来越高。1978 年，在经过"真理标准问题大讨论"这场重要的思想解放运动后，党的十一届三中全会做出将全党工作重心向社会主义现代化建设转移的决定，明确提出"一定范围的劳动者个体经济是必要补充""决不允许把它们当作资本主义经济来批判和取缔"等论断，并通过返还被查抄的存款、被扣减的薪金、被占用的私房等措施落实党对民族资产阶级的政策，由此开启了民营经济的萌芽和起步。1979 年，邓小平在全国政协五届二次会议上给民主党派"脱帽加冕"，叶剑英认为城乡劳动者个体经济"是社会主义公有制经济的附属和补充"。1980 年，中共中央在全国劳动就业工作会议上提出"鼓励和扶持个体经济适当发展"的政策，国务院在相关文件中指出要"允许和提倡各种经济成分之间"开展竞争。1982 年党的十二大报告和 1987 年党的十三大报告再次明确私营经济"是公有制经济必要的和有益的补充"，1982 年和 1988 年的宪法修正案中指出，"国家保护私营经济的合法的权利和利益[②]"。

这一时期，民营经济改革的主要特征是由紧到宽、自下而上、从被限制到被承认，多数政策围绕民营经济的性质而制定。个体经济仍是民营经济的主要组成部分，私营经济则逐渐起步。截至 1988 年底，个体经济方面，全国登记注册的个体工商户为 1452.7 万家，从业人员达 2304.9 万人，注册资金为 311.9 亿元，个体商业、饮食业、服务业、修理业等行业的营业额为 1190.7 亿元；私营经济方面，全国登记注册私营企业为 4.06 万家，从业人员达 72.38 万人，注册资金为 32.86 亿元。

---

① 除特别说明外，本部分数据均来自黄孟复（2009，2010）、历年《中国经济年鉴》、国家统计局网站。
② 1982 年的宪法修正案中是"个体经济"。为了遵照相关文件的完整性，全章的"非公有制经济"主要指"个体经济""私营经济"。

28.1.2 1989~1991年：受挫和恢复阶段

1988年下半年开始，国民经济出现过热现象，通货膨胀率较高，当年国内生产总值（GDP）增速和消费者价格指数（CPI）分别为11.23%、18.8%，随之出现了抢购风潮，囤积居奇、倒买倒卖使部分商品紧缺严重，经济秩序较为混乱。为此，1988年的党十三届三中全会提出"治理经济环境、整顿经济秩序"的改革方针，并通过压缩投资规模、调整投资结构、提高存款利率、限制购买力、彻查在建项目、严控物价上涨等方式加强对宏观经济的监督管理。1989年民营经济发展的外部环境受到影响，对民营经济的认识也出现了波动，而"傻子瓜子"等企业主的贪污、挪用公款等现象更加重了人们对发展民营经济的担忧，"不能吸收私营企业主入党""加强城乡个体工商户和私营企业税收征管"等措施使得民营经济发展受到影响。截至1989年底，全国登记注册的个体工商户减少了205.6万家，从业人员减少了363.5万人。针对这一问题，党和国家领导人多次在重要场合肯定民营经济发展所取得的成就，提出民营经济是"社会主义有益的、必要的补充"，并指出国家继续发展民营经济的政策将"在相当长的时期内是不会变的"。1991年，全国经济体制改革工作会议明确提出，要围绕20世纪90年代经济体制改革的总目标，"建立以社会主义公有制为主体、多种经济成分共同发展的所有制结构"。同年，江泽民在庆祝中国共产党成立70周年大会上的讲话中指出，要"采取适当的措施，逐步使得各种经济成分在整个国民经济中所占的比例和发展范围趋于比较合理"。这一时期，民营经济改革的主要特征是受创之后的逐渐恢复，多数政策仍围绕民营经济的性质而制定。个体经济在登记注册户数、从业人员、注册资金等方面仍超过私营经济。截至1991年底，个体经济方面，全国登记注册的个体工商户为1416.8万家，从业人员达2258万人，注册资金为488.2亿元，个体商业、饮食业、服务业、修理业等行业的营业额为1798.2亿元；私营经济方面[1]，全国登记注册私营企业为10.8万家，从业人员达183.9万人，注册资金为123.2亿元，私营商业、饮食业、服务业、修理业等行业的营业额为68亿元。

---

[1] 由于《中华人民共和国私营企业暂行条例》在1988年7月1日实施，山西、黑龙江、西藏仍未开展私营企业的登记注册工作，因此，三地的数据并不包括在内。

28.1.3　1992~2001年：调整和引导阶段

1991年底，苏联解体，国际共产主义运动遭到巨大冲击，世界政治格局朝多元化方向发展。伴随20世纪60~90年代周边国家和地区（如"四小龙""四小虎"）经济的快速发展，一些党员和一部分干部群众对"什么是社会主义、如何建设社会主义、社会主义的前途命运"等问题的认识出现了偏颇，围绕市场经济的思想冲突、意见论争和改革分歧异常激烈。对民营经济而言，部分人甚至发出"私营企业和个体户就是搞资产阶级自由化的经济根源，中国的改革是资本主义化的改革还是社会主义化的改革"的疑问。面对这些质疑，邓小平1992年在视察武汉、深圳、珠海、上海等地时，发表了著名的"南方谈话"，极大地推进了民营经济改革的进程。1992年，李鹏在七届人大五次会议上，做出中国经济"治理整顿的主要任务已经基本完成"，下一阶段要"把改革开放的步子迈得更大一些"的论断。同年，党的十四大报告明确把建立社会主义市场经济体制作为中国经济体制改革的目标，并确立以公有制为主体、多种经济成分共同发展的基本经济制度。1993年，国家工商行政管理局发布了《关于促进个体私营经济发展的若干意见》，从登记注册、市场准入、参股方式、业务扩展等方面提出了相关措施以鼓励个体私营经济的发展。1997年，党的十五大报告第一次把非公有制经济纳入中国基本经济制度。1999年，九届人大二次会议通过的宪法修正案首次明确肯定了非公有制经济"是社会主义市场经济的重要组成部分"。2000年，江泽民在全国统战会议上指出，要"继续鼓励、引导"非公有制经济健康发展。

这一时期，民营经济改革的主要特征是调整之后的鼓励发展，多数政策围绕民营经济的性质和地位而制定。民营经济成为社会主义市场经济的重要组成部分，个体经济在登记注册户数、从业人员等方面仍超过私营经济。截至2001年底，个体经济方面，全国登记注册的个体工商户为2433万家，从业人员达4760.3万人，注册资金为3435.8亿元，营业额为1.96万亿元；私营经济方面，全国登记注册私营企业为202.9万家，从业人员达2713.9万人，注册资金为2.82万亿元，营业额为1.34万亿元。

28.1.4　2002~2007年：促进和提升阶段

2001年底，中国加入世界贸易组织（WTO），民营经济改革进入新篇章。2002年，党的十六大报告第一次明确提出"必须毫不动摇地鼓励、支持和引导非公有制经济共同发展"。同年通过的《中国共产党章程（修正案）》扫除了私营企业主无法入党的障碍。2003年，党的十六届三中全会通过的《中共中央关于完善社会主义市场经济体制若干问题的决定》，从清理和修订法律法规、放宽市场准入、享受同等待遇、鼓励做强做大等方面出发提出引导非公有制经济发展的政策措施。2004年，河北省委"1号文件"对"民营企业经营者创业初期的犯罪行为"问题进行了澄清，从而引发了全国范围内有关民营企业"原罪"问题的讨论。这一讨论直到2006年末时任中共中央统战部部长刘延东"主张不争论，还是用实践和历史来回答"才告一段落。同年，十届人大二次会议通过的《中华人民共和国宪法（修正案）》规定，"公民的合法的私有财产不受侵犯"。2005年，国务院以"3号文件"的形式发布了《关于鼓励支持和引导个体私营等非公有制经济发展的若干意见》，从放宽市场准入、加大财税金融支持、完善社会服务、维护合法权益、引导提高自身素质、改进监管体系、加强政策协调七个方面制定了36条促进非公有制经济发展的政策措施。此后，各地区、各部门纷纷出台了相关落实、配套措施。2006年，国务院法制办和国家发展和改革委员会联合下发《关于开展清理限制非公有制经济发展规定的通知》，在与36条促进非公有制经济发展的政策措施的对比下，明确了已有规章、规范性文件及其他文件的清理重点、清理原则、清理工作的组织和实施等内容。截至当年年底，共有5000多件规章和文件被清理、废除。2007年，十届人大五次会议通过《中华人民共和国物权法》和《中华人民共和国企业所得税法》，从平等保护公有财产和私有财产、平等对待内资企业和外资企业税负两个角度保障民营经济健康发展。同年，党的十七大报告指出，要"坚持平等保护物权""破除体制障碍""促进个体、私营经济和中小企业发展"。

这一时期，民营经济改革的主要特征是从"继续鼓励、引导"到"毫不动摇地鼓励、支持和引导"，多数政策的针对性较强，围绕增强民营经济发展信心、吸引国内外高层次人才、引导民营企业发展高科技、推进民营企业国际化、消除不平等待遇等而制定。个体经济仅在登记注册户数上比私营经济有优势。截至2007年底，个体经济方面，全国登记注册的个体工商户为2741.5万家，从业人员达5496.2万人，注册资金为7350.8亿元；私营经济方面，全国登记注册私营企业为551.3万家，从业人员达7253.1万人，注册资金为9.29万亿元。

28.1.5 2008~2012年：冲击和成长阶段

2007年下半年开始，美国次贷危机爆发，在短时间内迅速波及全球。之后，全球经济增长率连续三年下降，2009年降至-1.74%。国际市场需求大幅萎缩、大宗商品价格剧烈波动、生产要素成本不断上升等因素对中国民营经济发展造成了巨大冲击。以浙江省为例，据浙江省工商局公布的数据，2008年浙江省注销的民营企业数量同比上升10.99%，为2.2万家。而一大批如中国金属、合俊玩具、华联三鑫、江龙控股等知名民营企业的倒闭便是次贷危机冲击下中国民营经济的缩影。面对这一形势，2008年，时任总理温家宝到珠三角和长三角民营企业进行调研时强调，要从营造良好环境、解决市场准入、落实财税支持、改善政府服务等方面加大对民营企业的支持力度。同年，在全国层面停止征收个体工商户管理费和集贸市场管理费的基础上，各地区和各部门出台了一系列政策措施，从贷款风险损失补偿、降低创业门槛、减免各项杂费、增加政府采购等方面促进民营经济发展。2009年，国务院发布《关于进一步促进中小企业发展的若干意见》，从营造良好环境、缓解融资困难、加大财税扶持力度、加快技术进步和结构调整、支持开拓市场、改进政府服务、提升经营管理水平、加强工作领导方面制定了29条促进中小企业发展的政策措施。2010年，国务院颁布了《关于鼓励和引导民间投资健康发展的若干意见》，从拓宽民间投资领域、鼓励民间资本重组联合和参与国企改革、推动民营企业加强自主创新和转型升级、引导民营企业参与国际竞争、加强规范管理等方面制定了36条促进民间投资的政策措施。2011年，国家发展和改革委员会从清理规范准入条件、协调公共资源、完善相关配套政策、支持提升创新能力、扶持科技成果产业化、鼓励发展新业态、引导设立创投基金、支持利用新型金融工具融资、推进国际合作、加强服务和引导10个方面制定了促进民营企业发展战略性新兴产业的政策措施。2012年，国家发展和改革委员会为进一步支持小微企业健康发展和引导民营企业开展境外投资，分别从融资、创新、市场、集聚、服务、保障等方面出发制定了29条和18条政策措施。

这一时期，民营经济改革的主要特征是转方式、调结构，多数政策围绕民营企业应对金融危机带来的负面影响及其转型升级而制定。个体经济仅在登记注册户数上比私营经济有优势。截至2012年底，个体经济方面，全国登记注册的个体工商户为4059.27万家，从业人员达8628.31万人，注册资金为1.98万亿元；私营经济方面，全国登记注册私营企业为1085.72万家，从业人员达

1.13亿人，注册资金为31.1万亿元。

28.1.6　2013年至今：转型和腾飞阶段

2012年，美国"财政悬崖"日益迫近，日本"安倍经济学"效果不佳，欧债危机蔓延使欧元区国家经济持续萎缩，新兴经济体经济增速下降明显。在不确定性因素增多的背景下，世界范围内的贸易保护主义抬头，争端和摩擦加剧，失业率和通货膨胀水平保持高位，阻碍了全球经济的复苏进程。对中国民营企业来说，迫切需要转换增长动能实现转型升级。2013年，除了继续在金融支持、市场准入、鼓励"走出去"等方面制定相关政策措施外，国务院还发布了《国务院机构改革和职能转变方案》，对2013~2017年国务院的重点任务进行了规划，由此拉开了加快建设服务型政府的进程。2014年，李克强总理在夏季达沃斯论坛发出"大众创业、万众创新"的改革号召，加快构建众创空间、降低创新创业门槛、加强财政资金引导、完善投融资活动、营造创新创业文化氛围等内容继而体现在《关于发展众创空间推进大众创新创业的指导意见》中，极大地推进了创新主体的涌现[①]。2015年，《推动共建丝绸之路经济带和21世纪海上丝绸之路的愿景与行动》和《中国制造2025》发布，分别从构建以我为主的经济合作体和实施以质量为先的制造强国战略两个角度出发打造未来中国经济发展新蓝图，给民营企业发展指明了道路。2016年，为进一步增强市场主体的能动性和创造力，在前期转变政府职能改革的基础上，针对审批多、收费高、耗时长等问题，持续开展"简政放权、放管结合、优化服务"的"放管服"改革。《2017年国务院政府工作报告》中的数据显示，2016年全年降低企业税负超5700亿元，且在完成减少行政审批事项1/3目标的基础上，当年取消、清理和规范577项。2017年，党的十九大报告在非公有制经济健康发展、非公有制经济人士健康成长、非公有制经济组织中的党员发展、企业家精神的激发和保护、民营企业活力的激发和增强等方面论述了新时代下鼓励、支持和引导民营经济转型升级的政策方针。

这一时期，民营经济改革的主要特征是凝心聚力、"松绑"和"减负"，多数政策围绕民营企业在新时代下高质量发展而制定。个体经济仅在登记注册户数上比私营经济有优势。截至2016年底，个体经济方面，全国登记注册的

[①] 如李克强总理在2017年夏季达沃斯论坛上所指出的，自2014年起，每天新增4万家市场主体，其中，新登记企业有1.4万家。

个体工商户为5929.95万家，从业人员达1.29亿人，注册资金为5.34万亿元；私营经济方面，全国登记注册私营企业为2309.2万家，从业人员达1.8亿人，注册资金为107.66万亿元[①]。

28.2 中国民营经济的发展成就

28.2.1 民营经济成为国民经济的重要组成部分

民营经济[②]成为国民经济的重要组成部分主要反映在四个方面：一是民营经济在GDP中的比重不断上升。1989年，私营经济和个体经济产值在GDP中的比重仅为3.86%，截至2016年，据中共中央统战部副部长冉万祥在十九大新闻中心举办的记者招待会上介绍，这一比重已超过60%。二是民营经济在投资拉动经济增长中的作用突出。1982年，民营企业在全社会固定资产投资中的比重为17.1%[③]，能拉动0.36个百分点的GDP增速，到2016年，这一比重达到32.87%[④]，能拉动0.92个百分点的GDP增速。三是民营经济的进出口贸易增长迅速。2016年，民营企业的进出口总额为1.33万亿美元，尽管比2015年降低了526.52亿美元，但在所有企业进出口总额中的比重为36.36%，比2015年增长了1.15个百分点。其中，出口总额为9147.86亿美元，占比为43.6%；进口总额为4179.45亿美元，占比为26.33%[⑤]。四是民营经济在高新区中的作用愈发突出。2016年，全国高新区中的私营企业有4.01万家，创造了3.1万亿元的总产值，分别比2007年增长了1.68倍、15.65倍；在高新区所有企业中的比重分别为44%、15.77%，分别比2007年增长了13.13个百分点、11.58个百分点[⑥]。

---

① 2016年个体经济和私营经济的注册资金数据暂未公布，笔者根据当年所有企业注册资金增长率（33.5%）估算得到。
② 由于数据获取受限，如无特别说明，发展成就中的民营经济范围仅指私营经济与个体经济，可能会造成结果解读上的差异。
③ 资料来源：1950~1995年《中国固定资产统计年鉴》。
④ 资料来源：2017年《中国统计年鉴》，与冉万祥所介绍的60%有差异。
⑤ 资料来源：海关总署网站。
⑥ 资料来源：科技部网站。

28.2.2 民营经济成为和谐社会的重要建设力量

民营经济成为和谐社会的重要建设力量主要反映在三个方面：一是民营经济在全国税收收入中的比重不断提高。1995年，私营企业和个体企业共缴纳税收429.6亿元，在全国税收收入中的比重为8%，到2015年，缴纳税收额增至1.99万亿元，比重增至14.6%。其中，私营企业和个体企业缴纳税收额分别为1.3万亿元、0.69万亿元，比重分别为9.57%、5.03%[①]。二是民营经济吸纳就业能力显著增强。1990年，私营企业和个体企业共吸纳就业人数为2275万人，在总就业人口中的比重为3.51%，到2016年，吸纳就业人数增至3.09亿人，比重增至39.77%。其中，私营企业和个体企业吸纳就业人数比重分别为23.19%、16.58%[②]。三是民营经济在教育、扶贫、救灾等慈善事业中的社会责任感和参与度越来越高。2008年，入选"中国慈善排行榜"的100家企业多为民营企业，共捐赠了44.24亿元，用以支持地震、雪灾、教育、扶贫等慈善事业，到2016年，捐赠额增至103.78亿元。其中，前十名捐赠额占比从39.82%上升至70.29%[③]。

28.2.3 民营经济成为产业转型的重要动力来源

民营经济成为产业转型的重要动力来源主要反映在三个方面：一是民营经济在推动物流、军工、金融等垄断行业开放中发挥了重要作用。以物流业为例，2007年，上海42家非邮政快递企业联名"上书"，呼吁在相关法律法规改革中关注民营快递企业的发展诉求。到2014年底，国内已有超过1.1万家可经营快递业务的企业[④]，如顺丰、"三通一达"、百世等民营企业利用资本市场增强竞争力，已在细分市场上占据较大的市场份额。二是民营经济在产业创新中捷足先登。以近年来不断涌现的新兴产业为例，如网络打车、共享单车、分类信息网站、外卖送餐等新业态中很少有国有企业的身影，典型企业如滴滴、ofo、摩拜、58同城、美团等则多为民营企业。三是民营经济在产业分布上逐渐合理。2014年，民营企业实有户数在第一、第二、第三产业企业总数中的比重分别为2.62%、10.99%、86.39%，吸纳就业人数也有较大差异。其

---

① 资料来源：2016年《中国税务年鉴》。
② 资料来源：国家统计局网站。
③ 资料来源：福布斯2009年和2016年《中国慈善排行榜》。
④ 资料来源：国家邮政局发展中心。

中，批发、零售和餐饮业，制造业，交通运输、仓储和邮电通信业的民营企业所吸纳的就业人数比重分别为 49.67%、16.11%、2.45%，分别比 1989 年降低了 9.74 个百分点、4.5 个百分点、5.26 个百分点[①]。

28.2.4 民营经济成为市场竞争的重要参与主体

民营经济成为市场竞争的重要参与主体主要反映在三个方面：一是民营经济发展的质量和效益稳步提升。以全国工商联发布的"中国民营企业 500 强榜单"为例，2016 年，500 家企业的总资产、营业收入、净利润分别为 23.4 万亿元、19.4 万亿元、0.84 万亿元，比 2015 年增长了 35.21%、19.84%、19.76%。其中，总资产超过 1000 亿元、营业收入超过 3000 亿元的分别有 50 家、6 家企业；有 16 家企业入围世界 500 强榜单。二是与其他企业类型相比，民营企业的竞争优势突出。以规模以上工业企业为例，2016 年，民营企业的户均总资产、营业收入、利润总额分别为 1.12 亿元、1.91 亿元、0.12 亿元，尽管比国有控股企业的 21.96 亿元、12.56 亿元、0.65 亿元，外商投资和港、澳、台商投资企业的 4.29 亿元、5.05 亿元、0.36 亿元要低，但在户均费用（包括销售费用、管理费用和财务费用）上分别比二者低 1.02 亿元、0.29 亿元，且在资产收益率上分别高 7.69 个百分点、2.37 个百分点[②]。三是民营企业的国际市场影响力日益增强。以美国创投研究机构 CBInsights 最新公布的能影响全球科技创业走势的"独角兽"企业榜单为例，224 家上榜企业中有 59 家中国企业，代表企业如滴滴、小米、新美大、陆金所分别排名第二位、第三位、第四位、第九位，估值为 560 亿美元、460 亿美元、300 亿美元、185 亿美元。

28.2.5 民营经济成为科技创新的重要驱动因素

民营经济成为科技创新的重要驱动因素主要反映在四个方面：一是民营经济的研发投入不断提升。以规模以上工业企业为例，2016 年，私营企业的研发人员全时当量为 73.24 万人年，研发经费为 2800.54 亿元，研发项目数为 13.04 万项，分别比 2011 年增长了 1.12 倍、1.97 倍、1.47 倍；在整体中的比重分别为 27.1%、25.59%、36.12%，分别提升了 9.3 个百分点、9.84 个百

[①] 资料来源：2015 年《中国经济年鉴》。
[②] 资料来源：2017 年《中国统计年鉴》。

分点、13.4个百分点。二是民营经济的专利产出不断增加。2016年，规模以上工业私营企业的专利申请数为23.78万件，在整体中的比重为33.24%，分别比2011年增长了1.13倍、4.31个百分点。其中，发明专利数申请数为7.86万件，在整体中的比重为27.37%，分别比2011年增长了1.69倍、5.71个百分点。截至2016年年底，规模以上工业私营企业的有效发明专利数为18.05万件，在整体中的比重为23.44%，分别比国有企业，港、澳、台商投资企业和外商投资企业高出20.41个百分点、14.52个百分点和13.24个百分点。三是民营经济的新产品开发效益不断提高。2016年，规模以上工业私营企业的新产品项目数为14.53万项，新产品销售收入为3.9万亿元，新产品出口销售收入为4701.95亿元，分别比2011年增长了1.15倍、1.88倍、1.44倍；在整体中的比重分别为37.09%、22.32%、14.37%，分别提升了11.71个百分点、8.89个百分点、4.84个百分点[1]。四是民营企业在高新技术企业中的先锋作用越发突出。2016年，全国高新技术企业中的私营企业有7.61万家，创造了4.17万亿元的工业总产值，技术、产品和商品销售收入达4.48万亿元，分别比2007年增长了2.09倍、6.83倍、6.92倍；在所有高新技术企业中的比重分别为43.9%、1.96%、5.17%，分别提升了18.54个百分点、1.41个百分点、3.12个百分点[2]。

28.3　中国民营经济改革与发展的主要经验

28.3.1　健康稳定的政治环境是前提

健康稳定的政治环境是民营经济发展的前提，它不仅能为民营经济的改革提供有利条件，还能为民营经济的发展壮大提供政治保障。20世纪50~70年代，对待民营经济的政策首先经历了从"利用和限制"到"利用、限制、改造"的过程。到20世纪70年代末期，民营经济发展的社会基础已被破坏殆尽，尽管彼时的宪法仍然承认有限范围的个体劳动，但重在"引导他们逐步走上社会主义集体化的道路"。而自20世纪80年代开始，对待民营经济的政策从"保护"到"继续鼓励、引导"再到"毫不动摇地鼓励、支持和引导"，民

---

[1]　资料来源：国家统计局网站。
[2]　资料来源：科技部网站。

营经济的定性也从"必要补充"到"必要的和有益的补充"再到"重要组成部分",宪法的规定也从"国家保护个体经济的合法的权利和利益"到"国家保护个体经济、私营经济的合法的权利和利益"再到"公民的合法的私有财产不受侵犯",创造了民营经济发展壮大的良好政治环境。

28.3.2 科学合理的制度创新是保证

科学合理的制度创新是民营经济发展的保证,它不仅能为民营经济的改革提供强大驱动,还能为民营经济的发展壮大提供制度红利。以经济体制改革为例,改革开放以前,经济体制改革的目标并不明确,政府对国民经济发展实行"计划"式管理,如党的十一大报告曾明确指出,要"把整个国民经济纳入有计划、按比例、高度发展的社会主义轨道"上。政府对主要物资、原材料、产成品、进出口、利率等采取了一系列控制措施,在很大程度上限制了民营经济的恢复。党的十四大以来,制度创新取得突破,经济体制改革的目标被确定为"建立和完善社会主义市场经济体制"。而在处理政府与市场的关系上,党的十四大提出"要使市场在社会主义国家宏观调控下对资源配置起基础性作用",党的十五大提出"使市场在国家宏观调控下对资源配置起基础性作用",党的十六大提出"在更大程度上发挥市场在资源配置中的基础性作用",党的十七大提出"从制度上更好发挥市场在资源配置中的基础性作用",党的十八大提出"更大程度更广范围发挥市场在资源配置中的基础性作用",十八届三中全会提出"使市场在资源配置中起决定性作用和更好发挥政府作用",在很大程度上促进了民营经济的壮大。

28.3.3 卓越非凡的企业家精神是根本

卓越非凡的企业家精神是民营经济发展的根本,它不仅能为民营经济的改革提供核心要素,还能为民营经济的发展壮大提供动力源泉。改革开放以前,国有企业居于绝对主导地位,由于长期实行"平均主义"的"计划"式管理模式,劳动者的积极性和职工队伍的效率不高,那些开展正常商品生产和交换的行为常被视为"投机倒把"而遭到打击,对"投机商贩"的斗争使企业家精神在很大程度上处于缺失状态。改革开放以后的一段时间,民营经济中的企业家精神逐渐得到恢复,但在特定的政治环境中,往往表现为挂靠公有制经济以在夹缝中生存的"戴红帽子"的特征。如1989年前、1989~1992年、1992年后"戴红帽子"的企业比例分别达到了46.3%、23.5%、22.6%。20世纪

90 年代以后，随着政治环境趋于稳定、制度创新取得突破，民营经济的企业家精神逐步回归，从而涌现出了一大批优秀的民营企业家，典型代表如万向的鲁冠球、联想的柳传志、海尔的张瑞敏、华为的任正非、娃哈哈的宗庆后、远东的蒋锡培、TCL 的李东生、比亚迪的王传福、搜狐的张朝阳、网易的丁磊、小米的雷军、腾讯的马化腾、百度的李彦宏、阿里巴巴的马云、京东的刘强东等。他们不仅在不同的年代持续推动着民营企业的健康发展，还在更广泛层次上塑造着国家竞争优势。

28.3.4 丰富有效的劳动供给是基础

丰富有效的劳动供给是民营经济发展的基础，它不仅能为民营经济的改革提供重要契机，还能为民营经济的发展壮大提供竞争优势。1976 年以后，大批知青返城，加上大专院校毕业生、复员转业军人、留城青年及闲散劳动力，全国就业形势较为严峻。尽管拓宽就业渠道、多元化就业形式迫在眉睫，但旧有的劳动就业体制较为僵硬，并不能解决彼时所面临的突出问题。1978 年，党的十一届三中全会指出，要开辟社队多种经营形式、发展农村集市贸易和家庭副业。次年，国家工商行政管理局提出"批准一批有正式户口的闲散劳动力从事修理、服务和手工业等个体劳动"，薛暮桥发表"允许发展集体企业甚至个体户""鼓励回城青年自找门路"的观点文章，从而在实际上拉开了民营经济改革与发展的序幕。20 世纪 80 年代开始，出口导向战略下的加工贸易成为越来越多企业采用的生产方式。民营企业利用国内丰富有效的劳动力资源承接发达国家和地区转移的劳动密集型产业，持续积累并培养高素质职工队伍，逐渐在世界范围内建立了较强的竞争优势。2016 年，据全国工商联数据显示，中国 500 强民营企业中进行海外投资的企业数为 314 家，海外投资项目及投资总额分别为 1659 项、515.32 亿美元。典型企业如华为在 2016 年有 18 万名员工，总收入中有 54.65% 来自海外。

28.3.5 和谐共生的包容文化是支撑

和谐共生的包容文化是民营经济发展的支撑，它不仅能为民营经济的改革提供质变空间，还能为民营经济的发展壮大提供坚实土壤。如针对 20 世纪 80 年代发生的"傻子瓜子"事件，邓小平在 1984 年中央顾问委员会会议上指出，"我的意见是放两年再看""如果一动，群众就说政策变了，人心就不安了"。邓小平还在 1992 年的"南方谈话"中再次论述道，"像这一类的问题还有不少，如果处理不当，就很容易动摇我们的方针，影响改革的全局"。21世纪初，一大批民营企业家因在发展早期存在违法违规行为而遭到处理，从而引发了社会对"原罪"问题的讨论。紧接着，围绕"原罪"问题的讨论主题逐渐深化，从"有无原罪""应否清算"到"何种原罪""如何处置"，这不仅降低了民营企业家的积极性，阻碍了民营经济的发展壮大，也给彼时经济体制改革蒙上了阴影。对此，党和政府领导也及时发表看法，给民营企业家吃"定心丸"。如时任全国政协副主席、全国工商联主席的黄孟复认为"原罪"是一个"伪命题、假命题"，时任中共中央统战部副部长、全国工商联党组书记、第一副主席的胡德平指出"在法律没有明文规定之前的资本原始积累阶段不存在'原罪'"，时任中共中央统战部部长的刘延东指出"中央发展非公有制经济的政策是绝对不会变化的，这个决心是坚定的"。

28.3.6 多样频繁的社会互动是归属

多样频繁的社会互动是民营经济发展的归属，它不仅能为民营经济的改革提供重要抓手，还能为民营经济的发展壮大提供前景蓝图。改革开放以前，民营企业家与社会互动的范围、频率都受到限制。以参政议政为例，1956年，《关于修改党的章程的报告》中明确指出，"党员必须是从事劳动而不剥削他人劳动的人""只有从事劳动、不剥削他人劳动的人才能入党"。这一政策几经波折，直到2002年，党的十六大通过的《中国共产党章程（修正案）》规定，"其他社会阶层"在满足入党条件后，"可以申请加入中国共产党"，从而极大地提高了民营企业家参与社会互动的积极性。民营企业参与社会互动已不仅仅局限于通过优质的产品和服务创造顾客价值，与供应链上下游企业保持紧密合作、为员工发展制定职业生涯规划、关注环境保护、关爱社会弱势群体、参与社区建设等，不仅成为民营企业安身立命的基础，也是未来民营经济发展的前景蓝图。民企业家当选全国劳模、获得五一劳动奖章、接受"优秀中国特色社会主义事业建设者"称号等也成为新时期中小民营企业积极参与社会互动、勇于承担社会责任、共同为中华民族伟大复兴中国梦奋斗的最好证明。

28.4 中国民营经济未来发展趋势展望

28.4.1 从小到大的规模经济展望

规模经济是民营企业发展壮大的显著标志。自 20 世纪 90 年代以来,民营企业发展规模不断增长,如 1998 年,入围全国工商联发布的"中国民营企业 500 强榜单"的门槛为 0.9 亿元,户均总资产、营业收入分别为 1.04 亿元、3.19 亿元,到 2016 年,分别提升至 121 亿元、468 亿元、387 亿元。然而,与世界 500 强、中国 500 强中的著名企业相比,民营企业的发展规模仍有进一步提高的空间。如何形成多层次的民营企业规模格局,使龙头企业在国际市场竞争中利用规模经济成为佼佼者、中小企业能在各自领域中发挥工匠精神成为专业者,是未来民营经济发展的可期之处。建议政府深化民营企业投融资机制改革,利用多种优惠措施鼓励民营企业通过资本运营、兼并收购、战略联盟等方式组建产业集团、企业集团,在保持经营效率的同时,提高规模经济。同时,由于中小企业多是民营企业,因此,政府应当进一步完善、落实《中小企业促进法》,通过健全社会服务体系解决中小企业发展过程中遇到的信息匮乏、人才瓶颈、融资不畅等问题,让民营企业心无旁骛地走上从小到大的发展道路。

28.4.2 从弱到强的竞争优势展望

竞争优势是民营企业可持续发展的核心因素。自 20 世纪 80 年代以来,民营企业通过承接发达国家和地区的产业转移,积极参与国际分工合作,逐渐在全球价值链中占据了一席之地。但几十年来,发达国家和地区主导国际生产网络的格局并未发生显著变化,高附加值位置仍被其占据,而中国民营企业多数仍在中低端从事低附加值活动。从研发的角度看,据全国工商联公布的数据显示,2016 年,在"中国民营企业 500 强"中,研发强度超过 1% 的仅有 170 家企业。从品牌的角度看,统计近 10 年全球最具价值品牌排行榜前十名出现频率,中国企业仅有中国移动和腾讯上榜,分别为 6 次、1 次,而麦当劳、谷歌、苹果、微软、IBM 等企业则年年在榜[1]。如何从技术、品牌、管理、物

---

[1] 资料来源:Kantar Millward Brown/BrandZ™ 2008~2016 年全球最具价值品牌百强排行榜。http://m.sohu.com/a/124084971_505831?_trans_=010004_pcwzy。

流、人才、资金等方面提升民营企业的竞争优势，是未来民营经济发展的重点任务。政府应当进一步深化"放管服"改革，落实各项简政放权制度，积极制定"负面清单"并及时向社会公布，降低相关产业的市场准入标准，让民营企业在充分竞争中由弱变强。

28.4.3 从表到里的公司治理展望

公司治理是民营企业发展取得成功的关键因素。由于历史原因，许多民营企业都有过"戴红帽子"和"摘红帽子"经历，这曾在很大程度阻碍了民营企业建立现代企业制度的进程。然而，自党的十四届三中全会以来，以"产权清晰、权责明确、政企分开、管理科学"为特征的现代企业制度改革逐渐深化和完善，有力提升了民营企业的公司治理水平。据"中国公司治理指数"数据显示，2003年以来，上市公司治理水平整体上呈上升态势，民营上市公司治理水平连续多年高于国有上市公司。尽管如此，民营企业在公司治理中仍然面临股权高度集中、经营决策不科学、管理缺乏有效约束等问题，在与国有企业的合作中也往往会丧失自主权、话语权。如何引导众多民营企业建立规范的组织框架、科学的决策机制、完善的人才结构，实现以"所有权和经营权分离"为特征的现代公司治理制度，是未来民营经济发展的迫切任务。政府应当清理有碍公平有序竞争的无效规定，加快要素市场改革，明确民营企业在国企改革中的作用，优化"授权经营体制"，构建亲清新型政商关系，让民营企业的公司治理从表到里得到改善。

28.4.4 从内到外的跨国经营展望

跨国经营是民营企业走向世界的必由之路。自2001年加入世界贸易组织以来，民营企业"走出去"步伐逐渐加大，逐渐在世界范围内开始投资经营。据商务部数据显示，2016年，对外直接投资者中，有6386家私营企业，占比达26.2%，分别比2011年增长了4.7倍、17.9个百分点；在对外非金融类直接投资存量中，私营企业占比8.7%，比2011年增长了7个百分点。然而，民营企业的跨国经营也面临着投资区域比较集中、行业分布较为狭窄、当地法律法规不熟悉、安全风险防范低、市场信息滞后等问题。如截至2016年末，中国对外直接投资存量中，中国香港地区的比重为57.5%，租赁和商务服务业的比重为34.9%，分别比第二位高出49.8个百分点、21.8个百分点。如何在"平等互利、讲求实效、形式多样、共同发展"的原则基础上，鼓励民营企业开展对外投资、承包工程和劳务合作,是未来民营经济发展的必然要求。政府需要在"走出去"公共服务平台上增加境外投资所需法律法规、税收政策、典型案例等内容,开辟企业家境外投资交流论坛和专门针对民营企业境外投资的信息通道,并及时发布针对民营企业"走出去"的研究报告,以使民营企业在充分准备的基础上实现从内到外的跨国经营。

28.4.5 从近到远的代际传承展望

代际传承是民营企业稳定发展的重要关口。中国民营企业中有很多是家族企业,改革开放以来,随着第一代创业者逐渐退居二线,第二代甚至第三代传承者不断涌现,如任正非的女儿孟晚舟、宗庆后的女儿宗馥莉、鲁冠球的儿子鲁伟鼎等。然而,由于代际传承规划匮乏、接班人能力欠缺、人才队伍建设不全、接班人与经理人矛盾等原因,第二代传承者的继任过程并非都一帆风顺。据全国工商联相关数据显示,第二代传承者明确表示接班的比例仅占40%,剩下的或者态度不明确,或者明确表示不愿接班。如何在转变发展方式、优化经济结构、转换增长动力的攻关期处理好民营企业的代际传承问题,使其顺利跨越"富不过三代"阵痛,对经济高质量发展至关重要。政府需要更加关注民营企业传承者的健康成长,积极发挥工商联的能动性,定期组织学习交流活动,引导民营企业尽早开展接班规划和人才培养。

参考文献:

[1] 程俊杰. 制度变迁、企业家精神与民营经济发展 [J]. 经济管理,2016 (8):39-54.

[2] 崔民强. 规模经济、人民币汇率与民营企业进出口——兼论民营企业进出口的影响因素 [J]. 经济问题,2011 (8):31-33.

[3] 崔新健,杨智寒,郑勇男,等. 民营企业现代企业制度建设现状及其竞争力——基于北京市民营企业样本的研究 [J]. 经济体制改革,2017 (5):88-95.

[4] 邓宏图. 转轨期中国制度变迁的演进论解释——以民营经济的演化过程为例 [J]. 中国社会科学,2004 (5):130-140.

[5] 郭朝先. 民营经济发展30年 [J]. 经济研究参考,2009 (49):45-53.

[6] 郭秀慧,于东明. 民营经济发展与区域文化根植性——以东北再振兴为背景的实证研究 [J]. 技术经济与管理研究,2016 (5):123-128.

[7] 黄孟复. 中国民营经济史, 大事记 [M]. 北京: 社会科学文献出版社, 2009.

[8] 黄孟复. 中国民营经济史, 纪事本末 [M]. 北京: 中华工商联合出版社, 2010.

[9] 刘迎秋, 刘霞辉. 非国有经济改革与发展30年: 回顾与展望 [J]. 经济与管理研究, 2009 (1): 29-34.

[10] 马立诚. 大突破: 新中国私营经济风云录 [M]. 北京: 中华工商联合出版社, 2006.

[11] 单忠东. 民营经济三十年——思考与展望 [M]. 北京: 经济科学出版社, 2009.

[12] 王勇, 民营企业参与社会治理: 路径、限度与规引 [J]. 地方治理研究, 2018 (1): 40-48.

[13] 杨蕙馨, 王海兵. 国际金融危机后中国制造业企业的成长策略 [J]. 经济管理, 2013 (9): 41-52.

[14] 张京心, 廖之华, 谭劲松. 民营企业创始人的离任权力交接与企业成长——基于美的集团的案例研究 [J]. 中国工业经济, 2017 (10): 174-192.

[15] 张志勇. 中国往事30年: 揭幕民营经济中国式进程 [M]. 北京: 经济日报出版社, 2009.

[16] 周立群, 谢思全. 中国经济改革30年: 民营经济卷 (1978—2008) [M]. 重庆: 重庆大学出版社, 2008.

第六篇

竞争优势与企业社会责任

第29章
温特制生产：动因、运行机制与企业竞争优势重构[①]

近年来，国际生产分工展现出一系列引人瞩目的特点，尤其是在计算机、汽车、家用电器、电子机械等制造业部门出现的生产外包、模块化生产等新的生产方式获得普遍发展，企业内组织的生产工序、环节和过程，被拆散到不同企业、地区甚至不同国家进行，形成新的生产分工方式和生产体系。国际贸易理论将这种新的生产方式称为生产分割（fragmentation）或产品内分工，并从国际分工角度分析其对跨国投资和国际产业转移产生的深远影响，认为产品内分工或生产分割的基础和源泉主要在于比较优势和规模经济；企业组织理论则从微观生产组织入手，将生产外包、模块化生产、战略联盟、企业网络等称为中间性生产组织。布鲁斯和查思曼（Borrus and Zysman）等认为业务外包、模块化生产是区别于"福特制"和"丰田制"的一种新的生产组织方式，并将其称为"温特制"（Wintelism）[②]。温特制生产是美国新经济的典型特征和产业发展的主要驱动力量，正是这一新的生产方式的发展帮助美国企业扭转了对日本公司的竞争劣势，并创造了美国经济20世纪90年代中后期的持续高速增长奇迹。温特制生产不仅对微观生产组织、传统规模生产方式和国际生产分工格局造成冲击，还对产业组织理论、竞争优势理论和国际贸易理论的研究提出了新的课题，对温特制生产内在机理与运行机制的研究，不仅能够实现微观企业

[①] 本章作者为王德建、杨蕙馨，发表在《山东大学学报》（哲学社会科学版）2011年第2期（有改动）。

[②] "Wintelism"由微软公司的视窗系统产品（Microsoft Windows）和英特尔（Intel）公司的微处理器产品（Intel Microprocessors）的英文缩写而成。Michael Borrus and John Zysman, Wintelism and the Changing Terms of Global Competition: Prototype of the Future? [C]. Berkeley Round table on International Economy, Working Paper 96, February, 1997.

理论与经济全球化、国际贸易等宏观经济理论的有机结合，还能更好地解释国际生产组织和企业竞争优势重构中出现的新变化与新动向。

29.1 从福特制、丰田制到温特制：生产组织的垂直型结构到水平型结构的演变

第二次产业革命推动了现代大工业的发展，"福特制"生产率先在美国汽车业兴起并迅速掀起了西方企业的管理革命。明确的分工、"泰罗式"的工艺和产品标准化管理是福特制的典型特征，依靠企业内部的科学管理和生产工序的精确组织，福特制生产实现了产品的标准化和大批量生产，集中在企业内部的大量资产专用性投资和加强企业内部的生产组织是福特制的重心。福特制既适应了经济发展对工业品的大量需求，又实现了生产组织的规模经济和范围经济。20世纪60年代，日本企业家将福特制生产模式与本地生产结合起来，形成了以丰田汽车公司为代表的"丰田制"生产模式，极大地推动了日本工业的发展。丰田制生产除了吸收福特制生产的大批量、规模化生产优势外，还在人力资本管理、精益生产、零库存管理和全面质量控制方面进行了多项创新，在将企业内部生产组织和协调作为管理重心的同时，也加强了与外部企业的合作与联系。在其后的20多年里，丰田制生产模式不断丰富和发展，并对日本的化工、机械制造、电子等产业的发展产生了巨大推动作用，可以说，日本的经济奇迹离不开丰田制生产模式的发展。丰田制是福特制的发展和改良，丰田制生产的管理重心与视野仍然着眼于企业内部的规模经济和范围经济，虽然有的企业在内部模拟市场化管理，但是各个生产部门和工序仍然不能直接和独立地面对外部用户和市场竞争，产品竞争仍然集中在一体化企业整体优势的竞争，形成产品价值的各个环节仍然集中在企业内部。

与福特制和丰田制生产模式发端于汽车产业不同，温特制生产发端于计算机产业。20世纪60年代中期之前，计算机产业是高度集中的，IBM公司是当时的巨无霸企业。1964年，IBM公司推出了360系统，从此开启了计算机产业的温特制生产进程。360系统改变了原来电脑机型相互独立、缺乏通用性的单一产品设计思路，通过在设计上对计算机的各项功能进行模块化，把操作系统、处理器和计算机周边设备的设计信息分为"看得见"与隐藏的设计规则两类，"看得见"的设计规则实现了功能模块的通用性和兼容性，隐藏的设计规则增加了功能模块的选择和创新空间。IBM这一设计思想的改变引导了计算

机产业的发展革命,很多大公司的设计人员从原来的公司脱离出来成立自己的公司,专注于某一功能模块的开发,成为模块化产品的生产商,这些公司也秉承了模块化设计思想,随着电脑用户需求的变化灵活地将功能模块逐步分解为更细、更小的模块并随之产生了更专业化的公司,微软公司和英特尔公司就是在这一背景下产生并在激烈的竞争中逐步发展起来的。20世纪80年代中后期,商业电脑和个人电脑业务在传统计算机产业中迅速崛起,在国际互联网的推动下,计算机从早期的高端耐用品迅速普及为一般消费品,"计算机"作为一种产品的概念发生了根本性的改变,计算机软、硬件产品的设计、生产、制造高度分离,以适应计算机产品市场需求量的高速增长和需求的高度个性化,构成"计算机"产品的各个价值节点凸显,独立成为新的产品,并逐级分化为更"细"更"小"、功能更优的产品,相应地,出现了在不同价值节点上进行竞争的独立生产模块,整个计算机产业迅速从垂直型结构走向水平型结构。随着微软公司的视窗系统和英特尔公司的微处理器产品市场占有率的大幅提高和两种产品在使用中的自然结合,温特制生产模式逐步成型并日益得到强化。从温特制生产的形成过程看,模块化是温特制生产的典型也是更一般的特征,温特制是模块化生产的高级阶段,即经过模块化生产的激烈竞争,微软公司和英特尔公司在竞争中成为产业的领导者和核心企业,其他相关企业聚集在它们周围进行功能模块的生产开发活动,由此形成温特制生产体系。参与温特制生产的企业虽然没有形成传统企业一体化的大规模生产,但是通过大量的、功能各异的不同模块产品间的灵活组合与模块化企业的集聚,实现了个体生产的专业化和群体生产的规模经济与范围经济。福特制、丰田制与温特制生产的特征比较见表29-1。

表29-1　　　　　　福特制、丰田制、温特制生产方式比较

内容	福特制	丰田制	温特制
产品特征	大规模生产和普适性消费品	规模生产与个性化定制相结合	专业化、个性化大规模定制产品,消费需求与技术快速变化产品
生产特征	企业内部的职能化分工与工艺、操作流程的标准化	企业内部的精细化管理与成本控制,偶然的企业间合作	企业内部创新,企业间成本规划与动态的企业合作

续表

内容	福特制	丰田制	温特制
治理空间	企业内部	偶然的跨越企业边界	动态的、常态化的跨界生产组织和技术交流
市场调整	慢	相对快	贴近市场，同步市场
生产独立性	独立	独立＋偶然的协调	相互依赖＋动态协调
经济效应及实现方式	通过个体规模扩张实现规模经济与范围经济	通过个体规模扩张和剧烈的兼并、重组实现规模经济与范围经济	通过个体的专业化、大规模的群体参与和动态的模块分解与组合实现规模经济、范围经济和创新经济

模块化生产不仅对计算机产业的发展产生了革命性的影响，也对其他产业的生产和商业模式产生了直接冲击，如汽车业、家电业、飞机制造业、金融服务业等大量涌现的业务外包活动。与电脑业不同的是，由于产业特点和发展水平的不同，这些产业的温特制进程不像电脑业那样深入和彻底。业务外包活动可以视为模块化在其他产业的表现形式，因为业务外包与模块化具有相同的特点，即承包业务的外包服务商都加强了与发包商的联系，并承担了更多的设计责任，这也是温特制生产发挥最大效力的关键，模块化、业务外包是温特制生产的两种典型形式。

29.2　温特制生产的动因

交易成本理论关于治理结构分析的隐含前提是生产在技术上是可以分割的，并且不同治理结构可以使用相同的生产技术。交易成本理论对于技术外生性的假设降低了对新型生产组织的解释力，原因是产业差异和技术发展水平的差异影响生产分割或分工的程度，导致同一时期不同产业的生产组织差异和同一产业在不同技术发展阶段生产组织的差异；此外技术的动态变化通过影响资产专用性、交易不确定性、交易频率和任务复杂性[1]影响治理结构。技术进步是推动生产组织变化与治理结构选择的重要因素，这一点在计算机产业的温特制进程中得到了充分展示和淋漓尽致的发挥，计算机产业快速的技术进步也是

---

[1] 资产专用性、交易不确定性、交易频率是分析交易成本的三个主要因素，Jones 后来加入了任务复杂性因素。

导致温特制生产首先发端于计算机产业而不是传统的汽车产业的原因。温特制生产的形成动因有三个方面：

（1）温特制生产的分散投资与灵活的模块组合与分解机制降低了资产专用性。一是投资的分散性。参与温特制生产的企业数量很多，企业之间的分工很细，每个企业在自己专注的业务领域进行投资，使得原来由一体化企业承担的大量资产专用性投资被数量众多的温特制生产企业分担，大量企业的参与分散了资产专用性投资风险；二是投资的多样性导致企业间资产结构的变化。参与温特制生产的企业间分工更细，生产的专业化程度更高，在个体企业资产专用性程度提高的同时，资产的异质性和多样化程度也大为提高，这在客观上增加了企业间资产的相互依赖性和互补性，激发了不同企业通过模块组合实现多样化生产能力的内在动力与需求。三是灵活的模块化组合与分解机制降低了资产专用性。大量的、分散的和多样化的投资需要相应的生产组织制度联结，模块化生产适应了这种要求。通过统一的界面规则和设计标准，参与温特制生产的各个模块可以根据生产任务灵活地组合与分解，属于个别模块的专用性投资，进行模块化组合后可能是非专用性的，或者总体模块是专用性的，模块分解后的个体可能转化为非专用性的，这种灵活的组合与分解机制极大地降低了投资的专用性程度。在社会可接受风险水平不变的情况下，温特制生产的投资和资产组合机制降低了资产专用性程度，提高了投资意愿。

（2）温特制生产降低了技术创新的不确定性。信息和通信技术的发展推动了企业商业模式和创造价值过程的改变，快速的技术创新是新经济的典型特征，但技术创新又具有很强的不确定性。一是创新活动本身的不确定性，即企业无法预测创新成果的产出时间、投入费用、新产品类型以及新产品被市场接受的程度；二是快速的技术创新缩短了产品的生命周期，加剧了专用性资产贬值的速度，使得企业对资产专用性投资更为谨慎。在技术许可的情况下，对生产工序进行分割，增加投资者的数量，减少个体的资产专用性投资数额、降低投资的专用性程度就成为生产组织的必然选择，温特制生产适应了这种要求。人力资本是技术创新的原动力，但是人力资本必须进行适当的组织才会有效率。温特制生产在系统层面的开放性与灵活性安排与个体层面的独立性与选择权安排为人力资本的适当组织提供了效率机制。与一体化的内部授权相比，模块化生产组织中的人力资本授权具有更优的目标激励效果与创新试验导向。温特制生产的各个模块通过明确的界面规则相互隔离，降低了知识之间的相互依赖性和不确定性，作为解决授权与控制悖论的有效工具，温特制生产同时降低了知识成本与代理成本。此外，温特制生产的模块分解与组合机制也推动了技术扩散的速度，新技术通过快速的扩散与应用，降低了单件产品分担的技术开发成本，同时也解决了传统的研发联盟中研发技术的收益分配与定价难题，因为在温特制生产中，每个企业都在自己的领域内活动，研发成果通过模块间的界面规则直接面向客户并接受市场定价，模块之间根据需求自由组合，通过模块的聚合实现规模经济和技术经济。

（3）温特制生产降低了任务复杂性。消费需求的快速变化是新经济的另一典型特征，消费需求的快速变化导致生产组织面临的任务复杂性程度增加，要求生产组织的更大柔性。任务复杂性通常与时效性、技术复杂性和人力资产专用性有关。任务复杂性加剧了契约的不完全性，并导致了生产组织的复杂性。任务复杂性对交易与生产的影响逻辑是反向的（见图29-1）。从交易的角度看，任务复杂性程度越高，契约的不完全性要求生产组织的一体化程度越高，通过市场组织资源而与多个企业达成合约和履行合约的成本及时间代价高昂，一体化和层级制显然更有优势；但是，从生产角度看，时效性和人力资本的专用性对信息的反应速度要求和不确定性风险削弱了一体化的优势，尤其是当产品生产主要依赖于人力资本的组织时，一体化企业的反应能力与决策速度较慢，任务复杂性要求对有价值的信息在现场进行处理，要求决策权的分散化和决策单元的独立性，由多个模块化、团队型企业构成的平行生产方式直接面向需求和市场，既加快了信息反应速度（同时展开生产），又能有效降低管理成本（减少管理层次）。温特制生产从两个层面适应了任务复杂性要求：一是

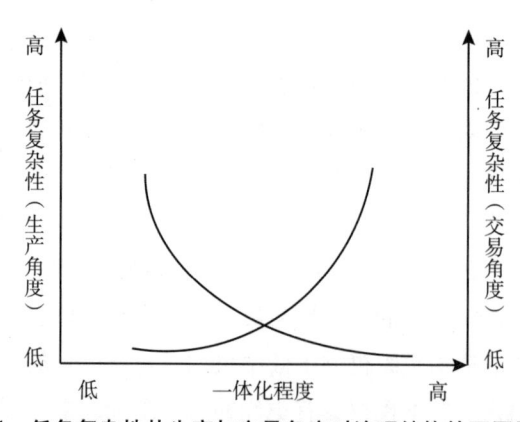

图29-1　任务复杂性从生产与交易角度对治理结构的不同影响逻辑

温特制灵活的模块分解与组合可以快速形成多样化的生产能力，多样化的生产能力适应了需求的快速变化；二是温特制生产中企业间的界面规则和设计标准具有固定契约的含义，降低了契约的不完全性，抵消了任务复杂性增加引起的交易成本上涨压力。

29.3　温特制生产的运行机制

温特制生产的形成包括两个阶段，第一个阶段是模块化竞争阶段，即温特制生产的初期阶段，在这一阶段，一体化企业的部分业务剥离为多个专业化的、独立的生产模块，独立出去的企业在各自的业务领域进行拓展与竞争；第二个阶段是温特制平台形成和发展阶段，在模块化竞争中胜出的企业不断发展壮大，在其核心业务领域周围聚集了越来越多的模块化企业，核心企业一方面专注于自己的核心价值领域，另一方面公布开放式标准和设计规则，吸引其他模块化生产企业聚集在周围对临近价值节点的业务进行创新与竞争，形成动态的温特制生产平台。温特制生产的运行包括参与者之间的分工机制、信息传递机制、平台维护机制和收益与利益分配机制四个方面。

（1）平台分工机制。设计与界面规则是温特制生产的基本分工机制。参与温特制生产的各个模块是独立设计的，各个独立设计的模块只有按照预定的规则组成系统才能发挥产品功能，所以温特制生产中从事产品设计的企业和从事模块生产的企业必须预先明确未来模块组合的规则，这是开展模块化生产的第一步，在模块化产品设计与生产方面的分工也是温特制生产的基本机制。负责产品设计的企业一般都是核心企业或占据产品价值主导位置的企业，这些企业通过界定"看得见的设计规则"和"隐形的设计规则"界限来实现生产组织的"模块化"，并通过"看得见的规则"吸引和规范模块生产者参与活动；模块生产者则不仅要熟悉和相信"看得见的规则"，还要洞察"隐形的设计规则"包含的内在价值，以便找到模块价值节点进行创新活动，并通过"看得见的设计规则"参与模块组合，实现创新价值。"看得见的设计规则"给参与企业提供了一个相对稳定的技术平台，降低了技术创新的不确定性，增加了模块的通用性和灵活性，"隐形的设计规则"限于模块内部，对其他模块的活动没有影响，但是给本业务范围的模块提供了具体技术上的竞争空间与创新激励。

（2）平台信息传递机制。信息流动是生产组织的血液，温特制生产的信息结构分为两个方面：一是前后向企业之间与水平企业之间的纵向与横向的正式信息结构，二是企业间人员交流与流动形成的非正式社会信息结构。青木昌彦描述了模块化生产中正式的信息结构，纵向模块企业之间的关系主要是合作关系，它们之间存在着信息同化和信息分解；横向的水平层级模块化企业之间主要是竞争关系，它们之间存在着信息包裹（但这种信息包裹的效果会被技术人员的社会流动所削弱）。非正式的社会结构在温特制生产中也发挥了重要功能，以硅谷为例，硅谷的模块化生产企业之间进行着持续的、激烈的竞争，每一轮竞争之后，就会有一些企业破产，与传统企业破产不同的是，由于模块化企业的主要资产是人力资本为主的无形资产，破产企业的技术人员很快会参与到新的模块业务中进入下一轮的竞争。模块化企业间的人员交流与频繁流动（尽管企业之间可能是竞争性的），不仅在客观上加速了技术扩散的速度，增加了技术创新的机会，还强化了技术人员之间的社会网络，促进了信任与互惠等社会规范的建立，嵌入性的社会机制提供了企业间专有知识与默会知识转移的适当制度，非正式制度对正式制度和正式合约在一定程度和空间内发挥了替代作用，推动了交易成本的节约。

(3) 平台维护机制。经过初级阶段的模块化竞争，核心企业与周围聚集的模块化企业结成了温特制生产平台，核心企业与模块化企业间的关系决定了生产的稳定性，下面用核心企业对模块化企业的"教导"过程说明温特制平台的维护。为保持温特制生产体系的顺利运行，核心企业可能有积极性或动力"教导"模块化企业采取有利于集体的行动。假设核心企业 A 和新进入者 B，考虑表 29-2 中的博弈。w、x 为 A 的战略，s、t 为 B 的战略，如果不考虑重复行动，B 会认为 A 一定会采取战略 x，因为 x 是 A 的占优战略，即 B 会据此选择战略 s，此时的均衡是 (x, s)。假如核心企业 A 知道彼此的支付，并且认识到 B 对温特制生产系统和自身的价值，它就具有足够的理性"教导" B 的行动，即 A 将不采取行动 x，而是持续的采取行动 w，"教导" B 选取战略 t，双方同时达到收益最大化。A 靠自己的理性和承诺赢得威信，并获得长期的支付收益。为使得双方尽快获取最大化收益，缩短"教导"过程，A 会持续通过各种手段向 B 传递信息，表达长期选择战略 w 的"承诺"。不能融入或不善于领会"教导"的新进入者将会退出，因为持续地获得 0 收益，反映核心企业和模块化企业关系的战略 (w, t) 逐步稳定为均衡战略，并最终形成开放的连接规则和标准，温特制生产的框架也稳定下来，核心企业成为规则和标准的制定企业，模块化企业则在规则和标准下从事具体功能的开发，核心企业和模块化企业各自在自己的领域内拓展业务，实现共生和规模经济。在温特制生产中，核心企业是有动机采取"教导"行为并开放规则与标准的，以微软和英特尔公司为例，参与温特制生产的功能模块越多，对个人电脑的需求量越大，也越有利于两家公司视窗系统产品和微处理器产品的销售。

表 29-2　　　　　　　　　　温特制生产中的"教导"过程

项目		B（新进入企业）	
		s	t
A（核心企业）	w	1, 0	4, 3
	x	3, 2	5, 0

（4）平台收益与利益分配机制。从计算机产业的温特制进程看，核心企业在交易组织中发挥了重要作用这一点在其他产业也得到了印证。在温特制生产中，核心企业的作用类似于交易中介和交易"催化剂"，它对影响市场交易效率的三大经典命题：交易机会、"柠檬市场"和对资产专用性投资"敲竹杠"提供了有效的解决机制。下面用一个交易中介模型来说明。假设有一个具有某种特征的、理性的交易中介参与买卖双方的交易，交易中介的参与能够改善交易条件，催化交易的进行。交易中介必须具备两个基本特点：一是具有信息优势，能方便地获知买者与卖者的交易意愿（从而增加交易机会），或者能以较低的成本获取产品质量信息，鉴证产品质量（减少逆选择，使在传统市场中原本不能进行的交易得以实现）；二是在买者和卖者中间享有良好信誉，能够给买者和卖者提供可信的、有约束力的合同（可能采取隐性契约方式）保证（以免被"敲竹杠"），以激发买卖双方的交易意愿和资产专用性投资的积极性，鼓励更多的价值创造。理性的交易中介意味着：交易中介提供交易要素或交易保障服务不仅不会导致买卖双方的交易收益减少（否则买卖双方不会参与中介组织的交易），而且能够带来额外的交易收益，额外收益由买卖双方和交易中介共同分享，这样交易双方和交易中介才有动机参与和组织交易。额外交易收益来源于增加交易机会实现的收益、提供产品质量鉴证节约的交易成本和提供资产专用性投资激励新创造的收益。增加交易机会、减少逆选择可以吸引更多的企业参与生产与交易，可信的、对"敲竹杠"行为的约束激励了资产专用性投资和更多的价值投资与创新活动。在温特制生产中，核心企业如IBM公司、微软公司和英特尔公司等，通过大量的品牌和研发投资（既创造了

信息优势，也是一种资产承诺行为），利用信息、技术优势或市场地位发挥了交易中介和价值创新"助推器"的功能（也承担由此带来的风险[①]），不仅使传统市场中不能实现的交易收益得以实现，还激发了周围企业进行技术创新的积极性，并对实现的额外收益进行协调和分配（如企业间大量使用的目标成本定价法），吸引了诸多模块化企业的聚集与创新。

29.4　企业竞争优势重构

　　与传统生产模式相比，温特制生产从诸多方面丰富了企业竞争优势的内涵，参与温特制生产的企业，既可以通过自身的专业化投资和规模经济取得竞争优势，也可以借助与其他模块化企业的合作，通过产品的模块化分解或组合取得不同层次的规模经济和差异化，这大大拓展了企业竞争优势重构的机会和渠道。

　　温特制生产拓展了竞争优势的来源与范围。温特制生产首先扩展了竞争优势的来源。传统的规模经济与差异化是通过企业层次实现的，而模块化生产环境下的新型竞争优势既可以通过企业层次实现，也可以通过温特制生产平台的群体优势来实现，竞争优势由企业内部延展到企业外部。单一企业层次形成生产能力的速度和资金投入受到很大限制，借助于温特制生产体系，企业可以通过模块的不同组合快速实现产品的差异化和生产能力的多样化。其次，温特制生产丰富了竞争优势的内容。与传统生产相比，在温特制生产中，从事知识转化工作的人员大大增加，非物质成分（信息、劳务关系、情感、知识等）在价值创造中的重要性程度增加，专业化价值和企业间关系管理是新的竞争优势的主要来源，不仅产品的低成本和差异化可以形成竞争优势，顾客、经销商、生产者的关系等也可以形成竞争优势。在福特制和丰田制生产中，成批生产导致生产规模扩大，单位产品负担的固定成本下降，而在温特制生产中，由于信息技术的广泛应用，少量生产的成本几乎不会比大量生产成本高，传统上通过大量生产创造价值的方式被多样化、个性化的及时响应所替代。最后，温特制生产缩短了企业获取竞争优势的时间。由于消费者需求的快速变化，生产规模和成本的重要性下降，产品上市时间、创造性和灵活性往往成为竞争的关键和

　　[①]　最近的一个例子是2009~2010年丰田汽车公司因油门踏板问题引发的全球召回事件，问题油门踏板的供应商是美国的CTS公司，作为核心企业的丰田公司为此蒙受了重大损失。

决定性因素，在温特制生产中，企业规模大小的意义在降低，除在自身业务领域不断创新外，企业在需要时可以通过模块化手段灵活的组合各种资源弥补自身生产能力和规模的不足，也可以通过这种方式迅速地利用其他企业的最新创新成果快速推出自己的产品，从而大大缩短产品上市时间，提高对需求的及时响应能力，如果把传统竞争比喻成"象吞蛇"和"大鱼吃小鱼"的规模竞争，温特制时代的竞争则是"蛇吞象"和"快鱼吃慢鱼"的时间竞争，先行者往往更容易获得竞争优势。

生产与贸易的全球化推动了各个产业的温特制生产，不同的是每个产业的发展进程和深化程度不同。顺应温特制生产趋势，每个企业都面临着进行竞争优势重构的机会和压力。在温特制生产中，产品价值由众多的价值环节构成，不同的价值环节增值空间不同，并且在持续地、动态地变化，每个企业都有机会进入高附加值领域，同时也面临着被竞争者挤出市场的风险。不同价值环节在生产中体现为不同的生产工序和业务领域，企业在进行竞争优势重构时，要结合所处产业的具体特征，深入分析所在产业和产品的价值构成、价值来源、价值分布，结合自身能力，密切跟踪产品价值节点的变化，提高对产品价值变化和终端市场的敏感度，根据自身在温特制生产体系中的地位采取相应的战略和商业模式。作为温特制生产体系中的核心企业，一方面意味着超额利润，但也面临着很高的被"迂回"风险，如同设计360系统的IBM公司最后被颠覆而失去垄断和优势地位，因此核心企业在设计"看得见的规则"时，也要通过标准建设、品牌投资、贴近需求等内涵发展，一方面不断提升自身的价值创造能力，巩固和拓展核心业务领域，另一方面通过温特制平台治理机制更好地协调参与企业的行动与利益分配，吸引更多的模块化企业在业务周围聚集和进行专用性投资；作为温特制生产中的模块化企业，由于处于同一层次和相似业务领域的企业众多，竞争激烈，技术创新和对市场需求的敏感性是获取竞争优势的基础，因此必须将资源聚焦于模块，实施"模块聚焦"战略，同时充分利用温特制平台空间与其他模块开展合作，通过持续创新积累力量，伺机迂回，进入更高价值模块和业务领域。

参考文献：

[1] 陈娟，罗文军. 模块化：授权与控制悖论的解决方案——知识视角的分析 [J]. 上海企业，2006 (12)：58 - 60.

[2] 青木昌彦，安藤晴彦. 模块时代：新产业结构的本质 [M]. 周国荣译，

上海：上海远东出版社，2003：1. 黄卫平，朱文晖，美国新经济与全球产业重组的微观基础 [J]. 美国研究，2004（2）：7-24.

[3] 青木昌彦. 比较制度分析 [M]. 上海：上海远东出版社，2001：118.

[4] Baldwin C. Y., K. B. Clark. Design Rule：Vol. 1. The Power of Modularity [M]. Cambridge：MIT Press，2000.

[5] C. Y. Baldwin, K. B. Clark. Managing in an Age of Modularity [J]. Harvard Business Review，1997，75（5）：84-93.

[6] Jones. A General Theory of Network Governance：Exchange Conditions and Social Mechanisms [J]. Academy of Management Review. 1997，22（4）：911-945.

[7] Somaya D. and Linden G. System-on-a Chip Integration in the Semiconductor Industry：Industry Structure and Firm Strategies [C]. Working Paper，2001.

第30章
不同市场结构下的企业社会责任均衡模型研究[①]

30.1 引 言

20世纪90年代以来,美国民间的国际社会责任组织(Social Accountability International, SAI)制定的SA8000标准引起了全球范围内对企业社会责任(Corporate Social Responsibility, CSR)的重视,近10年间企业社会责任成了理论界和实践界探讨的热点,尤其在中国国内,各种社会责任实践及社会责任报告如雨后春笋般呈现。2006年3月10日国家电网公司发布了中国中央企业首份社会责任报告,2011年2月16日,《国家电网公司2010社会责任报告》在北京发布,这也是进入"十二五"后中国企业发布的首份社会责任报告。国家电网对社会责任理论的研究和实践的探索,都始终保持了领先地位。

又如,2008年"5.12"地震后,中国的大型寡头垄断企业纷纷捐助了大额货款,为中国的慈善事业作了巨大贡献。鉴于此,怎样从经济学角度分析国家电网公司如此积极的社会责任行为?寡头垄断市场上,企业履行社会责任的动机是什么?企业对于生产同类产品的其他企业的社会责任行为应做出什么样的反应呢?如果一个企业处于完全竞争的市场上,是否也要进行社会责任投资?如果加入到社会责任的活动当中,由于企业自身的资源禀赋限制,企业最优社会责任投入是多少?本文尝试对这些问题进行回答。

[①] 本章作者为李春梅、杨蕙馨,发表在《东岳论丛》2012年第33卷第4期(有改动)。

30.2　企业社会责任的概念与文献述评

传统经济学理论认为企业是"理性人",在资源稀缺的条件下寻求自身的利润最大化。以米尔顿·弗莱德曼(Milton Friedman, 1970)为代表的学者认为企业的社会责任就是赢利,但随着时间的推移及经济社会的发展,弗莱德曼所定义的企业社会责任已经不能很好地满足社会预期。这促使学者们对企业社会责任进行了更广泛多层次的研究。其中以卡罗尔(Carroll, 1979)的研究广受关注。卡罗尔(Carroll, 1979)认为企业应该履行社会责任,并把企业的社会责任分为四个层次:经济责任、法律责任、伦理责任和慈善责任;经济责任是指能够给企业带来利润最大化的责任,法律责任是指遵守政府及法律规范的责任,伦理责任是指企业要尽可能地使自己的行为符合社会的伦理和价值观要求,慈善责任是指企业自愿承担的、有利于社会发展的责任。

经济全球化使得跨国公司迅速扩张,全球的经济竞争加剧,越来越多的企业将社会责任列入了企业运作的日程。但从企业对社会责任的履行实践来看,企业的社会责任行为表现各不相同。学者们从不同的角度探讨了企业社会责任行为的原因,尤其在欧美国家对于 CSR 行为的研究较为全面和成熟。

波利斯图克和费热舒(Polishchuk and Firsov, 2006)构建了垄断与完全竞争市场上的 CSR 模型,他们把 CSR 称为善因营销(Cause–Related Marketing),善因营销会产生固定成本,但使企业产品的价格高于边际成本,从而形成价格歧视,为企业带来了更多的利润。马纳萨克斯等(Manasakis et al., 2007)分析在寡头垄断市场上,雇用有社会责任感的经理会使企业致力于社会责任行为中,企业的社会责任在一般情况下会增加整个社会的福利。奥维斯和安特斯品脱(Alves and antos–Pinto, 2008)认为不完全竞争市场上,由于消费者对企业社会责任的重视,在企业履行了社会责任后,企业的产量、价格和利润均增加。伦德根(Lundgren, 2010)构建了动态的企业社会责任均衡模型,认为企业在利益相关者的奖励和压力下会从事社会责任活动,企业的利润与社会责任的多重维度的关系依国家、部门及企业的不同而不同。万莉、罗怡芬(2006)阐述了社会责任与利润目标的内在张力,认为社会责任均衡点(外部成本)在企业的总支出与企业的经济和外部收益曲线的切点处。姜启军、苏勇(2009)提出对追求利润最大化的企业来说,CSR 的最佳投入在其边际收益等于边际成本之处。

上述文献从不同的角度阐述了 CSR 对企业的影响,但缺少对现实社会中的企业社会责任行为差异和造成对社会责任不同态度的市场结构原因的分析。本章从微观视角,通过构建企业社会责任均衡模型,分析在不同市场结构中的企业的最优行为,同时比较了企业履行社会责任前后的绩效变化,从而得出处于不同市场结构下企业对社会责任的最优选择。

30.3 企业社会责任均衡模型的假设条件

本章所构建的模型的基本假设条件为:

(1) 企业的社会责任是一种投资,企业以此来差异化自身商品。

(2) 为了保证社会责任的效果,社会责任行为对于利益相关者来说必须是可见的。

(3) 市场上的企业生产同质的产品,企业之间信息不对称,且进行古诺竞争。

(4) 企业社会责任投入(表示为 C_{CSR})必然带来可见的产品品质特征(表示为 $R_{CSR} \geq 0$),假设二者的关系为非线性,边际品质特征增加递减,$\frac{\partial R_{CSR}}{\partial C_{CSR}} > 0$,$\frac{\partial R_{CSR}^2}{\partial R_{CSR}^2} < 0$,简化起见,将二者定义为 $C_{CSR} = s^2$,$R_{CSR} = s^3$。

(5) CSR 带来的产品品质特征表现在市场反需求曲线上为纵截距的增加量。市场的反需求函数为:

$$p_i = a - q_i - \sum_{j \neq 1}^{n} q_j + s_i, \quad I, j = 1, \cdots, n \quad (30-1)$$

n 为企业的个数,p_i 为产品价格,$i = 1, \cdots, n$,q_i,q_j 为市场需求量,a,$(a \geq 0)$ 为市场容量。

(6) 设企业的固定成本为 0,边际成本均为 c,$(0 \leq c < a)$,则企业的成本函数为:

$$C_i = cq_i + s_i^2, \quad i = 1, \cdots, n \quad (30-2)$$

30.4 完全垄断市场下企业社会责任的均衡模型及分析

作为研究的起点,首先分析市场上只有一个企业,且为完全垄断时的情况。如图 30-1 所示，企业的边际收益曲线 MR_1 会在企业履行社会责任后移到 MR_2 位置，企业的边际成本曲线由 MC_1 移到 MC_2 位置，市场的均衡状态从 $MC_1 = MR_1$ 的 E_1 点变化到了 $MC_2 = MR_2$ 的 E_2 点。在 E_2 点，产品的价格会上升，但是市场需求量是否也会增加？图 30-1 中的 Q_2^* 是否会大于 Q_1^*？企业如何选择最佳的社会责任成本投入量以使 $MC_2 = MR_2$？

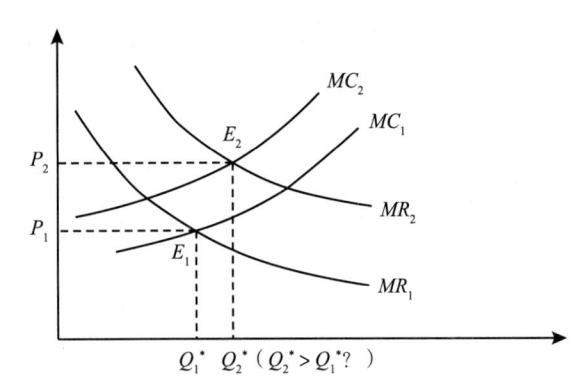

图 30-1 完全垄断市场结构下的 CSR 均衡模型

接下来比较企业没有履行社会责任（$s^2 = 0$）及企业履行了社会责任（$s^2 > 0$）的绩效。完全垄断企业在履行了社会责任时，企业的目标函数为：

$$\max_q \pi(q) = (a - q + s)q - cq - s^2 \quad (30-3)$$

企业达到均衡状态时，产品价格（p_R）、产量（q_R）、利润（π_R）、消费者剩余（cs_R）及社会福利分别为：

$$p_R^* = \frac{a + c + s}{2} \quad (30-4)$$

$$q_R^* = \frac{a - c + s}{2} \quad (30-5)$$

$$\pi_R^* = \frac{(a - c + s)^2}{4} - s^2 \quad (30-6)$$

$$CS_R^* = \frac{1}{8}(a - c + s)^2 \quad (30-7)$$

$$W_R^* = \frac{3}{8}(a - c + s)^2 - s^2 \quad (30-8)$$

将企业履行社会责任行为前后的产量与价格进行比较发现：

$$p_R^* = \frac{a+c+s}{2} \geqslant p_N^* = \frac{a+c}{2} \quad (30-9)$$

$$q_R^* = \frac{a-c+s}{2} \geqslant q_N^* = \frac{a-c}{2} \quad (30-10)$$

由于社会责任的可见性,社会责任对企业产生了"光环效应",刺激了消费者对产品的认可和需求,即使产品的价格增加了,企业产品的市场需求量也会增加。然而企业的利润是否也增加呢?

$$\Delta\pi = \pi_R^* - \pi_N^* = \pi_R^* = \frac{(a-c+s)^2}{4} - s^2 - \frac{(a-c)^2}{4} = \left(-\frac{3}{4}\right)s^2 + \frac{(a-c)}{2}s$$
$$(30-11)$$

根据模型的假设1,可以把企业的社会责任行为作为利润差 $\Delta\pi$ 的控制变量,计算得到:$0 < s^2 < \frac{4(a-c)^2}{9}$ 时,$\Delta\pi > 0$,企业的社会责任投入,可以增加利润,同时也顺应了社会的期望和自身的预期,但如果企业不量力而出,投入过多的社会责任成本,则利润会减少。

企业履行社会责任后消费者剩余增加了,消费者能够在CSR行动中获益:

$$\Delta CS = CS_R^* - CS_N^* = \frac{1}{8}(a-c+s)^2 - \frac{1}{8}(a-c)^2 > 0 \quad (30-12)$$

从式(30-12)看出社会福利的差额为 s 的凹函数,

$$\Delta W = W_R^* - W_N^* = \frac{3}{8}(a-c+s)^2 - s^2 - \frac{3}{8}(a-c)^2 \quad (30-13)$$

通过计算得到:$0 < s^{2*} < \frac{36(a-c)^2}{25}$ 时,$\Delta W > 0$;因为 $\frac{4}{9}(a-c)^2 < \frac{36}{25}(a-c)^2$,所以企业的社会责任投入在保证自身利润增加的同时也能使整个社会的福利增加。因此,在完全垄断的市场上,企业一定限度内的社会责任行为能够增加自身利润、增加消费者剩余及提高整个社会的福利,做到了"一举三得"。

作为中国国内完全垄断的国家电网公司,肯定会积极履行社会责任,在掌握CSR成本投入度小于零的情况下,一方面起到领导带头的作用,为国内其他的企业树立榜样,另一方面企业自身的经济绩效也会增加,同时整个社会的福利也会变大,这是一种有效的帕累托改进方法。

30.5 寡头垄断市场结构下企业社会责任均衡模型及分析

30.5.1 双寡头垄断企业均履行社会责任时的均衡

为简单起见，假设市场结构为双寡头垄断，两个企业之间进行古诺竞争。双寡头垄断企业如果都认为履行社会责任会对自己企业的产品产生正的外部性及能够促进企业长期持续发展，从而积极采取社会责任行动，并认为对方企业也进行社会责任投资，则此时企业的目标函数为：

$$\max_{q_i} \pi_i(q_i) = (a - q_i - q_j + s_i) q_i - c q_i - s_i^2, \quad i, j = 1, 2, \quad i \neq j \quad (30-14)$$

古诺竞争均衡时，得到企业的价格（p_{iR}）、产量（q_{iR}）、利润（π_{iR}）、消费者剩余（CS_R）和社会福利（W_R）分别为：

$$p_{iR}^* = \frac{1}{3}(a + 2c + 2s_i - s_j) \quad (30-15)$$

$$q_{iR}^* = \frac{1}{3}(a - c + 2s_i - s_j) \quad (30-16)$$

$$\pi_{iR}^* = \frac{1}{9}(a - c + 2s_i - s_j)^2 - s_i^2 \quad (30-17)$$

$$CS_R^* = \frac{2}{9}(a - c)^2 + \frac{1}{18}(4(a-c)(s_1 + s_2) + (s_1 + s_2)^2) \quad (30-18)$$

$$W_R^* = \frac{2}{9}(a-c)^2 + \frac{1}{18}(4(a-c)(s_1+s_2) + (s_1+s_2)^2)$$

$$+ \frac{1}{9}(a - c + 2s_1 - s_2)^2 - s_1^2 + \frac{1}{9}(a - c + 2s_2 - s_1)^2 - s_2^2 \quad (30-19)$$

观察式（30-17），π_{iR}^* 为 s_i 的凹函数，从一阶条件 $\frac{\partial \pi_i^*}{\partial s_i} = 0$，得到 CSR 最佳投入量：

$$s_i^{2*} = \frac{4}{49}(a-c)^2 \quad (30-20)$$

将式（30-20）代入式（30-18）、式（30-19）及式（30-20）中，并与不履行 CSR，$s_i = 0$ 时的结果进行比较：

$$p_{iR}^* = \frac{1}{21}(9a + 12c) > p_{iN}^* = \frac{1}{3}(a + 2c) \quad (30-21)$$

$$q_{iR}^* = \frac{3}{7}(a-c) > q_{iN}^* = \frac{1}{3}(a-c) \qquad (30-22)$$

$$\Delta \pi_i = \pi_{iR}^* - \pi_{iN}^* = \frac{5}{49}(a-c)^2 - \frac{1}{9}(a-c)^2 = -\frac{4}{441}(a-c)^2 < 0 \quad (30-23)$$

双寡头垄断市场上,两个企业都履行了社会责任后,消费者对企业产品加大了认可,产品的市场总体需求量和产品价格均上升,但此时,两个企业的利润都会减少,但利润的减少的幅度 $\left(-\frac{4}{441}(a-c)^2\right)$ 对于企业的整体利润来讲并不显著。将两个企业在最优社会责任投资 $s_i^{2*} = \frac{4}{49}(a-c)^2$ 时的绩效与都没有进行社会责任投资时的绩效比较,得到消费者剩余和社会福利的变化为:

$$\Delta CS = CS_R^* - CS_N^* = \frac{10}{147}(a-c)^2 > 0 \qquad (30-24)$$

$$\Delta W = W_R^* - W_N^* = \frac{26}{441}(a-c)^2 > 0 \qquad (30-25)$$

因此,消费者剩余和整个社会福利均会改善。

30.5.2 双寡头垄断市场中只有一个企业履行社会责任时的均衡

假设 $s_2^2 = 0$(或 $s_1^2 = 0$,同等效果),即企业 1 认识到了社会责任的重要性,把社会责任作为企业的一项策略,但企业 2 无动于衷,没有进行社会责任投资,在古诺竞争状态下,企业达到均衡时可得:

$$p_{1R}^* = \frac{1}{3}(a + 2c + 2s_1) \qquad (30-26)$$

$$q_{1R}^* = \frac{1}{3}(a - c + 2s_1) \qquad (30-27)$$

$$\pi_{1R}^* = \frac{1}{9}(a - c + 2s_1)^2 - s_1^2 \qquad (30-28)$$

$$p_{2R}^* = \frac{1}{3}(a + 2c - s_1) \qquad (30-29)$$

$$q_{2R}^* = \frac{1}{3}(a - c - s_1) \qquad (30-30)$$

$$\pi_{2R}^* = \frac{1}{9}(a - c - s_1)^2 \qquad (30-31)$$

观察式（30-26）~式（30-31）看出，企业 1 的社会责任投入越大，自身产品的市场价格越高，同时自身产品的市场需求量就会越大，而竞争对手企业 2 的产品价格会降低，产品的市场需求量也会越小，反之亦然。进行了社会责任投资的企业 1，由一阶条件：$\frac{\partial \Delta \pi_{1R}}{\partial s_i} = 0$ 得到 CSR 最佳投入量为：

$$s_1^{2*} = \frac{4}{25}(a-c)^2 \qquad (30-32)$$

将式（30-32）代入式（30-28）和式（30-31）中，得到企业 1 及企业 2 的均衡利润分别为：

$$\pi_{1R}^* = \frac{1}{5}(a-c)^2 \qquad (30-33)$$

$$\pi_{2R}^* = \frac{1}{25}(a-c)^2 \qquad (30-34)$$

履行了社会责任的企业的均衡利润要大于没有履行社会责任的企业的均衡利润，也就是说，履行社会责任必定会对自己带来好处。这里也可以把企业的社会责任行为看成是一种获取竞争优势的有效策略。

30.5.3 "企业社会责任困境"

通过上面 30.5.1 和 30.5.2 的分析，将上述两个企业的均衡利润用标准收益矩阵表示如图 30-2 所示。

	企业2 不履行CSR	企业2 履行CSR
企业1 不履行CSR	$\frac{1}{9}(a-c)^2$, $\frac{1}{9}(a-c)^2$	$\frac{1}{25}(a-c)^2$, $\frac{1}{5}(a-c)^2$
企业1 履行CSR	$\frac{1}{5}(a-c)^2$, $\frac{1}{25}(a-c)^2$	$\frac{5}{49}(a-c)^2$, $\frac{5}{49}(a-c)^2$

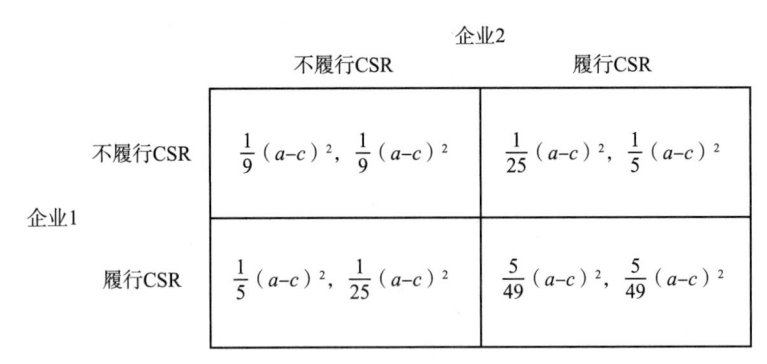

图 30-2 CSR 的困境

如果双寡头垄断企业都是理性的，两个企业都履行社会责任时的利润小于都不履行社会责任时的利润，即图 30-2 中 $\frac{5}{49}(a-c)^2 < \frac{1}{9}(a-c)^2$。在企业 2

不履行社会责任时，企业 1 的最优反应是履行社会责任，见图 30-2 中的 $\frac{1}{5}(a-c)^2 > \frac{1}{9}(a-c)^2$。然而企业 2 履行社会责任时，由于 $\frac{5}{49}(a-c)^2 > \frac{1}{25}(a-c)^2$，企业 1 的最优反应还是履行社会责任。同理得到企业 2 的最优反应也是履行社会责任，在信息不对称的双寡头古诺竞争模型中，两个企业的竞争均衡结果为都履行社会责任，这种状态下两个企业的利润都略有减少，但是消费者福利增加，整个社会的福利也增加。企业的 CSR 行为对整个社会是有益的。

在 2008 年 5.12 地震后，中国保险市场中寡头垄断的企业如中国平安保险、太平洋保险、通信行业中处于垄断地位的中国移动公司、中国联通公司都进行了大额的捐款，其中，除去政府的特殊约束及影响外，从经济学的角度来讲，企业这样做的根本原因是存在 CSR 困境，在其他企业履行社会责任的情况下，企业自身也不得不跻身于其中，因为这是理性企业的最优选择。

30.6 完全竞争市场结构下企业社会责任的均衡模型及分析

完全竞争的市场结构是一种理想状态，在现实社会中并不存在，但作为理论分析，本文通过将市场中的企业数量趋于无限大来近似于完全竞争市场结构。

30.6.1 企业均没有履行社会责任时的均衡利润

假设完全竞争市场上有 n（$2 < n < \infty$）个生产同质产品的企业，如果每一个企业都没有重视社会责任，不进行社会责任投资，那么根据假设条件，企业的目标函数为：

$$\max_{q_i} \pi_i(q_i) = (a - \sum_{i=1}^{n} q_i) q_i - c q_i, \quad i = 1, \cdots, n \quad (30-35)$$

由于企业的对称性，在均衡时每个企业的利润（π_{iN}）均相等，计算得到：

$$\pi_{iN}^* = \left(\frac{a-c}{n+1}\right)^2 \quad (30-36)$$

30.6.2 企业均履行社会责任时的均衡利润

如果市场上的每一个企业都进行了社会责任投资，企业之间进行古诺竞争，则目标函数变为：

$$\max_{qi} \pi_i(q_i) = (a - \sum_{i=1}^{n} q_i + s_i)q_i - cq_i - s_i^2, \quad i = 1, \cdots, n \quad (30-37)$$

同样由于企业的对称性，在达到均衡时企业的利润均相等，通过计算可以得到每个企业的利润（π_{iR}）为：

$$\pi_{iR}^* = \frac{1}{(n+1)^2}(a - c - \sum_{i \neq j}^{n} s_j + ns_i)^2 - s_i^2 \quad (30-38)$$

30.6.3　企业社会责任投资行为前后的均衡利润比较

将式（30-39）和式（30-41）进行对比，看到履行了社会责任后企业利润的变化量 $\Delta \pi_i$ 为 s_i 的凹函数：

$$\Delta \pi_i = \pi_{iR}^* - \pi_{iN}^* = \frac{1}{(n+1)^2}(a - c - \sum_{i \neq j}^{n} s_j + ns_i)^2 - s_i^2 - \left(\frac{a-c}{n+1}\right)^2$$

$$(30-39)$$

在一阶条件 $\frac{\partial \Delta \pi_i}{\partial s_i} = 0$ 下，根据 n 个企业的对称性，得到每个企业 CSR 最佳投入量相同：

$$s_1^{2*} = \frac{n^2}{(n^2+n+1)^2}(a-c)^2 \quad (30-40)$$

式（30-40）表明，企业的社会责任最佳投入量随着市场上企业数目的增多而快速减少。当 $n \to \infty$ 时，$s_1^{2*} \to 0$，即接近于完全竞争市场结构时，企业的最优策略是不进行社会责任投资。在图 30-3 中，也能够更清楚地看到，企业的最优策略是不进行社会责任投资。完全竞争市场中，企业是价格的接受者 $MR = P$，MR 曲线为水平线，如果企业进行了社会责任投资，则企业的成本曲线会向上移动，边际成本 MC_1 曲线会变化到边际成本曲线 MC_1' 的位置，变动后均衡的需求量 Q_2^* 会小于企业没有履行社会责任时的均衡需求量 Q_1^*，而由于处于完全竞争市场中，价格没有改变，故对于每个企业而言，履行了社会责任后企业的利润会由于市场需求量的变小而减少。因此，作为一个理性企业，它的最佳选择是不进行社会责任投资。

上面的分析验证了在现实生活中，我们看到的进行诸如捐赠等社会责任的往往为国有垄断企业或是占有市场份额很大的企业，而接近于完全竞争的小企业一般不会进行捐赠等的社会责任投资或很少进行捐赠。因为从经济学角度来分析，完全竞争的市场结构中理性企业的最优选择是不进行社会责任投资，履行了社会责任反而会使企业的利润减少。

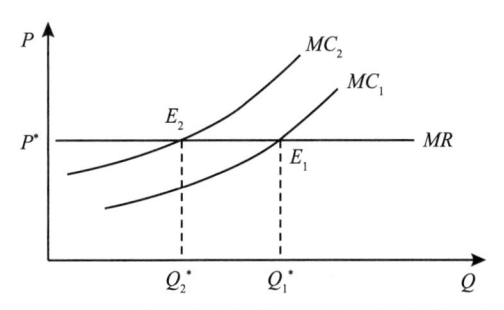

图 30-3 完全竞争市场结构下的 CSR 均衡模型

30.7 结　论

本章通过分析不同市场结构下企业社会责任的均衡模型，得到以下结论：

企业只要履行社会责任，消费者剩余就会增加。因此，消费者应该积极呼吁企业履行社会责任。这不仅会给消费者带来好处，对整个社会及社会环境都会产生益处。在完全垄断市场上，如果企业能够控制社会责任成本投入量，企业的利润一定会增加，企业自然也会选择履行社会责任。在双寡头古诺竞争的市场中，若企业不履行社会责任，则自身的市场需求量、利润均会减少，同时竞争对手履行 CSR，则其市场需求量、利润均会增加，企业在选择进行社会责任投入的情况下，企业的利润会减少，但减少的幅度并不大，这时存在"CSR 困境"。市场上有 n（$2 < n < \infty$）个企业时，CSR 的最佳投入量随着市场上企业数目的增加而减少。当市场接近于完全竞争市场时，企业的最优选择是不进行社会责任投资。

现实社会中企业的不同社会责任行为表现是与企业所处的市场结构有着密切的联系，企业会根据所处的市场的不同而采取有利于自身的行为，我们在分析企业的行为时也要看到企业的外部约束条件，本章的分析给企业、消费者、社会及政府提供了一定的参考价值，在对待社会责任问题时，不能单纯地强调企业履行或不履行社会责任，要综合考虑企业的性质及企业所处的市场结构，要差别对待企业，同时，需要对不同市场结构中的企业进行区别引导，让企业社会责任成为增加整个社会福利的有效途径之一。

参考文献：

［1］姜启军，苏勇. 企业社会责任的需求和供给分析［J］. 生产力研究，2009（14）：146 – 148 + 209.

［2］万莉，罗怡芬. 企业社会责任的均衡模型［J］. 中国工业经济，2006（9）：117 – 124.

［3］Alves, C. and L. Santos – Pinto. A Theory of Corporate Social Responsibility in Oligopolistic Markets, Working Paper, 2008.

［4］Carroll, A. B. A Three-dimensional Conceptual Model of Corporate Social Performance［J］. Academy of Management Review, 1979（4）：497 – 505.

［5］Lundgren, T. A Microeconomic Model of Corporate Social Responsibility. Metroeconomica. 2010（1）：69 – 95.

［6］Manasakis, Constantine, Mitrokostas, Evangelos and Emmanuel Petrakis, Corporate Social Responsibility in Oligopolistic Markets, Working Paper, 2007（7）.

［7］Milton Friedman. The Social Responsibility of Business is to Increase Its Profits［J］. New York Times Magazine, 1970（reprint from 1962）：122 – 126.

［8］Polishchuk, Leonid, and Evgeny Firsov, Cause – Related Marketing: An Economic Analysis, New Economic School – Moscow, 2006, Working Paper.

第31章 企业社会责任与竞争战略的匹配机理及实现路径[①]

31.1 引 言

随着全球化进程的加快和产业升级的提速，企业的经营环境日益复杂，竞争日趋激烈，这在一定程度上增强了企业竞争战略的动态性、开放性和互动行为，与此同时，随着全球企业社会责任运动的兴起，企业与社会的关系成为影响企业生存和发展的重要议题。因此，企业不仅要考虑以往的竞争和生产任务，还增加了新的任务，即需要将企业社会责任作为一种新的"战略投入"，通过企业社会责任整合各利益相关者的资源，以增强企业应对环境变化和激烈竞争的快速反应能力，促使企业建立和保持可持续的竞争优势。但遗憾的是，我国企业失责事件频发，即使部分企业承担了一定的社会责任，也仅仅是一种随意、无序、跟风的慈善行为，难以获取由此引发的企业竞争优势。在这些现实背景下，传统竞争战略理论的有效性受到了前所未有的挑战，亟须对企业社会责任与竞争战略的匹配机理和实现路径进行探讨。虽然一些学者对企业社会责任的战略管理进行了理论探讨，但仅仅局限在对战略性企业社会责任与传统竞争战略的匹配关注较少，对二者匹配实现路径的研究有限。因此，面对新的竞争态势和新的发展使命，企业能否通过社会责任和竞争战略的匹配实现持续成长显得日益严峻和迫切，这也成为关系到我国未来经济和社会发展的战略性问题。

---

① 本章作者为杨惠馨、刘建花，发表在《河北经贸大学学报》2016年第5期（有改动）。

然而企业社会责任与传统竞争战略之间似乎存在着矛盾和冲突,这至少表现在以下两个方面。

第一,企业资源和能力有限条件下的企业社会目标和经济目标的协调问题。作为社会经济系统的子系统,企业在追逐经济利润的同时,也需要满足来自社会各方面的期望和压力,即企业需要兼顾经济目标和社会目标,这对企业资源要素的配置提出了新的要求。迈克威廉姆斯等(McWilliams et al.,2006)认为,从代理理论的视角看,企业社会责任是对企业资源的占用,它挤占了本应产生价值增值的内部项目或股东返利。可见,社会责任投资必然耗费一部分企业资源和能力,形成对传统市场竞争战略相关投入的挤压。

第二,企业社会责任的成本投入和低成本竞争战略的矛盾。低成本战略要求企业成为产业中的低成本生产者,强调企业要从一切来源中获取规模经济或绝对成本优势。而同时获取成本领先和企业社会责任的竞争优势往往是相互抵触的,因为企业社会责任的投入本身通常成本高昂。要想通过社会责任获取竞争优势,企业往往通过有意抬高产品价格来获得溢价,以弥补由于投资社会责任而付出的成本。因此,企业必然会遇到因投资企业社会责任而牺牲成本领先或为削减成本而压缩企业社会责任投资的问题。

以上的矛盾和冲突势必影响企业竞争战略决策的选择,增加了身处复杂环境的企业可持续发展的不确定性,同时给国内企业的社会责任缺失事件做了注脚。要化解这些矛盾和冲突,就要挖掘企业社会责任和竞争战略的匹配性和契合点,将二者的矛盾对立性转化为统一性,使企业能够获得社会责任和竞争战略匹配带来的累加收益和竞争优势。因此,探讨企业社会责任与竞争战略的匹配机理和实现路径对国内企业失责事件的缓解和竞争战略的提升具有重要意义。从长远的战略角度来看,它同时也是中国企业走向可持续发展的一条必由之路。

31.2 企业社会责任与竞争战略匹配的内涵与实质

随着竞争的日趋激烈和环境的复杂多变,仅仅依靠传统竞争战略已难以支撑可持续的企业竞争优势,这就要求企业运用新的战略管理思维,实现企业社会责任与竞争战略的匹配,从而达到战略创新、提升竞争力的目的。就这一意义而言,企业社会责任与竞争战略的匹配是企业基于现实环境的战略创新与提升,是新环境下引致企业竞争优势的必然选择。图 31-1 揭示了企业社会责任与竞争战略的匹配关系。

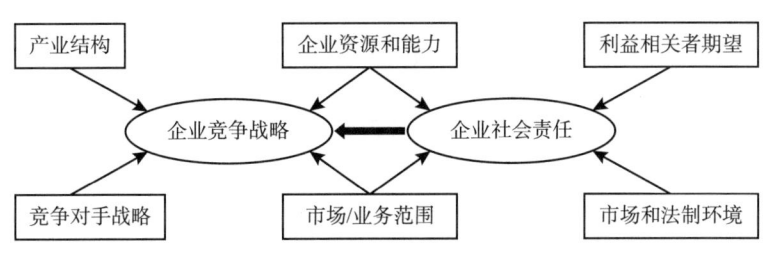

图 31-1 企业社会责任和竞争战略的匹配关系

31.2.1 企业自身资源和外部环境的动态耦合

企业在战略管理过程中要考虑自身资源和外部环境的动态耦合，才能获得真正的优势来源。对于企业而言，企业社会责任和竞争战略的匹配，就是在原有竞争战略基础上，不断将外部环境的变化（主要包括市场和法制环境、利益相关者的期望和需求等）融入企业经营实践，实现对企业资源要素的重新整合，从而给企业竞争战略注入快速适应变化和前瞻性预防经营风险的竞争能力。从长期来看，企业通过社会责任的介入，不仅实现了内部资源和能力的重组，也形成了自身资源和外部环境互动的循环机制，培育和拓展了企业的核心竞争力，能够以更低的成本和比竞争对手更快的速度孕育生产出更加适合公众需要的产品。这将是企业未来竞争优势的来源所在。

31.2.2 企业社会责任与企业业务的有机结合

如前文所述，当企业抛开社会责任，而仅仅运用传统的竞争战略来参与竞争已难以适应可持续发展的要求。同样，背离竞争战略的企业社会责任更多地表现为无序、随机的慈善行为，变成了一味消耗人力、物力和财力的企业包袱。而构建企业社会责任与竞争战略的匹配模式，实现基于企业资源和能力的社会责任实践与企业自身业务的关联和匹配，不仅能够通过企业价值和顾客价值的增加实现企业价值创新，把企业社会责任从企业包袱变成竞争力来源，也能创造更多用于未来社会责任投资的企业与社会共享价值。企业社会责任与企业业务的有机结合至少包括两个方面：一是企业社会责任与企业业务的互动，在已有业务的基础上建设企业的社会责任体系，依托企业业务发展企业社会责任，实现企业社会责任与企业业务的良好匹配与协调发展；二是形成较有特色的企业社会责任体系,强调社会责任的企业或产品特性,从而凸显企业战略的价值性和不易模仿性。

31.2.3 企业产品与服务和社会公众需求的有效对接

提供满足公众需求的产品与服务是企业竞争优势的根本所在,这是传统竞争战略理论一致强调的主题。企业社会责任集聚了社会公众对企业的情感需求和价值需求,因此企业社会责任与竞争战略的匹配能够准确把握公众的社会责任期望,企业会在一定时期内获得高价值的不易被模仿的竞争优势。抛开企业竞争战略,单纯考虑企业应该如何承担社会责任,或者推行与社会责任脱节的企业竞争战略,都会因达不到企业产品或服务和公众需求的有效对接,其效果会大打折扣。一般而言,企业竞争战略和企业社会责任在其发展过程中具有一定的路径依赖特征,即在"惯性"的作用下,原先推行的企业竞争战略和社会责任实践会对后续的竞争战略和社会责任有"锁定"效应,使其形成良性循环或恶性循环。因此,企业社会责任与竞争战略的匹配,能够实现持续的企业产品与服务和社会公众需求的有效对接,进而形成可持续的企业竞争力。

可见,企业社会责任与竞争战略匹配的实质在于,在企业现有资源和能力的基础上,将反映潜在消费需求和企业外部环境变化的企业社会责任融入竞争战略,促进资源要素的结构性整合,建立引致社会公众认可和企业可持续竞争优势的战略提升体系。这种战略提升能够产生一种"合力",增强企业对复杂环境的适应能力和对公众社会期望的把握,将企业社会责任投资转化为竞争力来源。因此,企业社会责任与竞争战略的匹配既是时代经济社会发展的需要,又是企业维持竞争力的充分必要条件。

31.3 企业社会责任与竞争战略的匹配机理

在战略管理的研究中,最典型的竞争战略分类来自波特(Porter,2006)的观点,即根据竞争优势的基本形式与企业寻求优势的活动范围相结合,将竞争战略分为三类:低成本、差异化和目标集中。本章结合战略管理理论和企业社会责任的战略匹配内涵,提出了企业社会责任与竞争战略匹配机理的基本逻辑思路,如图 31-2 所示。

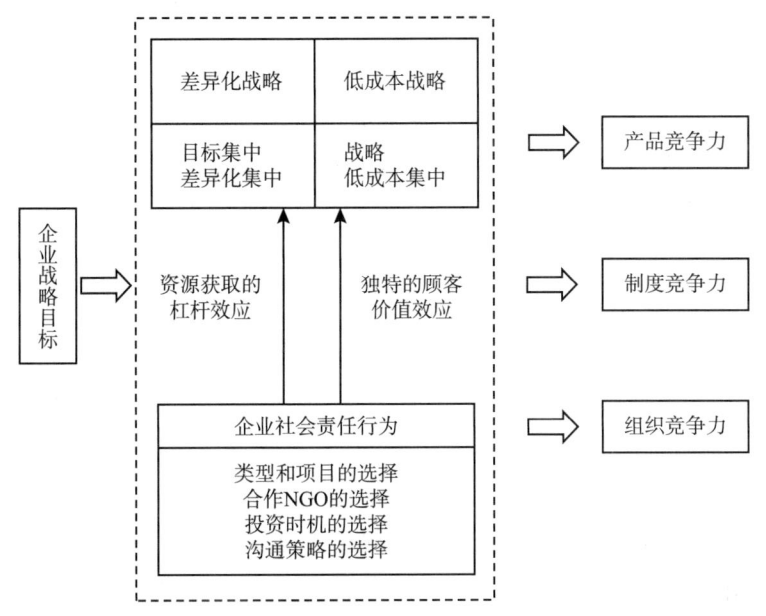

图 31-2　企业社会责任与竞争战略的匹配机理

可见，二者成功匹配的前提是企业社会责任始于对企业战略目标的确认，而不是随意、无序、跟风的慈善行为。通过对责任类型和项目、合作 NGO、投资时机和沟通策略等方面的战略选择，企业社会责任行为会对竞争战略达成两种效应：独特的顾客价值效应和资源获取的杠杆效应。独特的顾客价值效应源自企业社会责任行为会释放一种关注某种社会议题的产品信号或属性，引发消费者及其他利益相关者的联想，消费或支持某种产品就意味着支持了某种社会事业。资源获取的杠杆效应源自政府、投资机构、产业链及媒体等因对企业社会责任的认同而产生的资源支持，如政府的政策优惠和政治影响资产、供应商供货成本的降低等。企业社会责任所产生的两种效应使企业竞争战略有了不同以往的价值性和不可模仿性，扩大了企业未来的竞争优势和竞争空间。通过企业社会责任与竞争战略的匹配，经营特定业务的企业实现了战略性资源和核心竞争优势的逐期提升，主要表现在三个方面。

31.3.1　企业社会责任与竞争战略匹配所产生的产品竞争力

按照波特的理论，竞争优势本质上是最终产品和服务相对于竞争对手的独特性和价值增值，这种独特性和价值增值最终由消费者手中的"货币选票"予以认可和实现。企业社会责任与竞争战略匹配所产生的产品竞争力的本质在于以消费者责任为核心塑造的新型企业—消费者关系。具体来说，企业在产品与服务质量、成本控制、善因营销等方面的社会责任投入，赋予企业产品和服务以"责任标签"，引致消费者的利益感知、情感感知和规范感知，从而产生最终产品和服务层面不易被模仿的独特性和价值增值，即企业的产品竞争力。

31.3.2 企业社会责任与竞争战略匹配所产生的制度竞争力

诺斯（North）认为，"制度是一个社会的博弈规则""是人为设计的形塑人们互动关系的约束"。对于企业而言，制度是影响企业资源配置的原则和维持稳定运营的平台。而企业社会责任本质上是企业满足各利益相关者合法利益和期望的政策和实践的集合，在企业制度层面表现为企业运营机制、资源关系、品牌等。它与企业竞争战略的匹配简化了利益相关者辨识和处理企业信息的规则和程序，降低了利益相关者做出决策时的不确定性和交易成本。因此，企业社会责任在制度层面上的这种能力和优势，为企业参与竞争提供了获取利润和资源的保障平台和杠杆支点。

31.3.3 企业社会责任与竞争战略匹配所产生的组织竞争力

企业社会责任与竞争战略的匹配所产生的组织竞争力，主要表现在二者的匹配为企业提供了利于核心竞争力发育的环境。具体来说，企业社会责任在组织层面的匹配体现在企业的经营理念、价值观念、社会责任目标、企业形象及全球化视野等方面。一方面员工层面的社会责任行为将员工视为能带来价值增值的资源，而不是成本，员工会因此对组织产生高度认同，继而产生一系列的组织公民行为，如较高的工作积极性、较高的满意度和忠诚度、较频繁的知识共享等，从而形成利于企业核心竞争能力的组织人力资源系统；另一方面，二者的匹配有助于塑造有竞争力的企业形象，这种形象优势会有效激发公众的正面响应，如消费者的购买选择、供应商的优惠等，从而增强企业的竞争优势。

31.4 企业社会责任与竞争战略匹配的实现路径

如前所述，企业社会责任与竞争战略的匹配会实现产品、制度和组织三个层面的竞争力，利于实现持续的企业竞争优势。具体而言，波特（Porter,

2006）的三大竞争战略都可以通过与企业社会责任的匹配得以实现并强化，其实现路径如图31-3所示。

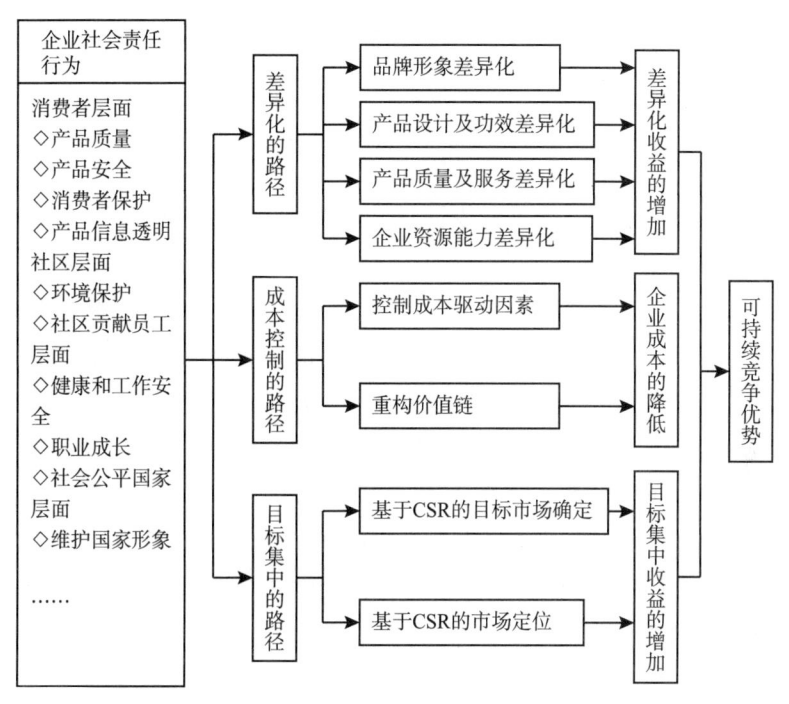

图 31-3 企业社会责任与竞争战略匹配的实现路径

31.4.1 基于企业社会责任的差异化战略

差异化战略的本质是达成某种有价值的独特性，传统的竞争战略理论仅仅从有形产品或企业市场行为的角度寻找差异化战略的潜在来源，这种认识是狭隘的。佛姆朗和杉雷（Fombrun and Shanley，1990）认为对企业社会责任进行投资是产品差异化和声誉建立的重要因素。迈克威廉姆斯等（McWilliams et al.，2006）认为，即使没有跟产品特性和生产过程相关联，企业社会责任是公司层面和经营层面差异化战略的组成要素，在各国企业实践中，企业社会责任投资也已成为非常重要的差异化来源。企业社会责任对产品差异化战略的促进作用表现在四个方面：一是品牌形象差异化，即企业社会责任行为会通过消费者的感知和响应形成责任企业和责任产品的品牌形象，这一品牌形象会大大满足消费者的利益需求和情感需求；二是产品设计及功效差异化，如低能耗、低污染的产品设计,从而获得消费者及其他利益相关者对责任企业和责任产品的青睐;三是产品质量及服务差异化,主要体现在消费者层面的企业社会责任,这是获取消费者选票的根本所在;四是企业资源能力差异化,即通过履行各层面的社会责任会获取对应利益相关者支持,从而形成异于竞争对手的资源能力网络。

31.4.2　基于企业社会责任的低成本战略

如前文所述,企业社会责任投资似乎与低成本战略存在冲突。但在企业社会责任应然性和必然性的大背景下,在企业社会责任的成本付出是必须的,如果企业仅仅为了实现低成本战略而削减社会责任成本可能会带来灾难性的后果,因此,应尽可能对包括社会责任成本在内的企业总成本进行控制,从而获取相对的企业成本优势。企业获得成本优势主要有控制成本驱动因素和重构价值链两种途径。其中,控制成本驱动因素的内容包括:企业社会责任投资形式的选择,即在时间、货币、实物、员工志愿者和无形资产中的选择;纵向产业链的社会责任项目合作,即企业与其上游供应商、下游销售商等共同开展社会责任项目;与 NGO 的合作,即选择与有经验的知名度高的非营利组织合作;社会责任项目与其他支出的整合等。重构价值链的内容则包括企业社会责任类型、投资时机、宣传媒介等方面的选择,企业应该综合考虑这些驱动因素的控制和价值链的重构,将企业成本降至同样开展企业社会责任的竞争对手的成本以下。

31.4.3　基于企业社会责任的目标集中战略

目标集中战略有两种变形:成本集中和差异化集中,实质上是将成本战略和差异化战略在细分市场中的进一步挖掘和运用。基于企业社会责任的目标集中战略的实现路径包括:一是基于企业社会责任的目标市场的确定,即辨识对企业社会责任具有较高敏感度的买方(包括工业/商业买方和消费者买方);二是基于企业社会责任的市场定位,即在分析买方心理和竞争者行为的基础上做出的企业社会责任行为决策。在考虑竞争者社会责任行为的前提下,企业应重点研究影响目标顾客购买的道德价值观念、目标顾客自身及其社会规范、社会责任项目、沟通策略及投资时机对目标顾客感知价值的影响,建立与企业业务相匹配的社会责任模式。营销学专家菲利普·科特勒(Philip Kotler, 2006)提出的"善因营销"(cause related marketing)理论对此作了阐释。科特勒

(Kotler，2006)认为，成功的"善因营销"是"市场促销、慈善或资助行为、公共关系的有机结合"，企业选择的公益事业应满足以下要求：①只支持少数社会主题；②该主题为当地社区所关心；③与企业价值观、产品和服务协同配合；④能够支持经营目标；⑤关键群体关心的主题；⑥能够得到长期支持。企业精心选择的公益事业和商业利益相互促进，能够获得目标市场的竞争优势。

综上所述，企业社会责任与竞争战略成功匹配之后，能够促进企业竞争战略的最终实现，成为企业可持续竞争优势的源泉。企业只有经过这样的战略匹配与提升，企业的社会责任才有可能避免成为随意、无序、跟风的慈善行为，才有可能内生于企业战略决策并成为企业竞争优势的来源。企业竞争战略也有了有别于其他企业的特性，有了不同以往的价值性和不可模仿性，实现了战略性资源和核心竞争能力的逐期提升，有了持续的竞争优势。

31.5 研究结论与不足

本章针对传统竞争战略理论及企业社会责任研究的不足，通过理论推演阐释了二者匹配的内涵与实质、匹配机理及实现路径，核心观点为：①随着竞争的日趋激烈和环境的复杂多变，企业必须挖掘社会责任和竞争战略的匹配性和契合点，从而达到实现战略创新、提升竞争力的目的。②企业社会责任与竞争战略的匹配作为一种战略提升，实现了企业自身资源和外部环境的动态耦合、企业社会责任与企业业务的有机结合及企业产品与服务和社会公众需求的有效对接。③通过企业社会责任与竞争战略的匹配，基于战略目标的企业社会责任行为会产生独特的顾客价值效应和资源获取的杠杆效应，从而实现产品、制度和组织三个层面的竞争力。④低成本、差异化和目标集中战略，都可以通过与企业社会责任的匹配得以实现并强化。首先，企业社会责任可以赋予关注某种社会议题的产品信号或属性，由此带来了品牌形象差异化、产品设计及功效差异化、产品质量及服务差异化和企业资源能力差异化，进一步实现并强化由差异化战略带来的持续竞争优势。其次，运用控制成本驱动因素和重构价值链的途径可以降低企业成本，从而能够获得相对的企业成本优势。最后，基于企业社会责任的目标市场确定和市场定位是实现目标集中战略的重要途径，企业应重点研究消费者响应企业社会责任的作用机理，建立与企业业务相匹配的社会责任模式。

本章的研究不足：①仅对传统竞争战略和企业社会责任的匹配问题进行了初步理论探讨，并未结合企业的生命周期、政治关联等因素进行深入探讨，且未进行相应的实证检验。②企业竞争战略有很多流派，在本研究中仅以波特的竞争战略理论和企业社会责任的匹配机理进行了研究，并未涉及其他流派提出的竞争战略，尚待后续研究的跟进。

参考文献：

[1] H. 伊戈尔·安索夫. 战略管理 [M]. 北京：机械工业出版社，2010：27.

[2] 刘建花. 我国企业社会责任的缺失与推进路径研究 [J]. 济南大学学报，2013（1）：86-90.

[3] 迈克尔·波特. 竞争优势 [M]. 北京：华夏出版社，2005：98-110.

[4] 王亚刚，席酉民，荣卫东. 企业政府关系与企业社会责任——金融危机背景下中国企业的战略创新研究 [J]. 科学学和科学技术管理，2010（10）：98-106.

[5] 张迈，张锐. 战略理论演化及战略生态研究综述 [J]. 科研管理，2004（3）：98-106.

[6] 赵曙明. 企业社会责任的要素、模式与战略最新研究述评 [J]. 外国经济与管理，2009（1）：2-8.

[7] 周建. 企业战略联盟的竞争力研究：核心竞争能力的观点 [J]. 南开管理评论，2000（1）：42-48.

[8] Ans Kolk, Rob van Tulder. International Business, Corporate Social Responsibility and Sustainable Development [J]. International Business Review, 2010 (19): 119-125.

[9] Douglass C. North. Institutions, Institutional Change and Economic Performance [M]. Cambridge: Cambridge University Press, 1990: 1.

[10] Fombrun, C. and Shanley, M. What's in AName? Reputation Building and Corporate Strategy [J]. Academy of Management Journal, 1990 (33): 233-258.

[11] Maignan, I., Ferrell, O. C. Corporate Social Responsibility and Marketing: An Integrative Framework [J]. Journal of the Academy of Marketing Science, 2004 (1): 3-19.

[12] McWilliams, A., Siegel, D. S., Wright, P. M. Corporate Social Responsibility: Strategic Implications [J]. Journal of Management Studies, 2006 (1): 1–18.

[13] Porter, M. E., M. R. Kramer. The Link between Competitive Advantage and Corporate Social Responsibility [J]. Harvard Business Review, 2006 (12): 78–92.

第32章
基于 Fishbein 合理行为模型的消费者响应企业社会责任的机理研究[①]

随着全球企业社会责任运动的兴起和消费理念的日益成熟，企业社会责任的消费者响应议题成为学术界研究的焦点。从已有研究，相关实证研究仍然不多，且没有一致性的结论。大多数研究显示，在一定条件下，消费者会利用核心利益相关者的地位和自身拥有的资源来响应企业的社会责任行为，但也有研究表明，消费者不一定积极响应企业社会责任，甚至可能对企业社会责任产生怀疑和不信任。可见，消费者对企业社会责任的响应受到一系列因素的综合影响，有必要找出背后的影响因素及其作用路径，完整揭示消费者响应企业社会责任的作用机制。这对推行战略性企业社会责任，实现责任消费和企业社会责任的良性互动具有重要意义。

本章以费希宾（Fishbein, 1967）的合理行为模型为理论基础，添加影响消费者响应的企业社会责任感知和规范感知两个因素，试图构建一个包含企业社会责任感知、规范感知、消费者态度、主观规范和消费者购买意向在内的概念模型，并通过结构方程模型进行实证检验，以探索消费者响应企业社会责任的内在机理。

32.1 理论背景与研究假设

32.1.1 费希宾（Fishbein）合理行为模型

合理行为模型由费希宾（Fishbein）于1967年提出，如图32-1所示。消

[①] 本章作者为刘建花、杨蕙馨，发表在《经济与管理研究》2013年第10期（有改动）。

费者的购买意愿受两个因素影响：一是消费者基于个体感知对某项购买行为的态度；二是消费者遵从参照群体的看法和意见而去购买某产品的程度，即主观规范。一些中国学者发现，合理行为模型对中国消费者的行为预测和解释具有较好的有效性。

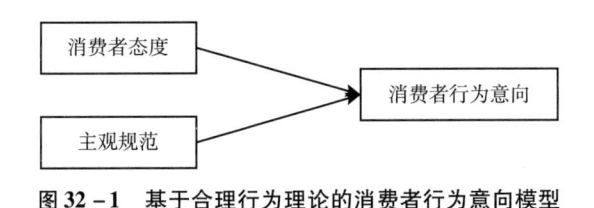

图 32-1　基于合理行为理论的消费者行为意向模型

32.1.2　企业社会责任感知与消费者态度、主观规范

企业社会责任日益成为消费者评价企业形象和产品价值的重要指标。研究表明，消费者对感知到的企业社会责任信息会产生积极联想，产生消费者满意度、社会责任—企业能力信念等。消费者对企业社会责任的感知绩效越高，由此引发的消费者态度就越积极。基于以上论述，本章提出如下理论假设：

H1：企业社会责任感知对消费者态度产生正向影响。

随着消费理念的日趋成熟和理性，越来越多的消费者开始支持和督促企业履行社会责任。而企业社会责任的推进，将引领消费模式的变迁，引发消费者的责任消费意识和行为。经过口口相传和互联网的传播，会进一步形成对消费模式施加影响的主观规范。较高且持久的企业社会责任的感知绩效，会引发并强化积极的主观规范。基于以上理论推理，本章提出如下理论假设：

H2：企业社会责任感知会对主观规范产生正向影响。

32.1.3　规范感知与消费者态度、主观规范

规范代表了社会或群体的价值取向，表现为社会或特定群体对某种行为的期望。身处不确定环境中的消费者时刻感知到规范的压力，使规范内化为消费者自身的价值取向，而消费者态度是消费者个体在自身价值观基础上形成的对企业及其产品的评价。因此，与企业或产品属性相关联的规范感知越强烈，消费者基于该属性引发的产品态度就越明确。

基于以上理论推理，本章提出如下理论假设：

H3：规范感知会对消费者态度产生正向影响。

环境的动态性和不确定性使得个体的行为选择日益复杂。为规避风险和不确定性，个体会通过观察其他人的行为模式即规范感知作为自身行动标准的参照。而主观规范本质上是一种从众心理，是个体为了迎合整个社会或者参照群体的习惯而采取某种行为选择。田志龙等（2011）通过实证研究发现，规范感知是消费者规范理性形成路径的起点，且对消费行为的影响越来越大。

基于以上理论推理，本章提出如下理论假设：

H4：规范感知会对主观规范产生正向影响。

32.1.4 消费者态度、主观规范与消费者购买意向

遵循"知—情—意"的行为模式，基于社会责任信息感知而形成的消费者态度，会对消费者的购买意向产生正向影响。同时，主观规范即群体影响对消费行为的影响越来越显著。这主要是基于规避不确定性和产生归属感的考虑，以维持与群体间的满意关系，实现自身价值最大化。

结合合理行为模型，提出如下假设：

H5：消费者态度会对消费者购买意向产生正向影响。

H6：主观规范会对消费者购买意向产生正向影响。

在文献梳理的基础上，根据六个假设，本章提出了消费者响应企业社会责任作用机理的研究框架，如图 32-2 所示。

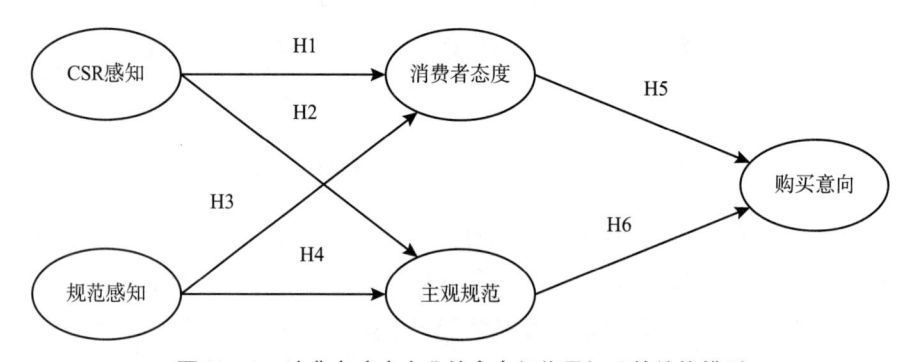

图 32-2 消费者响应企业社会责任作用机理的结构模型

32.2 研究设计与研究方法

32.2.1 问卷设计

鉴于手机的普及和消费者的高卷入度，本研究选择手机作为购买行为的对象。我们邀请了34位消费者进行半结构访谈，了解他们对企业社会责任的认知情况，以及购买决策的主要参照群体及相关影响因素，根据访谈结果并结合已有量表设计了问卷初稿，并以36名学生为预测试对象，根据反馈进行了修改。

正式问卷包括三部分：

第一部分是情境设计。消费者打算购买一部手机，有几个在功能、外观、价位等方面无多大差异的备选品牌，其中包括A企业的某型号。消费者网上搜索时，看到一家权威媒体的报道。经国内权威机构评选，A企业被为"最具社会责任感"企业，理由包括其在消费者、环境保护、员工关系、公益慈善等层面一些做法。

第二部分是主要变量的测量。包括：企业社会责任感知，借鉴森和布哈特查耶（Sen and Bhattacharya，2001）的研究，包括4个题项；规范感知，借鉴田志龙等的研究，包括4个题项；消费者态度，借鉴安基仁和费希宾（Ajzen and Fishbein，1980）和张黎（2007）的研究，包括3个题项；主观规范，借鉴李东进等（2008）和田志龙等（2011）的研究，包括2个题项；消费者购买意向主要借鉴了载萨摩尔（Zeithaml，1996）等及汪蓉和李辉（2013）研究中的量表，包括2个题项。题项内容如表1所示，均采用李克特7级量表（1：非常不同意，7：非常同意）。

第三部分是被调查者的背景信息，包括性别、年级和专业状况。

32.2.2 样本和数据

样本从济南两所大学抽取，选择大学生样本的理由如下：第一，很多类似研究都采用了学生样本，研究结论与非学生样本一致；第二，相比其他消费者，大学生对企业社会责任的认知能避免理解偏差；第三，大学生有较高的文化代表性和消费示范性，对他们进行研究有利于把握中国未来主流消费者的行为特点。

本研究共发放问卷280份，回收有效问卷266份，有效率为95.0%。有效问卷中，被调查者的人口统计特征如下：从性别看，男性121人，占45.5%，女性145人，占54.5%；从专业看，企业管理54人，占20.3%，社会保障96人，占36.1%，行政管理116人，占43.6%；从学历层次看，本科242人，占91.0%，研究生及以上24人，占9.0%。

32.2.3 研究方法

本研究主要以SPSS 13.0和AMOS 17.0作为调查问卷的分析工具。首先运用SPSS 13.0对数据的信度和效度进行F检验，接着运用AMOS 17.0进行理论模型的拟合优度分析和结构方程估计，对研究假设进行了验证。

32.3 数据检验

32.3.1 信度检验

判断被调查者对同一变量题项答案的一致性，本章采用SPSS 13.0检验结构变量衡量的信度根据纽纳利和本特林（Nunnally and Bernteln，1994）的观点，克隆巴赫（Cronbach's alpha）系数应高于0.7，若题项数小于6，大于0.6也表明数据质量可靠。如表32-1所示，企业社会责任感知、规范感知、消费者态度的克隆巴赫系数，均超过了0.7，而主观规范和消费者购买意向的克隆巴赫系数均超过了0.6，表明本章对各结构变量的衡量有较好的信度。

1998年我国实行全面住房制度改革，释放了巨大的市场需求，2002~2004年房地产业年均增幅达到28%，经过10多年的发展和逐步规范，我国房地产业的结构体系已经初步形成。

表32-1　　　　　　　　　信度检验结果

潜变量	项号	项内容	克隆巴赫系数（Cronbach's α）
企业社会责任感知	X1	我认为A企业在社会责任方面付出了很多努力	0.721
	X2	我相信A企业的确为社会做出了贡献	
	X3	我认为A企业社会责任的做法值得关注	
	X4	A企业在社会责任方面的做法是我所期待的	

续表

潜变量	项号	项内容	克隆巴赫系数 (Cronbach's α)
规范感知	X5	诚实守信的人越来越多了	0.811
	X6	现在重视保护环境的人越来越多了	
	X7	生活中重视别人感受的人越来越多了	
	X8	愿意在力所能及的情况下帮助别人的人越来越多了	
消费者态度	Y3	看到 A 企业的做法，我感觉此手机的质量是值得信任的	0.888
	Y4	看到 A 企业的做法，我感觉购买此手机是理智的	
	Y5	看到 A 企业的做法，我感觉购买此手机是正确的	
主观规范	Y6	如果周围大多数同学/朋友/亲人认为我应该购买 A 品牌手机，我会购买 A 品牌手机	0.662
	Y7	如果周围大多数同学/朋友/亲人都在使用 A 品牌手机、我会购买 A 品牌手机	
购买意向	Y1	我会购买 A 品牌的手机	0.612
	Y2	我会优先购买 A 品牌的手机	

32.3.2 效度检验

本章样本量为 266，大于题项数的 5 倍，满足数据分析的样本量要求。SPSS 13.0 因子分析结果显示，KMO 值为 0.808，Bartlett's 检验显著性为 0.000，数据适合作因子分析。如表 32-2 所示，从聚合效度来看，各变量的累计方差贡献率在 55.042~81.990，均能解释大部分问卷原始信息。各变量的因子载荷在 0.524~0.941，除最小值为 0.524 外，其余均超过了 0.7，达到因子载荷最小值为 0.5 的要求。

表 32-2　　　　　旋转后的因子载荷和累计方差贡献率

因子	题项	旋转后因子载荷	旋转后累计方差贡献率
企业社会责任感知	X1	0.524	55.2
	X2	0.838	
	X3	0.831	
	X4	0.730	

续表

因子	题项	旋转后因子载荷	旋转后累计方差贡献率
规范感知	X5	0.2	63.903
	X6	0.826	
	X7	0.82	
	X8	0.7	
消费者态度	Y3	0.94	81.990
	Y4	0.3	
	Y5	0.871	
主观规范	Y6	0.865	74.776
	Y7	0.865	
购买意向	Y1	0.852	72.551
	Y2	0.852	

效度主要包括内容效度和构建效度。从内容效度来看，本章参考了成熟量表和指标，征求了专家意见，并结合消费者访谈结果进行了修改，具有较好的内容效度。从聚合效度来看，如表32-3所示，标准化因子载荷最小为0.577，其余各项均超过了0.7，组合信度均大于0.7，平均提炼方差均超过0.5，都达到聚合效度最低标准。从区别效度来看，SPSS 13.0分析显示，5个因子间的相关系数在0.335~0.758，在95%的置信区间均不含1.0，表明各变量间的区别效度达到要求

表32-3　　　　　　　　　　验证性因子分析结果

因子	题项	标准化因子载荷	T值	组合信度	平均提炼方差
企业社会责任感知	X1	0.789	4.117	0.9182	0.7385
	X2	0.800	5.689		
	X3	0.953	6.453		
	X4	0.885	5.985		

续表

因子	题项	标准化因子载荷	T 值	组合信度	平均提炼方差
规范感知	X5	0.799	6.605	0.8094	0.5185
	X6	0.769	8.037		
	X7	0.715	8.434		
	X8	0.577	5.495		
消费者态度	Y3	0.847	12.754	0.8924	0.7352
	Y4	0.933	13.715		
	Y5	0.786	10.992		
主观规范	Y6	0.799	4.976	0.7615	0.6149
	Y7	0.769	4.645		
购买意向	Y1	0.715	4.564	0.7155	0.5575
	Y2	0.777	4.955		

32.3.3 模型的拟合度分析

本章运用 AMOS 17.0 对理论模的拟合度进行了衡量。如表 32-4 所示，指标均达到了理想标准，说明模型与数据拟合度良好。

表 32-4　　　　　　　　　　理论模型拟合优度

拟合指标	指标值	拟合状况
x^2/df	1.11	<2，良好
P 值	0.24	>0.05，显著
拟合优度指数 CFI	0.924	>0.9，非常好
近似误差均方根 RMSEA	0.29	<0.05，非常好
标准拟合指数 INFI	0.907	>0.9，非常好
相对拟合指数 CFI	0.989	>0.9，非常好

32.4　实　证　结　果

本章运用 Amos 17.0 进行了结构方程估计，结果如表 32-5 所示。

表 32-5　　　　　　　　　　假设检验结果

假设编号	假设描述	标准回归系数	P 值	结论
假设 1	企业社会责任感知→消费者态度	0.709	***	支持
假设 2	企业社会责任感知→主观规范	0.615	0.002	支持
假设 3	规范感知→消费者态度	-0.036	0.599	拒绝
假设 4	规范感知→主观规范	0.785	***	支持
假设 5	消费者态度→购买意向	0.486	0.020	支持
假设 6	主观规范→购买意向	0.606	0.006	支持

注：*** 表示 $p<0.001$。

从实证结果看，假设 H1、H2、H4、H5 和 H6 通过了检验，H3 未通过检验。根据以上的假设检验结果，结构模型实证结果如图 32-3 所示。我们从以下方面对该实证结果进行概括和分析。

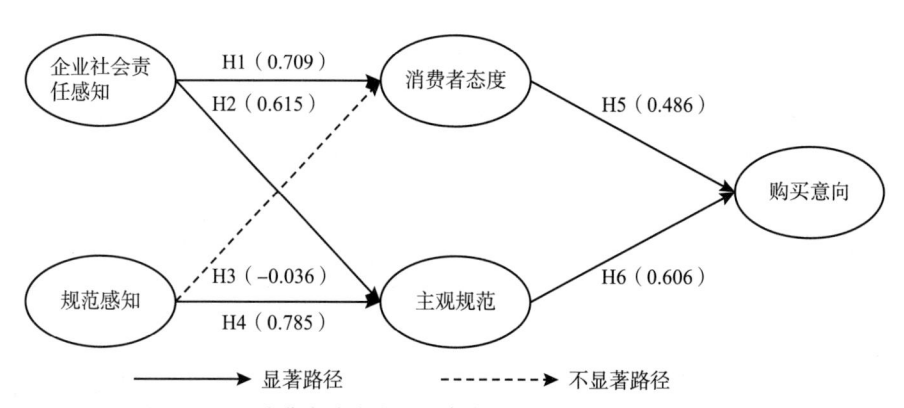

图 32-3　消费者响应企业社会责任作用机理的结构模型估计

（1）企业社会责任感知会对消费者态度（$r=0.709^{***}$）和主观规范（$r=0.615^{***}$）产生直接正向影响这一点在年轻一代身上体现得更为明显。这说明青年消费者对企业社会责任有较高期望，当感知到客观的企业社会责任信息时，会产生积极的内在响应，同时企业社会责任能够激发和强化责任消费意识，这与以往的相关研究结论是一致的。

（2）规范感知对主观规范会（$r=0.785^{***}$）产生直接正向影响，但对消费者态度的影响并不显著。这说明消费者对社会规范的感知会影响消费时的从众心理，社会风气和氛围会影响责任消费意识和行为。但在消费者的心目中，与企业社会责任相关联的规范感知并未内化为消费者的个体规范,很难影响的消费者对该企业产品的态度。即当消费者更倾向于参照主观规范做出购买决策时,企业社会责任很难对其施加影响并促进其购买意愿。

(3) 消费者态度和主观规范都对购买意向产生正向影响,但主观规范的影响更大。其中企业社会责任感知通过消费者态度对购买意向产生的影响为 $0.709 \times 0.486 = 0.345$,通过主观规范对购买意向产生的影响为 $0.615 \times 0.606 = 0.373$,规范感知通过主观规范对购买意向产生的影响为 $0.785 \times 0.606 = 0.476$,这说明主观规范因素对消费者购买行为的影响要大于态度因素的影响,这一结论与中国人更易因群体压力而形成消费选择的文化价值观有关。

32.5 研究结论与不足

32.5.1 主要研究结论

本章以费希宾(Fishbein, 1967)合理行为模型为理论基础,构建了消费者响应企业社会责任的研究框架,得出了以下研究结论:

(1) 企业社会责任信息会对消费者的态度产生一定影响,进而影响消费者的购买意向。但这种影响可能是基于企业社会责任的综合认知,并且信息来源应当来自于客观渠道。如本章的情境中,虚拟企业履行的是综合的责任,信息来源权威机构,且投资企业社会责任的时间较长。

(2) 消费者在企业社会责任感知基础上形成的态度和购买意向有较大差距。比较而言,社会氛围、参照群体的压力更能影响消费者的购买意向。这印证了部分学者对责任消费意识能否转化为实际的购买行为的怀疑。

(3) 责任消费意识和行为与主观规范有较大关联。研究发现,与企业社会责任相关的规范感知越强烈,相关参照群体对消费者购买社会责任产品的支持力度越大,消费者越会表现出积极的购买意愿,但是消费者的规范理性与其态度之间不存在显著的相关关系。这说明,消费者对企业社会责任的支持更多是出于对主观规范的遵从,而不是出于个体对企业社会责任的偏好。

32.5.2 对企业、政府和社会的启示

(1) 企业应树立战略性社会责任意识。企业社会责任的建设已成为不可逆转的趋势如何将其转化为可持续的竞争优势是企业亟待解决的问题。研究发

现消费者对企业社会责任会产生积极态度,进而会刺激其购买意愿。企业应将消费者响应作为企业社会责任战略关联的切入点有效地推进战略性企业社会责任。

(2) 政府和社会应当承担企业社会责任和责任消费互动的催化剂和重要纽带。消费者责任消费的意识和行为更多是出于对主观规范的遵从企业社会责任和责任消费的互动机制尚未建立,一方面是企业履行社会责任的动力不足,另一方面是消费者对企业社会责任的感知度和信任度均较低。首先政府应从政策和标准导入入手,制定出符合国情的企业社会责任制度和标准,并把执行监督权赋予相关的民间机构或社团组织、行业协会等让其行使监督权、检举权和调查权。其次,对消费者加大责任消费意识的舆论宣传和引导倡导生态消费、绿色消费等良性消费模式,形成责任消费的社会氛围。再次探索披露企业社会责任信息的有效机制将企业社会责任标签化,使企业社会责任信息真实、透明、易得更易对消费者群体的感知施加影响。

32.5.3 研究不足及展望

由于条件所限,本章尚且存在以下不足之处:

第一,未将企业社会责任的不同维度包括消费者层面、员工层面、环境保护层面和慈善捐赠层面的感知分别进行测量,探讨每个层面的感知对消费者态度和主观规范的影响;第二,未对非学生样本进行调查,并和学生样本进行对比,以确认两种样本的研究结论是否存在差异;第三,本章只考虑了消费者态度和主观规范的中介效应,未考虑产品类别、购买前认知情况等调节变量的影响。这些调节变量可能会影响变量间的关系。后续研究将考虑这些不足,进一步深入揭示消费者响应企业社会责任的作用机理。

参考文献:

[1] 顾浩东,宋亦平. 道德的理性或直觉:消费者对于企业社会责任行为的反应过程研究 [J]. 营销科学学报, 2009 (4): 17 – 35.

[2] 李东进等. 基于 Fishbein 合理行为模型的国家形象对中国消费者购买意向影响研究 [J]. 南开管理评论, 2008 (5): 40 – 49.

[3] 刘建花,杨蕙馨. 消费者响应企业社会责任的内在机理和干预路径——基于扎根理论的探索性研究 [J]. 现代财经, 2013 (4): 12 – 19.

[4] 田志龙等. 影响中国消费行为的社会规范及消费者的感知——对消费者

规范理性的探索性研究 [J]. 经济管理, 2011 (1): 101 – 112.

[5] 汪蓉, 李辉. 消费者国货意识对国外品牌产品购买意向的影响机制——兼论消费者—品牌情感的调节效应 [J]. 经济与管理研究, 2013 (3): 102 – 110.

[6] 王晓东, 谢莉娟. 市场经济呼唤新的消费理念——关于推行"责任消费"的几点思考 [J]. 价格理论与实践, 2009 (8): 71 – 72.

[7] 薛求知, 侯丽敏, 韩冰洁. 跨国公司环保责任行为与消费者响应 [J]. 山西财经大学学报, 2008 (1): 68 – 74.

[8] 张黎. 从国外品牌手机的购买意愿看 Fishbein 模型的适用性以及文化适应的影响 [J]. 管理科学, 2007 (2): 30 – 38.

[9] 周延风, 罗文恩, 肖文建. 企业社会责任行为与消费者响应、消费者个人特征和价格信号的调节 [J]. 中国工业经济, 2007 (3): 62 – 69.

[10] Ajzen I., Fishbein M. Understanding Attitudes and Predicting Social Behavior [M]. New Jersey: Prentice – Hall Englewood Cliffs, 1980: 112 – 149.

[11] Gilbert D. T. Attribution and Interpersonal Perception [J]. In Advanced Social Psychology, 1995, 98 – 147.

[12] Heide J. B., John G. Do Norms Matter in Marketing Relationships? [J]. Journal of Marketing, 1992 (56): 32 – 44.

[13] Luo Xueming, Bhattacharya C. B. Corporate Social Responsibility, Customer Satisfaction, and Market Value [J]. Journal of Marketing, 2006, 70 (4): 1 – 18.

[14] Nunnally J. C., Bernstein I. H. Psychometric Theory [M]. New York: McGraw – Hill, 1994: 52.

[15] Sen, Sankar, Bhattacharya C. B. Does Doing Good Always Lead to Doing Better? Consumer Reactions to Corporate Social Responsibility [J]. Journal of Marketing Research, 2001, 38 (2): 225 – 243.

[16] Zeithaml V. A, Berry L., Parasuraman A. The Behavioral Consequence of Service Quality [J]. Journal of Marketing, 1996, 60 (2): 31 – 46.

第33章
基于扎根理论的消费者响应企业社会责任的内在机理与干预路径研究[①]

在全球化的企业社会责任（corporate social responsibility，CSR）运动中，发达国家的企业社会责任已经实现了"内生化"（许罗丹等，2010）。国外很多知名大企业不仅把企业社会责任作为企业战略层面的制度安排，而且极力将企业社会责任贯穿于具体的运营实践。究其原因，企业这种积极履行社会责任的意愿是由制度、道德和经济因素共同驱动的，但经济动因才是最根本的内在动因（Schwartz et al.，2003），即企业希望通过主动承担社会责任获得市场（劳动力市场、产品市场和资本市场）资源，这些资源使得企业获得一定的竞争优势。而企业社会责任能否成功转化为企业竞争优势，不仅取决于企业的社会责任战略，更取决于利益相关者是否把企业社会责任作为决策的重要依据，即责任市场是否存在（李建升，2009）。作为企业的核心利益相关者和"货币选票"的提供者，消费者对企业履行CSR的内在经济动因能够产生直接影响，因此，企业是否积极履行社会责任，一个重要的逻辑起点是消费者是否将CSR作为购买决策的重要依据。在产品市场上，如果消费者对CSR越敏感，偏好于购买CSR良好的企业产品，企业推行CSR行为的动机就越强，反之动机就越弱。因此，积极的CSR战略和行为选择与消费者的积极回应密切相关。

中国的责任市场尚未真正建立且并不完善，从而使企业无法获得与CSR的利益和优势，企业积极承担CSR的动力不足，很难做出持续的CSR的战略选择。但随着消费者责任消费意识的不断提升，消费者对企业承担CSR的期望日益高涨，了解消费者认同企业CSR并产生行为意向的作用机理非常重要。

[①] 本章作者为刘建花、杨蕙馨，发表在《现代财经》（天津财经大学学报）2013年第4期（有改动）。

即消费者对 CSR 产生认同及行为意向的影响路径是什么？中国如何实现 CSR 和消费者反应的良性互动？基于这些问题，本研究旨在探索影响或预测消费者对 CSR 产生认同及购买意向的主要影响路径，并发现构建这些路径实现 CSR 对消费者反应的作用情境，最终为制定有效的 CSR 培育策略提供理论基础和政策借鉴。

33.1 文献评述

已有文献中，消费者反应大多通过消费者行为意向来测量。帕拉苏拉曼等（Parasuraman et al., 1996）将消费者行为意向归结为维度忠诚度、支付溢价、转换、内部反应及外部反应五个维度。很多研究择取了其中部分或全部指标进行了实证研究，得出了不同的结论。

其中的大多数研究表明，企业社会责任行为会对消费者行为意向产生显著的正向的直接影响和间接影响。学者们也对正向影响背后的机理进行了分析，一些学者认为消费者在一定程度上是基于利己或利他的归因来评价企业和企业行为。森和布哈特彻亚（Sen and Bhattacharya, 2003）的研究则强调消费者认同在企业的社会责任努力和消费者产品购买意愿之间的中介作用。利切特因等（Lichtein et al., 2004）的调查则发现，消费者——企业认同对消费者的企业社会责任感知和消费者的购买行为起到中介的作用。还有一些学者用消费者满意度（Bhattacllarya et al., 2006）、社会责任——企业能力信念等（薛求知，2008）作为中介变量来揭示企业社会责任对消费者行为意向的作用机理。

然而，也有一些实证研究得出了不同的结论。韦伯和莫合尔（Webb and Mohr, 1998）发现一些受访者更多的是按照价格、质量和便利来选择购物场所，而并非因为企业参与社会事业。森和布哈特彻亚（Sen and Bhattacharya, 2003）的研究发现当企业披露正面的社会责任信息时，消费者对产品质量的评价更低，这种漠视可能源于消费者对企业伪善行为的厌恶。周延风等（2007）的研究发现大部分消费者认为企业的善事具有商业目的，从而导致消费者规避消费具有伪善行为企业的产品。

此外，还有一些研究发现，CSR 对消费者行为意向产生的影响受一些调节变量的影响。森等（Sen et al., 2001）通过实证研究发现 CSR 与消费者购买意向的关系受到消费者个人特征，即消费者对 CSR 与企业能力的信念程度和消费者对 CSR 行为的支持程度的调节。韦伯和莫合尔（Webb and Mohr,

1998）认为产品价格信号对 CSR 与购买意向的关系有调节作用。周延风等（2007）研究发现，消费者对不同的 CSR 领域所产生的响应也各不相同。万汉姆和格鲁宾（Vanhamme and Grobben，2009）的研究表明，逐渐成熟和理性的消费者不再关注企业对于 CSR 的宣传和传播，而更注重 CSR 的履行情况，更愿意购买和支持长期承担 CSR 公司的产品，对于短期承担 CSR 的公司会产生怀疑和敌对的态度。

尽管理论界关于社会责任的消费者反应议题已有了较丰富的研究，但仍亟须就下述问题展开深入研究：

第一，深入探索消费者响应 CSR 的各种影响因素。已有文献关于消费者对 CSR 的行为意向的研究结论并不一致，甚至得出相反的结论，部分学者对责任消费意识能否转化为实际的责任购买行为产生了怀疑。这表明，对于消费者响应 CSR 的影响因素还需要进一步的探索，此外，已有研究大多将消费者特征、产品价格等因素作为调节变量，来体现消费者响应 CSR 的作用条件，忽略了情境因素的影响。只有完整地发掘出这些因素，才能有针对性地为企业社会责任的培育和推进提供理论和实践指导。

第二，深入展开消费者响应 CSR 内在机理研究。已有文献多数将其片面地归结于某一方面，主要表现在相关研究中对中介变量的选取上。最常见的是消费者归因、消费者认同等，均是从消费者的规范理性即情感认同层面对消费者反应做出解释，未明确或很少明确消费者经济理性即基于自身利益层面的考量，未完整揭示消费者响应 CSR 的内在机理。

消费者对企业社会责任的响应受到一系列因素的综合影响，有必要发展一个消费者响应 CSR 内在机理的综合性研究框架，以更深刻地揭示 CSR 对消费者响应的影响过程与影响机制。本文运用扎根理论进行深度访谈和质性分析，对消费者响应 CSR 的内在机理进行探索性研究。

33.2　研究方法和数据来源

国内外对消费者响应 CSR 的内在机理相对缺乏成熟的理论假设和相关研究，量化研究方法不太可行，因此本章采用扎根理论进行探析。扎根理论是质性研究中一种常用的研究方法，该方法从原始资料中发掘概念和理论，再从精心设计而收集的资料中得到进一步的阐释和修正。其所取向的核心特征是在资料与资料之间、理论与理论之间不断进行对比，然后根据资料与理论之间的相

第33章 基于扎根理论的消费者响应企业社会责任的内在机理与干预路径研究

关关系提炼出有关的类属及其属性。这一比较和归纳过程是通过开放式编码（开放式登录）、主轴编码（关联式登录）、选择性编码（核心式登录）三级编码和分析程序来完成的。扎根理论的方法主旨在于发掘被访者的主位体验，从被访者的经验、角度来了解他（她）们的世界。这对于了解消费者响应 CSR 的内在机理具有特别的意义和价值。

本章拟通过设计半结构化问卷对典型消费者进行深度访谈获得一手资料，并采用理论抽样方法，按照分析框架和概念发展的要求抽取具体访谈对象。本研究选择年龄范围在 22 周岁（通常的大学本科毕业年龄）及以上的城市消费群体，样本数的确定按照理论饱和的原则为准，即抽取样本直至新抽取的样本不再提供新的重要信息为止。最终共选择了 34 个受访对象，受访者的统计资料如表 33 - 1 所示。

表 33 - 1   受访者一览

		人数	所占比例（%）
性别	男	16	47.1
	女	18	52.9
年龄	22~35 岁	4	11.8
	35~45 岁	6	17.6
	45~60 岁	20	58.8
	60 岁以上	4	11.8
学历	专科及以下	6	17.6
	本科	12	35.3
	研究生及以上	16	47.1
职业	在校学生	6	17.6
	教育科研人员	12	35.3
	机关事业人员	6	17.6
	企业员工及自由职业者	10	29.4

访谈提纲如下：①您了解 CSR 信息的来源有哪些？通常哪些方面的信息不能够获得？②如果能够获得企业在股东、员工、供应商、顾客、社区、慈善等层面的 CSR 信息，您在选择产品或服务时，会关注哪些方面？为什么？③您及您身边的人会选择有负面 CSR 信息的企业提供的产品或服务吗？如果

有人选择，您觉得人们为什么在消费时不考虑或很少考虑该企业的 CSR 行为？主要原因是什么？④在您看来，如何促进人们选择 CSR 良好的企业提供的产品和服务？⑤您认为政府应该制定哪些措施来推进责任消费观念和行为？⑥您能接受企业通过 CSR 行为及其宣传来为自身谋利吗？企业在吸引消费者责任消费方面应如何去做？访谈通过两种方式进行：一种是面对面访谈，另一种是在线访谈。

33.3 范畴提炼和模型建构

33.3.1 开放式编码

开放式编码是将原始访谈资料打散、赋予概念，然后再以新方式重新组合的过程。笔者对原始访谈资料逐字逐句分析以进行初始概念化，最终一共得到 700 余条原始语句及相应的初始概念。由于初始概念数量非常庞杂且存在一定程度的交叉，需要将相关概念进一步提炼概括，实现概念范畴化。笔者剔除了出现频次低于两次的初始概念，仅仅保留出现频次在三次以上的概念。表 33-2 为得到的 12 个范畴及相应的初始概念①。

表 33-2　　　　　　　　　开放式编码范畴化

范畴	原始资料语句
个体利益感知	A02 产品安全感知；A02 产品质量感知；A13 产品质量负面信息感知；A16 个体利益的关注；A16 个体经济利益受损的担忧；A17 产品主功能丧失的担忧；A23 消费者价格感知；A25 自身利益感知
个体情感感知	A09 价值观匹配；A14 情感和利益感知的激发；A21 消费者情感偏好；A23 消费者信任；A30 消费者情感认同
个体效能感知	A02 个体选择的无用感；A11 消费者的弱者意识；A23 消费者选择的无奈；A31 个体选择的孤立感
社会消费习惯和观念	A02 民族消费传统；A02 民族价值观；A04、A13、A18 责任消费意识；A06、A09 购物观念；A10 消费中的侥幸心态；A12 盲从的消费习惯和消费行为；A13 消费者责任消费观；A13 消费观念的教育；A28 消费习惯

---

① 本章限于篇幅，关于访谈对象的原始谈话内容均不引用，有兴趣的读者可联系笔者获取。

续表

范畴	原始资料语句
社会风气氛围	A01 责任消费氛围；A02 社会消费环境；A11 社会生活节奏；A16 社会风气；A21 社会文化；A23 社会公益意识和社会环境意识
政府消费表率	A05 政府采购；A12 政府责任消费表率；A17 政府以身作则；A24 政府采购；A30 官员消费表率
经济激励政策	A03、A26、A29 政府补贴；A17、A20 价格的影响
社会责任披露	A02 CSR 虚假的宣传；A02 CSR 信息渠道；A20 CSR 信息的宣传；A25 CSR 信息的披露；A28 CSR 信息可信度
CSR 第三方评判	A02 中介的评判；A11 CSR 真假的评判；A14 非营利经济社团的约束、监督和评估；A22、A24 CSR 信息的真实性）
消费者责任直接效应	A01 消费者责任的重要性；A02 消费者认可；A03 消费者层面责任的影响；A23 消费者信任；A26 消费者利益相关度
CSR 的营销效应	A13 品牌形象的吸引；A17 责任产品接触的广度；A19 善因营销；A28 "良心企业"的宣传；A30 外包装提示语
CSR 的声誉效应	A01 诚信声誉的累积；A13 口碑和品牌形象；A23 企业形象；A23 不良 CSR 声誉的影响

注：A##表示由第##位访谈对象回答的语句所总结出的初始概念，下同。

33.3.2 主轴编码

在开放性编码所发掘范畴的基础上，主轴编码通过聚类分析，发现和建立范畴之间的潜在逻辑关系，建立各独立范畴间的关联。通过分析，笔者根据不同范畴之间的相互关系和逻辑次序，对开发性编码所获得的 12 个范畴进行了重新归类，共归纳出四个主范畴，并将其归入两大类别。各主范畴代表的意义及其对应的开放式编码范畴如表 33-3 所示。

表 33-3　主轴编码形成的主范畴 CSR – CA Beliefs/CSR Support

类别	主范畴	对应范畴	范畴的内涵
个体感知和行为意向决策因素范畴	消费者个体心理感知	利益感知	个体对 CSR 行为所产生的自身利益的认知和判断
		情感感知	个体对 CSR 行为所体现出的企业价值观的认知和判断
		个体效能感知	个体对其行为所产生的社会效果的认识

续表

类别	主范畴	对应范畴	范畴的内涵
个体感知和行为意向决策因素范畴	社会参照规范	社会消费观念和习惯	社会大多数人的消费观念和消费习惯
		社会氛围	与消费相关的社会风气、社会环境
		政府消费表率	政府机关和官员的消费表率
CSR推进策略因素范畴	CSR对消费者的效应	消费者责任直接效应	指向消费者层面的CSR对消费者产生的效果
		CSR的营销效应	CSR的促销作用
		CSR的声誉效应	CSR对企业声誉的累积作用
	情境变革	CSR第三方评价	由与企业无利益关联的中介对CSR进行评价，结果能真实反映企业的CSR实践
		CSR信息披露	广泛地公布和宣传真实的CSR行为和业绩信息
		经济激励政策	价格杠杆、经济手段等激励性措施

33.3.3 选择性编码

在主轴编码的基础上，选择性编码则要进一步系统地处理范畴与范畴之间的关联。即是从主范畴中挖掘"核心范畴"，分析核心范畴与主范畴及其他范畴的联结，并以典型关系结构的形式描绘整体行为现象。典型关系结构的出现意味着新的理论构架的形成。本研究中，主范畴的典型关系结构及其内涵如表33-4所示。

表33-4　　　　　主范畴的典型关系结构

典型关系结构	关系结构的内涵	受访者的代表性语句提炼出的关系结构
个体心理感知→消费者行为意向	个体的利益感知、情感感知、感知个体效力是责任消费的主要决策要素，从主观上促成消费者的行为意向	A02 个体效力感知影响消费者选择 A21 利益感知和情感感知能促进者行为意向
社会参照规范→消费者行为意向	社会风气氛围、社会消费观念和习惯、政府表率等社会参照要素是责任消费的重要决策要素，使个体行为符合社会规范的要求从而刺激行为发生	A06 消费者消费观念影响消费者行为意向 A16 社会氛围影响消费者行为意向 A30 官员表率影响消费者行为意向

续表

典型关系结构	关系结构的内涵	受访者的代表性语句提炼出的关系结构
企业社会责任对消费者的效应→消费者个体感知	企业在消费者层面的CSR会促进个体的利益感知和情感感知，从而实现行为干预	A02 员工和供应商层面的责任影响消费者利益感知 A21 企业社会责任影响消费者的利益感知和情感感知
情境变革→消费者心理感知	情境变革通过影响消费者个体的利益感知、情感感知、感知个体效力，从而实现行为干预	A03 经济激励政策和社会责任披露影响消费者心理感知 A07 要社会责任披露影响消费者心理感知
情境变革→社会参照规范	情境变革通过影响社会风气氛围、社会消费观念和习惯、政府表率等方面，从而实现行为干预	A05 经济激励政策和社会责任披露影响消费观念和习惯

基于以上典型关系结构，本研究建构了消费者响应企业社会责任的内在机理和干预路径模型的理论构架，如图33-1所示。

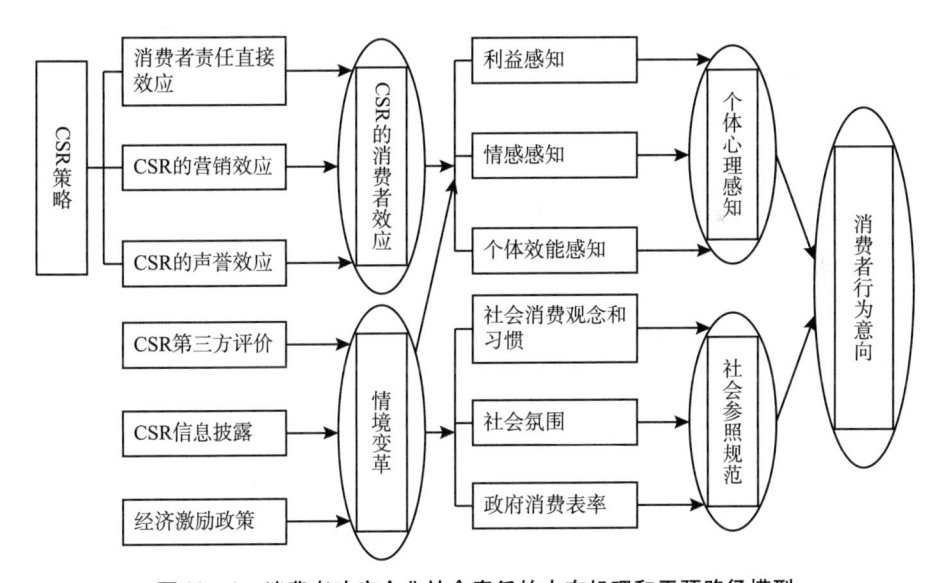

图33-1　消费者响应企业社会责任的内在机理和干预路径模型

33.4　模型阐释和研究发现

根据上述消费者响应企业社会责任的内在机理和干预路径模型，消费者个体心理感知、社会参照规范两个主范畴是主要的作用路径。而情境变革（包括社会责任第三方评价、社会责任信息披露、经济激励政策）通过影响消费者个体心理感知和社会参照规范这两个主范畴实现行为干预。而通过企业的相关CSR实施策略实现的CSR消费者效应方面（包括消费者直接责任效应、CSR的营销效应和CSR的声誉效应）则会通过影响消费者个体心理感知来实现对消费者行为的影响。只有同时实现CSR的消费者效应（通过企业CSR策略来实现）和情境变革（由企业以外的政府、中介组织等来实现），才能更好地促进消费者对CSR的敏感度，实现责任消费和CSR行为的良性互动。我们将进一步对该模型进行阐释，并总结相应的研究结论。

33.4.1 模型解释

（1）内部心理归因——消费者个体心理感知。

通过深度访谈，我们发现消费者的利益感知、情感感知、个体效能感知等因子对于责任消费行为确实存在显著的促成效应。如前所述，前人的研究往往将CSR产生消费者行为意向的中介变量归结于消费者归因（利己还是利他）、消费者认同等情感感知的因素。但同时他们也发现，这种情感感知和真正的消费行为却难以一致。我们在深度访谈中也发现了这一点。很多访谈对象对CSR的各个维度或多或少地表示关注，但在真正进行消费时却鲜有考虑，是因为忽略了对消费者的经济理性即利益感知因素的考虑。CSR作为对消费者决策构成影响的外部因素，其发生作用的前提之一是触发了消费者的经济理性即利益感知，即企业的CSR行为或者真正地为消费者创造了利益（企业社会责任中的消费者责任直接效应），或者让消费者产生了企业向自己让渡利益的主观感觉（CSR的营销效应和声誉效应）。本研究还发现，消费者的个体效能感知也对消费者CSR响应决策产生重要影响，普遍存在的市场弱势感和责任消费孤独感成为消费者漠视CSR的重要原因。当然，消费者决策的影响因素也包括经由消费者自我概念所产生的情感感知因素（企业的社会责任行为所传达的企业价值观与消费者的个人价值观相一致）。访谈发现，国内消费者的利益感知、情感感知和个体效能感知都很低，一方面是由于国内的CSR水平普遍不高，未实现CSR对消费者的效应；另一方面是CSR的情境因素造成的，如CSR行为的评价和信息披露难以保真，消费者购买CSR良好企业提供的产品成本较高，责任消费氛围尚未形成等。

（2）外部影响路径——社会参照规范。

社会参照规范是消费者对CSR产生积极反应的外部影响路径，它通过对消费者个体施加影响，使个体行为符合社会规范的要求从而刺激行为发生。我们认为，中国属于高情境社会，社会参照规范对个体消费行为的影响特别显著。在访谈中发现，社会参照规范主要从消费习惯观念、社会风气氛围、政府消费表率三个方面对消费者个体行为施加影响，国内的消费者在消费时往往受这些决策影响路径产生依赖。可见，改变情境因素即社会的参照规范对于促进消费者责任消费行为具有不容低估的作用。此外，政府消费表率是短期内可以改变的，而消费习惯观念和社会风气氛围的改变往往需要一个很长的过程。

（3）行为干预——情境变革。

情境变革通过对个体心理感知和社会参照规范施加影响从而实现行为干预。对于理性的消费者来说，往往追求个人效应最大化，追求便利、简单且有益的消费需要。如果选择CSR良好的产品会使得消费行为成本过高或收益太低，那么理性的消费者即使存在消费意愿，也不可能真正实施；即便消费者能偶尔实施，也很难保证长期坚持实施。由此，政策制定者应通过多层面的政策干预机制（如经济激励政策、社会责任第三方评价、社会责任信息披露等），确保消费者能有效分辨责任信息，能够便利且低成本地实施责任消费行为，消费者才会对CSR产生强烈的敏感度，并可能形成长久的消费行为。

33.4.2 研究结论

按照上述理论模型，很容易解释我国和发达国家责任消费意识和行为的差距，也为增强消费者对CSR的感知和行为意向提供了思路。企业的CSR策略和情境变革是应当同步进行配合发展的。在深度访谈过程中，很多受访对象都表达了类似的观点。笔者认为，一方面，企业应策略性地开展CSR行为，在针对利益相关者框架中的社会责任行为中，要集中各种资源优先履行消费者责任，因为企业的所有利益最终都必须通过消费者的购买行为，通过CSR行为来增强消费者的购买意愿和忠诚度，进而提升竞争力和未来收益。此外，还要研究目标消费人群的价值取向，在资源有限的情况下，针对目标消费者的总体认知水平和价值取向，适度开展企业社会责任活动。另一方面，企业的CSR策略发挥效果需要有一定的条件或情境，只有在特定的情境结构变革条件下，CSR策略对消费者的效应才能真正显现出来，CSR在资本市场、劳动力市场的责任市场效应也是如此。情境结构变革的配套使用是异常关键的。

33.5　结语和展望

本章通过对典型消费者的访谈，应用扎根理论的研究范式，探索性地分析了消费者响应企业社会责任的内在机理和干预路径，更全面地梳理了引发消费者响应的相关变量范畴。本研究发现，消费者个体心理感知（个体利益感知、个体情感感知及个体效能感知）和社会参照规范（社会消费习惯和观念、社会风气氛围及政府消费表率）两个主范畴是影响机理中主要的作用路径。企业的相关 CSR 实施策略实现的 CSR 消费者效应方面（包括消费者责任直接效应、CSR 的营销效应和 CSR 的声誉效应）则会通过影响消费者个体心理感知来实现对消费者行为的影响。而情境变革（包括社会责任第三方评价、社会责任信息披露、经济激励政策等）通过影响消费者个体心理感知和社会参照规范这两个主范畴实现行为干预。本研究还发现，在中国情境下，影响消费者行为的心理变量除了前人研究中所提及的态度、情感、价值观等心理变量外，更主要的是消费者利益感知引致的，因此消费者责任消费的干预策略也应存在本质差异。这些结论可以为制定有效的干预策略以转变消费者消费行为模式提供针对性的政策思路和实施路径。

由于本研究建构的消费者响应 CSR 的内在机理和干预路径模型是基于小样本深度访谈和质化研究得出的，其信度和效度尚未经过大样本检验。在后续的研究中还需将一些范畴进行概念化和操作化改进，并开发出测量量表，实施问卷调查并进行相应的实证研究。此外，由于本章是基于扎根理论进行的探索性研究，就如何从 CSR 策略和情境变革两方面来影响消费者的个体心理感知和社会参照规范，进而影响消费者对 CSR 的敏感度，实现责任市场（产品市场）的初步形成，如何通过具体的 CSR 策略和社会干预政策来加大对消费者实际行为的影响效应，如何实现整合协调以最大限度地发挥二者"合力"，还需要进行深入的理论论证和实证检验。

参考文献：

[1] 李建升，李巍．企业社会责任向企业竞争优势转化的波及效应 [J]．改革，2009（11）：134－136．

[2] 许罗丹，龚程．企业社会责任的内生化研究 [J]．国际经贸探索，2010（5）：73－79．

第33章 基于扎根理论的消费者响应企业社会责任的内在机理与干预路径研究

[3] 薛求知，侯丽敏，韩冰洁. 跨国公司环保责任行为与消费者响应 [J]. 山西财经大学学报，2008（1）：68-74.

[4] 周延风，罗文恩，肖文建. 企业社会责任行为与消费者响应、消费者个人特征和价格信号的调节 [J]. 中国工业经济，2007（3）：62-69.

[5] Deborah J. Webb, Lois A. Mohr. A Typology of Consumer Responses to Cause – Related Marketing：From Skeptics to Socially Concerned [J]. Journal of Public Policy &Marketing, 1998, 17（2）：226-238.

[6] Jo lle Vanhamme, Bas Grobben. Too Good to be True! The Effectiveness of CSR History in Countering Negative Publicity [J]. Journal of Business Research, 2009（85）：273-283.

[7] Lichtenstein et al. The Effect of Corporate Social Responsibility on Customer Donations to Corporate – Supported Nonprofits [J]. Journal of Marketing, 2004, 68（4）：16-32.

[8] Lois A Mohr, Deborah J Webb. The Effects of Corporate Social Responsibility and Price on Consumer Responses [J]. Journal of Consumer Affairs, 2005（1）：121-147.

[9] Luo, Xueming, C. B. Bhattacllarya. Corporate Social Responsibility, Customer Satisfaction, and Market Value [J]. Journal of Marketing, 2006, 70（4）：1-18.

[10] Schwartz, M. S., Carroll, A. B. Corporate Social Responsibility：A Three – Domain Approach [J]. Business Ethics Quarterly, 2003, 13（4）：503-530.

[11] Sen, Sankar., C. B. Bhattacharya. Consumer-company Identification：A Framework for Understanding Consumers' Relationships with Companies [J]. Journal of Marketing, 2003（4）：76-88.

[12] Sen, Sankar., C. B. Bhattacharya. Does Doing Good Always Lead to Doing Better? Consumer Reactions to Corporate Social Responsibility [J]. Journal of Marketing Research, 2001, 38（2）：225-243.

[13] Valarie A Zeithaml, Leonoald L Berry, A Parasuraman. The Behavioral Consequences of Service Quality [J]. The Journal of Marketing, 1996（4）：31-46.

第34章
全球文化产业竞争下的文化企业社会责任[①]

随着全球化的深入，世界各国的竞争逐渐由经济层面渗透到政治、文化层面，文化在国际金融危机后的全球竞争中扮演起重要角色。文化产业的国际竞争力不仅关系到文化经济利益的获取，还会影响到国家的文化安全以及国家在国际舞台上的政治地位。在经济全球化条件下，除了类似于建设文化产业集群这样的"硬途径"，文化产业还可以通过文化企业社会责任这样的"软途径"得以发展并立足世界。本章从文化与经济融合视角出发，对全球文化产业竞争下的文化企业社会责任进行定位，在此基础上，剖析了文化企业社会责任对文化产业发展的作用，从而为中国文化产业参与全球竞争提供相关的政策与建议。

34.1 基于国家文化安全的文化企业社会责任定位

在传统安全观中，政治安全与军事安全是国家安全的重心所在。随着冷战的结束以及经济全球化的发展，国家安全观念不再局限于直接对抗的威胁，而是以一种更加长远的眼光关注那些潜在的安全隐患，文化安全问题变得更为敏感。在全球化背景下，文化企业的成长与发展自然绕不开国家文化安全问题。文化企业对国家文化安全的责任更多地由"媒介"身份体现出来。

[①] 本章作者为杨蕙馨、艾庆庆，发表在《广东社会科学》2014年第1期（有改动）。

34.1.1 价值观念的安全与文化企业社会责任定位

在互联网技术与信息技术快速发展的现代社会，扮演着"媒介"角色的文化企业与人们的日常生活形成越来越密切的关系，对人们的价值观念产生越来越大的影响。当缺乏文化价值理念的文化企业出于经济利益考虑，简单地将自己的关注度与受众的好奇心联系起来，社会公众的利益很可能就会受到侵害。如今，电影行业的"唯票房"、电视剧行业的"唯收视率"以及互联网媒体的"唯点击率"倾向进一步放大了"瓦釜效应"[①]，社会价值观念的塑造遇到前所未有的挑战，人们的视觉、听觉和感觉被大量低级恶俗的内容所浸染。"瓦釜效应"的存在使模仿电影、电视、动漫、网游情节进行犯罪的事件时有发生。

因此，文化企业需要在价值观念传播过程中担当起"把关人"的角色，将垃圾思想和信息进行"过滤"，向社会输送积极健康的价值观念，承担起价值观引导责任，这主要包括以下两个方面：第一，文化企业生产和传播的文化内容符合国家政治要求。文化企业提供的产品和服务并不会随着消费的结束而结束，文化产品和服务所附带的精神内容会继续在社会范围内传播。如果文化企业缺乏足够的政治觉悟，有意或无意地传播一些扰乱国家政治秩序的言论和思想，势必会损害国家利益。因此，文化企业需要提高自身的政治觉悟，以国家利益为重，发挥意识形态主力军的作用，积极宣传先进思想，抵制异质价值观的恶意入侵。第二，文化企业的经营行为和传播内容符合社会伦理道德。文化企业强大的传播影响力使文化企业的经营行为和传播内容对社会具有示范和教育意义，文化企业的道德自律对整个社会良好风气的形成以及道德水准的提高都具有特别重要的意义。因此，文化企业需要遵守社会伦理道德的要求，弘扬社会正气，培养高尚情操，反对生产和传播那些不合伦理道德的精神内容。

34.1.2 民族传统文化传承与文化企业社会责任定位

民族文化常常会被文化企业当成一种资源加以开发和利用，图书出版、影视生产、音像制品、动漫游戏、舞台演出、报纸杂志等行业无不闪现出民族文

[①] "瓦釜效应"由南京大学传播学者杜骏飞提出，是指在今天的大众传媒上，更有意义的新闻角色大多默默无闻，更无意义或更有负面意义的新闻角色则易于煊赫一时。黄钟奈何毁弃，瓦釜居然雷鸣。"瓦釜效应"可以导致双重伤害：报道其不该报道的以及不报道其应该报道的，都在损害社会的利益。

化的影子。文化企业是名副其实的民族文化"操刀手"。虽然，文化企业通过商业运作在发掘、弘扬和保护民族传统文化上具有特殊优势，但逐利的本性使文化企业通常只关注那些被认为具有市场潜能和开发价值的民族传统文化。功利的态度往往导致文化企业对民族传统文化的"粗加工"，民族传统文化沦为"伪民族""伪传统"。当民族传统文化成为某些企业攫取经济利益的幌子，不仅不会得到弘扬，反而还会被扭曲和丑化，离本质的文化内涵越来越远。

因此，文化企业需要关注民族传统文化的流失问题，通过专业运作来拓展民族传统文化的生命力，将民族传统文化的真正精髓发扬光大，承担起文化传承责任，这主要包括以下两个方面：第一，文化企业要保护民族传统文化。文化企业的逐利本性往往带来资本的扩张，这为具有消费性、娱乐性的现代大众文化和外来文化提供了广阔的空间，民族传统文化的地位却在无形之中受到挑战。这种文化的"挤出效应"是文化企业进行经济活动的社会成本。从某种程度上讲，文化企业需要为民族传统文化的挤出负责。此外，文化企业的市场化经营并不能消除它的文化属性和功能，文化企业的存在意义不仅在于创造经济利润，还在于传播精神文化，特别是对民族传统文化的发扬光大。第二，文化企业对民族传统文化资源开发和利用要避免负外部性。这种负外部性一方面体现在有些文化企业为赚取经济利益仅仅以民族传统文化为噱头，使民族传统文化流于形式；另一方面体现在有些文化企业缺乏对民族传统文化的深入了解和研究，在表现民族传统文化时常常出现差错。因此，文化企业需要避免对民族传统文化的空化和异化，防止误导社会公众对民族传统文化的认识和理解。

34.1.3 国家文化安全的层次与文化企业社会责任定位

根据问题聚焦的不同，国家文化安全可以分为不同的层次，包括主权层次的文化安全、公共层次的文化安全和群体层次的文化安全。文化企业在不同的文化安全层次上发挥着作用，这就需要文化企业对各个层次的文化安全承担起责任。

主权层次的文化安全聚焦于国家软实力[①]的提升。在全球化条件下，一个

---

① "软实力"（soft power）一词由美国学者约瑟夫·奈在国际关系研究中率先提出。软实力是一种同化性权力（co-optive power），它与命令他者按照自己的意志行动的硬权力或指令性权力形成了鲜明的对照，它实际上是一种柔性的国际影响力。构成一国软实力的权力资源包括本国的文化和意识形态的吸引力、多国公司的数量和实力、自身主导的国际机制的规则和制度等。

国家的世界影响力不再单靠它的硬实力,要想赢得世界的尊重和拥护还得提升自身的软实力。文化企业在维护主权层次文化安全上的潜力受到普遍关注。例如,由美国国土安全文化局(Homeland Security Cultural Bureau)确定的四大战略①可见一斑。此外,为抵御外来文化的巨大冲击,法国十分强调文化与法国"国家形象"密切相关,政府不断加强对文化发展的扶持力度,积极扶持发展文化产业。或许世界各国纷纷发展文化产业的真实初衷是文化安全意义大于经济意义。防守外来文化的冲击与在世界范围内施展中国文化的影响,是文化企业在主权层次的文化安全上面临的两项任务。文化企业需要承担起文化传播责任,利用现代化信息、传播技术、工业化手段以及专业优势等将中国文化推向世界,防御外来文化的侵蚀。

公共层次的文化安全聚焦于社会文化环境的塑造。随着文化产业的兴起和发展,社会文化环境与文化企业之间的互动特征愈发明显。一方面,文化企业根植于特定的社会文化环境之中,受到所处社会的社会结构、风俗习惯、价值观、行为规范、生活方式、文化传统等多种因素的影响;另一方面,文化企业提供的文化产品和服务能够对人们的思想、行为和生活方式产生影响,从而使社会文化环境发生改变。一些文化企业为了攫取经济利益无所不用其极,使用奇异、荒诞、怪谈、无厘头等各种手段来吸引文化消费者,企业的跟风行为进一步加剧了这种风气的形成,从而导致电视荧屏和互联网上充斥着大量低俗的节目和内容,小说、影视、演出、动漫、网游等文化形式无一幸免,这对社会文化环境产生了不良影响。这种文化上的环境污染一点儿也不亚于自然环境的污染。在全球文化产业兴起的背景下,文化企业成为最大的文化环境污染源,社会文化环境的治理和改善离不开文化企业的力量。因此,文化企业需要承担起文化环境塑造责任,向社会提供有意义、有品位的文化产品和服务。

群体层次的文化安全聚焦于青少年的成长。这一层次的文化安全强调文化传播媒介的安全,因为从传播学的角度看,不管媒介内容是真实还是虚伪的,对青少年都容易发生媒介人物认同,进而影响他们的性格和行为。某些文化产

---

① 美国国土安全文化局确定的四大战略:一是促进、培育文化生产,彰显伟大的美利坚民族的自由和力量;二是引导、建议文化领域的领导人和管理者与我们一道加入这场反恐战争;三是利用文化生产的广泛力量,向国内和国外的人们宣传美国是这个地球上最伟大的国家;四是监督、限制,在必要时关闭与恐怖组织有联系或可能对国家安全产生危害的文化组织和公司。这反映出美国在主权层次的文化安全上有着战略性的认识。

品和服务的过度娱乐化、媚俗化和趋利化都对青少年的身心有着消极影响。中国的文化审查制度并不能完全消除文化产品和服务对青少年的不良影响。中国的文化审查没有实行分级制度,成人能够接触到的文化产品也能被青少年接触到。大量包含暴力、鬼怪、色情、恐怖等元素的成人节目或游戏充斥着电视荧屏和互联网,动画片、小游戏等不再是青少年的唯一选择。在中国文化审查制度尚未完善之前,作为这些文化产品和服务的生产者和传播者,文化企业在保护青少年成长上具有义不容辞的责任和义务。因此,文化企业需要承担起文化净化责任,关注青少年这一群体的特殊文化需求。

综上所述,文化企业基于国家文化安全的社会责任定位如图 34-1 所示。

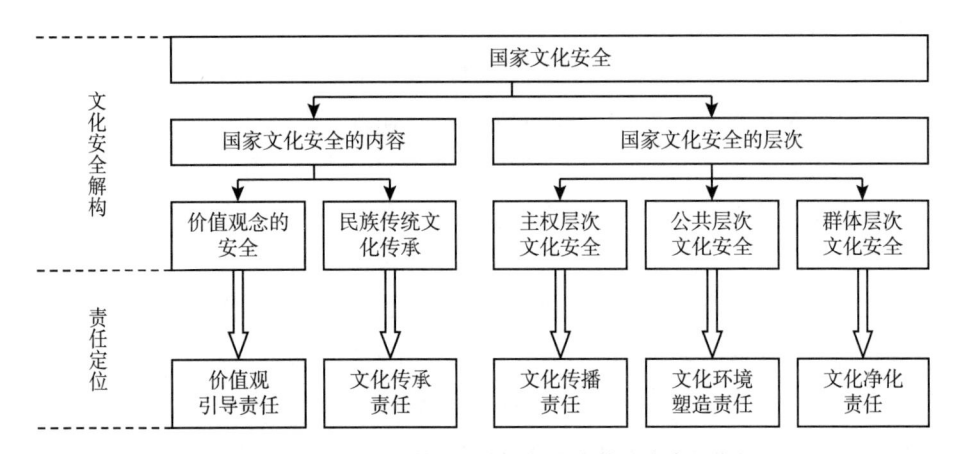

图 34-1 文化企业基于国家文化安全的社会责任定位

34.2 基于文化产业发展的文化企业社会责任定位

2008 年国际金融危机后,中国政府加快了经济转型和产业结构调整的进度,文化产业成为经济发展的重点之一。在全球化背景下,作为文化产业的微观基础,文化企业是进行全球文化竞争的重要力量。文化企业对文化产业发展的责任是由文化企业的经济属性决定的。

34.2.1 文化商业秩序与文化企业社会责任定位

文化商业秩序是文化产业内的行为主体基于文化经济利益的分配,依据一定的法律、准则、规范和机制而形成的相对稳定的关系。和谐的文化商业秩序是文化产业健康发展的前提和保证,也是文化产业实力的体现。文化商业秩序既要靠法律法规的强制性规范，也离不开文化经济行为主体的自觉遵守。文化产业价值链的专业分工以及文化企业的组织形式使文化经济行为主体之间形成了各种关系。文化商业秩序可以由文化企业与各种经济利益相关者①之间的关系反映出来。文化企业与经济利益相关者的冲突会引起文化商业秩序的混乱和失调，从而可能使整个文化产业的发展受到影响。同行之间的恶性竞争、紧张的劳资关系、版权侵犯是扰乱文化商业秩序的常见现象。减少和避免文化企业与各种经济利益相关者的冲突是文化商业秩序的基础逻辑。

因此，文化企业需要遵守文化商业经营的相关法律规范，处理和协调好与各种经济利益相关者的关系，维护良好的文化商业秩序，承担起文化商业责任，这主要包括以下两个方面：第一，文化企业需要对外部经济利益相关者负责。从产业价值链的角度考虑，文化企业的外部利益相关者包括债权人、上游企业、下游企业、顾客以及同业竞争者。文化企业与外部经济利益相关者的关系代表了文化经济利益在文化企业外部的分配格局，是文化商业秩序的核心部分。随着分工的进一步细化、产业的融合以及竞争的加剧，文化商业秩序将更加复杂，往往会牵一发而动全身。如果文化企业只顾自身利益追求而不择手段，与外部经济利益相关者形成恶性关系，那么该文化企业难以有长远发展，而且还会使文化商业秩序造成破坏，影响整个文化产业实力和水平的提升。第二，文化企业需要对内部经济利益相关者负责。从企业的组织形式出发，文化企业的内部经济利益相关者包括股东和员工。文化企业与内部经济利益相关者的关系代表了文化经济利益在文化企业内部的分配格局，直接关系到文化企业自身的稳定与发展。文化产业是文化、知识和技术高度关联的产业，人才是文化企业最核心的生产要素。文化企业需要充分考虑员工的利益需求，为员工提供满意的薪酬待遇和工作机会，同时也要兼顾到股东的投资回报要求。

34.2.2 文化品牌构建与文化企业社会责任定位

文化品牌处于文化产业价值链的高端环节，是文化产业进行国际竞争的重要手段，构建文化品牌是文化产业长远发展的必然要求。文化品牌的构建是一

---

① 按照弗雷曼（Freeman，1984）的定义："利益相关者是指能够影响组织目标实现或受到组织实现目标过程影响的所有个体和群体"，这里仅考虑与文化企业发生经济联系的个体和群体，因此称为"经济利益相关者"。

个复杂品牌体系的形成过程。文化品牌有企业或集团品牌、集群品牌、民族或区域品牌以及国家品牌之分。企业或集团品牌是文化企业或集团的个体性品牌,文化企业或集团在这个品牌之下开发系列文化产品或服务,例如光线传媒。集群品牌是基于文化产业集群而形成的群体性品牌,由集群内的文化企业共享,例如北京的798艺术区、深圳的大芬画家村。民族或区域品牌是基于民族或区域文化而形成的群体性品牌,由区域内的文化企业共享,大多由官方统一推广,例如好客山东。国家品牌是基于一国特色文化产业而形成的产业品牌形象,例如美国电影、日本动漫、韩剧等。文化品牌的构建过程是品牌的文化内涵不断丰富的过程,文化产品和服务的独创性决定了重复和模仿无益于文化品牌的发展。文化企业是构建文化品牌的重要力量,缺乏创新的文化企业不利于文化品牌体系的建设。

因此,文化企业需要用新技术、新内容和新模式来丰富品牌内涵,承担起文化创新责任,这主要包括以下两个方面:第一,文化企业需要创新文化产品和服务。与一般企业相比,产品和服务的创新对文化企业更为重要。不断的节目创新造就了湖南卫视、江苏卫视、东方卫视和浙江卫视的一流电视台地位。这四大电视台在创新速度和创新内容上都遥遥领先于其他电视台。文化产品和服务的创新速度和内容与文化创新团队的素质和水平密切相关,文化企业应当采取措施吸引优秀的文化人才,促进企业的文化创新。第二,文化企业需要创新民族传统文化。民族传统文化为文化企业的文化创新提供了丰富的素材。2012年上半年,央视播出的美食类纪录片《舌尖上的中国》以中国各地的美食生态为主要内容,通过中华美食的多个侧面展现了食物给中国人生活带来的仪式、伦理等方面的文化,使精致和源远流长的中华饮食文化得到广泛宣扬和民族共鸣。然而,中国的民族传统文化逐渐成为他国的卖点。美国动画电影《功夫熊猫》和《花木兰》均采自中国题材,将中国元素"出口"转"内销",在中国市场赚得金盆钵满。将民族传统文化赋予新时代的形式才能更好地被传播,文化企业需要发挥本土优势,增强对民族传统文化的开发能力,结合国际市场的文化需求特点,将民族传统文化推向世界。综上所述,文化企业基于文化产业发展的社会责任定位如图34-2所示。

```
        ┌─────────────────┐
        │   文化产业发展   │
发展     └────────┬────────┘
解构      ┌───────┴───────┐
         ↓               ↓
    ┌─────────┐     ┌─────────┐
    │文化商业秩序│    │文化品牌构建│
    └────┬────┘     └────┬────┘
责任      ↓               ↓
定位  ┌─────────┐    ┌─────────┐
     │文化商业责任│   │文化创新责任│
     └─────────┘    └─────────┘
```

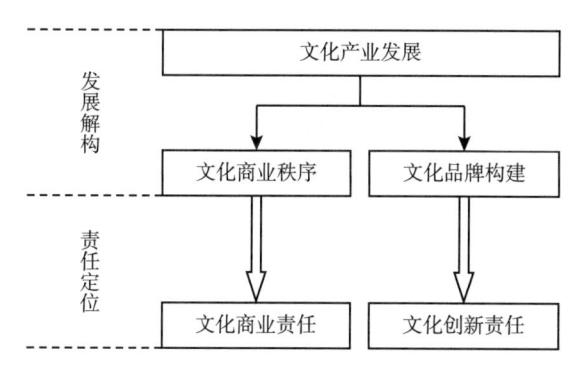

图 34-2　文化企业基于文化产业发展的社会责任定位

34.3　文化企业社会责任与文化产业发展

在全球化条件下，文化产业发展既不能局限在文化产业内部而忽视产业间的融合与协调，也不能只关注经济利益而忽视社会利益和文化利益。文化企业是文化产业的微观基础，文化企业的社会责任不仅符合文化产业与其他产业融合与协调的需要，也符合文化产业同时追求经济利益、社会利益和文化利益的需要。在全球文化产业竞争中，文化产业的发展离不开文化企业社会责任的助力。

34.3.1　文化企业社会责任与打破文化贸易壁垒

近些年，文化产业的保护与发展更是受到世界各国的普遍重视，文化贸易壁垒成为很多国家抵御外来文化入侵的盾牌。文化贸易壁垒容易引发双边或多边文化贸易的摩擦和冲突，世界贸易组织（WTO）是解决贸易争端的重要经济组织。WTO 的最惠国待遇、国民待遇等普适性原则旨在促进贸易自由化，减少贸易壁垒，增加市场准入机会，可以在一定程度上制约文化贸易壁垒的形成。但 WTO 协议中的例外、豁免条款也会形成文化贸易保护，GATT 第四条就允许通过配额手段为国内电影放映设置数量限制。此外，TRIPS 从版权、商标、地理标识、工业设计、专利、集成电路布局设计、未公开的信息（包括商业秘密）7 个方面规定了最低保护标准，并予以成员国相应的自主权利，这也反映了 WTO 协议在制约文化贸易壁垒上的局限性。文化贸易壁垒的存在源于文化产业保护主义，大多数国家通常对文化贸易进行经济、社会、政治和文化的多重考量，这是 WTO 制约文化贸易壁垒局部失效的深层原因，同时也是文化贸易壁垒复杂性的体现。在一般情况下，企业社会责任通常被认作是处理和解决企业与社会之间利益冲突的机制。而在全球文化竞争条件下，文化企业社会责任则可以看成是处理和解决本国文化产业与他国社会之间利益冲突的机制。

因此，除了 WTO 等国际性经济协调机制，还可以通过文化企业社会责任来打破文化贸易壁垒，这主要表现在以下两个方面：

第一，相对地降低显性文化贸易壁垒。显性文化贸易壁垒是指一个国家或地区在正式或非正式的国际协议中体现出来的文化产业保护措施。随着经济全球化的深入发展，社会责任逐渐贸易壁垒化。传统的关税壁垒在贸易保护措施中的地位逐渐下降，而"绿色壁垒"①"蓝色壁垒"②等贸易保护措施开始发挥重要作用。"绿色壁垒""蓝色壁垒"涉及的问题也是企业社会责任的重要内容。文化企业社会责任的贸易壁垒化在 GATT1994 相关规定中得以体现。GATT1994 第四条"有关电影片的特殊规定"允许成员国设置国产电影配额。在 GATT1994 第二十条"一般例外"中，"为维护公共道德所必需的措施""为保护本国具有艺术、历史或考古价值的文物而采取的措施"是成员国可以偏离 GATT1994 的理由。此外，由一些非政府组织发起的社会责任认证运动也是社会责任贸易壁垒化的表现。例如，由美国"国际社会责任咨询委员会"（Social Accountability International，SAI）发布的 SA8000 认证以及由欧洲"倡议商界遵守社会责任组织"（Business Social Compliance Initiative，BSCI）制定的 BSCI 行为守则。虽然这些社会责任认证主要集中在纺织品、服装、鞋类、玩具等劳动密集型行业，但随着社会责任运动的扩展，文化产业也难以回避社会责任认证问题。因此，文化企业积极履行社会责任，满足他国的社会责任要求，可以相对地减少显性文化贸易壁垒的准入限制。

第二，相对地降低隐性文化贸易壁垒。隐性文化贸易壁垒主要是指文化差异，它是一个国家或地区保护文化产业的"天然屏障"。环境保护、劳工保护等是在显性贸易壁垒中常见的社会责任问题，但社会责任包含的内容远不止这些，企业还对股东、消费者、社区等多种利益相关者负有责任。对文化企业来讲，社会责任不仅涉及众多的利益相关者，而且涉及精神文化内容。文化企业

---

① "绿色壁垒"是以环境保护和人类健康为理由而采取的贸易保护措施，通过制定繁杂的环保公约、法律法规、标准等形式对外国商品进行的准入限制。
② "蓝色壁垒"是以劳动者劳动环境和生存权利为理由而采取的贸易保护措施。

社会责任可以如同文化产品和服务一样，以意义符号的形式渗透到一个社会的道德价值体系中，在某种程度上唤起这个社会的文化认同，从而可以相对地降低文化差异所带来的隐性文化贸易壁垒。

34.3.2 文化企业社会责任与提升文化产业实力

文化产业实力是一个国家或地区进行国际文化竞争的基础。文化企业社会责任不仅有利于构建全球性文化品牌，优化文化产业价值链；而且有利于促进文化产业与其他产业的融合与协调，拓展文化产业发展平台。文化企业社会责任是提升文化产业实力不可忽视的"软力量"。

（1）文化企业社会责任与构建全球性文化品牌。

在全球文化竞争条件下，全球性文化品牌的形成对文化产业价值链的优化及文化产业实力的提升至关重要。文化企业社会责任在不同层次的品牌构建中发挥着不同的作用。

在企业或集团品牌构建层面，文化企业社会责任能够以意义符号的形式注入文化品牌，丰富和提升文化品牌形象。文化品牌是一系列形象的复杂组合，这些形象主要包含以下五个方面：一是文化产品和服务形象，主要是指文化产品和服务的质量，这是消费者感知文化品牌最重要的方面，可以直接影响消费者的购买决策；二是雇主形象，主要是指文化企业对员工权利的保证；三是企业经营形象，主要是指文化企业的信誉，包括财务信誉、商业信誉、竞争信誉等；四是社会公众形象，主要是指文化企业对社会的人文关怀；五是文化形象，主要是指文化企业所秉持的价值理念。可以看出，文化品牌形象与文化企业社会责任具有对应的关系。文化产品和服务形象对应文化企业对消费者的责任内容；雇主形象对应文化企业对员工的责任内容；企业经营形象对应文化企业对股东、上下游企业、竞争对手等利益相关者的责任内容；社会公众形象对应文化企业对社会弱势群体、社区等的责任内容；文化形象对应文化企业对价值观引导的责任内容。因此，文化企业履行社会责任的过程也是一个丰富和提升文化品牌形象的过程，文化企业可以通过积极履行社会责任促进企业或集团品牌的构建。

在群体性文化品牌（包括集群品牌、民族或地区品牌以及国家品牌）构建层面，文化企业社会责任主要通过两个方面促进文化品牌的构建。一方面是文化企业社会责任能够维护和提升共享的文化品牌形象。与企业或集团品牌相比，集群品牌多出一个集群形象，主要是指集群的专业水平；民族或地区品牌多出一个民族或地区形象,主要是指一个民族或地区的文化特色;国家品牌多出一个产业形象,主要是指文化产业的特色。集群形象、产业形象都对应文化企业的文化创新责任,民族或地区形象则同时对应文化企业的文化传承责任内容以及文化创新责任内容。文化企业在履行社会责任的过程中实现对群体性文化品牌形象的维护与提升。另一方面是文化企业社会责任能够协调文化品牌利益相关者之间的关系。文化企业的品牌利益相关者可以分为互助性品牌利益相关者、竞争性品牌利益相关者以及普通品牌利益相关者。互助性利益相关者是指与文化企业共享同一群体性文化品牌且有业务合作的非同业个体或组织;竞争性品牌利益相关者是指与文化企业共享同一群体性文化品牌的同业个体或组织;普通品牌利益相关者是指与文化企业共享同一群体性文化品牌且无业务合作的非同业个体或组织。品牌利益相关者是文化企业的外部经济利益相关者,文化企业与品牌利益相关者之间的和谐关系有利于提升群体性文化品牌的形象。而处理和改善文化企业与外部经济利益相关者的关系恰是文化企业商业责任的一部分内容。因此,文化企业可以通过履行社会责任提升群体性品牌形象,协调与品牌利益相关者之间的关系,从而为群体性文化品牌的构建贡献力量。

(2) 文化企业社会责任与文化产业的融合发展。

党的十七届六中全会提出:"推动文化产业与旅游、体育、信息、物流、建筑等产业融合发展,增加相关产业文化含量,延伸文化产业链,提高附加值。"融合发展是创新文化产业业态、做强文化产业的趋势和方向,文化产业具有产业关联度高、渗透性强、产业链条长等特点,与当代科技和许多产业存在极强的耦合关系,具有融合发展的深厚基础和广阔空间。数字内容产业和文化旅游产业是文化产业融合发展的典型代表。文化产业与其他产业的融合可以为文化的交流和传播提供多种渠道和平台,在融合发展过程中,新的文化产品和服务得以开发,文化资源得以整合与充分利用,文化产业的边界得以扩张,文化产业的规模得以扩大。

文化产业的融合发展离不开以下三个关键的方面:一是文化产业的不断创新,尤其是文化产业与其他产业的协同创新,这是文化产业融合发展的驱动力;二是文化产业的集群建设,这是文化产业融合发展的重要平台;三是复合型人才的吸引与培养,这是文化产业融合发展的基本保证。以上三个方面落脚于文化企业则涉及创新、合作与协调、员工发展等问题,而这些问题也是文化企业社会责任的重要内容。文化企业对文化创新责任的履行有利于促进新文化产品和服务的开发,使文化符号价值、文化理念等向相关产业渗透,为文化产业的融合发展提供可能。文化企业对文化商业责任的履行有利于文化企业与合作伙伴、竞争对手以及员工形成良好的关系,为文化产业的融合发展减少阻力。因此,文化企业可以通过履行社会责任来推动文化产业的融合发展,为文化产业提供宽阔的发展平台,从而提升文化产业的实力。

34.4　结论及相关建议

传统的产业发展手段(例如集群建设)并不能满足文化产业发展过程中的社会性和文化性要求,而文化企业社会责任恰恰能弥补这一缺陷。本章通过剖析得出全球化条件下文化企业社会责任对文化产业发展的两条作用路径:一是文化企业社会责任能够相对地降低显性和隐性的文化贸易壁垒,有利于拓展国际文化市场;二是文化企业社会责任能够在企业或集团品牌、集群品牌、民族或区域品牌以及国家品牌等多个层次的品牌构建过程中发挥作用,有利于文化产业实力的提升。

参与全球文化产业竞争,以文化企业社会责任促进文化产业的发展离不开政府和文化企业的共同努力。对政府来讲,需要做到:第一,重视文化企业参与全球竞争过程中所面临的国家文化安全问题,警惕外来文化对本土价值观念的冲击,引导文化企业加强对民族传统文化的保护和传承;第二,正确引导社会价值取向,监督和规范文化企业的经营行为,通过立法等手段为文化企业提供明确的行为准则;第三,推动文化品牌的体系化建设,协调不同的品牌利益相关者之间的关系,维护正常的文化商业秩序。第四,建立健全对外文化贸易磋商机制,降低社会责任的贸易壁垒化,为文化产业走出国门保驾护航。对文化企业来讲,则需要做好:第一,注重社会公众的精神诉求,传递健康的文化内容,树立正面的价值导向,避免对社会文化环境的不良影响;第二,积极进行文化创新,赋予民族传统文化新活力,提供内涵丰富、形式多样的文化产品和服务;第三,加强自身文化品牌的建设,并主动加入集群品牌、民族或区域品牌以及国家品牌等的构建中,实现共赢式成长;第四,建立社会责任管理制度,处理好与各种经济利益相关者的关系,促进文化产业的融合发展。

参考文献:

[1] 柏定国. 文化品牌学 [M]. 长沙:湖南师范大学出版社,2010.

[2] 陈绚. 大众传播伦理案例教程 [M]. 北京：中国人民大学出版社，2010.

[3] 杜骏飞. 大众传媒的瓦釜时代 [N]. 广州：南方周末，2007 年 5 月 10 日.

[4] 何镇彪. 媒介安全论：大众传媒与非传统安全研究 [M]. 北京：中国传媒大学出版社，2011.

[5] 贺宝成. 文化产业发展的范式创新 [N]. 北京：光明日报，2013 年 7 月 30 日，第 7 版.

[6] 刘跃进. 国家安全学 [M]. 北京：中国政法大学出版社，2004.

[7] 熊澄宇. 经济危机中文化产业的生机与转机 [J]. 求是，2009 (8)：60 - 62.

[8] 熊澄宇. 世界文化产业研究 [M]. 北京：清华大学出版社，2012.

[9] 余乃忠、陈东英. 文化品牌成长性研究 [J]. 重庆大学学报（社会科学版），2012，18 (4)：124 - 128.

[10] 俞新天. 软实力建设与中国对外战略 [J]. 国际问题研究，2008 (2)：17 - 22 + 73.

[11] 喻国明等. 中国人的媒介接触：时间维度与空间界面 [N]. 北京：人民日报出版社，2012.

[12] 约瑟夫·奈著，门洪华译. 硬权力与软权力 [M]. 北京：北京大学出版社，2005.

[13] 张斌. 国际文化贸易壁垒研究 [D]. 济南：山东大学博士学位论文，2010.

[14] 张玉国. 文化产业与政策导论 [M]. 北京：高等教育出版社，2006.

[15] 邹霞，袁智忠. 视觉文化价值取向的社会效应探析 [J]. 探索，2010 (4)：120.

[16] Freeman, R. E. Strategic Management：A Stakeholder Approach [M]. Boston：Pitman, 1984.

[17] Patt, A. C. The Cultural Industries Production System, A Case Study of Employment Change in Britain, 1984 - 91 [J]. Environment and Planning, 1997, 29 (11)：1953 - 1974.

第35章
文化企业社会责任的影响机制研究[①]

35.1 引　言

  文化是民族的血脉，是人民的精神家园。从党的十六大提出"文化体制改革"的任务，到十七大将"文化软实力"写入大会报告，再到十八大报告强调"建设社会主义文化强国，关键是增强全民族文化创造活力"，体现出党对文化建设的重视和方向。作为文化产业微观基础的文化企业，在社会主义文化建设中扮演着重要的角色，对相关利益者负有经济、道德和文化上的多重责任。然而遗憾的是，社会各界对文化企业的社会责任关注较少。以《财富》发布的"2012中国企业社会责任100强排行榜"为例，上榜的100家企业主要集中在电子消费、高科技、汽车、工业产品和服务、石油与天然气、原材料以及零售等行业，没有一家是文化企业。该排行榜主要从环境（包括环境管理、污染防治、资源使用、气候变化与生物多样性四个指标，占40%）、社会（包括劳动关系、消费者、社区和供应链与人权四个指标，占40%）和企业治理（董事会结构与多元化、公平市场政策、社会责任战略与承诺和社会责任沟通四个指标，占20%）三个方面进行社会责任评价。可以看出，这些指标并未考虑文化企业的特点，对文化企业的社会责任评价并不完全恰当。忽视文化企业社会责任的倾向与蓬勃发展的文化产业并不相称，势必会为文化产业的发展埋下隐患，与"社会主义文化强国"的目标相悖。

[①] 本章作者为艾庆庆、杨蕙馨，发表在《山东大学学报》（哲学社会科学版）2013年第2期（有改动）。

对文化企业社会责任影响机制的探讨，有利于理解文化企业履行社会责任的过程和特点。但关于企业社会责任影响因素的研究大多针对非文化企业，对文化企业社会责任的影响机制鲜有提及和深究。阿圭尼斯和格拉法斯（Aguinis and Glavas，2012）对已有的企业社会责任研究进行了归纳总结，企业社会责任的影响因素主要分布在三个层次：一是制度层次，主要包括利益相关者压力、模仿的力量、贸易压力、顾客评价和购买决策、利益相关者行动、标准认证、第三方评价和国家背景等；二是组织层次，主要包括组织利益、企业使命、企业价值观、国际多样化、组织形式、CEO薪酬结构、社会问题参与和社会责任的组织激励等；三是个体层次，企业社会责任的管理者承诺和激励、企业社会责任培训、CEO价值观、CEO对利益相关者价值的强调和员工价值观等。已有研究大多仅仅从一个层次来探讨企业社会责任的影响因素，缺乏跨越层次的探究，难以对企业社会责任的影响机制有全面系统的认识。虽然施瓦兹和卡罗尔（Schwartz and Carroll，2003）从综合视角来研究企业社会责任的影响机理并提出企业承担社会责任的经济、制度与道德动力，但他们的研究相对笼统，没有深入企业内部，"企业黑箱"仍然未被打开。

随着文化产业的迅猛发展，企业社会责任的研究面临着新的挑战，这主要表现在以下几个方面：首先，文化企业具有特殊性。文化企业作为文化与经济互动的微观机制，既是一种经济组织形式，又是一种精神传播媒介，同时具有经济属性和文化属性。这就决定了文化企业的社会责任内容不同于其他企业，除了经济责任、法律责任、道德责任、慈善责任（Carroll et al.，1979）等，文化企业还得承担起自身的文化使命，对文化传播、文化创新和价值观引导等同样负有责任。其次，文化与经济的融合使企业处于更为错综复杂的关系中。在文化经济背景下，文化、科技、资本等广泛并深入地融合，这种融合深刻地影响着企业间乃至产业间的关系，使得企业间、产业间的协调与合作更为重要，企业的行为受到更多外部利益者的监督和约束。尤其对容易与外部发生各种关联的文化企业来说，社会责任行为与外部关系治理行为交织重叠在一起，需要进一步的研究来厘清这种关系，以便为企业的经营决策提供综合指导。最后，企业社会责任的文化性愈发明显。从本质上讲，企业社会责任是一种经济文化，它沿着"企业社会责任意识→企业社会责任行为→企业社会责任制度→企业社会责任风俗"的路径进行演化。同时，企业社会责任反映的是企业对待社会的态度和价值观，是组织文化的外在表现。在文化企业中，组织文化更为紧密地融合在社会责任中,两者的关系有待明确。

文化企业作为社会文化整合与传播的重要机制,其社会责任表现具有很强的示范意义。因此,如何提升文化企业的社会责任表现水平至关重要。本章以文化与经济融合为视角,从内、外两个方面对文化企业社会责任的影响因素及机制进行探讨,试图提出一个文化企业社会责任影响机制的综合的理论框架。

35.2 文化企业对社会责任的反应过程

沃尔迪克和考驰然(Wartick and Cochran,1985)提出的企业社会责任(corporate social responsibility,CSR)绩效模型中将企业社会响应过程分为四种类型,分别是反应、防御、适应和前瞻;沃德(Wood,1991)则认为企业社会响应过程包括环境评估、利益相关者管理和问题管理三方面。前者只是将企业可能采取的社会责任策略进行分类,后者也只是从责任内容的角度对社会责任管理进行分解,两者都没有抓住企业对社会责任反应的本质过程。企业对社会责任的反应过程实质上是一个伴随着社会责任信息刺激和处理的连续过程,如图35-1所示。企业在与政府、消费者、股东、员工和社区等各种利益相关者接触的过程中,会收到利益相关者的期望信息,例如,政府期望企业遵纪守法,消费者期望企业生产优质的产品,股东期望企业创造丰厚的利润,员工期望企业提供良好的待遇,社区期望企业开展慈善活动。这些期望正是各种利益相关者对企业提出的社会责任要求。在面对这些社会责任要求时,不同的企业会采取不同的信息处理方式,有的企业只是从经济利益出发,功利地"忽视"某些利益相关者的社会责任要求;而有的企业则会兼顾到社会道德,相对全面地考虑利益相关者的社会责任要求。社会责任信息处理方式的不同会使企业对利益相关者优先度的排序有所不同,有的企业是政府先行,有的企业是消费者先行,而有的企业是员工先行,这又会影响到企业对社会责任的态度及行为倾向,进而对企业履行社会责任的效果产生影响。

利益相关者 → CSR要求 → CSR信息处理 → 利益相关者优先度 → 对CSR的态度 → 对CSR的行为倾向

图35-1 企业对社会责任反应的一般模型

从经济的角度来看，文化企业是一种营利性组织；从文化的角度来看，文化企业又是一种精神传播媒介。经济和文化的双重属性使文化企业对社会责任的反应过程不同于其他企业，这主要表现在两个方面：一是利益相关者对文化企业履行社会责任有着特殊的期望和要求，除了在经济、法律、道德和慈善上的诉求，利益相关者对文化企业多了一层文化上的期待，例如，文化企业应当释放积极向上的价值观、重视文化传承、致力于文化发展等，这就需要文化企业对宗教信仰、风俗习惯、文学艺术等人类精神文明负责，承担起文化责任；二是文化企业对社会责任信息处理的方式和路径有别于其他企业，文化企业经济和文化的双重属性决定了文化企业在处理社会责任信息时有经济和文化两条路径。沿经济路径，企业的关注集中在与经济利益直接相关的社会责任信息上，一方面是利益获取的信息，例如，履行社会责任能否促进文化产品或服务的销售、能否为品牌增值以及能否获得财政上的支持或税收上的减免等；另一方面是成本负担的信息，例如，履行社会责任会为企业造成多大的成本投入、不履行社会责任会对企业造成多大的经济损失等。沿文化路径，企业的注意力则集中于与文化本身密切相关的信息线索上，例如，履行社会责任对自然和社会文化环境的改善程度、对民族传统文化的保护和传承力度、对社会价值观的导向以及对文化创新的贡献等。文化企业对社会责任信息处理的经济路径和文化路径并不是截然分开，而是交织在一起。文化企业处理社会责任信息的过程是一个复杂系统的过程，它既会考虑自身的经济属性，又会结合自身的文化属性，只不过不同的文化企业会在经济路径和文化路径之间有所侧重。那些侧重于经济路径的文化企业会优先考虑政府、股东和消费者等利益相关者，对社会责任持有比较功利的态度和行为倾向；而那些侧重于文化路径的文化企业会优先考虑自身的文化使命，以社会公众的精神利益为重，对企业社会责任持有比较纯粹的态度和行为倾向。基于以上分析，文化企业对社会责任的反应模型如图 35-2 所示。

在处理社会责任信息时，不同的文化企业会在经济路径和文化路径之间有所侧重，这主要受到企业对社会责任认识和理解的影响。如果一家文化企业认为社会责任与自身的关联程度不大，那么这家企业更容易通过经济路径处理社会责任信息，导致功利的社会责任态度和行为；相反，如果一家文化企业认为履行社会责任是一件重要的事情，那么这家企业更可能全面深入地思考社会责任，兼顾经济和文化两条路径来处理社会责任信息，从而形成稳定的社会责任态度和行为。这种企业感知的自身与社会责任的关联程度,叫作社会责任卷入[①]。也就是说,社会责任卷入影响着文化企业对社会责任信息处理路径的选择和侧重,进而影响到企业的社会责任行为。社会责任卷入度高的文化企业更能全面、认真地履行社会责任,从而达到较高的社会责任表现水平;而社会责任卷入度低的文化企业则容易以应付的态度进行短期的社会责任行为,不利于形成高水平的社会责任表现。社会责任卷入可以从认知、情感和行动等三个方面来衡量。社会责任认知卷入是指文化企业理性认为的社会责任的重要程度;社会责任情感卷入是指文化企业对社会责任的偏好程度;社会责任行动卷入是指文化企业前期对社会责任所做的投入。社会责任卷入是一个连接着文化企业、社会责任以及情景的复杂整体,社会责任卷入度的高低必然受到文化企业内外部因素的共同影响。

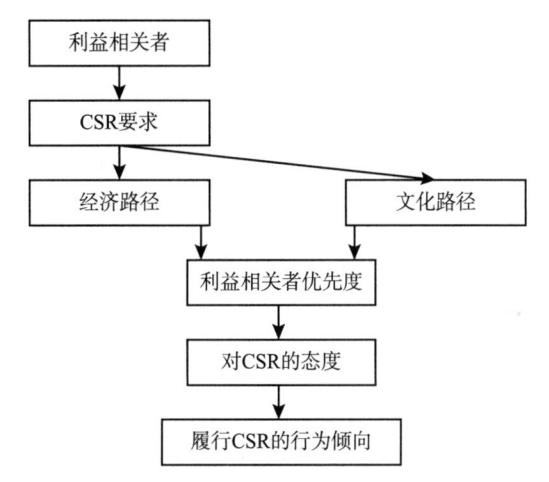

图 35 - 2 文化企业对社会责任的反应

[①] 社会责任卷入主要借鉴了卷入(involvement)研究领域的概念。舍瑞弗和森垂尔(Sherif and Centril)在 1947 年首次提出卷入,认为卷入是与个体自身高度关联的,他们认为卷入会在很大程度上决定个体对卷入的事物的态度。在卷入研究这个领域最为人熟知的是载驰科斯基(Zaichkowsky),她在 1985 年提出卷入是个体感知到的与某事物的关联性,这种关联性是个体基于内在的需要、价值和兴趣而产生的。卷入存在于任何一个关乎个体自我态度和再现价值的事物中,卷入度是根据内在的需要、价值和兴趣而感知到的与客体的关联性。卷入的概念常被用于市场营销研究中,例如产品卷入度、广告卷入度等。卷入度是一个连接着个体、产品特性和情境的复杂整体,感知主体与感知客体之间相关联的状态大小亦称卷入度高低。

35.3 文化企业社会责任卷入的价值观驱动——组织文化

35.3.1 文化企业组织文化的特点

不同的学者对组织文化有着不同的理解，主要有四种观点：一是载体论，欧驰（Ouchi，1981）认为组织文化由传统和风气所构成，包括一整套象征、仪式和神话，用于传递企业的价值观和信念；二是观念论，组织文化被认为是组织确定活动、意见和行为模式的价值观（Pascale et al.，1981），彼得斯和沃特曼（Peters and Waterman，1981）也有类似的观点，认为组织文化是有组织的领导和员工共同遵守的价值观和信念；三是知觉论，组织文化是一种组织内非常一致的知觉（Robbins et al.，1983）；四是行为论，组织文化是组织成员共有的行为方式（Hampton et al.，1987），指导员工在组织内如何做事的一套规则（Wallach.，1983）。尽管这些观点有所差异，但它们都强调以下几点：第一，组织文化为组织成员所共同拥有；第二，价值观是组织文化的核心；第三，组织文化指导企业行为。对文化企业来说，组织文化的内涵与其他企业并无二异，但文化企业的组织文化又有其特殊之处，主要表现在组织文化形成、传递及影响三个方面。

在组织文化形成上，文化企业具有更为复杂的机制。通常，组织早期的文化形成与创始者的价值观有关，组织创始人通过描述组织应该是什么样子的方式来实现组织文化的建立，由于大多数新成立的组织规模较小，这就有利于创始者向组织的全体成员灌输他的愿景。随着组织的成长，创始者对组织日常活动做出决策，这些决策也形成了组织文化。除了领导价值观和组织决策外，文化企业的组织文化形成还受到文化资源的影响。文化资源不仅是文化生产过程中的一种投入要素，也作为意义符号向企业领导和员工渗透价值理念，悄无声息之间塑造着组织文化。

在组织文化传递上，文化企业具有更为特殊的方式。对一般企业来说，企业内外部的关系网络是组织文化传递的载体和渠道，组织内学习和组织间学习是组织文化在组织内外传播的重要方式。而在文化生产过程中，组织文化和文化资源同时以意义符号的形式糅合在一起，输入到文化产品和服务中，并通过文化产品和服务的消费过程进行传播。文化企业的文化属性决定了这种特殊的组织文化传播方式。

在组织文化影响上，文化企业具有更广的范围和更强的力度。信息技术和网络技术的发展实现了文化产品和服务的大范围快速传播，文化企业的组织文化也随之向外渗透扩散。传递方式的特殊性使文化企业的组织文化影响更为广泛。此外，文化企业作为社会价值观传播的向导，它的组织文化能够更容易也更深刻地嵌入到大众的理念中。

35.3.2 组织文化对文化企业社会责任卷入的影响机理

文化企业对社会责任的认识，即自身与社会责任的关联程度如何，首先受到企业内部价值观的驱动影响。组织文化是组织信奉并付诸实践的价值理念（魏杰，2002），是指导组织成员如何做事的一套规则，组织文化对企业的决策行为和决策结果产生深远影响。一个企业在社会责任上的表现如何，往往能反映出该企业秉持怎样的价值观，因为价值观是态度和行为产生的基础（Hilton，2003）。组织文化作为组织成员所共同拥有的价值观，势必会对企业的社会责任行为产生影响。赫根斯等（Heugens et al.，2008）认为，组织共有的价值体系是组织善举的显著来源，尤其外部环境呈现不一致的期望时。"组织文化—社会责任表现"关系反映的是"价值观—行为"关系，这种关系是复杂的，通常有中间机制发挥作用。从文化企业对社会责任的反应过程来看，社会责任卷入恰恰在"组织文化—社会责任表现"关系中起到中介作用，即组织文化影响文化企业社会责任卷入度的高低，进而影响社会责任的表现水平。

文化企业的组织文化通过"组织文化→员工社会责任投入→社会责任卷入""组织文化→社会责任决策→社会责任卷入""组织文化→利益相关者（除员工外）行为→社会责任卷入"等三条路径对社会责任卷入产生影响，如图35-3所示。其中，"组织文化→员工社会责任投入→社会责任卷入""组织文化→社会责任决策→社会责任卷入"两条路径发挥着强作用，而"组织文化→利益相关者（除员工外）行为→社会责任卷入"路径的作用相对较弱。

组织文化影响最大的是组织成员，组织成员是组织文化习得、吸收、传承的载体，是组织文化发挥作用的核心影响因素。组织文化通过影响人力资源的管理实践影响组织氛围，进而影响员工的工作态度、工作行为以及对组织的奉献精神（Scheider，1900）。员工对社会责任的看法以及愿意为其做出的努力在很大程度上决定了文化企业社会责任卷入度的高低。在支持企业社会责任的组织文化中，员工容易对企业社会责任产生较高的承诺，以更高的工作效率和更多的精力投入企业社会责任活动中，对社会责任有较高的投入程度，从而提升企业的社会责任卷入度。在不支持企业社会责任的组织文化中，员工参与企业社会责任活动的积极性将会被削弱，不利于提升企业的社会责任卷入度。

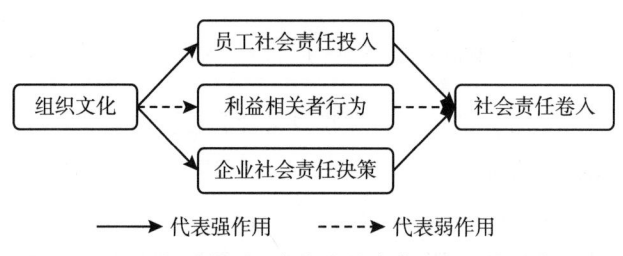

图 35-3　组织文化对文化企业社会责任卷入的影响机理

组织文化与企业的经营决策有着密切关系。组织文化是由价值、信仰、假设、象征所形成的复杂集合，用来指引企业的行为模式（Barney，1986），是指导企业制定员工和顾客政策的宗旨。组织文化通过社会责任决策更多地影响到文化企业的社会责任行动卷入。在支持企业社会责任的组织文化中，管理者的企业社会责任态度和行为更为积极，更容易做出促进企业社会责任行为的决策，使企业有较高的社会责任行动卷入水平。而在不支持企业社会责任的组织文化中，积极的企业社会责任决策可能会受到抵制，社会责任的投入较少，降低了企业的社会责任行动卷入度。

组织文化会直接或间接地影响到利益相关者的行为。就社会责任而言，组织文化影响利益相关者对企业社会责任的参与程度，进而影响企业的社会责任卷入。在支持企业社会责任的组织文化中，利益相关者更愿意配合企业的社会责任活动并提出改善建议，从认知、情感和行动等多维度提高企业社会责任的卷入水平。在不支持企业社会责任的组织文化中，利益相关者缺乏参与社会责任活动的动力，不仅不会促进企业的社会责任卷入，甚至使利益相关者对企业产生排斥情绪。

35.4 文化企业社会责任卷入的环境推动——关系网络

35.4.1 文化企业关系网络的特点

根据社会学的观点，网络是指某特定人群之间的特殊联结，这些联结形式的重要性可用来说明这群人之间的社会行为（Mitchell，1969）。对这群人之间关系结构的探究，有利于了解结构对群体产生的作用，以及关系结构如何影响群体内的个人（Wasserman et al.，1994）。逐渐地，社会网络的观点被用来解释人类的经济行为。伯特（Burt，1992）指出，在经济活动的运作过程中，行动者会形成一个经济交易以外的社会市场结构，行动者在此网络结构中发展相互关系，并且交换或分享与组织有关的信息。也就是说，人类的经济活动镶嵌在人际关系网络中，交易行为是在社会互动中做出的（Granovetter，1985）。企业关系网络形成的一个重要原因是获取资源，企业通过企业间的关系网络来识别、获得和利用外部的互补性资源，进而获得竞争优势（Powell et al.，1996）。文化企业与各种利益相关者的交错关系构成了文化企业的关系网络。以影视制作企业为例，其关系网络涵盖了政府审查机构、编剧、投资方、发行院线、广告商、社会大众等众多利益相关者。文化企业关系网络的特殊之处主要表现在以下方面：

在关系网络互动上，文化企业具有更多的文化互动。互动是关系网络发挥作用的前提，资本、技术、信息、经验等是关系网络中常见的互动内容。与其他企业相比，在文化企业的关系网络中，文化的互动更为重要且频繁，这是因为：一方面，文化生产所需要的文化资源散布在关系网络中；另一方面，文化产品或服务所蕴含的精神内容能够超越消费过程在关系网络中传播。文化流是文化企业关系网络中的核心，它影响着物质、知识等在关系网络中的流动。

在关系网络嵌入上，文化企业具有更高的嵌入程度。文化企业对文化资源具有很强的依赖性，且容易与其他产业发生融合，这就要求文化企业与外部建立和保持一种相对稳定的联结关系，从而来保证企业的持续经营。创新是文化企业的核心，成功的文化创新离不开企业对社会文化的洞察和把握，此外，文化企业生产和传播的精神内容会对社会价值观、行为方式和道德风气等产生影响，这都说明文化企业与社会有一种"天然的亲近"，文化企业深深地嵌入在社会文化环境中。

35.4.2 关系网络对文化企业社会责任卷入的影响机理

除了内部价值观的驱动，文化企业的社会责任卷入还受到关系网络的影响，因为错综复杂的关系网络构成企业生存和经营的环境，对企业的资源获取、经验分享及战略决策行为有着至关重要的影响。那些不能与其他企业建立起必要联结的企业，将遭受"未联结之负债"的困扰，使企业的学习和创新能力大为减弱。"关系网络—社会责任表现"关系反映的是"环境—行为"关系，这种关系也有着复杂的中间机制。在分析网络特征时，需要验证四个问题：第一，行为者在网络中的位置是如何限定他们的利益与行为；第二，行为者是如何利用他们在网络结构中的有利位置发展他们的利益或公用事业的观念；第三，利益和社会结构条件是如何限制行为者的行为；第四，行为者的行为是如何反作用于网络结构（马丁等，2007）。就社会责任而言，第一、第三、第四个问题说明关系网络能够对文化企业的社会责任行动卷入产生影响，第二个问题则说明关系网络能够对文化企业的社会责任认知卷入产生影响。社会责任卷入在"关系网络—社会责任表现"关系中起到中介作用，即关系网络影响文化企业社会责任卷入度的高低，进而影响社会责任的表现水平。

文化企业的关系网络通过"关系网络→企业社会责任能力→社会责任卷入""组织文化→企业社会责任规范→社会责任卷入""组织文化→企业社会责任监督→社会责任卷入"等三条路径对社会责任卷入产生影响，如图35-4所示。

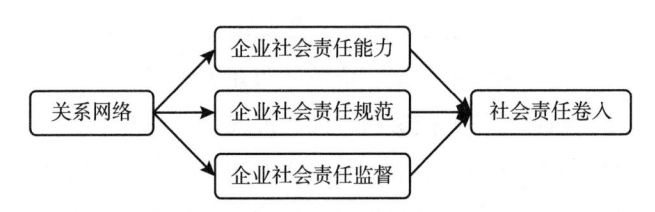

图35-4 关系网络对文化企业社会责任表现的影响机理

企业拥有资源的多少从某种程度上反映了企业能力的大小。关系网络作为企业获得外部互补性资源的重要方式，会影响企业履行社会责任的能力，进而对企业社会责任卷入产生影响。紧密的关系通常能够为企业的社会责任活动提供更多的资源、经验和配合，使企业的社会责任能力得以提升，从而使企业在认知和行动上对社会责任有较高的卷入水平。而疏松的关系缺乏资源和经验的分享，不利于企业社会责任能力的提升，也就不利于促进企业的社会责任卷入。

网络成员嵌入在与其他成员构成的关系网络中，整个关系网络则在更大层面上嵌入社会结构中（Uzzi，1997）。关系网络中的行为惯例以及社会结构中的法律法规、文化期待、观念制度等共同构成了颇具约束力的"网络规范"，影响着网络成员的行为和决策。这种"网络规范"为企业的社会责任活动提供了参考标准。紧密的关系使企业的社会责任活动更为"规范"，更能满足各利益相关者的期望，社会责任的卷入水平也就更高。反之，疏松的关系使企业社会责任活动的规范性下降，容易忽视或轻视利益相关者的期望，社会责任卷入也就处于较低的水平。

如果网络组织形成了一种强势的制度规范，那么整个网络无形中就拥有了一种惩治"不合法"经济活动的力量，这种力量会威慑网络成员必须按照既有规则行事，鼓励企业避免"不合法行为"的发生（DiMaffio et al.，1983），对企业行为形成监督。紧密的关系会使企业的社会责任活动受到较强的监督力度，一旦出现"不合法行为"，企业将会受到严厉的制裁，迫使企业积极努力地承担社会责任，形成较高的社会责任卷入水平。疏松的关系会降低企业社会责任活动受监督的程度，企业积极主动投入社会责任的可能性降低，社会责任卷入度也会较低。

35.5　综合机制：价值观驱动与环境推动的耦合

35.5.1　概念分维及理论假设

（1）文化企业的社会责任。

卡罗尔（Carroll，1991）提出了企业社会责任概念的经典模型——"金字塔"模型，认为企业需要承担经济责任、法律责任、伦理责任和慈善责任。后来学者们又相继提出了"三重底线"模型、"维恩图"模型和"3＋2"模型，但始终没有超越出"金字塔"模型奠定的内容范围。其中，"三重底线"模型将企业社会责任分为经济责任、社会责任和环境责任（Elkington，1997）；"维恩图"模型将企业社会责任分为经济责任、法律责任、道德责任（Schwartz et al.，2003）；"3＋2"模型将企业社会责任分为强制性社会责任（包括经济责任、法律责任、道德责任)和自愿性社会责任(包括自由决定的策略性责任、自由决定的慈善性责任)(Jamali, 2007)。然而,文化企业不同于其他企业,它不仅具有经济属性,还具有文化属性,这就使文化企业不能忽视自身的文化使命。因此,文化企业的双重属性决定了文化企业社会责任的内容,包括商业责任、环境责任、文化责任和公益责任。其中,商业责任是指文化企业在发挥经济功能时对各种经济利益相关者所负有的责任;环境责任是指文化企业对自然环境的责任;文化责任是指文化企业对宗教信仰、风俗习惯、道德情操、文学艺术等人类精神文明的责任;公益责任是指文化企业支持和参与公益活动的责任。

(2) 社会责任卷入—社会责任表现。

社会责任卷入是企业感知的自身与社会责任的关联程度,可分为三个维度:一是社会责任认知卷入,指文化企业理性认为的社会责任的重要程度;二是社会责任情感卷入,指文化企业对社会责任的偏好程度;三是社会责任行动卷入,指文化企业前期对社会责任所做的投入。当文化企业对社会责任在认知、情感和行动上有较高卷入时,文化企业会结合自身的经济和文化双重属性选择全面慎重的社会责任信息处理方式,能够较好地履行社会责任。因此,文化企业的社会责任卷入对社会责任表现具有正向的影响。此外,企业资源的多少能够限制一个企业对社会责任的投入量。在企业资源相对丰富的状态下,"社会责任卷入—社会责任表现"的关系将更为显著,即企业资源在"社会责任卷入—社会责任表现"关系中起到调节作用。

(3) 组织文化—社会责任卷入—社会责任表现。

人本主义的组织文化强调员工之间的合作、和谐的重要性,在此组织中,员工相互支持、相互帮助,对他人的意见和建议感兴趣,关心他人的需要,在涉及他人的决策中考虑他人(Cook et al., 1989)。这种关爱、和谐的价值观和政策不仅适用于员工,也适用于其他利益相关者(Maigan et al., 1999)。可以看出,人本主义的组织文化是一种支持社会责任的文化,它对社会责任卷入会产生正向影响,进而对企业社会责任表现产生正向的影响。

(4) 关系网络—社会责任卷入—社会责任表现。

节点在网络中所处的位置以及网络各节点间的关系是社会网络分析的两个基本维度(Burt, 1985),可以从结构特征和关系特征两个方面来认识和理解关系网络对文化企业社会责任卷入及表现的影响。网络密度和网络中心度常被用来衡量网络的结构特征。网络密度是指网络中成员间相互联系的强度,成员间联结有助于知识的流动，随着网络密度提高，网络中的联结增多，成员之间的沟通更加充分且知识转移更加有效（Oliver，1991）；网络中心度则描述了企业在网络中的位置，进而反映出企业在网络中的权力大小（王琴，2012）。网络密度和网络中心度越大，意味着文化企业既容易获取进行社会责任活动的资源和经验，又面临网络成员的高要求和强监督，社会责任卷入度相对较高，在社会责任的表现上也就越出色。在网络的关系特征方面，关系强度和关系持久度是两个重要的指标。关系强度刻画了企业与其他网络成员之间的信任程度和互惠程度，是关系质量的反映；关系持久度则强调关系网络的稳定性。关系强度和关系持久度越大，文化企业越愿意积极维护既存的互惠关系，且越可能采取长期的社会责任行为，有着较高的社会责任卷入度，也就越有利于提升社会责任表现。总而言之，关系网络的结构特征和关系特征对文化企业的社会责任卷入具有正向影响，进而对社会责任表现具有正向影响。

35.5.2 综合机制的形成

组织文化是文化企业社会责任行为的内在价值观，决定着文化企业对履行社会责任的主观态度和努力程度；关系网络是文化企业社会责任行为的外在环境，代表着文化企业承担社会责任的客观要求和约束力度。无论是"价值观—行为"关系，还是"环境—行为"关系，都只能从某一方面来解释文化企业社会责任的影响因素，这种或内或外的割裂研究，难以对文化企业社会责任的影响机制进行全面的把握。在实践过程中，来自企业内部和外部的各种因素交织在一起，共同影响着企业的行为及结果。文化企业的社会责任行为既有内在价值观的驱动影响，又受到外部环境的监督和约束。如果文化企业的社会责任行为只是受到内部价值观驱动而缺乏外部推动，那么文化企业将陷入"孤独责任者"的境地，在社会责任活动中需要付出更多的成本和代价，更不要说发挥示范和传播作用。而如果文化企业的社会责任行为只是被外部强制推动而不是发自内心的认同，那么文化企业将成为"木偶责任者"，很难在社会责任活动中有高度的投入，社会责任表现的水平可想而知。因此，较好的社会责任表现离不开组织文化和关系网络的双重驱动。也就是说，组织文化和关系网络的交互作用对文化企业社会责任的表现具有正向影响。而社会责任卷入在"组织文化—社会责任表现"关系及"关系网络—社会责任表现"关系中起到中介作用，因此，组织文化和关系网络的交互作用首先对社会责任卷入产生正向影响，进而对社会责任表现产生影响。综上所述，文化企业社会责任的影响机制即综合机制，如图 35-5 所示。人本主义的组织文化、关系质量、关系持久度、网络密度和网络中心度通过社会责任认知卷入、社会责任情感卷入以及社会责任行动卷入的中介作用，对文化企业的商业责任、环境责任、文化责任和公益责任产生影响；企业资源在社会责任卷入与社会责任表现之间发挥调节作用。

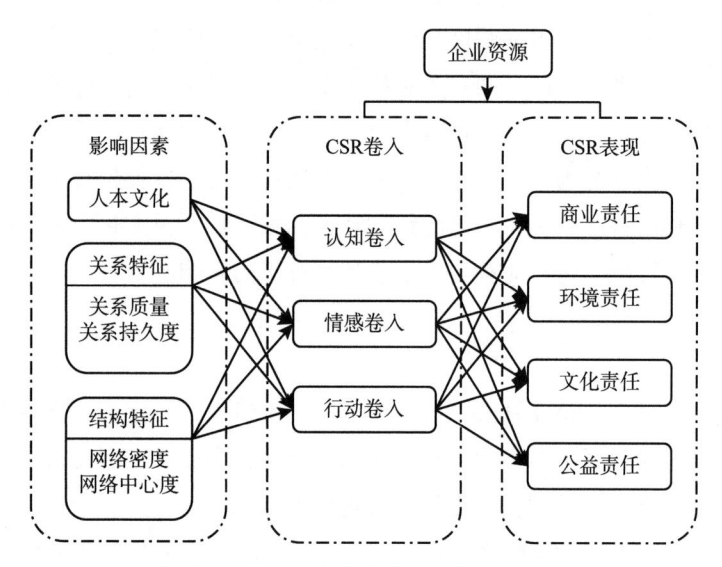

图 35-5　文化企业社会责任的影响机制

综合机制的提出可以弥补已有社会责任研究对文化企业特殊性及内部机制剖析不足的缺陷，文化企业履行社会责任的规律和特点得以更好地理解和把握。文化企业不负责的情况时有发生。很多文化企业的社会责任意识不强，社会责任卷入度较低，只从自身的经济利益出发来对待社会责任，忽视了自身所具有的传播、示范的文化性。背后更深层次的原因是：一方面，这些文化企业的价值观相对功利，没有形成支持社会责任的组织氛围；另一方面，这些文化企业与利益相关者缺少良性互动，漠视了部分利益相关者的社会责任要求。

35.6　结论与启示

文化企业组织文化和关系网络的特点显示出，文化企业在社会结构中有一种强有力的文化嵌入，这种文化嵌入的特性使文化企业的社会责任表现受到组织文化和关系网络的共同影响。组织文化能够反映文化企业承担社会责任的自觉程度，人本主义的组织文化会对文化企业的社会责任表现产生有利影响。而关系网络则描述了文化企业履行社会责任的客观要求，文化企业在网络中的位置和关系质量会影响到文化企业的社会责任表现，紧密的关系更利于文化企业的社会责任表现。社会责任卷入反映了文化企业对社会责任稳定的态度和行为倾向，对文化企业处理社会责任信息的方式和路径选择产生影响，在组织文化和关系网络与社会责任的表现中起到中介作用。此外，企业资源作为对文化企业行为的约束条件，在"社会责任卷入—社会责任表现"关系中起到调节作用。

通过从企业内、外视角对文化企业社会责任的反应过程及影响因素进行剖析，可以得到以下启示：首先，文化企业对社会责任的反应过程具有特殊之处，在社会责任信息处理上同时具有经济路径和文化路径，这就需要文化企业在履行社会责任时充分考虑到自身的经济和文化属性，避免因忽视文化属性而招致社会公众对企业行为的不满。其次，社会责任表现水平的提升需要从企业内、外两方面抓起，在文化企业内部，要重视人本主义组织文化的建设，增进内部价值观的驱动力量，提高履行社会责任的主动性，体现出文化企业的文化自觉；在文化企业的外部，要与利益相关者保持紧密的联系，适时获取各种社会责任信息，以便及时满足利益相关者对企业的合理期望。再次，文化企业可以将社会责任与网络治理相整合，社会责任和网络治理有着重叠的作用对象和相似的作用机理，文化企业在进行相关决策时可以综合考虑将两者结合在一起，从而减少重复成本。最后，关系网络描述了文化企业履行社会责任的客观要求，文化企业在网络中的位置和关系质量会影响到文化企业的社会责任卷入水平，进而影响社会责任的表现水平，政府和其他利益相关者可以利用关系网络的作用机制，对企业承担社会责任施加影响，推动社会和谐发展和综合社会效益的实现。

参考文献：

[1] 马汀·奇达夫，蔡文彬. 社会网络与组织 [M]. 北京：中国人民大学出版社，2007：31.

[2] 王琴. 网络治理的权力基础：一个跨案例研究 [J]. 南开管理评论，2012 (3)：91-100.

[3] 魏杰. 企业文化塑造 [M]. 北京：中国发展出版社，2002：12.

［4］ Aguinis H. and Glavas A. What We Know and Don't Know About Corporate Social Responsibility: A Review and Research Agenda ［J］. Journal of Management, 2012, 38 (4): 932 – 968.

［5］ Barney J. B. Organizational Culture: Can it be a Source of Sustained Competitive Advantage? ［J］. Academy of Management Review, 1986 (11): 656 – 665.

［6］ Burt R. S. Structural Holes: The Social Structure of Competition ［M］. Cambridge: Harvard University Press, 1992.

［7］ Burt R. Toward a Structural Theory of Action: Network Models of Social Structure, Perception and Action ［J］. The American Journal of Sociology, 1985, 90 (6): 1336 – 1338.

［8］ Carroll A. B. A Three – dimensional Conceptual Model of Corporate Performance ［J］. Academy of Management Review, 1979, 4 (4): 497 – 505.

［9］ Carroll A. B. The Pyramid of Corporate Social Responsibility: Toward the Moral Management of Organizational Stakeholders ［J］. Business Horizons, 1991, 34 (4): 39 – 48.

［10］ Cook R. A. & Hartmann J. L. Interpreting the Cultural Styles Measured by the OCI, In Organizational Culture Inventory Leader's Guide ［M］. Plymouth, MI: Human Synergistics, 1989.

［11］ DiMaffio J. P. & Powell W. W. The Iron Cage Revisited: Institutional Isomorphism and Collective Rationality in Organizational Fields ［J］. American Sociological Review, 1983 (48): 147 – 160.

［12］ Elkington J. Cannibalswith Forks: The Triple Bottom Line of 21st Century Business ［M］. Oxford, UK: Capstone Publishing, 1997.

［13］ Granovetter M. S. Economic Action and Social Structure: The Problem of Social Embeddedness ［M］. American Journal of Sociology, 1985, 91 (3): 481 – 510.

［14］ Hampton D. , Summer C. & Weber, R. , Organizational Behavior and the Practice of Management (5th ed.) ［M］. Glenview, IL: Scott, Foresman, 1987.

［15］ Heugens P. M. , Kaptein M. and Oostergourt J. Contracts to Communities: A Processual Model of Organizational Virtue ［J］. Journal of Management Studies, 2008, 45 (1): 100 - 121.

[16] Hilton S. Values as the Core of Personal Identity: Drawing Lings between Two Theories of Self [J]. Social Psychology Quarterly, 2003, 66 (2): 118 - 137.

[17] Jamali D. The Case for Strategic Corporate Social Responsibility in Developing Countries [J]. Business and Society Review, 2007, 112 (1): 1 - 27.

[18] Maigan I., Ferrell O. C. & Hult G. T. M. Corporate Citizenship: Cultural Antecedents and Business Benefits [J]. Journal of the Academy of Marketing Science, 1999, 27 (4): 455 - 470.

[19] Mitchell J. C., The Concept and Use of Social Network [M]. UK: Manchester University press, 1969.

[20] Oliver C. Network Relations and Loss of Organizational Autonomy [J]. Human Relations, 1991, 44 (9): 943 - 961.

[21] Ouchi W. G., Theory Z. Reading [M]. MA: Addison - Wesley, 1981.

[22] Pascale R. & Athos A., The Art of Japanese Management [J]. New York: Simon & Schuster, 1981.

[23] Peters T. & Waterman R., In Search of Excellence [M]. New York: Harper and Row, 1982.

[24] Powell W. W., Koput K. W. and Smith - Doerr L. Interorganizational Collaboration and the Locus of Innovation: Network of Learning in Biotechnology [J]. Administrative Science Quarterly, 1996, 41 (1): 116 - 145.

[25] Robbins S. P., Organizational Behavior: Concepts, Controversies, and Applications [M]. Englewood Cliffs, NJ: Prentice - Hall, 1983.

[26] Scheider B. Organizational Climate and Culture [M]. San Francisco: Jossey - Bass, 1990.

[27] Schwartz M. S. and Carroll A. B. Corporate Social Responsibility: A Three - Domain Approach [J]. Business Ethics Quarterly, 2003, 13 (4): 503 - 530.

[28] Schwartz M. S. & Carroll A. B. Corporate Social Responsibility: A Three - Domain Approach [J]. Business Ethics Quarterly, 2003, 13 (4): 503 - 530.

[29] Uzzi B. Social Structure and Competition in Interfirm Networks: The Paradox of Embeddedness [J]. Administrative Science Quarterly, 1997, 42 (1): 35 - 67.

[30] Wallach E. J. Individuals and Organizations: the Cultural Match [J]. Training and Development Journal, 1983 (2): 29 – 36.

[31] Wartick S. L. and Cochran P. L. The Evolution of the Corporate Social Performance Model [J]. Academy of Management Review, 1985, 10 (4): 758 – 769.

[32] Wasserman S. & Faust K. Social Network Analysis: Methods and Applications [M]. Cambridge: Cambridge University press, 1994.

[33] Wood D. J. Corporate Social Performance Revisited [J]. Academy of Management Review, 1991, 16 (4): 691 – 718.

第36章
文化企业的社会责任：文化和经济互动的视角[①]

36.1 引　言

20世纪50年代，波恩（Bowen）在其著作《商人的社会责任》中提出"商人有义务按照社会所期望的目标和价值来制定政策、进行决策或采取某些行动"，被认为是现代企业社会责任研究领域的开创者。其后的几十年，企业社会责任问题引起关注并得到深入研究，但值得注意的是，大量的企业社会责任研究主要还是针对传统的工商企业，而对新兴的文化企业几乎没有涉及，这就难以为文化企业的社会责任行为提供有效指导。格兰诺维特（Granovetter, 1985）对"嵌入性"的概念进行经典阐述之后，经济的社会根植性得到普遍认可，经济过程实际上是一个社会文化过程。文化企业作为文化与经济融合的产物，是难以脱离所处的社会文化环境单独存在的。文化企业社会责任的内容和特点在文化与经济互动的过程中显现出来，既与传统的企业社会责任有相似之处，又有所不同。

36.2 文化和经济互动视角下的文化企业

对于文化企业概念的界定通常需要建立在对"文化产业"的理解基础之上。然而，国内外有关"文化产业"的认识尚未达成一致。关于文化产业的

[①] 本章作者为艾庆庆、杨蕙馨，发表在《山东社会科学》2013年第1期（有改动）。

界定大致有以下几种：一是"工业标准"说，联合国教科文组织将文化产业定义为按照工业标准，生产、再生产、储存以及分配文化产品和服务的一系列活动；二是"生产集合"说，中国国家统计局将文化及相关产业界定为社会公众提供文化产品和文化相关产品的生产活动的集合；三是"精神产品和服务"说，把文化产业理解为"向消费者提供精神产品和服务的行业"；四是"内容产业"说，在日本，文化产业被认为是生产和销售意义内容的产业；五是"版权核心"说，认为文化产业的本质是版权产业，这比较接近美国学者和业界对文化产业的认识；六是"创意产业"说，英国更倾向于将文化产业称为创意产业，强调"创意"在国民素质和国民生活品质中的重要性和对国民经济的推动（张晓明等，2002）。"工业标准"说和"生产集合"说强调了文化产业的经济属性，"精神产品和服务"说、"内容产业"说、"版权核心"说和"创意产业"说则强调了文化产业的文化属性。显然，文化产业具有经济和文化的双重属性，作为文化产业微观基础的文化企业亦是如此，这有别于传统的工业企业和服务业。

36.2.1 作为经济组织的文化企业

文化企业的经济属性是其存在的"合法解释"，这与其他企业并无二异。但文化企业毕竟还具有文化属性，并且与经济属性融合在一起，很难将两者割裂开来。因此，对于文化企业经济属性的分析有赖于对文化特性的把握。作为一种经济组织，文化企业具有以下特点：

（1）对文化资源有很强的依赖。经济学中的生产函数通过表明投入和产出之间的关系，强调了企业所受到的技术约束。传统企业的生产函数的通常表达为：$Q = f(L, K, N, E)$。其中，Q代表产量，L代表劳动，K代表资本，N代表土地，E代表企业家才能。而对于文化企业而言，除了劳动、资本、土地和企业家才能，文化资源也是一种重要的投入要素。因此，文化企业的生产函数可以表达为：$Q = f(L, K, N, E, C)$。其中，Q代表产量，L代表劳动，K代表资本，N代表土地，E代表企业家才能，C代表文化资源。因为，如果没有文化资源的投入，文化产出也就无从谈起，文化资源是文化企业在生产过程中必须要投入的要素，但其他企业并没有这种约束限制。

资源基础理论认为，企业是各种资源的集合体，企业的竞争优势来源于企业的异质性资源，该理论的假设之一便是资源在企业间是不可流动且难以复制。而文化是整个人类社会智慧的结晶，文化资源在通常情况下是一种社会共有的资源(即使是受知识产权保护的内容在一定的年限后也将为社会共有),流动性强且可复制性高。文化资源的特殊性使资源基础理论"仅仅强调企业内部而对外部重视不足"的缺陷显现出来。对文化资源的依赖,反映了文化企业对社会文化环境的依赖。

(2)产品和服务的质量标准模糊。在《辞海》中,"质量"有两种意思,一种是"物体含有物质的多少,是量度物体惯性大小的物理量";另一种是"产品或工作的优劣程度"。前者是物理学中的理解,显然不适合商品经济解释的要求,而后者又过于笼统,并没有指出质量的评价标准和程序。传统的质量概念关注产品和服务的特性,而在现代质量管理理论中,由于消费者需求的概念被引入,质量概念便与激烈的市场竞争有着很大的关系。现代质量管理理论认为,质量就是产品和服务为了满足顾客期望所应具备的营销、设计、制造和维护等各个方面特性的统一体;ISO9000质量认证体系(2000版)对质量的定义是"产品、体系或过程的一组固有特性满足顾客和其他相关方要求的能力";伽文(Garvin,1983)则从生产和消费过程出发,认为"质量是对内部和外部错误造成影响的度量";因此,满足需求的程度同样反映了质量的好坏。这样,质量的衡量和评价至少包含两个方面,一是"产品和服务的特性",二是"消费者需求的满足"。

对于物质产品和服务,质量标准的制定相对容易,通常不同的行业会有不同的质量标准。国际上普遍认可的是ISO9000,它从全面质量管理的角度为企业保证产品和服务质量提供了有效指导。而对于文化产品和服务,这些质量标准不能简单套用,这是因为:其一,文化产品和服务是精神内容的外化,具有艺术性和社会性,难以用物化的指标参数进行衡量;其二,大多数文化产品和服务对人们思想意识和行为的影响难以在生产过程中就评估出来。《中国文化服务业质量管理体系实施指南》提出了博物馆业、音像制品流通业和影剧院业等的质量管理标准,国家广播电视总局对电影电视也有相应的审查标准,这些标准更多的是停留在管理层面,对于"文化特性"层面的评估不足。所以说,文化产品和服务的质量标准因缺少可操作性而变得模糊。

(3)与其他产业的融合性强。蔡旺春基于投入产出模型发现,文化产业具有很强的扩散效应(蔡旺春,2010)。文化产品和服务以其高附加值的特性,成为制造业融合发展的理想对象。这种融合主要表现在以下三个方面:一是文化向制造业产业链的渗透。文化产品和服务的本质是精神内容,可以通过符号表征转移或附加到实用产品上,形成融合价值。处于微笑曲线两端的研发设计和品牌营销环节是制造业企业的战略所在，也是文化容易渗透到的地方。二是文化产业链的物化延伸。文化意义或符号运用于其他行业的生产设计、营销等环节，是现代文化产业链的延伸。以电影业为例，传统的价值链条为"剧本开发→拍摄→后期制作→发行→影院放映"，延伸后的产业链变为"剧本开发→拍摄→后期制作→发行→影院放映→衍生产品开发"，这就使得文化产业链条对接到实体产业的产业链条中，将文化产业的经济收益进行了放大。三是文化内容与技术的融合。随着数字技术和网络技术的不断发展，文化产品的推介有了更多的选择，而不仅仅局限于传统的纸质媒介和电视媒介。规模庞大的互联网以信息技术为支撑，为文化内容的传播提供了广阔平台。很多电视剧同时在电视平台和网络平台进行播放，这为影视公司版权收益的增加提供了多种渠道。近几年兴起的移动互联网技术，使消费者在手机上就能阅读新闻、小说，观看电影电视，收听广播、音乐，玩在线游戏等，这不仅促进了文化内容的传播，也拓展了手机的功能，提升了手机的附加值。

（4）创意是其核心。在英国，"创意产业"一词被用来当作对文化产业的理解。创意产业是指那些出自个人的创造性、技能及智慧和通过对知识产权的开发生产创造潜在财富和就业机会的活动（林拓，2004），主要包括出版、音乐、表演艺术、电影、电视和广播、软件、广告、建筑、设计、艺术品和古董交易市场、手工艺品以及时装设计等13个行业。创意是文化和创新的有机结合，创新是创意产业的本质任务。在中国台湾地区，文化产业被理解为"文化创意产业"，同样重视文化生产过程中的创新性。创意产业以创意为产品内容、利用符号意义创造产品价值，它是文化产业发展的高级阶段，已经不是大众消费的最终文化产品，而是文化生产，甚至包括所有其他产业生产过程中的中间产品（厉无畏等，2003）。以文化为内容的创新活动是文化产业的核心部分，且经常伴随着技术创新的推动。

36.2.2 作为传播媒介的文化企业

文化企业的经济属性反映了文化生产活动的规律性，强调文化企业作为一种经济组织在物质社会中的作用。文化企业的文化属性则侧重于文化的精神特性，突出文化企业在精神社会中扮演的传播角色。

文化企业以大规模复制技术为基础，经商业动机的刺激和经济链条的中介，向传统文化艺术的"原创"和"保存"两个基本环节渗透，将"原创"变成资源开发，将"保存"变成展示，并将整个过程奠定在现代知识产权之上（李思屈等，2010）。传统文化艺术以资源的形式汇聚到文化企业，经过创意加工，再以产品的形式流通到社会。在这个过程中，文化的符号性没有被改变，从这个意义上讲，文化企业充当着文化的传播媒介，是整个社会文化的管理工具。传播行为是一个表达团体规范的手段，通过这个手段行使社会控制、分配各种角色、实现对各种努力的协调……要是没有产生这种影响的交流，人类社会就会崩溃（DeFleur，1970）。换言之，作为传播媒介的文化企业对于社会秩序的协调起到至关重要的作用。

此外，文化企业对社会文化环境具有强烈的依附性。人类的精神是文化产品的基本内核，人们在消费文化产品的过程中，或隐或显地受到其影响。文化产品在发挥商品功能的同时，也"不自觉"地发挥着意识形态功能，这就使得文化企业不可避免地与一个国家和社会的普遍意识形态和社会环境发生直接的联系。一台电视机可以在不同的意识形态国家和不同的政治环境下使用，电视的显像功能并不会受到影响；但一部电影却可能在意识形态不同的国家和政治体制中遭遇完全不同的反应。文化企业只有顺应所处社会中的政治要求、道德、审美观念和风俗习惯等，才能获得持续发展。

36.3　文化企业社会责任的内容

36.3.1　几种典型的企业社会责任内容模型

企业社会责任是一个模糊的字眼，其内涵一直争议不断，这主要集中在以下几个方面：首先，自愿还是强迫。有很多学者认为"自愿性"是企业社会责任的必备条件之一，例如，曼尼和沃尔里茨（Manne and Wallich，1972）认为，如果公司的社会目标是法律强加的，那么当公司实施它们时就没有承担社会责任，沃尔顿（Walton，1967）也曾表达过相似的观点。但是，将企业社会责任完全定义在这种自愿性领域上，忽视了企业很多其他重要的活动，因而是不完整的，一些法律规定、政府指派或行业协会强加的活动被广泛认定为企业社会责任行为（卢代富，2001）。其次，过程还是结果。琼斯（Jones，1980）认为企业社会责任是企业追寻社会目标的过程，企业实施的一项行为是否属于履行企业社会责任的行动，主要取决于企业在为实现某种社会目标而努力，而并不要求是否实际达到预定的目标。然而在实践界中，不少企业对社会责任仅限于口头承诺，并不能实现宣称的社会目标，这就使得部分学者开始强调企业社会责任的履行结果，伊普斯汀（Epstein，1987）就指出，企业社会责任与组织决策结果发生联系。最后，损己还是利他。曼恩（Manne，1972）指出，"企业支出或活动带来的收益必须少于其支出方案带来的收益"是企业社会责任定义必须满足的条件之一，沃尔顿（Walton，1967）也认为企业社会责任的基本要素之一就是"愿意花费可能无法评价直接经济回报的成本"。相对于这种"经济牺牲"的损己观点，戴维斯和布鲁斯卓姆（Davis and Blomstrom，1971）则强调企业社会责任的"利他"属性，认为社会责任是决策者在考虑自己利益的同时，也有义务采取措施保护和改善社会福利。对于企业社会责任，学术界至今难以给出确切的概念界定，尽管有些学者还从利益相关者、社会响应、社会契约、企业公民等角度去探寻社会责任的内涵，但仍然没有形成被普遍认可的定义。但有一点不可否认，企业社会责任是协调企业与社会关系的一种机制。

不同学者对企业应该承担的社会责任内容有不同的理解，其中，比较有代表性的企业社会责任内容模型包括"同心圆"模型、"金字塔"模型、"三重底线"模型、"维恩图"模型和"3+2"模型等，如表36-1所示。

表36-1　　　　　　　　企业社会责任的内容模型比较

模型	社会责任内容	模型提出者及时间
"同心圆"模型	内层圆责任：包括产品、就业和经济增长等有效执行经济职能的最基本的责任	美国经济发展委员会（CED），1971
	中层圆责任：包括正在执行经济职能时对变化的社会价值及偏好的敏感知觉责任，如环境保护、雇用及与员工的关系、向顾客提供更多的信息、公平对待和预防伤害	
	外层圆责任：包括企业应承担的新出现的和未明确的责任，包含企业更大范围地促进社会进步的其他无形责任，如消除社会贫困和防止城市衰败、广泛参与改善社会环境的活动、解决贫困问题等	
"金字塔"模型	经济责任：企业提供社会需要的产品或服务，赚取利润	卡罗（Carroll，1991）
	法律责任：企业在法律要求的框架内履行经济责任	
	伦理责任：企业从事那些社会成员所期望的、但尚未或难以形成法律条文的活动和行为	
	慈善责任：社会性支持责任，为社会提供资金、时间和人才	

续表

模型	社会责任内容	模型提出者及时间
"三重底线"模型	经济责任：也就是传统的企业责任，主要体现为提高利润、纳税责任和对股东投资者的分红	厄尔金顿（Elkington，1997）
	社会责任：对于社会其他利益相关方的责任	
	环境责任：环境保护责任	
"维恩图"模型	包括经济责任、法律责任、道德责任	施瓦茨和卡罗（Schwartz and Carroll，2003）
"3+2"模型	强制性社会责任：包括经济责任、法律责任、道德责任	伽玛利（Jamali，2007）
	自愿性社会责任：包括自由决定的策略性责任、自由决定的慈善性责任	

此外，郑海东（2012）在利益相关者理论的基础上，将企业社会责任行为表现划分为三个维度：内部人责任、外部商业伙伴责任和社会公众责任。内部人责任是指对股东、管理人员和员工承担的责任；外部商业伙伴责任是指对债权人、供应商、分销商和顾客承担的责任；社会公众责任是指对政府、环境和社区承担的责任。以上这些模型共同勾勒企业社会责任内容的基本面貌，尤其是利益相关者概念的引入，明确了企业应该向哪些对象履行社会责任，使企业社会责任的评估及实证研究成为可能。

36.3.2 文化企业社会责任的维度

文化企业作为社会的经济单元，在履行社会责任时与一般企业有着相通之处，都是在自身追求经济利益的同时兼顾其他组织或个人的利益（思想内核的相似性），都是面临着各种责任对象（责任对象的相似性）。但是，经济属性带来的相通并不能掩盖文化属性所带来的差异。文化企业的经济属性和文化属性决定了文化企业与社会的关系存在特殊性，企业和社会不仅在物质层面进行互动，也在精神层面相互影响。因此，文化企业的社会责任有着独特的内容。在前述研究的基础上，笔者认为文化企业的社会责任主要包括以下几个方面：

（1）商业责任。商业责任是指文化企业在发挥经济功能时对各种经济利益相关者所负有的责任。这里的经济利益相关者分为两类：一类是内部的经济利益相关者，包括股东、管理人员和员工；另一类是债权人、供应商、分销商和顾客。对全部的内部经济利益相关者以及债权人、供应商、分销商等外部经济利益相关者，文化企业所负有的责任与一般企业是相似的，但文化企业在对顾客的责任表现上稍有差异。企业对顾客的社会责任通常用"为消费者提供安全合格的产品或服务""制定合理的产品或服务价格""积极响应并处理每一件顾客投诉""把顾客满意度作为企业绩效指标之一""不断改进产品或服务质量"以及"向顾客提供全面真实的产品或服务信息"等指标来衡量（Hopkins，2005）。但是，文化产品或服务的合格与否并不能通过常规的"质检"程序得到确认，文化企业对产品或服务的质量只能从精神意义上进行掌控。对于一般大众文化消费而言，娱乐价值是文化商品的核心价值，人们的"喜闻乐见"能够反映对文化产品或服务的认可。然而仅仅是用"娱乐性"来衡量文化产品或服务的质量又是不够的，因为文化品位有高低之分，某些恶俗的、毒害心灵的文化虽然也带有娱乐的色彩，但并不值得提倡。因此，文化产品或服务的正面健康性也是衡量其质量的一个标准。

（2）法律责任。法律责任是指文化企业需要在法律规定的范围内进行日常的经营活动。除了遵守《合同法》《公司法》《税法》《广告法》《专利法》《反不正当竞争法》等常规的经济性法律法规外，文化企业还要受到《著作权法》《未成年人保护法》《刑法》等更多法律法规的限制。例如，我国《刑法》第三百六十三条规定："以牟利为目的，制作、复制、出版、贩卖、传播淫秽物品的，处三年以下有期徒刑、拘役或者管制，并处罚金；情节严重的，处三年以上十年以下有期徒刑，并处罚金；情节特别严重的，处十年以上有期徒刑或者无期徒刑，并处罚金或者没收财产。"第三百六十四条规定："传播淫秽的书刊、影片、音像、图片或者其他淫秽物品，情节严重的，处二年以下有期徒刑、拘役或者管制。组织播放淫秽的电影、录像等音像制品的，处三年以下有期徒刑、拘役或者管制，并处罚金；情节严重的，处三年以上十年以下有期徒刑，并处罚金。制作、复制淫秽的电影、录像等音像制品组织播放的，依照第二款的规定从重处罚。向不满十八周岁的未成年人传播淫秽物品的，从重处罚。"第三百六十五条规定："组织进行淫秽表演的，处三年以下有期徒刑、拘役或者管制，并处罚金；情节严重的，处三年以上十年以下有期徒刑，并处罚金。"这些法律条款都对文化企业的经营行为进行了规制，从企业与社会的关系角度来讲，文化企业的法律责任体现了文化企业对社会规则的服从与维护，也是强制企业必须履行的责任。

（3）环境责任。环境责任是指文化企业对自然环境的责任。文化产业通常被看成是一个"污染小、收益高"的产业,很多人将它誉为"环保产业""绿色产业"等。但实际上,文化企业也会影响到所处的自然环境,甚至使其遭到破坏。以影视拍摄为例,2004年6月,电影《无极》剧组进驻云南香格里拉碧沽天池进行拍摄,到2005年9月,碧沽天池周围面目全非,饭盒、酒瓶、塑料袋、雨衣、建筑垃圾和废弃材料等遍地都是,天池边禁伐区的一片高山杜鹃也被推平,生态环境受到严重破坏[①]。无独有偶,2010年,新《水浒》剧组在有"郑州之肺"之称的黄河湿地内进行拍摄时,对湿地造成了多方面的破坏,40多亩原生态湿地遭到践踏,野生红柳遭马匹啃噬严重,大型机械和人员进入湿地使湿地土质变硬,而且所产生的噪声也影响到候鸟的正常生活[②]。文化企业环保责任的明确有利于提高企业的环保意识,使企业与自然环境和谐发展。

(4) 文化责任。文化责任是指文化企业对宗教信仰、风俗习惯、道德情操、文学艺术等人类精神文明的责任,主要包括文化传播责任、文化创新责任和价值观引导责任。文化传播责任是指作为传播媒介的文化企业散布健康精神文化的责任。2012年上半年,央视播出的美食类纪录片《舌尖上的中国》以中国各地的美食生态为主要内容,通过中华美食的多个侧面展现了食物给中国人生活带来的仪式、伦理等方面的文化,使精致和源远流长的中华饮食文化得到广泛宣扬和民族共鸣。文化传播责任体现了文化企业对文化传承的责任。文化创新责任是指文化企业"生产"新文化的责任。小说、影视剧本、动漫、音乐、舞蹈的创作以及网络游戏的开发都是文化创新的过程,文化创新责任体现了文化企业对文化发展的责任。价值观引导责任是指文化企业对人们价值观塑造和形成的责任。文化企业的产品或服务对人们尤其是未成年人的价值观有着潜移默化的影响,负面、不健康的内容会严重毒害人们的心灵。作为散布人类精神的媒介,文化企业应当在精神文化的价值判断和引导上做出努力。价值观引导责任同时暗含着道德元素,体现了文化企业对社会风气的责任。

(5) 公益责任。公益责任是指文化企业支持和参与公益活动的责任。公益活动包括慈善捐赠、社区服务、公共福利、帮助他人、社会援助、社会治安、专业服务等多项内容。公益责任是文化企业社会责任的高级阶段,通常不

---

① 环保总局责令处罚《无极》:限期恢复生态地植被 [EB/OL]. 中国经济网, http://www.ce.cn/culture/news/200605/17/t20060517_6988895.shtml.

② 郑州调查水浒剧组破坏湿地 [EB/OL]. 凤凰网, https://news.ifeng.com/c/7fYLn0WPXYK.

受法律的限制，甚至是道德的约束，对企业的自觉性要求比较高。文化企业的媒介性使其在履行公益责任和宣扬公益观念上具有明显的优势。2011年，搜狐微博发起和推出了"搜狐微博随手公益平台"并成立"搜狐随手公益基金"项目，微博以其即时性、广泛性、互动性的特点吸引了众多的网民参与进来，推动了民间公益的快速发展。

36.4 结论及启示

文化企业作为文化和经济互动的微观机制，同时具有经济属性和文化属性。无论是经济属性还是文化属性，都反映了文化企业与社会的关系特征，这种关系特征决定了文化企业在社会中应该承担的责任。尽管文化企业面对的利益相关者与一般企业相似，但对利益相关者的影响效果却并不相同，除了物质经济层面，文化企业还从文化精神层面发挥影响力。相对于一般企业，文化企业的社会责任突出表现在文化责任上，既负有传承文化的责任，又负有引导正确价值观的责任。

通过在文化与经济互动视角下对文化企业社会责任的分析，可以得到以下启示：第一，文化企业在履行社会责任时要充分考虑到身负的文化使命。作为精神文化的传播媒介，文化企业不只是向社会提供文化产品和服务，也是在向社会输出道德风俗、价值观、生活理念和方式等，缺乏价值判断的盲目输出行为是不负责任的，一味追求经济利益而输出低俗文化的行为也是要受到谴责的。第二，文化企业不可忽视对环境保护的责任。虽然大多数文化企业的经营行为与自然环境少有瓜葛，但这并不能成为逃避环境责任的理由。不要说有些文化企业存在对自然环境产生不良影响的可能，更何况文化企业本身也有宣扬"环保"这样的积极健康价值观的责任。第三，文化企业可以通过承担社会责任的方式提升品牌影响力。文化企业的社会责任行为不仅能使消费者对企业品牌有直接的认可，还能以意识符号的形式附加到文化产品或服务中，放大社会责任的品牌影响效应。

参考文献：

[1] 蔡旺春. 中国文化产业关联程度与波及效应分析 [J]. 统计与决策，2010 (19)：98-100.

[2] 李思屈，李涛. 文化产业概论 [M]. 杭州：浙江大学出版社，2010.

[3] 厉无畏, 王振. 中国产业发展前沿问题 [M]. 上海: 上海人民出版社, 2003. 189.

[4] 林拓. 世界文化产业发展前沿报告 [R]. 北京: 社会科学文献出版社, 2004. 210.

[5] 卢代富. 国外企业社会责任界说评述 [J]. 现代法学, 2001, 23 (3): 137 – 144.

[6] 张晓明, 胡惠林, 章建刚. 迎接中国文化产业发展的新时代, 江蓝生, 谢绳武主编. 2001 – 2002 年中国文化产业蓝皮书 [R]. 北京: 社会科学文献出版社, 2002.

[7] 郑海东. 企业社会责任行为表现: 测量维度、影响因素及绩效关系 [M]. 北京: 高等教育出版社, 2012: 81.

[8] DeFleur M. Theories of Mass Communication [M]. New York: Mckay, 1970.

[9] Garvin D. A. Quality on the Line [J]. Harvard Business Review, 1983, 61 (5): 65 – 73.

[10] Hopkins M. Measurement of Corporate Social Responsibility [J]. International Journal of Management & Decision Making, 2005, 6 (3/4): 213 – 230.

[11] Jamali D. The Case for Strategic Corporate Social Responsibility in Developing Countries [J]. Business and Society Review, 2007, 112 (1): 1 – 27.

[12] Jones T. M. Corporate Social Responsibility Revisited, Redefined [J]. California Management Review, 1980, 22 (3): 59 – 67.

[13] Manne H. G. and Wallich H. C. The Modern Corporation and Social Responsibility [M]. Washington, DC: American Enterprise Institute for Public Policy Research, 1972, 173.

第七篇
政府行为与经济发展

第37章
中国教育收益率：1989~2011[①]

37.1 引 言

人力资本在经济增长理论中具有举足轻重的地位，不管是新古典经济增长模型中的外生设定（Solow，1956）还是新经济增长模型中内生性的知识外溢效应（Arrow，1962；Romer，1983，1986）甚至是内外在效应的统一（Lucas，1988），无不体现了经济学家对人力资本的重视。但人力资本并非天生就有，需要通过后天的教育、培训等投资行为形成，进而才能对经济增长起到积极的促进作用。由于教育投资在很大程度上也属于理性决策行为，在稀缺性前提假设下必然会受到资源配置方式的影响，于是，作为触发教育投资行为的"利润"动机——即教育收益率就成为众多学者研究的焦点。可以想象，如果教育收益率较低，宏观上便可直观理解成一国或地区通过教育投资行为转化成人力资本的能力较弱，这显然不利于最大化发挥人力资本的溢出效应，进而可能会使其对经济增长的促进作用大打折扣。此外，由于教育是一个循序渐进的过程，不同教育水平本身的市场需求、学习过程和转化能力等都存在差异，会对相应教育水平的收益率高低产生影响，进而引导个人和家庭针对不同教育水平做出差异化投资决策。有趣的是，在中国存在的现象是，即大学生就业难和家庭中父母对子女高等教育投资热情高居不下同时存在。为何会如此？中国整体教育收益率和各级教育水平的收益率在时间序列上的变化趋势如何？大学生就业难的本质是什么？这与处于风口浪尖上的中国教育改革又有什么关系？这些将是本章准备回答的问题。

本章的结构安排如下：第二部分是文献评述，第三部分是计量模型设定、

[①] 本章作者为杨蕙馨、王海兵，发表在《南方经济》2015年第6期（有改动）。

数据来源说明和变量的描述性统计结果，第四部分是对应的回归结果与分析，第五部分围绕历年整体教育收益率和历年不同教育水平收益率展开进一步的分析，最后是全章结论与建议。

37.2 文献评述

与本章相关的国内外研究主要集中在七方面：

第一方面偏重于整体估算，如考斯泰德等（Kolstad et al., 2014）利用孟加拉共和国 2012 年调研数据，估计出该国企业家教育收益率为 0.11。岳昌君（2004）利用 1991 年和 2000 年中国城镇住户调查数据，基于标准明瑟工资方程和扩展型明瑟工资方程测算出中国城镇劳动者教育收益率在两年分别为 0.0276、0.0256 和 0.0821、0.0509。杨涛和盛柳刚（2007）利用 1988 年和 1995 年城市住户调查，估算出这两年整体教育收益率分别为 0.035 和 0.054。

第二方面侧重于对不同教育水平的收益率的研究，如金德林等（Gindling et al., 1995）利用中国台湾地区 1978～1991 年 5 月劳动力调查数据，研究发现高等教育的收益率最高，初中教育的收益率最低。科纳亚楚拉（Kenayathulla, 2013）利用马来西亚 2007 年家庭收入调查数据，实证发现接受高中、大学、职业、初中、小学教育的收益率依次递减。张车伟（2006）利用 2004 年三省市（浙江、上海和福建）调查数据，估计显示大专及以上、高中、初中相对于小学的教育收益率分为 0.0642、0.0891、0.0653。罗楚亮（2007）利用 2002 年中国 12 省份城镇收入分配调研数据，实证检验发现，在 OLS 方法下，标准明瑟工资方程中初中、高中、大专和大学以上教育收益率相对于小学的教育收益率分别为 0.153、0.4162、0.6392 和 0.86，引入控制变量后尽管教育收益率显著下降，但相对大小并未发生变化。此外，上述结论在分位数回归中仍然成立。杜两省和彭竞（2010）利用 2006 年中国综合社会调查（CGSS）数据，考察了不同教育层次和城市类型交叉情况下教育收益率的差异特征，发现教育收益率在直辖市、省会城市和一般城市中依次递减，三类城市中教育收益率最高的分别是高等教育、中等教育和初等教育。

第三方面重在考察样本区间教育收益率的变化趋势，如李实和丁赛（2003）利用 1990～1999 年中国社科院两个课题组调研数据，考察了城镇劳动者私人教育收益率的变化情况，结果显示样本区间各教育水平的收益率在整体上呈现上升趋势。范静波（2011）利用 CGSS2003 年、2005 年、2006 年和

2008年的调查数据，考察了不同教育层次收益率的变化情况，发现样本区间各教育水平的收益率得到了显著提升，小学、初中、高中、大专、本科、研究生教育收益率分别从 2003 年的 0.076、-0.001、0.058、0.105、0.108、0.087 提升至 2008 年的 0.035、0.079、0.056、0.11、0.114、0.093。丁小浩等（2012）利用 2002~2009 年国家统计局城镇住户调查数据考察了城镇居民教育收益率的变化趋势，发现与陈晓宇、陈良焜和夏晨（2003）的结果相比，除初中教育收益率始终保持上升外，其他教育层次收益率增长出现了停滞现象。陈纯槿和胡咏梅（2013）基于 1988~2007 年中国家庭收入项目调研数据的研究结果显示，样本区间教育收益率呈波动变化趋势。

可见，关于教育收益率的文献非常丰富，但不同研究得出的结论不尽统一，而有关中国教育收益率在较长时间段上连续变化趋势的研究仍然较少，如岳昌君（2004）、杨涛和盛柳刚（2007）仅用两个年份数据去分析长时间跨度趋势显然有些粗糙，即使像张等（Zhang et al., 2005）、丁小浩、于洪霞和余秋梅（2012）、陈纯槿和胡咏梅（2013）、柳光强、邓大松和祁毓（2013）用连续年份数据进行分析，但却忽略了不同教育层次的变化趋势，且研究对象或属于城镇或属于农村，没有一个整体上统一的变化趋势。同时，关于不同教育水平间收益率的研究结果多在于相对性，即往往以小学教育水平为参照组，对绝对性研究结果的讨论不足。此外，由于中国早在 20 世纪 80 年代后期就开始实施 9 年义务教育，这就对已有研究中小学和初中教育收益率间存在显著差异的结果提出了挑战。本章将围绕上述三方面展开研究。

37.3 模型设定和数据说明

37.3.1 模型设定

测量教育收益率的经典及通用方法是明瑟工资方程，但在不同文献中，又分为一般明瑟工资方程和扩展明瑟工资方程，两者的计量模型分别如下：

$$\ln income = b_0 + b_1 \times educyear + b_2 \times exper + b_3 \times exper^2 + \varepsilon$$

$$\ln income = b_0 + b_1 \times educyear + b_2 \times exper + b_3 \times exper^2 + \sum \beta_i \times x_i + \varepsilon$$

其中，$income$ 是收入，$educyear$ 是受教育年限（或者不同教育层次的虚拟变量），$exper$ 是工作经验，x_i 是控制变量，b_i 和 β_i 是待估计参数，ε 为残差项。

在估计方法中，为克服可能存在 *educyear* 和 *income* 相互作用的内生性问题，已有文献主要采取工具变量法（李雪松和赫克曼，2004）和双胞胎配对法（Li et al.，2012）等进行处理，但一方面合适的工具变量难觅（丁小浩等，2012），另一方面配对的数据库质量也不甚理想，所以所得出的结论也难以令众人信服。学术界广泛采用的仍是普通最小二乘法（OLS），本研究也不例外，但会进一步采用考虑稳健标准差情况下的 OLS 估计。此外，在估计过程中，根据研究目的和数据情况，可以将上述计量模型按照不同教育层次分组进行（张车伟，2006），也可以使用虚拟变量在计量模型中展开估计（李实和丁赛，2003；岳昌君，2004；丁小浩、于洪霞和余秋梅，2012），前者的优点是层次分明、结果清楚，缺点是样本数量要求高，有时结果可能会不太理想，后者的优点是估计效率高、样本数量要求低，缺点是结果具有相对性。本文将根据研究目的综合使用分组回归和虚拟变量回归，后者对应的计量模型分别为：

$$\ln income = b_0 + \sum \alpha_i \times edu_i + b_1 \times exper + b_2 \times exper^2 + \varepsilon$$

$$\ln income = b_0 + \sum \alpha_i \times edu_i + b_1 \times exper + b_2 \times exper^2 + \sum \beta_i \times x_i + \varepsilon$$

其中，*edu* 是小学、初中、高中及中专、大专及以上教育层次的虚拟变量，α_i 是待估计参数，控制变量 x_i 中主要包括性别（*gender*），东、中、西部地区（*east*、*mid*、*west*），户籍（*huji*），本人是否是党员干部（*party*），家庭成员数量（*family*），职业性质（*pjob$_i$*），工作地位（*jobpos$_i$*），单位类型（*entercate$_i$*）等[①]。

37.3.2 数据来源和变量说明

本章所使用的数据来自 1989~2011 年的中国健康与营养调查（CHNS）。采用该数据的原因为：时间上的连续性，调研对象的延续性，调研覆盖中国东、中、西部三大地区部分省份的城市和乡村，已有文献有不少基于该数据库的研究，该数据库的开放性。

相应变量和数据的处理步骤为：首先对原始数据进行合并，剔除部分变量的缺失值，再按照研究目的对所需变量进行整理，剔除部分无效数据，最后得

---

① 值得指出的是，尽管研究者们普遍认为个人能力较教育对收入也有十分重要的影响，但能力变量的选择仍是一个难题，有文献考虑使用如配偶教育或收入、父母教育或收入等家庭背景变量，但高升的离婚率、代沟等因素使得该变量选择也存在一定的问题，此外，也存在对该类数据质量的担忧，所以本文并未将其引入。

到历年的研究样本。有八点需要特别指出：第一，2000年前使用的是住户调查表内数据，2004年后将成人调查表数据和住户调查表数据合并使用；第二，1993年之前调研地区包括辽宁、江苏、山东、河南、湖北、湖南、广西、贵州7个省份，1997年调研地区中将辽宁换成了黑龙江，2000年之后将辽宁和黑龙江同时加入进去，2011年又特别加入了北京、上海和重庆地区；第三，工资部分数据如果有缺失值，则全部删去，津贴、福利和奖金部分数据有缺失值的则全部按照零来处理；第四，由于2004年以后样本数据主要以成人调查表为主，为了准确对比之，需要将2000年以前年龄小于18岁的观测值全部删去；第五，所有年份仅考虑主要职业，不考虑第二职业；第六，1989年调研数据中，工资部分只有周数据，换作年收入时需要乘以52，此外，该年收入数据中原来有计件部分，但观测值只有40个，且同时又有工资收入，为了与调查表逻辑衔接，本研究主要考虑工资部分，而忽略计件部分；第七，1991~2000年数据中年龄变量缺失，需要对上一次调研时旧对象和遗漏者、上一次调研后新进入该家庭者和外出组成家庭者的出生日期进行合并整理，然后利用相应年份减去出生日期得到年龄，性别也是同理求得；第八，2000年调研数据中家庭成员数量有五个观测值大于30，需要删除。

在各变量中，收入是工资、津贴、福利和奖金的总和，在将消费者物价指数（CPI）转换成以1988年为定基指数的基础上，按之对收入进行平减。受教育年限是实际在正规学校接受的教育年数。不同教育层次的虚拟变量按照最高学历分成小学、初中、高中及中专、大专及以上四类。工作经验按照实际年龄减去受教育年限。性别按男女、地区按东中西部、户籍按城乡、党员干部按是否、职业性质和工作地位及单位类型按类分虚拟变量。家庭成员数量是家庭实际总人数。各变量定义具体见表37-1。

表37-1　　　　　　　　　　各变量说明

名称	变量	定义
收入	$income$	年度工资、津贴、福利和奖金总和，用1988年定基的CPI平减
受教育年限	$educyear$	在正规学校接受的教育年数
教育层次	$edu1$ $edu2$ $edu3$ $edu4$	小学（是=1，否=0） 初中（是=1，否=0） 高中及中专（是=1，否=0） 大专及以上（是=1，否=0）

续表

名称	变量	定义
工作经验	exper	年龄—受教育年限
性别	gender	（男＝1，女＝0）
地区	east mid west	东部（是＝1，否＝0） 中部（是＝1，否＝0） 西部（是＝1，否＝0）
户籍	huji	（城＝1，乡＝0）
党员干部	party	（是＝1，否＝0）
家庭成员数量	family	家庭实际总人数

注：表中内容根据历年家庭住户调查和成人调查表汇总而得；受篇幅所限，表中并未列出职业性质、工作地位和单位类型变量说明，如有需要，可向笔者索取。

37.3.3 描述性统计结果

表37-2是部分变量的整体描述性统计结果。从中可见，样本平均收入在1989年仅为2000元左右，但到2011年则变为3万元，增幅达15倍。平均受教育年限在1989～2011年并没有发生较大变化，仅围绕10.21年做小幅波动。平均工作经验呈上升趋势，从1989年的28.28年增至2011年的31.4年。平均家庭成员数呈下降趋势，从1989年的4.34人减至2011年的3.27人。小学、初中、高中及中专受教育人数的比例呈现明显下降趋势，分别从1989年的13.91%、32.72%、36.39%降至2011年的9.57%、30.54%、28.22%，总降幅达11.24%，这也是大专及以上受教育人数比例的上升幅度。有趣的是，不同受教育层次人数比例的排名也呈现动态变化，1989年高中及中专、初中、大专及以上和小学的比例依次递减，但到1997年却按照初中比例、高中及中专比例、小学比例和大专及以上比例的顺序递减，而2011年的排序又与1989年的排序一致，有所不同的是，2011年小学以上不同受教育层次人数比例之间的差距较1989年小很多。在性别方面，男性比例波动不大，1989～2011年平均为60.19%。东部地区比例有较大上升，从1989年的46.94%升至2011年的54.61%，中、西部比例则有所下降，同一期间总降幅为7.67%。城市户籍比例下降幅度最大，从1989年的63.30%变为2011年的48.97%，降幅达14.33%。

表 37 - 2　　　　　　　　部分变量的整体描述性统计结果

变量	1989 年	1991 年	1993 年	1997 年	2000 年	2004 年	2006 年	2009 年	2011 年
平均收入（千元）	2.03	1.66	2.70	5.86	8.04	11.36	14.94	20.04	30.00
平均受教育年限（年）	10.04	9.12	9.64	10.03	10.30	10.85	10.88	10.16	10.83
平均工作经验（年）	28.28	25.92	25.30	25.88	26.30	28.36	29.29	31.96	31.40
平均家庭成员数量（人）	4.34	4.282	4.28	4.03	3.92	3.59	3.63	3.20	3.27
小学比例（%）	13.91	18.91	13.78	12.96	11.78	9.37	9.99	11.06	9.57
初中比例（%）	32.72	42.30	47.66	39.85	38.73	31.71	32.70	38.28	30.54
高中及中专比例（%）	36.39	30.62	32.32	35.50	34.75	37.77	34.71	35.63	31.67
大专及以上比例（%）	16.97	8.17	6.24	11.69	14.75	21.16	22.61	15.04	28.22
男性性别比例（%）	59.48	60.65	61.12	59.79	61.16	58.98	60.61	61.68	58.22
东部地区比例（%）	46.94	47.67	42.53	31.39	42.51	41.69	43.10	41.38	54.61
中部地区比例（%）	40.52	34.95	35.76	47.59	36.18	38.83	39.29	38.94	25.65
西部地区比例（%）	12.54	17.38	21.71	21.02	21.31	19.47	17.61	19.68	19.74
城市户籍比例（%）	63.30	48.53	46.95	47.51	44.13	50.67	48.25	44.49	48.97
党员干部比例（%）	45.57	11.45	10.39	12.52	10.39				

注：表中空白处表明相应数据缺失。

37.4　回归结果与分析

37.4.1　一般明瑟工资方程回归结果与分析

表 37 - 3 是一般明瑟工资方程的回归结果。其中，教育水平估计系数均是以小学为参照组。可以看到，除 1993 年初中教育水平估计系数外，历年其他所有系数均在 5% 的水平上显著为正，而且所有年份中各教育水平收益率排序都按照大专及以上、高中及中专和初中递减。进一步分别按传统平均受教育年限和数据本身的平均受教育年限进行转换①，结果见表 37 - 4。前者中，相对于小学的初中、高中及中专、大专及以上的教育收益率在样本期间年均分别为 0.0596、0.0766、0.1087，而后者中则分别为 0.058、0.0727、0.0958。

---

① 转换公式为：$(e^\alpha - 1)/d$，其中，α 是估计系数，d 是相应教育水平平均受教育年限减去参照组平均受教育年限。

表37-3　一般明瑟工资方程回归结果

变量	1989年 系数	P值	1991年 系数	P值	1993年 系数	P值	1997年 系数	P值	2000年 系数	P值	2004年 系数	P值	2006年 系数	P值	2009年 系数	P值	2011年 系数	P值
edu2	0.211	0.00	0.098	0.02	0.071	0.21	0.120	0.01	0.102	0.05	0.201	0.00	0.243	0.00	0.186	0.00	0.199	0.00
edu3	0.304	0.00	0.217	0.00	0.115	0.05	0.196	0.00	0.302	0.00	0.445	0.00	0.505	0.00	0.558	0.00	0.513	0.00
edu4	0.436	0.00	0.342	0.00	0.266	0.00	0.371	0.00	0.563	0.00	0.820	0.00	0.916	0.00	0.973	0.00	1.010	0.00
exper	0.038	0.00	0.038	0.00	0.051	0.00	0.038	0.00	0.027	0.00	0.042	0.00	0.031	0.00	0.044	0.00	0.028	0.00
exper2	-0.001	0.00	-0.001	0.00	-0.001	0.00	-0.001	0.00	-0.001	0.00	-0.001	0.00	-0.001	0.00	-0.001	0.00	-0.001	0.00
_cons	6.262	0.00	6.302	0.00	6.463	0.00	6.816	0.00	7.204	0.00	7.178	0.00	7.323	0.00	7.438	0.00	7.972	0.00
F	12.73	0.00	45.52	0.00	21.48	0.00	25.49	0.00	46.98	0.00	75.00	0.00	79.97	0.00	100.97	0.00	175.85	0.00
R^2	0.081		0.073		0.051		0.050		0.067		0.156		0.153		0.152		0.196	
样本数	654		2681		2243		2507		2590		1782		1942		2414		3657	

注：估计系数都是相对于小学教育的。

表 37-4　不同教育水平收益率情况

方程	变量	1989 年	1991 年	1993 年	1997 年	2000 年	2004 年	2006 年	2009 年	2011 年
一般明瑟工资方程（按传统转换）	edu2	0.078	0.034	0.025	0.042	0.036	0.074	0.092	0.068	0.073
	edu3	0.059	0.041	0.020	0.036	0.059	0.093	0.110	0.124	0.112
	edu4	0.055	0.041	0.031	0.045	0.076	0.127	0.150	0.165	0.175
一般明瑟工资方程（按数据转换）	edu2	0.088	0.039	0.031	0.045	0.036	0.070	0.088	0.065	0.076
	edu3	0.071	0.047	0.024	0.040	0.064	0.095	0.112	0.121	0.115
	edu4	0.069	0.046	0.038	0.053	0.085	0.148	0.169	0.170	0.200
扩展明瑟工资方程（按传统转换）	edu2	0.038	0.015	0.018	0.022	-0.006	0.022	0.036	0.026	0.010
	edu3	0.025	0.022	0.020	0.021	0.017	0.033	0.038	0.040	0.030
	edu4	0.019	0.016	0.028	0.028	0.030	0.049	0.059	0.055	0.059
扩展明瑟工资方程（按数据转换）	edu2	0.043	0.016	0.022	0.023	-0.006	0.021	0.034	0.025	0.010
	edu3	0.031	0.025	0.024	0.023	0.019	0.033	0.039	0.039	0.031
	edu4	0.024	0.018	0.035	0.033	0.033	0.057	0.067	0.057	0.068

注：按传统转换是指小学、初中、高中及中专、大专及以上的平均受教育年限分别取 6 年、9 年、12 年、16 年；按数据转换是指根据表 2 的信息取相应年份的平均受教育年限。

表 37 – 3 的结果还显示，工作经验的估计系数在 1% 水平上都显著为正，而工作经验平方项在 1% 水平上都显著为负，这表明收入对数与工作经验间存在倒 U 形曲线关系。如果用散点图、线性拟合和二次项拟合对两者关系进行考察，会发现 1989～1997 年、2000～2006 年、2009 年、2011 年的工作经验分别为 40 年左右、30 年左右、25 年左右、20 年左右时收入对数达到最大值，将其转化为年龄，分别对应着 50 岁左右、40 岁左右、35 岁左右、30 岁左右。

37.4.2　扩展明瑟工资方程回归结果与分析

表 37 – 5 是扩展明瑟工资方程的回归结果[1]。各教育水平估计系数仍以小学为参照组，其中，除 2000 年初中教育估计系数外，其他所有系数均为正，但显著性程度却有所不同。就初中教育而言，除 2006 年估计系数在 10% 水平上显著外，其他系数均不显著，这意味着初中教育与小学教育的收益率没有显著差别[2]。该结果与已有研究结果形成了鲜明对比，如何亦名（2009）基于 CHNS 数据库与丁小浩、于洪霞和余秋梅（2012）基于城镇入户调查数据库等的研究结果却显示，初中教育的收益率显著高于小学教育的收益率。就高中及中专、大专及以上教育而言，所有系数都至少在 10% 的水平上显著，且在所有年份中，大专及以上教育相对于小学教育的回归系数较高中及中专教育相对于小学教育的系数都大。仍然分别按照传统平均受教育年限和数据本身的平均受教育年限对估计系数进行转换，结果见表 37 – 4。前者中，相对于小学的初中、高中及中专、大专及以上的教育收益率在样本期间年均分别为 0.02、0.0273、0.0381，而后者中则分别为 0.021、0.0293、0.0435[3]。对比而言，一般明瑟工资方程估算结果显著偏高，但各教育水平收益率排序较为稳健。

与何亦名（2009）研究结果对比发现[4]，除大专及以上教育收益率高于高中及中专教育收益率的相同点外，何亦名（2009）估计结果显著高于本研究，

---

[1]　笔者感谢匿名审稿人的建议。尽管文中对一般明瑟工资方程的回归结果进行了分析，但最终应选择扩展明瑟工资方程回归结果，原因在于：一般明瑟工资方程往往会由于存在遗漏变量问题而造成系数的有偏估计（Omitted Variables Bias，OVB）而扩展明瑟工资方程则加入了许多控制变量，能够有效解决一般明瑟工资方程估计中的 OVB 现象，所以更加合理。

[2]　该结果与已有研究结果形成鲜明对比，如何亦名（2009）基于 CHNS 数据库与丁小浩等（2012）基于城镇入户调查数据库等的研究结果显示，初中教育的收益率显著高于小学教育的收益率。

[3]　这里仍然保留初中相对于小学的教育收益率情况，但需要注意，这种差异并不具有显著性，下文将会做进一步地处理。

[4]　这里仅选用何亦名（2009）的结果，是因为其他研究或只有截面、或仅关注城镇、或仅关注农村，并无可对比之基础。

表 37-5 扩展明瑟工资方程回归结果

变量	1989年 系数	1989年 P值	1991年 系数	1991年 P值	1993年 系数	1993年 P值	1997年 系数	1997年 P值	2000年 系数	2000年 P值	2004年 系数	2004年 P值	2006年 系数	2006年 P值	2009年 系数	2009年 P值	2011年 系数	2011年 P值
edu2	0.107	0.10	0.043	0.29	0.052	0.31	0.063	0.16	-0.017	0.73	0.065	0.24	0.101	0.09	0.075	0.14	0.030	0.49
edu3	0.142	0.06	0.122	0.00	0.115	0.04	0.118	0.02	0.098	0.07	0.180	0.00	0.205	0.00	0.215	0.00	0.165	0.00
edu4	0.176	0.06	0.145	0.00	0.247	0.00	0.248	0.00	0.260	0.00	0.40	0.00	0.464	0.00	0.440	0.00	0.464	0.00
exper	0.028	0.00	0.036	0.00	0.046	0.00	0.039	0.00	0.020	0.00	0.030	0.00	0.024	0.00	0.032	0.00	0.025	0.00
exper2	-0.001	0.01	-0.001	0.00	-0.001	0.00	-0.001	0.00	-0.000	0.00	-0.001	0.00	-0.000	0.00	-0.001	0.00	-0.000	0.00
gender	0.041	0.44	0.165	0.00	0.130	0.00	0.163	0.00	0.184	0.00	0.166	0.00	0.206	0.00	0.254	0.00	0.238	0.00
east	0.034	0.53	0.115	0.00	0.213	0.00	0.339	0.00	0.183	0.00	0.232	0.00	0.187	0.00	0.043	0.17	0.227	0.00
mid			0.054	0.08	0.051	0.24	0.110	0.00			0.038	0.29	-0.001	0.98				
west	-0.102	0.21							0.069	0.07					-0.128	0.00	-0.045	0.17
huji	-0.045	0.46	0.166	0.00	0.267	0.00	0.027	0.35	0.116	0.00	0.155	0.00	0.107	0.00	0.105	0.00	0.120	0.00
party	-0.003	0.98	-0.016	0.62	0.040	0.55	0.095	0.02	0.004	0.93	n. a.	n. a.	n. a.	n. a.	n. a.	n. a.	n. a.	n. a.
family	-0.002	0.91	-0.001	0.95	-0.003	0.80	0.025	0.01	-0.001	0.96	0.009	0.42	-0.001	0.94	0.028	0.01	-0.005	0.59
_cons	7.106	0.00	6.415	0.00	6.499	0.00	6.784	0.00	7.777	0.00	7.614	0.00	7.166	0.00	7.833	0.00	8.609	0.00
F			17.75						15.82				24.41				59.40	
R²	0.173		0.170		0.174		0.180		0.190		0.314		0.291		0.324		0.366	
样本数	654		2681		2243		2507		2590		1782		1942		2414		3657	

注：n. a. 表示相应年份中无此变量；表中空白处是由共线性所致；受篇幅所限，表中并未将其余控制变量回归结果列入；估计系数都是相对于小学教育的。

但其 2006 年估计结果出现了剧烈下降，作者却并未对此进行解释。本章提供以下六点理由来支持回归结果更能令人信服的结论：第一，由于数据所限，大多数研究都以城镇为研究对象，并不能将结论从逻辑上延伸至全国，而本研究的研究以城乡为研究对象，样本覆盖范围、涉及地区和时间跨度都为结论能延伸至全国奠定了较好的基础。第二，即使同样以 CHNS 数据库为基础，对于数据的处理方式也存在差异，相对而言，本研究对数据的处理较为谨慎，这从最终样本数上可以得到反映，何亦名（2009）1991~2006 年样本数分别为 3424 个、3172 个、3195 个、3420 个、1908 个、5524 个，而对应年份本研究的样本数仅为 2681 个、2243 个、2507 个、2590 个、1782 个、1942 个。第三，对变量的选择和处理也不同，如何亦名（2009）使用收入增长指数对收入进行平减，本研究则使用 CPI 进行平减，而包括丁小浩、于洪霞和余秋梅（2012）在内的大多数研究都使用 CPI 进行平减，何亦名（2009）在求工作经验时减去学龄前的 5 年，本研究则并不考虑学龄前年份①。此外，本研究还考虑了家庭成员数量和是否是党员干部等诸多变量，而何亦名（2009）则并未考虑。第四，本研究使用了考虑稳健标准差情况下的 OLS 估计方法，而多数研究并未对估计方法进行说明。第五，1991~2006 年，本研究估计结果中 R^2 都显著高于何亦名（2009）。第六，本研究结果与现实情况更为符合，因为在中国，包括小学和初中在内的 9 年义务教育早已被清楚写在《中华人民共和国义务教育法》上，这部法律从 1986 年第一次颁布到 2006 年修订，极大地促进了中国教育事业的发展。而在劳动力市场上，该法律所传递的信号在于，企业雇主大都会将接受完义务教育看成既定事实，如果其他因素保持不变，那么从理论上说，该群体的收入就应该不会有太大差异。当然，本研究并不排除现实中某些企业使用童工的现象，也并不是说现实中不存在没接收过正规学校教育的劳动者，只是从整体上看，这些因素所造成的影响可能是局部的、微小的。

此外，工作经验的估计结果表明其与收入对数间仍存在倒 U 形曲线关系，历年收入对数达到最大值时所对应的工作经验和年龄也具有较高的稳定性。性别、户籍对收入有显著影响，但男性平均工资普遍高于女性，具有城市户籍者的平均工资普遍高于不具有城市户籍者。地区对收入的历年影响不太一致，东部地区收入与中西部收入有较大差距，但中部地区收入和西部地区收入间差距却呈现出动态变化特征。党员干部变量有 4 年无观测值，但在前 5 年的回归结

---

① 实际上，笔者也考虑过学龄前年份的情况，但回归结果与不考虑学龄前年份的情况一致。

果中，仅有1997年的系数显著。家庭成员数量对收入的影响除在1997年和2009年显著为正外，其他历年系数都不显著。职业性质对收入的影响在多数年份中都不显著。单位类型对收入的影响中，其他企业类型相对于三资企业的工作收入显著较少，国有企业相对于集体企业的工作收入显著较多，集体企业相对于私营、个体企业的工作收入显著较少。

37.4.3 不同教育水平收益率的时间趋势分析

图37-1是1989~2011年不同教育水平的收益率变化趋势。从中可以很清楚地看到以下五点结论：第一，样本区间不同教育水平的收益率整体上呈现上升趋势。以数据本身所反映的平均受教育年限的转换为例，1989年根据扩展明瑟工资方程所得到的相对于小学的高中及中专、大专及以上教育收益率分别为0.0305、0.0242，到2011年则分别增至0.0308、0.0676[①]。第二，不同教育水平的收益率增幅不同。以数据本身所反映的平均受教育年限的转换为例，根据一般明瑟工资方程所得到的相对于小学的初中、高中及中专、大专及以上教育收益率增幅分别为-0.0127、0.0441、0.1311，根据扩展明瑟工资方程所得到的相对于小学的高中及中专、大专及以上教育收益率增幅分别为0.0002、0.04337，可见大专及以上教育收益率的增幅最大。第三，各教育水平的收益率在不同发展阶段呈现动态变化趋势，如在扩展明瑟工资方程估计结果中，相对于小学的高中及中专教育收益率在1999年前始终在下降，但之后到2006年期间则显著上升，近年来又出现了下降趋势，而相对于小学的大专及以上教育收益呈现出下降→上升→下降→上升的变化趋势。第四，各教育水平的收益率间的差距逐渐扩大。以传统转换为例，在扩展明瑟工资方程估计

---

① 有趣的是，不管是一般明瑟工资方程还是扩展明瑟工资方程，估算结果中教育系数都呈现出以大专及以上、高中及中专和初中依次递减的现象，其原因主要可从供需两方面的结构性特征进行考察：从供给方面看，尽管自改革开放以来，中国小学、中学（初中、高中）和高等学校毕业生分别从1978年的2573.9万人、2144.4万人（1558.6万人、585.8万人）和19.4万人变化至2012年的1641.56万人、2452.3万人（1660.78万人、791.5万人）和624.73万人，但小学和初中毕业生的供给仍在绝对数量上占主要部分；从需求方面看，劳动市场对接受较高层次教育水平毕业生的需求始终较为旺盛，如1997~2011年间，全国就业人员受教育构成年均增长率按照高等学校、中学（高中、初中）、小学依次递减，分别为9.83%、1.72%（2.28%、1.59%）和-3.71%。此外，对教育经费投入的考察也可以推知中国教育发展的结构性变迁特征对不同教育水平收益率的影响，如1995年中国小学、中学（初中、高中）和高等学校教育经费投入分别是607.04亿元、530.48亿元（393.02亿元、137.46亿元）和262.29亿元，到2011年则变为6012.08亿元、6660.72亿元（4166.35亿元、2494.36亿元）和6880.23亿元。可见，不管从整体抑或结构而言，正是由于供给的短缺、需求的强劲和政府部门的重视，才使中国教育的边际收益存在着报酬递增现象。

中，1993 年相对于小学的大专及以上教育收益率较高中及中专教育收益率进高出 0.0076，但到 2011 年，这一差距则扩大至 0.0291。第五，1999 年的教育改革对教育收益率产生了重要影响，如 1999 年前相对于小学的各教育水平收益率变化都较为平稳，之后却在上升速度、增长幅度、差距扩大等变化方面都较为剧烈。

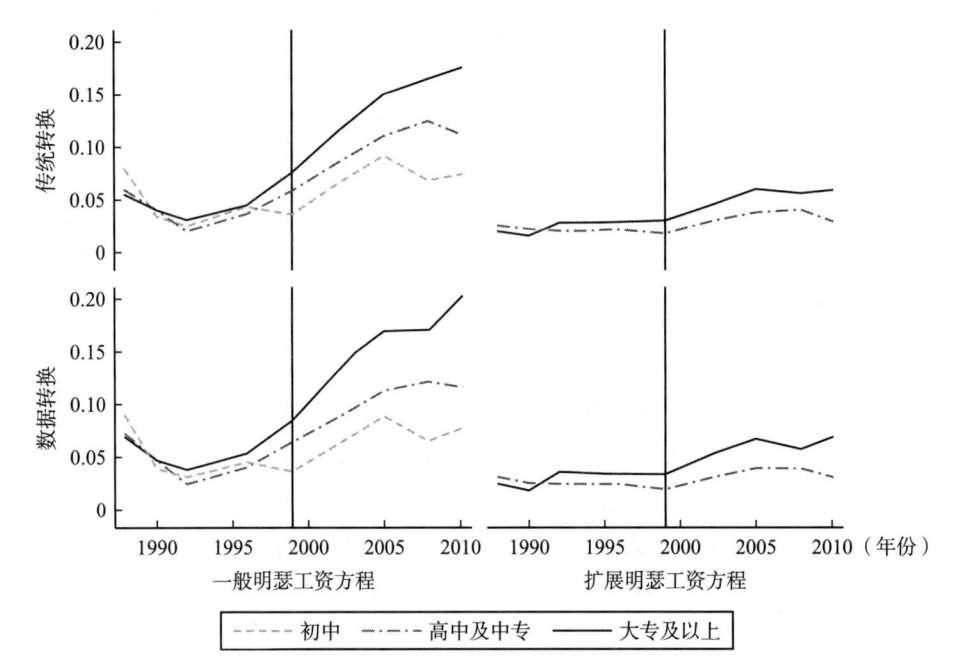

图 37-1　1989~2011 年不同教育水平相对收益率的变化趋势

注：初中相对于小学的教育收益率情况在一般明瑟工资方程中是显著的，但在扩展明瑟工资方程中是不显著的，所以在后者图形中并未予以反映；图中竖线所指年份为 1999 年。

资料来源：笔者估算结果（见表 37-4）

37.5　进一步讨论

上面的分析远未结束，仍有两个问题需要展开进一步的讨论，即：中国历年整体教育收益率如何？各级教育水平的绝对收益率是多少？

37.5.1　历年整体教育收益率

前面中使用了不同教育水平的虚拟变量作为解释变量，而接下来则需要使用受教育年限作为解释变量，对历年所有样本进行回归，结果见表37-6。可以看到，历年平均受教育年限的系数在至少在10%的水平上显著为正，且系数整体上呈现上升趋势。性别、地区、户籍等变量的结果也大多显著，所对应的结论与前面分析也大体一致。进一步将历年平均受教育年限的回归系数转换成相应的教育收益率①，结果见表37-7。从中可以清楚地看到，中国整体教育收益率经历了先下降、后上升、再下降、再上升的变化过程，且基于一般明瑟工资方程的结果显著高于扩展明瑟工资方程的结果。以扩展明瑟工资方程为例，1989年中国整体教育收益率为0.0204，到2011年则增至0.0516。

37.5.2 历年不同教育水平的绝对收益率

前面中不同教育水平的收益率结果具有相对性，即都以小学为参照组，并不能全面反映不同教育水平收益率的真实状况。为此，本研究将采用两种方法进行求解。

第一种方法是分组回归。仅考虑扩展明瑟工资方程的分组回归结果见表37-8。从中可见，历年多数小学、小学和初中、初中和高中及中专的回归结果均不显著，而且很多都为负数，显然不合情理，而大专及以上仅有1997年、2000年、2006年、2009年和2011年回归结果显著，将这些结果进行转化，然后根据上述相对情况求出相应结果。考察这些结果会发现，仅有1997年和2000年的教育收益率较为理想，两年的小学及初中、高中及中专、大专及以上的教育收益率分别为0.0377、0.0609、0.071和0.0176、0.0362、0.0511，其他年份教育收益率结果都存在较大偏误，如2011年小学及初中、高中及中专的回归结果分别为-0.0343、-0.0036，显然不恰当。造成这一现象的原因可能在于样本量太小及其在不同教育水平中的分布不均匀，可以看到，数据中一些教育水平在某些年份样本量有一千多个（比如大专及以上在2011年中有1032个观测值），但在另一些年份中就只剩下一百多个甚至几十个（比如大专及以上在1993年中仅有140个观测值），这可能会对回归结果的准确性产生影响。

---

① 转换公式为：$(e^\alpha - 1)$，其中，α是估计系数。

表 37-6 整体样本基于扩展明瑟工资方程的回归结果

变量	系数	P值	系数	P值	系数	P值	系数	P值	系数	P值	系数	P值	系数	P值
eduyear	0.020	0.08	0.023	0.00	0.014	0.09	0.031	0.00	0.032	0.00	0.036	0.00	0.048	0.00
exper	0.030	0.00	0.036	0.00	0.046	0.00	0.040	0.00	0.018	0.00	0.029	0.00	0.022	0.00
exper2	-0.001	0.01	-0.001	0.00	-0.001	0.00	-0.001	0.00	-0.001	0.01	-0.001	0.00	-0.001	0.00
gender	0.037	0.49	0.162	0.00	0.133	0.00	0.161	0.00	0.182	0.00	0.167	0.00	0.203	0.00
east	0.043	0.44	0.115	0.00	0.212	0.00	0.338	0.00	0.179	0.00	0.230	0.00	0.187	0.00
mid			0.059	0.06	0.054	0.21	0.110	0.00			0.038	0.30	-0.004	0.93
west	-0.098	0.24							0.063	0.09				
huji	-0.042	0.49	0.163	0.00	0.274	0.00	0.027	0.33	0.120	0.00	0.175	0.00	0.116	0.00
_cons	7.027	0.00	6.265	0.00	6.443	0.00	6.598	0.00	7.528	0.00	7.461	0.00	6.826	0.00
F	18.80								16.95				24.49	
R²	0.173		0.171		0.170		0.183		0.188		0.305		0.286	
样本数	654		2681		2243		2507		2590		1782		1942	

变量	系数	P值	系数	P值
eduyear	0.046	0.00	0.050	0.00
exper	0.031	0.00	0.021	0.00
exper2	-0.001	0.00	-0.001	0.00
gender	0.249	0.00	0.229	0.00
east	0.041	0.18	0.234	0.00
mid				
west	-0.128	0.00	-0.039	0.23
huji	0.108	0.00	0.121	0.00
_cons	7.530	0.00	8.270	0.00
F			60.92	
R²	0.323		0.359	
样本数	2414		3657	

注：变量行内空白处是由共线性所产生的结果；为节省篇幅，表中并未将其余控制变量列入。

表 37-7 整体样本教育收益率情况

年份		1989年	1991年	1993年	1997年	2000年	2004年	2006年	2009年	2011年
eduyear	一般	0.049	0.041	0.019	0.044	0.067	0.092	0.107	0.115	0.1241
	扩展	0.021	0.023	0.014	0.031	0.033	0.037	0.049	0.047	0.0516

表 37-8　　　　　　　　分组回归结果中平均受教育年限系数

年份	小学 系数	P 值	小学和初中 系数	P 值	初中 系数	P 值	高中及中专 系数	P 值	大专及以上 系数	P 值
1989	-0.094	0.02	0.026	0.24	0.072	0.17	0.010	0.81	0.003	0.87
1991	0.039	0.20	0.027	0.02	0.055	0.05	0.010	0.62	0.001	0.92
1993	-0.069	0.20	-0.016	0.37	-0.062	0.09	-0.061	0.01	0.034	0.27
1997	0.029	0.23	0.014	0.31	-0.006	0.83	0.036	0.11	0.069	0.00
2000	0.049	0.11	-0.011	0.45	-0.082	0.03	-0.008	0.78	0.050	0.00
2004	0.027	0.61	0.015	0.38	-0.016	0.76	-0.004	0.93	-0.001	0.98
2006	-0.178	0.06	0.009	0.62	-0.026	0.71	0.004	0.89	0.055	0.00
2009	0.094	0.13	0.015	0.35	-0.028	0.73	-0.050	0.13	0.137	0.00
2011	0.030	0.47	0.004	0.76	-0.079	0.05	0.048	0.13	0.033	0.01

注：仅考虑扩展明瑟工资方程的回归结果。

第二种方法是求解方程组法。由于历年整体绝对教育收益率和不同教育水平的相对收益率结果都较为显著，可以通过下式求解各级教育收益率：

$$\max x_i \\ \text{s.t.} \begin{cases} \sum a_i x_i = m, \\ x_i - x_1 = n_i, \\ x_i > 0, \ i = 1, 2, \cdots, t \end{cases},$$

其中，x_i 为所求不同教育水平的绝对收益率，x_1 为参照组教育水平的绝对收益率，a_i 为各级教育水平样本量在总样本中的比例，n_i 为相对于参照组的教育收益率。求解结果见表 37-9。

表 37-9　　　　　　方程组方法下各级教育水平的绝对收益率

年份	传统转换 小学和初中	高中及中专	大专及以上	数据转换 小学和初中	高中及中专	大专及以上
1989	0.008	0.033	0.027	0.005	0.036	0.029
1991	0.015	0.036	0.031	0.014	0.039	0.032
1993	0.006	0.026	0.034	0.004	0.028	0.039
1997	0.021	0.042	0.049	0.019	0.042	0.053

续表

年份	传统转换			数据转换		
	小学和初中	高中及中专	大专及以上	小学和初中	高中及中专	大专及以上
2000	0.022	0.039	0.052	0.021	0.040	0.055
2004	0.014	0.047	0.063	0.012	0.045	0.069
2006	0.023	0.061	0.082	0.021	0.060	0.087
2009	0.024	0.064	0.079	0.024	0.063	0.081
2011	0.026	0.055	0.084	0.023	0.054	0.090
均值	0.018	0.045	0.056	0.016	0.045	0.059

注：2005年数据仅在5%水平上符合，在10%水平上该年小学和初中应该有较大差异；表中结果基于扩展明瑟工资方程。

由表37-9可见，不同教育水平的绝对收益率在样本区间整体上都呈现出上升趋势，但各自变化具有动态性特征，如1993年小学和初中、高中及中专教育收益率普遍经历了短暂的下降，2009年大专及以上教育收益率则经历了短暂的下降，2011年传统转换类型内高中及中专教育收益率出现了下降，而数据转换类型内高中及中专、大专及以上教育收益率都出现了下降。有趣的是，不管是在传统转换类型中还是在数据转换类型中，整体上不同教育水平的绝对收益率间的排序都按照大专及以上、高中及中专、小学和初中顺序递减。此外，1999年的教育改革对教育收益率的变化也起到了重要的作用，相对于之前比较平缓的变化，之后的变化幅度更大。值得注意的是，由于表37-5中2006年初中相对于小学教育的收益率在10%水平上具有显著差异，所以要利用方程组法按照四级教育水平重新求2006年各级教育收益率情况，结果见表37-10。从中可知，相对于表37-9中的结果，高中及中专、大专及以上教育收益率偏小，但在变化趋势、各级排序等方面的结论却具有相当的稳健性。

表37-10　　　　　　　　2006年各级教育水平的绝对收益率

年份	传统转换				数据转换			
	小学	初中	高中及中专	大专及以上	小学	初中	高中及中专	大专及以上
2006	0.0110	0.0466	0.0490	0.0701	0.0095	0.0436	0.0485	0.0760

注：表中结果基于扩展明瑟工资方程。

37.6 结论与建议

我国正在大力推进经济发展方式的转型升级，其中最重要的途径之一是就要实施创新驱动发展战略，即要将驱动经济发展的动力源泉从过分依赖要素投入数量向积极寻求要素投入质量与利用效率的提升，要利用资本、制度、组织、企业家等要素实现最大化的溢出效应，要构建经济发展内外在效应的统一和与资源环境的和谐共存（王海兵和杨蕙馨，2015），人力资本在此过程中显然具有举足轻重的地位。由于创新的基础是人才，人才形成的途径是教育，所以对中国教育收益率的研究就有十分重要的现实意义。

从已有文献发现，中国教育收益率在较长时间段上连续变化趋势的研究仍然较少、相对性和绝对性情境下不同教育水平间收益率的区分并未得到重视、教育收益率结果与现实状况可能存在不一致等问题。在此基础上，利用 1989~2011 年 CHNS 数据，基于一般明瑟工资方程和扩展明瑟工资方程测量了相对性和绝对性情境下的中国教育收益率，基本结论如下：第一，样本区间中国整体教育收益率呈现上升趋势，即从 1989 年的 0.0204 上升到 2011 年的 0.0516，但在不同发展阶段上升的幅度有别。第二，相对性和绝对性情境下不同教育水平间收益率区别明显，尽管在样本区间不同教育水平的收益率变化具有动态特征，但整体上都呈现上升趋势。此外，中国教育的边际收益率存在报酬递增现象，即教育收益率按照大专及以上、高中及中专、初中和小学的顺序依次递减。以绝对性情境下数据转换类型为例，样本区间三类教育收益率年平均值分为别 0.0594、0.0451 和 0.0158。第三，受 20 世纪 80 年代末期所实施的 9 年义务教育的影响，初中教育水平和小学教育水平的收益率并不存在显著差异。第四，性别、户籍、地区、单位类型等因素对收入有较为显著的影响，是否是党员干部、家庭成员数量和职业性质等因素对收入的影响整体上并不显著。

上述基本结论反映了中国教育的边际收益率存在着报酬递增现象，这为现实中父母对子女高等教育投资热情高居不下提供了理论支持，但与之此相对应的问题是，为什么会出现大学生就业难和父母对子女高等教育投资热情高居不下同时并存的现象呢？根据本研究，可从以下方面做出解释：第一，工作岗位对劳动者综合素质的要求在增高。现代经济活动总是以技术发展为基础，在"分久必合""合久必分"间循环重塑，每一次变革都意味着竞争程度的提高，在利润最大化的目标下企业偏好具有较高综合素质的劳动者,而中国的素质教育体系还有待完善,所以会产生大学生供给数量增加和就业难的现象。第二,企业对劳动者需求下降本身就具有差异性。对不同教育背景的劳动者而言,需求下降可能并非是同比例的,很有可能发生的情况是,首先被裁掉的是其他教育层次的劳动者,而不是受过高等教育的大学生,于是就出现了教育收益率的分化。然而,此时教育信号所传递的信息是在需求下降时能够保住饭碗,这会引导很多人一窝蜂地去投资接受高等教育,最终的结果是大家在教育背景上的差距减小,同质性竞争加剧,从而产生大学生供给数量增加和就业难的现象。第三,劳动力市场评价体系的缺失。有效信号甄别的失灵使得在现有劳动力市场中,受教育程度是为数不多的有价值信号之一,某种程度上甚至可以形象地说,只有通过投资教育才能获得就业机会,"万般皆下品、惟有读书高"的理念会催生大学生供给数量增加和就业难的现象。此外,劳动力市场评价体系的缺失极易造成信息不对称,在就业市场中逆向选择机制作用下也会加剧就业难。第四,社会文化中不包容因素的负面影响和家庭对待教育的传统观念。现实中的不包容有两个极端,一是夸大"天之骄子",认为高等教育就是为了使大学生与其他劳动者有所区分,否则投资高等教育本身就缺乏意义,另一是贬低大学生群体,认为他们什么也不会,这两个极端会造成个人"鸡头文化"与企业短视行为之间的冲突,从而加剧大学生就业难。同时,中国传统中对教育长久以来的"非理性"重视会助长对教育投资的非理性热情[①]。最后,特定历史阶段的发展战略选择和经济转型进展缓慢的影响。如果深入考察珠三角、长三角发展历史和现状,会发现大学生就业难现象发生的根本原因是没有比较优势,原因在于长期以来中国选择以出口为导向的发展战略所致。换句话说,正是这一发展战略引致形成了特定的产业结构和经济发展方式,而大学生在这种特定的产业结构和经济发展方式之中没有比较优势,所谓的高等教育虽然一直在进行储备,但持续的储备只是间接拉大了其他劳动者和大学生群体之间的比较优势差距。未来中国如果不能制定有效的发展战略、不能及时转变经济发展方式、不能形成合适的产业结构的话,就业难问题可能会依然长期存在。

中国正在积极开展新一轮的教育改革,相比于从20世纪80年代逐渐开始的恢复高考、增设学校、放权和高校扩招等教育改革,此次改革的重点在于

---

① 比如,传统家庭文化往往会将"面子"与受教育程度挂钩,在独生子女的大背景下,父母投资子女教育的热情更加高涨。

"建立现代职业化教育体系",各项措施中最为醒目的显然是地方本科院校的职业化应用转型。对应本章的研究结果,会发现扩大职业教育的改革涉及大专及以上、高中及中专两类教育水平中的结构性变化,由于两类教育水平的收益率都相对较高,所以结构性调整将具有更加从容的应对空间,而不至于带来大起大落式的负面影响。必要的改革不仅能有效解决就业市场上普遍存在的教育供给与劳动需求间结构性错配等问题,在更深层次上还会对中国经济发展方式的转型升级产生积极的促进作用。

参考文献:

[1] 陈纯槿,胡咏梅. 中国城镇居民教育收益率的变动趋势 [J]. 北京师范大学学报(社会科学版),2013 (5):54-68.

[2] 陈晓宇,陈良焜,夏晨. 20 世纪 90 年代中国城镇教育收益率的变化与启示 [J]. 北京大学教育评论,2003 (2):65-72.

[3] 丁小浩,于洪霞,余秋梅. 中国城镇居民各级教育收益率及其变化研究:2002-2009 年 [J]. 北京大学教育评论,2012 (3):73-84.

[4] 杜两省,彭竞. 教育回报率的城市差异 [J]. 中国人口科学,2010 (5):85-94.

[5] 范静波. 2003-2008 年间中国教育收益变动趋势研究 [J]. 统计与信息论坛,2011,26 (8):47-52.

[6] 何亦名. 教育扩张下教育收益率变化的实证分析 [J]. 中国人口科学,2009 (2):44-54.

[7] 李实,丁赛. 中国城镇教育收益率的长期变动趋势 [J]. 中国社会科学,2003 (6):58-72.

[8] 李雪松,詹姆斯·赫克曼. 选择偏差、比较优势与教育的异质性回报:基于中国微观数据的实证研究 [J]. 经济研究,2004 (4):91-99.

[9] 柳光强,邓大松,祁毓. 教育数量与教育质量对农村居民收入影响的研究——基于省际面板数据的实证分析 [J]. 教育研究,2013 (5):20-29.

[10] 罗楚亮. 城镇居民教育收益率及其分布特征 [J]. 经济研究,2007 (6):119-130.

[11] 王海兵,杨蕙馨. 创新驱动及其影响因素的实证分析:1979-2012 [J]. 山东大学学报(哲学社会科学版),2015 (1):23-34.

[12] 杨涛,盛柳刚. 中国城市劳动力市场的一体化进程 [J]. 经济学(季

刊），2007（3）：817-840.

[13] 岳昌君. 教育对个人收入差异的影响［J］. 经济学（季刊），2004（3）：135-150.

[14] 张车伟. 人力资本回报率变化与收入差距："马太效应"及其政策含义［J］. 经济研究，2006（12）：59-70.

[15] Arrow K. J. The Economic Implications of Learning by Doing［J］. The Review of Economic Studies, 1962, 29（3）：155-173.

[16] Gindling T. H. Marsha Goldfarb and Chun-chig Chang. Changing Returns to Education in Taiwan：1978-91［J］. World Development, 1995, 23（2）：343-356.

[17] Kenayathulla H. B. Higher Levels of Education for Higher Private Returns：New Evidence from Malaysis［J］. International Journal of Educational Development, 2013（33）：380-393.

[18] Kolstad I., A. Wiig and K. G. Moazzem. Returns to Education among Entrepreneurs in Bangladesh［J］. Journal of Asian Economics, 2014（34）：54-65.

[19] Li H. B., P. W. Liu and J. S. Zhang. Estimating Returns to Education using Twins in Urban China［J］. Journal of Development Economics, 2012, 97（2）：494-504.

[20] Lucas R. E. On the Mechanics of Economic Development［J］. Journal of Monetary Economics, 1988（22）：3-42.

[21] Romer P. M. Dynamic Competitive Equilibria with Externalities, Increasing Returns and Unbounded Growth［M］. Chicago：Chicago University Press, 1983.

[22] Romer P. M. Increasing Returns and Long-Run Growth［J］. Journal of Political Economy, 1986, 94（5）：1002-1037.

[23] Solow R. M. A Contribution to the Theory of Economic Growth［J］. The Quarterly Journal of Economics, 1956, 70（1）：65-94.

[24] Zhang J. S., Y. H. Zhao, A. Park and X. Q. Song. Economic Returns to Schooling in Urban China, 1988-2001［J］. Journal of Comparative Economics, 2005, 33（4）：730-752.

第38章
政府行为与民营经济发展[①]

民营经济是国民经济中最有活力的组成部分和新的经济增长点。在市场化推进和经济全球化到来的今天，民营经济正面临着二次创业的发展契机与挑战。民营经济的二次创业离不开政府的推动与引导。因此，研究民营经济的发展及政府对其应发挥的作用，具有重要的理论与现实意义。

38.1 山东省民营经济的发展现状与政府的行为定位

38.1.1 山东省民营经济的发展与面临的挑战

改革开放以来，山东省民营经济的发展实现了历史性突破，成为全省经济最具生机和活力的一个亮点。山东省个体工商企业和私营企业的年产值每年都有大规模增长。尤其是在20世纪90年代后期，两种类型的民营经济年产值增长率都在50%以上。2001年，山东省各类民营经济实现GDP达3075亿元，占全省GDP的比重为32.6%。民营经济的发展，增强了地方经济实力，带动了农民奔康致富和相关产业的兴起，促进了社会的稳定。山东省民营经济的发展，一方面创造了历史最高水平；另一方面，又与上海、广东、浙江等省市相比还有很大的差距，民营经济仍然是国民经济发展中的薄弱环节。2001年，江苏、浙江、广东的民营经济实现GDP占全省GDP比重分别为41.5%、51.4%、51.9%，分别比山东省高8.9个百分点、18.8个百分点、19.3个百分点。2001年山东省接受外商直接投资36.2亿美元，比上海低7.7亿美元，仅相当于江苏的52.4%，广东的30.4%。

[①] 本章作者为杨蕙馨、张治军，发表在《理论学刊》2004年第1期（有改动）。

民营经济对整个国民经济的发展有重要意义。据亚洲开发银行 2002 年公布的研究报告表明，民营经济与人均收入、经济增长和就业有着极为密切的关系。从我国 31 个省份人均 GDP 和民营经济所雇佣的人数占总就业人口的比例来看，二者的相关系数为 0.9074。民营经济雇佣的人数比例越高，经济就越发达，其雇佣的人数每增加 1 个百分点，人均 GDP 可以增加 1640 元。在就业方面，1997~1999 年的三年中，我国新增 20 万人的就业几乎全是民营经济吸收的。进入 21 世纪，山东省各级政府已经认识到了民营经济发展的重要性。21 世纪初各级政府在促进民营经济发展的过程中，当务之急是对政府职能和行为目标的重新定位。

38.1.2　政府促进民营经济发展的行为定位

从改革的历程来看，中国的市场化推进具有明显的政府主导性，政府的角色定位一直对市场化推进和民营经济的发展具有决定性的影响。市场化水平比较高的行业，恰恰是那些政府指令性计划和行业规制较早减少或退出的部门，如摩托车行业、冰箱制造行业和彩电业。因此，产学研各界对减少政府行业干预的呼声一浪高过一浪。然而，由于与市场机制相匹配的法制和文化建设的缺失，国家对经济干预的过早退出会导致传统经济运行机制和市场交接的错位，从而使经济秩序走向紊乱。联系 21 世纪初世界经济格局一体化，如果把能高效引导资源配置的市场机制比作一条高速公路，那么建立在市场机制基础上，与市场机制有关的文化观念建设就如同高速公路两边的防护栏，它保护着作为微观经济主体的各种车辆在市场机制这条公路上正常运行。入世后在 WTO 规则之下如何有效地保护民族落后产业，免受世界巨型跨国巨头的冲击；同时为本国企业参与国内外竞争创造更好的条件，以及合法运用 WTO 规则保护民营企业利益，及时引导民营企业的发展，也成为政府义不容辞的责任。因此，新时期为促进民营经济发展，各级政府的行为目标应该是：第一，进一步确立和巩固市场机制；第二，发展和确立基本的市场秩序；第三，为民营经济参与国内外竞争充当指引者和保护者。

38.2 政府要为民营经济发展进一步确立和巩固市场经济机制

38.2.1 切实保护私有产权

私有产权是市场机制得以发挥的核心基础。国家有关法律对私有产权的保护从属于公有产权,私有产权的保护要受到公有产权的限制。我国的现行《刑法》规定:"保护国有财产和劳动群众集体所有的财产,保护公民私人所有的财产"。我国民法通则规定,"公民、法人合法的民事权益受民法保护"。这些规定没有像西方市场机制下那样尊崇私有权,而只是泛泛宣示保护一切民事权益。从法律执行方面来看,由于受计划机制下"大政府、小社会"传统的影响和政府权力推定(指政府的权力范围在法律规定之外合理推延,其反面是公民权利不得推定)的思维惯性,各级政府部门侵入私有产权的现象时有发生。就山东省范围来看,基层政府(县乡两级)为了缓解财政收支紧张的状况,随意向民营企业乱收税、乱收费、乱集资、乱摊派的现象在各地均有发生。致使许多民营企业抱怨要用一半的精力来应付政府部门的纠缠,只剩下不到一半的精力来研究企业发展。因此,杜绝政府权力对民营经济主体私有产权的侵蚀,就成为各级政府促进民营经济发展必须履行的职责。从山东省来看,转轨过程中伴随收入差距的进一步拉大和一些扭曲的暴富现象出现,在个别地区出现了"仇富心理",以及对民营企业家的抢劫、绑架、勒索现象。各级政府及其司法机关应该切实保护民营经济主体的合法权益。此外,各级政府还要倡导人们在市场机制下通过诚实劳动和合法经营致富。在此基础上,随着社会进步和市场化的推进,劳动仲裁、知识产权保护和社会保障机制需要进一步规范。除了有形财产的保护外,对包括民营经济主体及其职工的知识产权、人身自由、生命健康等权利的保护,也是各级政府必须履行的职责。

38.2.2 契约自由

契约自由是指市场交易双方按照利益最大化原则,自由地订立交易契约,在契约签订后双方应本着减少交易费用的原则自觉履行。契约自由一方面能够使资源向具有更高的使用价值方向流动,另一方面又能保证在流动过程中最大限度地减少交易费用。就山东省来看,由于受延续数千年的宗法、血缘关系和特权意识的影响，契约自由在该省市场交易中尚未真正实现。欺行霸市、强买强卖在一些地方时有发生。政府部门在公共产品的提供上忽视效益原则，故意设置进入门槛，内幕交易以及利用特权寻租的现象也屡见不鲜。政府要保障契约自由，首先要严格执法，对有悖于自由市场交易的行为予以严惩。同时，制度的确立与巩固需要人们道德观念的转移与更新。为此，政府要加强舆论的引导与宣传，树立自由、竞争、公平、合理、有序的道德观念。

38.2.3 "有限"的政府

政府通常以管理者和交易者（政府采购）双重身份参与经济。改革开放20余年，我国市场经济发展的现实是，一方面随着民营经济在许多行业的大量进入，政府作为经济主体正在许多行业大量退出；另一方面，经济全球化的到来，使刚刚确立的市场机制又要在国际范围内与西方发达市场机制进一步融合，在市场机制与西方融合和建设的过程中，政府的作用是"主导型"的。因此，为促进市场机制的巩固和民营经济的发展，各级政府的职能定位应本着有所为有所不为的原则，重新确立政府与市场的关系。一方面，政府要从经营性领域进一步退出，除涉及关系国计民生的重要领域和行业外，竞争领域的营利性国有资本应该进一步退出，未退出的国有资本也应该与民营经济联合，由民营资本来参股或控股。从而杜绝各级政府为了实现国有资产保值增值的目标，利用权力妨害市场公平竞争。另一方面，针对现代市场经济发展出现的诸如外部性、寡头企业垄断以及信息不对称问题，政府要站在公平的立场上，确立并保护市场效率和实现人类可持续发展的新的市场交易秩序。

38.3 政府要为民营经济发展确立基本的市场秩序

市场机制的建立与巩固，只是为民营经济确立了基本的发展平台。民营经济的发展，还需要政府进一步确立基本的市场秩序。考虑 2000 年以后的市场化现状，政府需要在以下几个方面发挥主导作用。

38.3.1 打破不合理的政策性规制，减少行业间进入退出的障碍

一些传统的自然垄断行业（如铁路、邮政、电信、公路交通等）是民营资本涉足最少、进入最艰难和最难以扩张的领域。山东省 2000 年民间资本用

于交通、城建、社会发展等基础领域的投资比重尚未达到10%，基础领域成为民营资本的最大禁区。生产成本的弱可加性（指随着产出的增加，单位产出需要投入的平均成本呈递减的趋势）成为行业垄断存在的借口；而企业数目的缩小又会由于缺乏竞争而导致效率低下。关于自然垄断行业，在要成本和要效率之间便形成了一个"二元悖论"。自然垄断行业的去留，应该取决于成本节约与效率损失的对比。二者之间比较的关键取决于行业所在的市场环境。自然垄断行业的改革一直举步维艰，其中一方面有其因关系国计民生而需渐进改革的因素；另一方面就是由于这部分垄断行业的资产几乎全部为国有，政府一直迟迟舍不得放弃高额的垄断利润。在现行行政体制下，自然垄断行业的放开，单凭地方政府的力量还难以实现。铁路、邮政、电信等行业的资产和行业管理权限归属中央，地方政府尚不能对行业资本进行重组和改组。山东省各级政府要对这些行业加强监管，各级工商、税务、质检、物价等部门要加强对其价格、服务质量的监督，使民营经济主体在得到这些行业提供服务的同时尽可能减少成本支出。对于城市供水、供电、公路、城市清洁、垃圾处理等由地方政府主导的自然垄断行业，各级地方政府应该以投资新建、合营、参股经营等方式鼓励民营资本进入。金融、保险、旅游、通信、交通、教育、体育、医疗等新型服务业已经成为新的投资热点与经济增长点，但民营资本对上述行业的投资却是少之又少。山东省政府应该积极创造条件，向中央政府争取尽快在全省范围内允许民营资本进入这些行业，争当民营资本在这些行业进入的"试验田"。其目的是在全国范围内先人一步为民营资本竞争提供良好的市场秩序。总之，要全面有序地开放投资进入领域，让民营经济主体在基础设施领域发挥补充作用，在高科技产业发挥生力军作用，在一般制造业发挥主力军作用，在服务领域发挥积极作用。

38.3.2 促进劳动力、金融、保险等市场的规范

劳动力、金融市场分别作为市场机制下资源向着高效率流动的中枢系统；而保险市场不仅作为货币资金的贮存器和流通器，而且也是实现老有所养和病有所医的保障系统，是市场机制的稳定器。山东省劳动力市场主要实行"摊位式"的经营模式。挂靠在各级劳动和社会保障管理部门之下的劳动力中介，几乎全部作为事业单位由官方经营。其工作职责是每年按照政策定期举办人才交流会，依靠收取摊位费、入场费、人事档案管理费和财政补贴维持生计，以主管部门的指令为经营目标。山东省应该将劳动力中介推向市场，使其按照市场

需求确定发展方向。这需要该省在全国范围内，率先允许民营机构大规模从事人力资源中介服务。劳动力市场要实现人力资源档案化管理，建立人才信息库，使其真正作为人力资源供求双方沟通的中介。

金融市场的进一步规范，对民营经济来讲主要有两点：一是在 WTO 规则下允许民营资本具有从事金融业的平等资格，这需要国家方针政策的进一步放宽；二是要解决一直存在的民营企业融资难的问题。对于后一个问题，有两方面的矛盾需要解决，一方面是各级监管部门和商业银行对民营企业普遍存在的歧视和不信任；另一方面是民营企业本身也确实存在"不诚信"问题。对于金融市场的规范，各级政府及其司法机关必须加大对民营企业"不诚信"的打击力度，同时要加大"社会诚信"的舆论宣传引导，逐步建立企业信用评级体制，减少交易费用。

保险市场秩序尚待进一步规范，保险公司和投保客户双方均存在"社会诚信"问题。一方面，保险公司及其业务人员违规操作，利用信息不对称诱使客户投保；另一方面，部分投保客户恶意制造"灾害"假象，以此向保险公司"索赔"的现象也时有发生。另外，保险公司与投保户之间勾结侵害被投保人利益也成为制约民营企业"留人难"的新现象。按照我国劳动法有关规定，企业应该为员工提供养老、医疗等基本保险。有些民营企业在为员工提供保险时采取的是"企业保险"而非员工"个人保险"的形式。企业只是向保险公司购买了几个保险名额，而并非将保险落实到职工个人。这样，员工一旦离开企业，并不能带走保险，保险收益被企业滞留。各级政府应该加强对保险业的监管和行业秩序的规范，使民营企业职工与国有企业职工同样享受养老、失业、医疗等社会保险待遇。民营企业员工保险问题的解决与规范，是民营企业长期发展壮大的保障。

38.3.3　行业组织的重新改组与其职能的重新定位

我国各级行业组织是由原有的行业主管部门通过改制演变而来的，有些行业组织还承担着部分政府管理职能。行业组织作为事业单位挂靠于政府，吃财政饭并为政府负责，成了政府的附属物。这种制度安排和职能定位割裂了行业组织和企业的联系。在民营经济发展存在良莠不齐、规模偏小、生命周期较短的情况下，行业组织的重新改组和其职能的重新定位就显得尤为必要。从职能定位上看，行业组织应该是行业内企业自律、自由参与、信息交流，为企业发展提供合法利益保障的自由联合组织。这首先需要行业组织在人员构成上逐步淘汰历次政府机构改革中遣派过来的富余人员，大量吸收民营企业家和具有行业专业知识的高素质人才加入，使这部分人员能充分联系企业、为企业利益着想。山东省应率先打破行业组织仍具有的行政管理职能，切断其生存的财政来源，使其成为依靠会费运行的会员制组织，真正实现自由人的自由联合。这样，行业组织才能实现主体为民（民营企业），并依靠联合优势与政府及其大型跨国企业平等对话。浙江温州的民营企业率先实现走出去的战略，得益于温州的民间商会为企业发展及时提供信息，统一制定具有自律性质的行业发展计划，对外联合起来以保障其权益。2000年温州打火机在欧盟遭遇贸易性技术壁垒，温州烟具协会充分发挥行业联合优势，积极与政府配合远赴欧盟交涉。这对山东省行业组织的重新定位是一个很好的启示。

38.4 政府要为民营经济参与国内外竞争充当指引者和保护者

38.4.1 政府应该积极吸引国际先进制造业、服务业向国内转移

山东省与日本、韩国地理位置相近，且与两国在地理环境上相似。山东省在吸引上述两国投资和产业转移方面具有得天独厚的优势。据韩国经济学家预计，韩国30万家中小企业大部分将在3年左右转移到国外，其中80%选择中国。日本制造业也正积极移师中国。据了解，在东京证券交易所上市的1143家企业中，有一半的企业表示将在3年内把产业基本外迁，其中70%把中国作为主要基地。广东省民营企业发展在较大程度上得益于依托港澳作为出口中介而与国际市场联系在一起。港澳资本家在粤的投资也使其很快度过了资本饥渴期的窘境。山东省在吸引外资和外国产业转移方面与日韩联姻，类似于珠江三角洲的发展模式。政府在这方面既要积极创造条件吸引外资，又要注意工业布局。20世纪90年代，广东省在吸引外资方面各地曾经一哄而上，争当龙头，争抢成为高科技中心，结果有限的资源被瓜分，这种以牺牲资源合理配置的无序竞争，山东省应该避免。

38.4.2 政府应该成为 WTO 规则和世界经济发展新趋势的信息提供者

WTO 的各项规则是在西方发达国家的主持下,按照西方的贸易规则和市场秩序建立的。土生土长于中国的民营企业参与世界经济分工时,在一定时期必然存在一个如何适应西方贸易惯例的问题。政府可以利用自己的优势,为分散的民营企业尽快适用 WTO 的各项规则和国际贸易惯例,提供信息支持和专业辅导。随着越来越多的民营企业参与国际分工,我国的对外贸易依存度会进一步增大,世界经济的波动会对国内宏观经济形势和民营企业造成很大影响。政府要利用自己的优势及时掌握世界经济的发展趋势,对其发展动向及时做出客观分析,并通过各种信息渠道及时传递给民营企业。民营企业要及时掌握政府发布的信息,结合自己的经营特点,及时调整国际贸易战略。

38.4.3 政府应该为民营经济参与国内外竞争赋予平等的主体资格

政府要大力支持民营企业从事外经贸业务,在产品出口、进出口配额、贸发基金使用等方面,与其他企业享受同等待遇。各级政府要充分利用国家鼓励非公有制企业自营进出口的有利时机,扩大民营企业自营进出口。政府有关部门要积极为符合条件的民营企业办理自营进出口权手续,帮助民营企业建立稳定的销售渠道和网络,采取多种贸易方式大力开拓国际市场。各级政府还要鼓励有比较优势的民营企业走出国门,到境外投资办厂,开展加工贸易、服务贸易、劳务合作和科技经贸活动,参与国际市场竞争。鼓励有实力的民营企业与国外大公司、大财团开展合资合作,推动跨国经营。

后　　记

《企业成长研究》一书是多年研究积累的产物。

20世纪80年代初期，我在山东大学攻读硕士研究生，专业是国民经济计划与管理（现在改称国民经济学）。当时山东大学参与了教育部与美国富布莱特基金会的合作，从第一学期起直到第六学期，每一学期都有一名外籍教授给我们讲授工商管理的相关课程，自那时起我就开始关注和研究与工业企业相关的问题。硕士研究生毕业后到法国巴黎第二大学又学习了一年的工商管理。20世纪90年代中期，到南开大学跟随著名经济学家谷书堂先生攻读博士学位，主要聚焦研究产业组织与企业成长领域的相关问题。

本书即是我这些年来在该领域部分研究成果的汇总。自21世纪初，我开始在企业管理和产业经济学两个专业指导博士研究生，学生们的研究领域绝大多数都集中在"产业组织与企业成长"领域，取得了不少的成果，集结在该书中的部分章节就是我们共同研究的成果。按照书中各章的顺序，他们分别是王海兵、王嵩、权宗帅、冯文娜、刘春玉、金家宇、李贞、朱晓静、张鹏、徐凤增、张勇、刘璐、辛晴、徐召红、曲媛、王胡峰、张文红、张云鹏、王长峰、石建中、王德建、李春梅、刘建花、艾庆庆、张治军等。他们现在有的在高校和科研机构任职，早已经是各个院系的骨干或负责人，有的也已经是博士生导师、硕士生导师和教授，有的在政府部门、企业担任重要职务。硕士研究生孙孟子协助我对书稿进行了编辑校对，最后由我审定定稿。

感谢国家哲学社会科学基金多年来对我的支持和厚爱，感谢教育部创新团队发展计划的资助和支持。在承担完成各类课题和研究过程中，得到了社会各界专家学者的关心、支持和帮助。在此，一并表示衷心的感谢。

感谢经济科学出版社吕萍女士、于海汛先生为该书出版所做出的努力。

杨蕙馨
2021年初夏于泉城济南